APPRENDRE À PHILOSOPHER DANS L'ANTIQUITÉ TARDIVE : COMMENTAIRE À LA SECONDE PARTIE DU *MANUEL* D'ÉPICTÈTE

BIBLIOTHÈQUE DES TEXTES PHILOSOPHIQUES

Fondateur Henri GOUHIER Directeur Emmanuel CATTIN

SIMPLICIUS

APPRENDRE À PHILOSOPHER DANS L'ANTIQUITÉ TARDIVE : COMMENTAIRE À LA SECONDE PARTIE DU *MANUEL* D'ÉPICTÈTE

(CHAPITRE 22 – FIN)

Introduction et traduction
par
Ilsetraut HADOT

Annotation de
Ilsetraut HADOT
et
Stéphane TOULOUSE

PARIS
LIBRAIRIE PHILOSOPHIQUE J. VRIN
6 place de la Sorbonne, V[e]

2022

Imprimé en France

ISSN 0249-7972
ISBN 978-2-7116-2998-5

www.vrin.fr

INTRODUCTION *

1. *Pourquoi Simplicius a-t-il écrit un commentaire sur le* Manuel *d'Épictète*[1], *et pourquoi pense-t-il que le* Manuel *se divise en deux parties, la seconde commençant avec le chapitre 22 ?*

Comme je l'avais expliqué ailleurs[2], dans l'école néoplatonicienne tardive existaient des règles fixes sur la manière de préfacer l'explication de chaque œuvre contenue dans leur programme d'études. Un commentaire sur le premier traité du cycle aristotélicien, donc sur les *Catégories*, s'ouvrait sur une large introduction comportant successivement une série de dix points et une série de six points à traiter préalablement. La première série constitue une introduction générale à la philosophie d'Aristote dans une perspective résolument néoplatonicienne, introduction très intéressante

* Pour les abréviations bibliographiques des titres souvent cités, voir la bibliographie, *infra*, p. 217-229. Pour le renvoi au texte grec du commentaire, nous nous référerons constamment à la numérotation (numéros des chapitres en chiffres romains, et lignes des chapitres) de l'édition parue chez Brill : Simplicius, *Commentaire sur le Manuel d'Épictète*, Introduction et édition critique du texte grec par I. Hadot, Leiden-New York-Köln, Brill, 1996 (abrégée en I. Hadot, *Simplicius. In Ench.* [1996]). Pour l'édition du texte grec du *Manuel*, nous renverrons à celle de G. Boter, *The* Encheiridion *of Epictetus & its three Christian adaptations*, Leiden-Boston-Köln, Brill, 1999.

1. Cette première partie de la question a été traitée d'une manière très développée dans I. Hadot, *Le problème*, p. 147-165 ; ce chapitre a été réimprimé dans I. Hadot, *Simplicius, Sur le Manuel*, t. I, chap. III, « La place du commentaire sur le Manuel d'Épictète dans l'enseignement néoplatonicien », p. LXXIV-C [les sous-chapitres sont les suivants : 1. Le problème, 2. Métriopathie aristotélicienne et apathie stoïcienne dans le néoplatonisme, 3. La systématisation des éléments platoniciens, aristotéliciens et stoïciens dans le système porphyrien des vertus, 4. L'âme qui use du corps comme d'un instrument, 5. Le *Manuel* d'Épictète, premier enseignement éthique destiné aux commençants, 6. Le commentaire comme exercice spirituel].

2. *Cf.* I. Hadot, *Simplicius. In Cat.*, le chapitre « Les introductions aux commentaires exégétiques chez les auteurs néoplatoniciens et les auteurs chrétiens », p. 21-47. I. Hadot, « Les introductions aux commentaires exégétiques chez les auteurs néoplatoniciens », dans Michel Tardieu (éd.), *Les règles de l'interprétation*, (Patrimoines, religions du Livre), Paris, Le Cerf, 1987, p. 99-122. *Cf.* I. Hadot, *Le néoplatonicien Simplicius*, p. 148-181.

du point de vue doctrinal ; la deuxième série prépare spécialement à la lecture du traité que l'on est en train d'aborder. C'est le troisième point du premier schéma qui nous intéresse dans notre contexte, car il doit répondre à la question : « Par où commencer la lecture de l'œuvre d'Aristote ? ». Ayant résumé les raisons de ceux qui veulent commencer par les écrits logiques, Simplicius (*In Cat.*, p. 5,3-6,5 Kalbfleisch) évoque l'opinion de ceux qui veulent commencer par l'éthique. Contre ce dernier point de vue, cinq commentateurs néoplatoniciens, dont Simplicius, objectent que l'on ne saurait étudier les écrits éthiques d'Aristote, remplis de divisions et de démonstrations syllogistiques, sans avoir appris auparavant la logique, et que c'est donc par la logique qu'il faut commencer l'étude des œuvres d'Aristote. Toutefois, insistent Ammonius, Philopon, David (Élias) et Simplicius, on ne peut le faire sans avoir purifié préalablement ses mœurs à l'aide d'une instruction éthique non scientifique appuyée sur l'opinion droite. Simplicius et Philopon utilisent tous les deux dans ce contexte l'opposition ἀποδεικτικῶς – ὀρθοδοξαστικῶς. Il faut donc, précisent Simplicius et David (Élias), une instruction éthique préparatoire consistant en recommandations écrites ou non écrites. Simplicius donne comme exemple les « catéchèses parénétiques sans démonstration » des pythagoriciens, c'est-à-dire leurs sentences et le *Carmen aureum*. David (Élias), lui, nomme les parénèses d'Isocrate, visant de toute évidence les discours à Démonikos et à Nikoklès. J'ai décrit ailleurs [1] le rôle que jouent dans l'éducation morale de l'Antiquité les sentences et les vers : ils sont frappants et se fixent facilement dans la mémoire. Que, pour Simplicius, le *Manuel* d'Épictète remplisse toutes les conditions d'une telle instruction éthique non scientifique, ressort de son introduction à son commentaire : à propos du style du *Manuel* il dit qu'il est « laconique et sententieux selon le genre de ce que l'on appelle "préceptes (ὑποθῆκαι)" chez les pythagoriciens, avec cette différence que presque tous comportent les uns par rapport aux autres quelque ordre et quelque suite » (*In Ench. Epict.*, P(raefatio), l. 48-51).

La place du commentaire sur le *Manuel* d'Épictète, comme du commentaire sur le *Carmen aureum* d'Hiéroclès, est donc celle d'une instruction éthique préparatoire à l'étude du cycle aristotélicien, commençant par les *Catégories*, cycle qui est lui-même une introduction

1. *Cf.* I. Hadot, *Seneca*, p. 10-22 et 187-189 ; I. Hadot, *Sénèque*, p. 38-40, 43-44 ; 50-56. I. Hadot, « The Spiritual Guide », dans A.H. Armstrong (éd.), *Classical Mediterranean Spirituality : Egyptian, Greek, Roman*, New York, Crossroad Publishing, 1986, p. 436-459. I. Hadot, « La figure du guide spirituel dans l'Antiquité », dans A.I. Davidson et D. Lorenzini (éd.), *Pierre Hadot, La philosophie comme éducation des adultes ; Textes, perspectives, entretiens*, Paris, Vrin, 2019, p. 323-359.

au cycle platonicien commençant par le *Premier Alcibiade*. Et c'est à cause de son caractère introductif que Simplicius interprète le *Manuel* stoïcien en se fondant sur la métriopathie aristotélicienne, qui mène au premier degré des vertus néoplatoniciennes.

En plus, selon Simplicius (*In Ench. Epict.*, XXX 3-8, *infra*, p. 21), le *Manuel* se divise en deux parties[1] : une première, où Épictète s'adresserait à tous les hommes désireux de faire des progrès moraux, et une deuxième, qui commence avec le chapitre 22 et qu'il destinerait à un interlocuteur déjà passablement avancé et décidé à pratiquer la philosophie. On peut à bon droit s'étonner de ce découpage qui, malgré sa fortune postérieure[2], n'est pas évident. Simplicius y a probablement été conduit en remarquant la présence du mot « philosophie » au début de ce chapitre 22 Boter (= chap. XXX du commentaire) : « Si tu es désireux de la philosophie, prépare-toi » etc., et la tournure « contente-toi en tout d'être un philosophe », qui se trouve au chapitre 23 du *Manuel* (Boter). De la même manière, l'occurrence des mots « si tu es réellement philosophe » au chapitre 32, 1 du *Manuel* donne à Simplicius l'occasion de réaffirmer (XXXIX 145-150) que, dans ce chapitre et les suivants, comme également dans les chapitres précédents à partir de la coupure indiquée par lui (chap. XXX 3-9), le *Manuel* s'adresse à ceux qui, ayant déjà de quelque façon progressé, ont atteint un stade moyen quant à leur perfectionnement moral. Aux yeux d'un néoplatonicien tardif ces évocations de la philosophie signifiaient clairement que le *Manuel* s'adressait désormais à une autre catégorie d'hommes. Les chapitres précédents, dont toute mention ou allusion à la philosophie était absente, étaient destinés à ceux qui avaient encore besoin de mettre en ordre et de dompter leurs passions, c'est-à-dire l'irrationalité qui se trouvait en eux. Pour un néoplatonicien, il était hors de question que des gens encore soumis à leurs passions pussent commencer des études de philosophie : les commentateurs alexandrins des *Catégories* sont unanimes sur ce point[3]. Il fallait avoir fait des progrès éthiques considérables pour pouvoir aborder la philosophie en ayant acquis le plus complètement possible le premier degré des vertus néoplatoniciennes, les vertus civiles ou politiques. Le signe infaillible d'un progrès suffisant était le fait de se retirer de la vie publique et des

1. Dans ce qui suit, sauf la partie concernant le néoplatonicien Hiéroclès, je reprends une partie du chapitre « Le plan du commentaire sur le *Manuel* d'Épictète » dans I. Hadot, *Simplicius. In Ench.* (1996), p. 145-151.

2. *Cf.* P. Hadot, « La survie du commentaire de Simplicius sur le *Manuel* d'Épictète du XVe au XVIIe siècle : Perotti, Politien, Steuchus, John Smith, Cudworth », dans I. Hadot (éd.), *Simplicius – Sa vie, son œuvre, sa survie*, p. 267-286.

3. *Cf.* I. Hadot, *Simplicius. In Cat.*, p. 94 et p. 131-134.

affaires et de vouloir se tourner exclusivement vers soi-même (*cf.* plus loin chap. XXXII 3 *sq.* et XXXIII 3 *sq.*, p. 26 et 38). Ainsi l'occurrence dans le *Manuel* des mots « philosopher » et « philosophe », qui est en fait, me semble-t-il, plutôt fortuite [1], déclenche en Simplicius une réaction de philosophe néoplatonicien prisonnier de son propre système pédagogique tout en nuances, qui correspond au système néoplatonicien non moins différencié des degrés de vertu. Mais les deux parties s'adressent aux yeux de Simplicius à des débutants : la première à ceux qui commencent une formation morale, et la deuxième à ceux qui veulent commencer des études de philosophie.

Il est intéressant de constater que le néoplatonicien Hiéroclès, ayant choisi de commenter le *Carmen aureum* comme introduction à l'étude du curriculum proprement philosophique néoplatonicien, procède dans son commentaire selon un schéma qui est comparable à celui de Simplicius. Dans son proème, Hiéroclès – comme Simplicius dans sa préface – souligne le rôle important que joue la forme versifiée ou sententieuse dans une œuvre préparatoire à la philosophie scientifique. Il écrit en effet [2] : « Therefore to acquire this science [c'est-à-dire l'ensemble de la philosophie pratique et scientifique] that will render us pure and perfect we need certain briefly defined rules, technical aphorisms, as it where, so that we may attain in an orderly and well-arranged fashion the perfection of our happiness. Of such rules that are directed to the whole of philosophy I would with good reason rank among the first the Pythagorean verses, the so-called "golden" verses. For these encompass the universal doctrines of all philosophy, both practical and contemplative, through which one may acquire truth and virtue, regain one's purety, succeed in obtaining likeness to god... ». Schibli commente (p. 171, n. 4) : « The *Golden Verses*, like the *Manuel* of Epictetus, belongs to the body of literature... that through aphorisms, moral maxims, and condensed ethical precepts provided an elementary moral education... ». Et, comme Simplicius dans son commentaire sur le *Manuel* d'Épictète, Hiéroclès interprète le *Carmen aureum* en se fondant sur la métriopathie aristotélicienne caractéristique du premier degré des vertus néoplatoniciennes, les vertus "civiles" ou "politiques", l'*apatheia* étant réservée aux vertus

1. *Cf.* P. Hadot, le sous-chapitre 4 « Plan du Manuel », dans I. et P. Hadot, *Apprendre à philosopher*, p. 26-40.

2. *In Carmen aureum, proème* 2 : je cite la traduction anglaise du commentaire de Hiéroclès sur le *Carmen aureum* de H.S. Schibli, *Hierocles of Alexandria*, Oxford, Oxford University Press 2002, p. 170 *sq.*

cathartiques et théorétiques. Schibli remarque en effet[1] : « Throughout the *Commentary* Hierocles will stress the need to moderate the passions (*cf.* esp. X 4 (35,22-3) and n. 9), but, unlike the Stoics with their doctrine of "the absence of passion" (ἀπάθεια), he never speaks of eradicating them (*cf.* esp. XIX 5 (82, 14) and n. 10). » Et, last but not least, Hiéroclès aussi divise le *Carmen aureum* en parties selon l'état de préparation progressive des lecteurs : comme Schibli le constate (*op. cit.*, p. 16-17), les chapitres I-XIX (vers 1-44) traitent selon Hiérocles des vertus civiles, les chapitres XX-XXV (vers 45-66) des vertus contemplatives, des sciences (ἐπιστῆμαι), tandis que les chapitres XXVI – épilogue (vers 67-fin) traitent de la télestique. La phrase qui marque la séparation à la fin de la première partie, est la suivante : « And at this point the text leaves off, about to pass over to the precepts that make divine » (Schibli, p. 271), et à la fin du chapitre XXV Hiéroclès remarque : « Such are the pronouncements of the text about virtue and truth. It has, on the one hand, brought the precepts concerning virtue to an end in the nightly summary and, on the other, defined the expectations we have of the truth to the point of reaching the healing and the salvation of the soul. Now it adds the precepts about the purification that gives wings to the luminous element, joining this as a third kind of philosophy to the aforesaid. » (Schibli, p. 308)

En ce qui concerne Épictète, les *Entretiens* et le *Manuel* nous donnent l'impression qu'ils s'adressent toujours à la même catégorie d'hommes, aux progressants tout court[2]. Et si, à propos du chapitre 48 du *Manuel*, Simplicius attribue (chap. LXVI 7-12, *infra*, p. 203) à Épictète une division de l'humanité qui distingue ignorants (ἰδιῶται), progressants (προκόπτοντες) et philosophes, avec la subdivision des progressants en ceux qui commencent leur éducation (οἱ ἀρχόμενοι παιδεύεσθαι) et ceux qui y ont déjà fait quelques progrès (οἱ ποσῶς ἤδη προκεκοφότες), on constate que seuls les trois termes "ignorant", "progressant", "philosophe" apparaissent dans ce chapitre, mais non pas la subdivision des progressants. La subdivision complète des progressants ne se retrouve, à ma connaissance, nulle part dans l'œuvre d'Épictète. Il est vrai que, dans le *Manuel*, à la fin du chapitre 5, Épictète mentionne brièvement, à côté de l'ignorant, celui qui a commencé son éducation et celui qui a achevé son éducation, ce qui correspond à la tripartition du chapitre 48 du *Manuel*, mais on chercherait en vain le deuxième membre de la subdivision de Simplicius, donc « ceux qui ont déjà fait quelques progrès ». La seule fois

1. H.S. Schibli, *Hierocles of Alexandria*, *op. cit.*, p. 170, note 3.

2. *Cf.* à ce sujet aussi P. Hadot dans I. et P. Hadot, *Apprendre à philosopher*, sous-chapitre I, 4 « Le plan du *Manuel* ».

qu'une expression comme ἤδη προκόπτοντες apparaît dans les *Entretiens* (III, 2, 5), elle s'applique à ceux qui sont presque déjà des sages : il ne leur manque que l'infaillibilité du jugement dans leurs rêves et en l'état d'ivresse. Ceux-ci ne sont donc pas identiques aux progressants qui ont atteint tout juste le stade moyen de perfectionnement moral dont parle Simplicius. Dans le commentaire de Simplicius par contre, les deux membres de la subdivision, ceux qui commencent leur éducation et ceux qui sont en cours d'éducation, apparaissent comme des termes techniques bien avant qu'il ne commente le chapitre 5 du *Manuel* (par exemple en V 22 ; VII 78 ; VII 81), là où se trouve chez Épictète la première et unique mention de « ceux qui ont commencé leur éducation ».

En effet, nous venons de le dire, en de très nombreux endroits de son commentaire (entre autres en XI 52-84), Simplicius classe les hommes en

1) hommes sans éducation (οἱ ἀπαίδευτοι),

2) hommes ayant commencé leur éducation (οἱ ἀρχόμενοι παιδεύεσθαι), c'est-à-dire ayant commencé à mettre en ordre leur irrationalité,

3) hommes qui sont en cours d'éducation, (οἱ [ἤδη] παιδευόμενοι), c'est-à-dire qui sont encore en train de mettre en ordre l'irrationalité,

4) hommes qui ont achevé leur éducation (οἱ πεπαιδευμένοι), c'est-à-dire qui ont achevé la mise en ordre de l'irrationalité.

La première catégorie est identique aux "ignorants" de la classification d'Épictète, et les deuxième et troisième catégories correspondent aux deux subdivisions que Simplicius a introduites dans la classification d'Épictète à propos des progressants. Cette division joue un très grand rôle dans tout son commentaire[1], et Simplicius introduit cette division, qui lui est familière et indispensable, dans l'œuvre d'Épictète. C'est en effet aux catégories 2 et 3 que le *Manuel*, à son avis, s'adresse successivement.

D'ailleurs, si la première partie du *Manuel* s'adressait réellement, comme le pense Simplicius, à ceux qui n'ont pas encore de formation morale, mais veulent en acquérir, et la deuxième à ceux qui ont déjà fait des progrès et veulent commencer des études philosophiques, on devrait s'attendre à trouver, dans le *Manuel*, une certaine gradation dans les exhortations, qui correspondrait aux différents niveaux du progrès moral. Mais il n'en est rien. Nous trouvons même occasionnellement des exhortations presque identiques dans les deux parties que Simplicius veut distinguer dans le *Manuel*, par exemple dans les chapitres 2, 2 et

1. *Cf.* mon commentaire à propos de *In Ench.*, V, 22 (= I. Hadot, *Simplicius. Sur le Manuel*, t. I, p. 145, n. 4, p. 39).

48, 3 du *Manuel.* Une fois seulement Simplicius s'en aperçoit lui-même, mais il s'efforce de faire apparaître un progrès dans l'argumentation en soulignant que les exemples, sur lesquels Épictète fonde ses exhortations dans le chapitre 4 et le chapitre 33, 13 (cf. *infra*, p. 178), se différencient par un certain degré de difficulté : dans le chapitre 4 Épictète parle d'un simple bain, mais dans le chapitre 33, 13, de la visite chez un homme puissant et influent.

Par ailleurs, quand Simplicius parle de l'agencement des chapitres du *Manuel* et du progrès de l'argumentation, il ne mentionne pas une seule fois Arrien, mais toujours Épictète. Ceci est d'autant plus étonnant que Simplicius sait que l'ordonnance des chapitres du *Manuel* n'est pas dû à Épictète lui-même, mais à Arrien qui, nous dit-il au début de son commentaire, a composé le *Manuel* « en choisissant parmi les propos d'Épictète ceux qui étaient les plus opportuns et les plus nécessaires pour la philosophie ». Pourquoi donc faire comme si l'ordre des chapitres était l'œuvre d'Épictète lui-même? A-t-il oublié, dans le feu de son interprétation, que c'était Arrien qui avait choisi et mis en ordre les textes qui forment le *Manuel*?

Quant à la vraie structure du *Manuel*, je pense avec M. Pohlenz, A. Bonhöffer et d'autres qu'il est assez probable qu'Arrien lui-même avait voulu composer le *Manuel* en suivant les trois *topoi* à l'aide desquels Épictète avait divisé la philosophie. Il s'agit des trois *topoi* de l'ὄρεξις (désir), de la ὁρμή (tendance positive) et de la συνκατάθεσις (assentiment). Je cite à ce propos P. Hadot[1] : « Le lien entre les chapitres du *Manuel* n'est pas évident, au premier abord. Mais, à la réflexion, on peut déceler dans le petit ouvrage une structure bien articulée. Les premières lignes du premier chapitre annoncent très bien le plan de l'ouvrage. Le principe fondamental qui reviendra tout au long des chapitres est très clairement énoncé. Il s'agit de la distinction entre ce qui dépend de nous et ce qui ne dépend pas de nous. Ce qui dépend de nous correspond à ce que l'on pourrait appeler les trois activités de l'âme :

– tout d'abord, le désir ou l'aversion à l'égard des choses qui nous affectent;

– ensuite, l'impulsion à agir ou le refus d'agir, dans le domaine des choses que nous faisons, dans le domaine de l'action;

– enfin, l'assentiment que nous donnons à nos jugements.[2] »

1. P. Hadot dans I. et P. Hadot, *Apprendre à philosopher*, p. 26 *sq.*
2. Pour plus de détails, cf. *infra*, p. 210, n. 1.

Le fait que le troisième *topos* n'est pas développé dans le *Manuel*, mais seulement mentionné, ne doit pas nous surprendre. Épictète lui-même souligne très souvent dans ses *Entretiens* que le troisième *topos* ne doit être abordé qu'après une très longue familiarisation avec les deux premiers. D'après *Entretiens*, IV, 10,13, l'on peut se considérer heureux même si l'on ne fait qu'effleurer le troisième *topos* à la fin de sa vie. Il n'est donc guère étonnant que le *Manuel*, qui est par définition une collection de propos qu'il faut avoir toujours sous la main, présente à l'esprit, ne s'occupe pas de ce *topos*.

Simplicius n'était manifestement pas conscient de l'importance qu'avaient les trois *topoi* dans la philosophie d'Épictète, bien que celui-ci les ait mentionnés souvent dans ses *Entretiens*. Sa méprise sur la signification du terme ὁρμή chez Épictète [1] le prouve encore plus que son erreur en ce qui concerne le plan du *Manuel*. Il est possible qu'il n'ait pas relu les *Entretiens* avant de commenter le *Manuel*, mais il est plus probable encore qu'il les ait toujours lus avec les yeux d'un néoplatonicien. Tout se passe en effet comme si l'idée de la division du *Manuel* en deux parties lui était venue juste au moment où il rencontrait les mots du *Manuel* « Si tu es désireux de la philosophie » et « contente-toi en tout d'être un philosophe ». Car s'il avait eu cette vision d'une bipartition du *Manuel* déjà auparavant, il l'aurait certainement mentionnée et expliquée dans le chapitre de l'introduction où, selon l'usage, il était question de la division en parties et chapitres de l'ouvrage à commenter.

2. *Bilan et perspectives de la recherche (2001-2019)*

L'introduction que j'ai donnée à l'édition et traduction partielles du commentaire, parue aux Belles Lettres en 2001, reflétait l'état de mes recherches sur la vie et l'œuvre de Simplicius correspondant à cette date [2]. J'ai pu évidemment compléter entre temps ma connaissance du sujet, en partie grâce à la littérature secondaire parue depuis 2001, mais aussi par mes propres recherches et travaux. En voici un bref aperçu.

1. *Cf.* I. Hadot, « La réception des doctrines stoïciennes par Simplicius dans son commentaire sur le *Manuel* d'Épictète », dans I. Hadot, *Simplicius, Sur le Manuel*, t. I, p. CI-CXXVIII.

2. Cette introduction ne remplace que partiellement l'introduction très développée à ma première édition, parue en 1996 chez Brill, mais elle contient aussi des nouveautés, comme le chapitre signalé ci-dessus, n. 1, et l'Appendice.

Mon article « Die Stellung des Neuplatonikers Simplikios zum Verhältnis der Philosophie zu Religion und Theurgie », paru en 2002[1], ne traite qu'un seul aspect particulier, mais central, de la philosophie de Simplicius. La même position de Simplicius est mentionnée brièvement aussi dans mon étude sur le thème plus général « Les attitudes diverses des néoplatoniciens au sujet de la théurgie » paru en 2017[2].

Le petit livre de Ilsetraut et Pierre Hadot, intitulé *Apprendre à philosopher dans l'Antiquité. L'enseignement du « Manuel d'Épictète » et son commentaire néoplatonicien*[3], constitue une introduction au *Manuel d'Épictète*, œuvre stoïcienne majeure du IIe siècle de notre ère (P. Hadot), ainsi qu'au commentaire de cette œuvre rédigé trois siècles plus tard par le néoplatonicien Simplicius (I. Hadot). Une approche d'ensemble de ces deux œuvres, de leurs caractéristiques formelles et doctrinales, ainsi que l'étude comparative de quelques thèmes choisis (la distinction de « ce qui dépend de nous » et de « ce qui ne dépend pas de nous », les paraboles de l'escale et du banquet, le rapport entre religion et philosophie) permettent de cerner des postures philosophiques fondamentales, touchant la question de la piété, celle du destin et du libre arbitre, ou encore de notre rapport aux maux et à la mort.

Après la parution du tome I, j'ai dû répondre à une critique de la part de Mlle C. Luna, réviseur du premier tome, critique parue peu de temps avant la parution du premier tome et sans que j'en sois avertie d'avance[4]. Dans cet article elle s'attaquait vivement aussi bien aux principes de mon édition du texte grec[5] qu'à mon interprétation de ce dernier. Comme la date de parution de l'article de Mlle Luna et le silence qui en avait été

1. Dans *Metaphysik und Religion. Zur Signatur des spätantiken Denkens*. (Akten des internationalen Kongresses vom 13. – 17. März 2001 in Würzburg), hgg. Von Th. Kobusch und M. Erler, München, Saur, p. 323-342.

2. Dans *Hyperboreus. Studia Classica*, vol. 23, 2017, fasc. 1, p. 92-122.

3. Livre de Poche références, Paris, Librairie Générale Française, 2004.

4. C. Luna, « Compte-rendu de R. Thiel, *Simplikios und das Ende der neuplatonischen Schule* (Mayence, Akademie der Wissenschaften und der Literatur, Abhandl. der geistes- und sozialwissenschaftlichen Klasse, 8, 1999) », *Mnemosyne*, LIV, 2001, p. 482-504.

5. Principes d'édition qui avaient été pourtant approuvés pleinement par M. Jean Irigoin, grand spécialiste de la paléographie grecque et de l'édition de textes grecs antiques (qui, en plus, avait fait imprimer mon article « La tradition manuscrite du commentaire de Simplicius sur le *Manuel* d'Épictète » dans la *Revue d'Histoire des Textes*, t. VIII, 1978, p. 1-108, avec un supplément t. XI, 1981, p. 388-395), principes qui ont été confirmés par M. G. Boter (*The* Encheiridion *of Epictetus and its Three Christian Adaptations*, Leiden, Brill 1999, p. 93 : « The description of the relationship of the MSS of Simplicius'commentary as given by Hadot is convincing, and I see no reason to depart from her conclusions with regard to the stemma. »)

gardé m'avaient empêchée de lui répondre dans l'Introduction au Ier tome, je n'ai pu réfuter les thèses de C. Luna que plus tard dans mon article « Dans quel lieu le néoplatonicien Simplicius a-t-il fondé son école de mathématiques, et où a pu avoir lieu son entretien avec un manichéen ? »[1] Je me permets d'en citer le sommaire :

> The Historian Agathias (Hist. II. 3-31.4) relates that under the Emperor Justinian seven philosophers (Damascius, Simplicius, Eulamius, Priscianus, Hermeias, Diogenes, and Isidorus) sought refuge in Persia because of their own country's anti-pagan laws but that they ultimately returned in 532 to the Roman Empire. There have been many hypotheses about the fate of these philosophers after their return. Most recently M. Tardieu has argued that these philosophers went to Harran, a town that was located on the Persian frontier and that remained mostly pagan until the tenth century. This hypothesis, which M. Tardieu had backed with a number of argumentts, has found many echoes, both positive and negative, in subsequent secondary literature. Yet the complexity of the issue has never really been faced. For example, the fact that, according to Arab sources, Simplicius could found a famous school of mathematics has been completedly neglected, as has the fact that details of the dogmas of Manicheanism, which he obtained through his encounter with a member of that sect, enable one to envision a Mesopotamian locale for this encounter. The present study aims at taking stock of the elements of this controversy, beginning with a detailed article by D. Watts and a review by C. Luna. Watts mostly bases his criticisms of M. Tardieu and me on Luna's summary. In the conclusion (pages 58-59), I summarize the main points that seem to me to confirm M. Tardieu's hypothesis.

Grâce à l'article de Louis-André Dorion, intitulé « Héraclite ou Héraklès ? A propos d'Épictète, *Manuel* 15 »[2], je suis maintenant convaincue qu'il faut lire, tant dans le texte d'Épictète qu'au tome I, chap. XXIII, 49 (= chap. XXIII, 39 de l'édition Brill) du commentaire de Simplicius sur le *Manuel* d'Épictète, Ἡρακλῆς au lieu de Ἡράκλειτος. L'argumentation de L.-A. Dorion est minutieuse et exhaustive et ne laisse aucun doute sur la justesse du changement qu'il propose. Je peux encore ajouter que la leçon de A, l'un des deux meilleurs manuscrits de mon édition, est Ἡράκλητος, leçon à mi-chemin entre Ἡρακλῆς et Ἡράκλειτος (ce que l'apparat critique raccourci par C. Luna ne mentionne pas), faute qui s'explique peut-être par une abréviation tachygraphique équivoque

1. Dans *The International Journal of the Platonic Tradition*, I, 2007, p. 42-107, et *ibid.*, t. II, 2007, p. 263-269. *Cf.* aussi mes réfutations de C. Luna dans I. Hadot, *Le néoplatonicien Simplicius*, p. 34 ; 37 *sq.* ; 39 n. 87 ; 92 *sq.* ; 94 ; 98 *sq.* ; 101 n. 234.

2. Paru dans *Revue de Philologie, de Littérature et d'Histoire Anciennes*, t. 89, Paris, 2015, p. 43-63.

à la fin du mot dans le manuscrit modèle inconnu de A et qui a été mal interprétée.

Dans mon article mentionné plus haut et dans mon livre de 2014 sur Simplicius [1], j'ai pu (avec Ph. Vallat [2]), à l'appui d'un grand nombre d'études importantes d'autres auteurs (entre autres, des articles récents de M. Tardieu [3]), ajouter de nombreux arguments supplémentaires en ce qui concerne le séjour et l'enseignement de Simplicius à Ḥarrān (ville située dans l'empire byzantin, mais proche de la frontière perse et située dans la sphère d'influence des rois de la Perse) après qu'il eut quitté la cour de Chosroès ; dans ce même livre (aux pages 187-221), ainsi que dans mon article intitulé « Simplicius or Priscianus ? [4] », j'avais réfuté en

1. Cf. *supra*, p. 16 et n. 1.

2. Ph. Vallat a le grand mérite d'avoir, entre autres, reconnu dans la dernière partie du nom Aṯāwālīs du dédicataire du commentaire de Simplicius sur le *De anima* d'Aristote le nom de l'astrologue fameux Vettius Valens, apparaissant sous cette forme « Wālīs » en tant qu'un des prophètes des Ṣābiens de Ḥarrān : *cf.* Ph. Vallat chez I. Hadot, *Le néoplatonicien Simplicius*, p. 102-129.

En ce qui concerne plus généralement l'influence souvent niée du néoplatonisme sur la philosophie arabe, *cf.* D.J. O'Meara, « Religion als Abbild der Philosophie. Zum neuplatonischen Hintergrund der Lehre Al-Farabis », dans *Metaphysik und Religion. Zur Signatur des spätantiken Denkens* (cf. *supra*, p. 15, n. 1), p. 343-353, et Vallat, *Farabi*.

3. Il s'agit des articles importants suivants : « Les temples des Sabéens de Ḥarrān et le sabéisme de Schelling », dans P. Scarpi et M. Zago (éd.), *Ermetismo ed esoterismi : mondo antico e riflessi contemporanei*, Padova, Libreriauniversitaria.it edizioni, 2013, p. 261-302 : dans certains contextes, le mot « temple » ne désignait pas un édifice religieux, mais était un terme astrologique, et « Religion d'Abraham. Un concept précoranique », dans S.H. Aufrère-Fr. Möri (éd.), *Alexandrie la Divine. Sagesses barbares*, p. 419-460, Genève La Baconnière, 2016.

4. A la p. 179, ligne 1 de cet article il faut lire : « from Theophrastus » au lieu de « by Theophrastus ». Voici le résumé (*abstract*) de cet article :

« This article represents a new contribution to the author's debate with C. Steel as to the authenticity of the Commentary on Aristotle's *De Anima*, attributed by the manuscrits to the 6th-century A.D. Neoplatonist philosopher Simplicius. On the basis of what he claims are stylistic and doctrinal differences between the *In DA* and Simplicius'other commentaries, Steel has argued that the *In DA* cannot be by Simplicius, but is instead to be attributed to his contemporary Priscian of Lydia. In the present article, it is argued (1) that the alleged stylistic differences between the *In DA* and Simplcius'other commentaries can be explained by other considerations : in particular, the vocabulary and style of the Neoplatonist commentators is largely determined by the text commented upon, as well as the level of studies of the audience for whom each commentary is intended. (2) The alleged doctrinal differences between the *In DA* and Simplicius'other commentaries simply do not exist. Careful examination of Steel's arguments shows that they suffer from serious methodological flaws, including the failure to take into consideration Simplicius' *Commentary on the Manual of Epictetus*, and the ambiguity of Neoplatonic philosophical terminology. It is concluded that in the whole of Steel's argumentation, there is not one decisive argument which would allow us to conclude that the commentary on the *De Anima* attributed by direct and indirect tradition to Simplicius, is inauthentic. »

détail la thèse de C. Steel qui veut attribuer à Priscianus le commentaire de Simplicius sur le *De anima* d'Aristote[1] tout en refusant de prendre en compte[2], dans ses recherches, le commentaire de Simplicius sur le *Manuel* d'Épictète, œuvre qui contient, avec le commentaire sur le *De anima*, le plus grand nombre de développements sur l'âme raisonnable humaine et par conséquent aussi de nombreux parallèles textuels avec le commentaire sur le *De anima*, parallèles qui vont à l'encontre de la thèse de C. Steel.

A propos de l'hypothèse très probable[3] concernant le séjour de Simplicius à Ḥarrān après avoir quitté la cour de Chosroès, hypothèse proposée par M. Tardieu, défendue par moi-même et acceptée aussi par le distingué historien américain des mathématiques David Pingree[4] – décédé (en 2005) malheureusement avant que j'eusse pris connaissance de ses œuvres[5], ce qui m'a empêché de prendre contact avec lui –, deux articles de D. Marcotte sont à prendre en considération accessoirement[6] : ayant comparé les parties géographiques contenues dans la fameuse « Collection philosophique » écrites dans une écriture caractéristique pour la période entre 850 et 870, surtout les *Chrestomathies* de Strabon, avec les *Solutiones de quibus dubitavit Chosroes rex Persarum* de Priscien (un des philosophes néoplatoniciens qui avaient quitté Athènes avec Damascius et Simplicius pour aller en Perse), D. Marcotte constate un lien de ces parties avec ce groupe de philosophes exilés : « Dans le milieu en question, on avait accès au corpus de Marcien, auteur par ailleurs peu cité, mais que Priscien lui-même dit avoir utilisé ; comme Priscien,

1. *Cf.* à ce sujet aussi I. Hadot, *Le néoplatonicien Simplicius*, p. 184-226 ; I. Hadot, *Simplicius. In Ench.* (1996), p. 70-113 ; I. Hadot, *Athenian and Alexandrian Neoplatonism*, p. 163 avec la note 340.

2. *Cf.* C. Steel, « Simplicius », *On Aristotle On the Soul* 2.5-12, dans *Priscian, On Theophrastus on Sense-Perception, with "Simplicius", On Aristotle On the Soul 2.5-12*, translated by P. Huby et C. Steel (*Ancient commentators on Aristotle*, ed. R. Sorabji, London Duckworth, 1997), p. 137, n. 10.

3. *Cf.* I. Hadot, *Le néoplatonicien Simplicius*, p. 130-133.

4. *Cf.* les citations de différentes œuvres de D. Pingree dans I. Hadot, *Le néoplatonicien Simplicius*, aux pages 49 ; 50 *sq.* ; 52 et n. 121 ; 56-59 ; 62 ; 66 ; 68 n. 167 ; 69 n. 169 ; p. 73, n. 182 ; 75 *sq.* ; 98 n. 228 ; 121 *sq.* ; 248 notes 21 et 24.

5. Œuvres importantes qui, à ma connaissance, ont curieusement été négligées par tous les historiens, arabisants et autres, qui se sont occupé de la question de savoir où le groupe de philosophes athéniens avait trouvé refuge après leur séjour à la cour de Chosroès.

6. D. Marcotte, « Le corpus géographique de Heidelberg (Palat. Heidelb. Gr. 398) et les origines de la "Collection Philosophique" », dans C. d'Ancona (éd.), *The Libraries of the Neoplatonists*, *Philosophia Antiqua*, t. 107, Leiden-Boston, Brill, 2007, p. 167-175, et « Priscien de Lydie, la géographie et les origines néoplatoniciennes de la "Collection philosophique" », *Journal des Savants*, Année 2014, Paris, p. 165-203.

on consultait Ptolémée dans le texte, dans ses cartes et jusque dans les légendes de celles-ci ; comme Simplicius, on accordait une importance particulière au fleuve Aboras[1], jusqu'à faire commencer par sa mention un recueil d'extraits géographiques couvrant toute l'Asie et l'Afrique ; on marquait une attention spéciale pour les sites qui, chez Strabon, étaient mis en relation avec des écoles philosophiques ; on partageait sur l'origine du nom de la Grande-Grèce les opinions de Porphyre et de Jamblique ; enfin, on pouvait qualifier Platon de ὁ μέγας. En dehors du cercle de Damascius et des platoniciens qui l'ont accompagné auprès du Perse Chosroès, on ne voit guère dans quel milieu ces différents traits auraient pu se trouver réunis. »[2]

En prenant appui entre autres sur les recherches de D. Marcotte sur l'ensemble de la « Collection philosophique » qui contenait aussi un manuscrit de Damascius, *Sur les principes* et le *Commentaire sur le Parménide*, Michael Chase, dans son article « Damascius and al-Naẓẓām on the atomic leap »[3], défend contre M. Rashed la thèse de R. Sorabji selon laquelle les ressemblances entre Damascius et Ibrāhīm al-Naẓẓām étaient si étroites que l'on est en droit de supposer une sorte d'influence historique de Damascius sur al-Naẓẓām. L'argumentation de M. Chase rend très probable que l'influence de Damascius sur al-Naẓẓām a pu se produire par l'intermédiaire des néoplatoniciens qui s'étaient réfugiés en 531 ou 532 pour deux ans à la cour de Chosroès et qui par la suite étaient restés dans une région soumise à l'influence perse. Dans le présent cadre, je me restreins à reproduire une partie de la conclusion de M. Chase : « To summarize : as Richard Sorabji pointed out a generation ago, Damascius and al-Naẓẓām seem to have arrived at a similar solution to Zeno's paradox of the dichotomy, involving the postulation of a leap … that allows objects in motion to disappear from one place and reappear in another, without traversing the (infinite number of) intermediary intervals between any two places. While Sorabji postulated some form of direct influence, it has been objected that Damascius was never translated into Arabic[4]. However, now that D. Marcotte has established that the ancestors of at least part of the *Collection Philosophique*, to which the manuscript A of Damascius belongs, were present at the court of Hosrow I in 531-532, it does not seem inconceivable that some version of some

1. *Cf.* I. Hadot, *Le néoplatonicien Simplicius*, p. 87-90.
2. D. Marcotte, l'article « Priscien de Lydie… », p. 203.
3. Paru dans *Mnemosyne*, 72/4, 2019, p. 585-620.
4. C'est l'avis de M. Rashed.

of Damascius'works, or perhaps extracts therefrom, may have been available to al-Naẓẓām three centuries later, perhaps in a Middle Persian translation. »

Enfin, mon livre assez récent *Athenian and Alexandrian Neoplatonism and the Harmonization of Aristotle and Plato* définit plus amplement la situation de Simplicius, successivement élève d'Ammonius à Alexandrie et de Damascius à Athènes, à l'intérieur de la tendance harmonisante du néoplatonisme [1].

La traduction en entier ainsi que les notes à la traduction des chapitres XXX à XXXIX et LIV jusqu'à la fin (Épilogue) sont de moi, et la plupart des notes des chapitres XL à LIII (signées [S.T.]), de M. Toulouse. C'est à lui, qui a bien voulu être le collaborateur et l'éditeur de ce livre, que j'exprime toute ma gratitude.

La rédaction des notes de commentaire a été achevée pour l'essentiel en 2017.

1. *Cf.* à présent aussi I. Hadot, *Simplicius, the Neoplatonist in Light of Contemporary Research : a Critical Review*, with two contributions of Ph. Vallat, translated from the French by I. Drummond, Baden-Baden, Academia, 2020.

COMMENTAIRE DE LA SECONDE PARTIE DU *MANUEL* SELON SIMPLICIUS

(CHAPITRE 22 DU *MANUEL* – FIN)

XXX Si tu es désireux de la philosophie [1], prépare-toi dès lors à encourir la dérision (*Ench.*, chap. 22, l. 1-2 Boter)

[*Le futur philosophe doit se prémunir contre les opinions des autres à son sujet.*]

Après avoir par tant et de tels conseils exhorté tous les hommes, en tant qu'hommes, à s'écarter, parce qu'elles leur sont étrangères, des choses extérieures et de la passion [2] qu'ils éprouvent pour elles, et à chercher au contraire en eux-mêmes le bien et le mal, chose qui convient à des êtres vivants doués d'autodétermination et maîtres de leur choix et de leur tendance, à partir de maintenant, désormais, il adresse la plupart de ses propos à un interlocuteur déjà passablement avancé et désireux de pratiquer la philosophie. Et tout de suite il prémunit contre les premiers moments d'un tel désir, en disant à l'avance les choses qui arrivent habituellement aux gens de son espèce, afin qu'elles ne les troublent pas, quand ils se heurtent soudain à l'obstacle et qu'elles ne dissolvent pas leur projet de vie. Car la plupart des gens habituellement supportent mal ceux qui veulent s'éloigner de la manière habituelle de vivre. Parfois même, pour ne pas paraître, eux, plus malheureux, ils se moquent d'eux, surtout les parents, et les tournent en dérision, parfois aussi, pensant qu'ils s'exaltent d'une manière injustifiée, ils les blâment, à la fois s'irritant contre eux et voulant par envie émousser leur bonne volonté. Et beaucoup, certes, vaincus par ces rires, ces railleries (μώκοις)

1. *Cf.* introduction, section 1, p. 9-13.
2. A propos de πτοία, *cf.* I. Hadot, *Simplicius. Sur le Manuel*, t. I, p. 112, n. 5 (p. 178).

et ces blâmes, ont déserté leur poste[1] et sont revenus à leurs habitudes antérieures – le μῶκος, c'est le plissement du nez[2] et le mépris signifié par ce geste –, mais, pour d'autres, ce n'est pas seulement jusqu'au rire, à la raillerie, aux reproches que s'étendent les limites de leur adversité, mais ils ont à supporter des risques et des dangers, eux-mêmes et ceux qui s'associent à eux pour une bonne éducation, tantôt de la part de leurs proches, à cause de la compassion de ces derniers qui pensent que ces futurs philosophes ne seront dans la vie que des bons à rien, tantôt de la part des gens de l'extérieur, qui parfois envient la supériorité de leur vie moralement plus belle et s'irritent de se sentir méprisés, eux et leur genre de vie.

[*Le vrai philosophe n'est ni hautain ni méprisant envers les autres.*
a) *Distinction entre la vaine exaltation et la grandeur d'âme.*]

Il arrive, effectivement, que certains de ceux qui, tout en désirant la philosophie et la bonne manière de vivre en vertu d'une certaine bonne nature et bonne fortune, mais, n'étant pas encore possédés par elle, ne participent encore qu'en espoir et en imagination à l'excellence qu'elle a par rapport à tous les autres genres de vie, s'exaltent comme s'ils la possédaient déjà, précisément parce qu'ils ne la possèdent pas. Car rien n'est aussi étranger à la philosophie et à la bonne manière de vivre que le sourcil levé[3] et cette vaine exaltation qui ne tient pas compte du « Connais-toi toi-même », ce précepte du dieu, qui est le commencement et la fin de toute philosophie et de toute bonne manière de vivre. De ces deux choses, ceux qui s'exaltent paraissent donc immédiatement indignes. Car cette exaltation ne vient pas de la grandeur de l'âme, mais elle est une enflure vide qui, à la fois, d'une manière contre nature, se répand vers les choses extérieures et se sépare des choses qui sont à l'intérieur[4], tandis que la saine grandeur, d'une manière analogue à ce qui se passe dans les corps, est la conséquence de l'état conforme à la nature dans lequel se trouvent

1. Allusion à Platon, *Apologie de Socrate*, 28d10-29a1, où Socrate dit n'avoir jamais quitté son poste, ni comme soldat ni comme philosophe.

2. La langue française ne connaît pas de mot correspondant aux mots grec (μυκτερισμός) et allemand (Nasenrümpfen) qui tous les deux désignent en même temps la grimace caractéristique et sa signification. – Il est assez inattendu que Simplicius prenne la peine de donner la définition d'un mot grec. S'agit-il d'une glose d'un copiste ?

3. L'expression « sourcil levé », désignant un comportement hautain, servait surtout à caractériser l'attitude des philosophes : *cf.* les références données par J. Taillardat, *Les images d'Aristophane*, Paris, 1962, p. 173.

4. L'enflure résulte probablement d'un gonflement du *pneuma* : *cf.* I. Hadot, *Simplicius. Sur le Manuel*, t. I, XVIII 97-103, p. 110, et I. Hadot, *Le problème*, p. 184-187.

les choses de l'intérieur, et elle se produit d'une façon égale dans le tout et sauvegarde la cohérence du mélange de ce qui est à l'extérieur avec ce qui est à l'intérieur.

b) *Mise en garde contre la vaine exaltation.*]

Il conseille à ceux qui désirent la philosophie d'une part de se garder de cette passion, étant donné qu'elle est haïe par les hommes et que, pour ceux qui l'éprouvent, elle est l'occasion d'être facilement et justement exposés à des attaques ; et, d'autre part, en se purifiant [1] de cette passion, de ne pas se soucier des rires, des railleries et des injures des hommes qui ignorent ce qu'est l'homme et ce qui convient à une telle nature, mais de rester ferme dans le choix de la vie meilleure, dans la pensée que l'on y avait été *exhorté par Dieu* [2]. Car le plus grand des dons de Dieu aux hommes [3], c'est la philosophie. Ceux qui en rient le montrent eux-mêmes : car ils ont une grande idée de la philosophie, mais ils se moquent de nous, en pensant que nous en sommes indignes, lorsqu'ils disent : « *Voilà que soudain il nous est revenu philosophe.* » Ils le montrent bien plus encore, si nous gardons notre résolution jusqu'à la fin, avec douceur et modération : car eux-mêmes seront alors dans l'admiration en voyant, dans celui dont ils avaient ri tout d'abord, la beauté et la grandeur de la philosophie.

[*La double défaite de celui qui se laisse vaincre par les opinions des autres à son sujet.*]

Mais *si, vaincu par leur rire*, dit-il, tu relâches ta résolution et que tu reviennes à ton état antérieur, c'est alors que *tu attireras sur toi une double dérision.* En effet le rire du début, dans le cas où tu aurais fait des progrès et où tu aurais été admiré par les rieurs, n'aurait été rien pour toi, mais il se serait retourné contre les rieurs. Mais si tu te laisses vaincre par eux, tu as alors mérité ce rire, car tu as tenté de *prendre la massue tout en chaussant le cothurne* [4], en t'étant adonné à la philosophie tout en menant une vie vulgaire et relâchée ; et tu as attiré sur toi un deuxième rire, justifié, parce

1. Dans le texte grec, changement du pluriel au singulier.

2. Allusion au même passage de l'*Apologie de Socrate* de Platon que tout à l'heure (*cf.* p. 22, n. 1), mais spécialement à 28e 4-5 : τοῦ θεοῦ τάττοντος … φιλοσοφοῦντά με δεῖν ζῆν.

3. Allusion à Platon, *Tim.*, 46e 7 *sq.*

4. Allusion à la scène, dans *Les Grenouilles* d'Aristophane (spécialement aux vers 47), où Dionysos descend dans l'Hadès habillé moitié en femme, moitié en Hercule : il est chaussé du cothurne, vêtu d'une robe de femme couleur safran ; il a jeté sur l'épaule une peau de lion et porte une massue à la main.

que tu as abandonné le poste où l'on t'avait placé[1] et que tu t'es laissé chasser de ce poste par des ennemis aussi vils : le rire, la raillerie et les choses de ce genre. *C'est donc en réalité un double rire qu'attirera sur lui*, d'une manière tout à fait juste et qui fera plaisir aux sages, un tel homme, un homme vaincu par le rire de gens injustes et insensés, rire qui n'aurait rien été pour lui s'il avait maintenu sa résolution : mais, puisqu'il ne l'a pas maintenue, c'est un rire devenu juste et sage qu'il a attiré sur lui.

[*L'amour de la gloire peut aider le futur philosophe à maintenir ses résolutions.*]

Et ces considérations sont suffisantes pour aider l'âme qui n'est pas totalement amorphe à maintenir absolument ses belles résolutions. Car elles lui procurent un allié qui n'est autre que l'amour de la gloire[2] dans le domaine des belles choses; celui-ci ajoute à la raison une énergie[3] considérable et se purifie lui-même en se conformant à la raison, lorsque, au lieu de nous satisfaire sans plus de la considération que l'on nous porte, à cause d'elle-même et de ceux qui nous la témoignent, et de mettre notre bien dans les choses extérieures, nous la prenons au contraire comme une preuve qui nous montre que nous sommes en possession de quelque bien digne de considération. C'est pourquoi ce n'est pas à la considération du premier venu que nous devons accorder créance, mais à celle des sages, au témoignage desquels on peut se fier en toute sûreté.

XXXI S'il t'arrive un jour de te tourner vers l'extérieur dans le dessein de plaire à quelqu'un, sache que tu as perdu ton projet de vie (*Ench.*, chap. 23, l. 1-2 Boter)

[*Le philosophe doit se contenter de son propre bon jugement sur lui-même.*]

Après avoir dit qu'il faut s'attacher à ce qui nous paraît le meilleur, avec l'idée que *l'on a été placé par Dieu à ce poste*[4], et que si tu persévères dans ce qui te paraît bon, ceux-là mêmes t'admireront qui, auparavant,

1. Toujours allusion au même passage de Platon : *Apologie de Socrate*, 28d 10-29a1.

2. Φιλοτιμία : *cf.* I. Hadot, *Simplicius. Sur le Manuel*, t. I, XVI 67-73, p. 103 note 2 (p. 176).

3. A propos de τόνος, I. Hadot, *Simplicius. Sur le Manuel*, t. I, V 40, p. 39, note 8 (p. 146 *sq.*); XVI 41 (ἔντονος), p. 102, note 3 (p. 176) et XXVIII 19 (ἀτονώτερα), p. 126, note 4 (p. 182).

4. Cf. *supra*, n. 1.

se riaient de toi, *mais que si tu te laisses vaincre, tu t'attireras une double dérision*, il a ajouté à cela d'une manière générale que le fait de se détourner de soi-même pour *se tourner vers l'extérieur*, afin de plaire à quelqu'un, détruit *le projet de vie* philosophique, qui veut que l'on soit tourné vers soi-même et vers les choses supérieures. *Contente-toi donc*, dit-il, *en toute circonstance, d'être philosophe*, c'est-à-dire un homme de bien. Mais si le seul « être » ne te suffit pas, mais que tu veuilles que ton bien resplendisse – puisque les choses vraiment bonnes et belles répandent leur lumière, et qu'un homme serait plus facilement assuré qu'il est bon si en plus sa bonté paraissait au dehors –, dans ce cas aussi, dit-il, ne te tourne pas vers l'extérieur et les gens du commun [1] qui ne sont pas dignes juges en pareilles choses, mais *parais être bon à toi-même, cela suffit.* Étant déjà philosophe en effet – car c'est à un tel homme que s'adresse le propos [2] –, tu persévéreras dans ton projet de vie en restant tourné vers toi-même et en même temps tu auras pour juge de toi-même, toi-même : un meilleur juge que les gens du commun [3].

[*Comparaison entre les enseignements qu'Épictète donne à celui qui commence son éducation et à celui qui désire déjà philosopher.*]

Et vois la différence qu'il y a entre ce qu'il a dit auparavant en s'adressant à celui qui commence son éducation [4] et ce qu'il dit maintenant à celui qui désire philosopher [5]. Car plus haut il a dit : *Ne veuille d'aucune manière avoir le renom de savoir quelque chose* [6], puisque celui à qui il s'adressait voulait absolument avoir ce renom auprès des gens du dehors, qu'il était pris de passion pour ce renom et qu'il n'était pas encore pour lui-même un juge digne de ce nom ; mais ici, puisque celui auquel il s'adresse est plus disposé à se retourner vers soi-même et qu'il désire le renom comme preuve de sa bonté, pour cette raison Épictète s'est exprimé de cette manière : *Contente-toi d'être. Mais si tu veux aussi avoir le renom* et si maintenant donc tu es capable d'être juge de toi-même, *parais-le à toi-même*, dit-il, *et cela suffit.*

1. οἱ πολλοί : *cf.* I. Hadot, *Simplicius. Sur le Manuel*, t. I, p. 91, note 4 (p. 170).
2. *Cf.* introduction, section 1, p. 9-10.
3. Cf. *supra*, n. 1.
4. C'est-à-dire qui commence à mettre en ordre l'irrationalité ; *cf.* I. Hadot, *Simplicius. Sur le Manuel*, t. I, p. 39, note 4 (p. 145) la distinction entre ceux qui sont sans éducation, ceux qui commencent leur éducation, ceux qui sont encore en cours d'éducation et ceux qui ont achevé leur éducation.
5. *Cf.* introduction, section 1, p. 9-10.
6. *Cf.* I. Hadot, *Simplicius. Sur le Manuel*, t. I, XX 17 *sq.*, p. 113.

[*Le chapitre actuel corrige une fausse interprétation possible du chapitre précédent*]

Mais peut-être que ce chapitre a encore une autre utilité. Car il me semble que cet homme admirable, usant du langage avec prudence, corrige tout de suite la méprise possible, lorsqu'il a dit quelque chose qui pourrait être mal compris. Alors qu'il avait dit d'abord : *Si tu persévères dans les mêmes dispositions, ceux qui riaient de toi t'admireront ensuite*; *mais si tu te laisses vaincre par eux, tu t'attireras une double dérision*, et qu'il paraissait ainsi faire dépendre son disciple d'un jugement qui vient de l'extérieur, par la présente exhortation il le retire des choses extérieures, et, le détournant du renom que l'on peut avoir devant les gens de l'extérieur, renom qui tire l'âme au dehors et qui la souille, il le ramène au renom qu'il peut avoir devant lui-même, renom qui est plus pur et qui n'est plus sans utilité, mais au contraire apporte quelque avantage. Car avoir, auprès de juges sages, le renom d'être bon, c'est un témoignage véritablement suffisant du fait que l'on est sage. Et c'est, je pense, cela qu'il visait lorsqu'il dit : *parais-le à toi-même, et cela suffit.*

XXXII Ne te laisse pas accabler par ces arguments : je vivrai sans considération et je ne serai quelqu'un nulle part (*Ench.* chap. 24, l. 1-2 Boter)

[*Objections et scrupules de ceux qui ont déjà fait quelque progrès.*]

Parmi ceux qui se convertissent au soin d'eux-mêmes [1], les uns sont distraits de leur dessein par une chose, les autres par une autre, et à cause de cela ils avancent des objections qu'ils opposent à eux-mêmes et à ceux qui les exhortent à une vie meilleure. Et ceux qui commencent maintenant leur éducation [2], se trouvant encore à un niveau modeste et assez bas, disent : *Si je ne m'occupe pas de mes biens, je n'aurai pas de quoi me nourrir*; *si je ne châtie pas mon serviteur, il sera mauvais* [3]. Mais ceux qui ont déjà fait quelque progrès [4] méprisent ces pensées

1. ἡ ἑαυτοῦ ἐπιμέλεια comme expression socratique signifie le soin de l'âme (*cf.* I. Hadot, *Simplicius. Sur le Manuel*, t. I, p. 7, note 1 [p. 135]) ; dans l'interprétation néoplatonicienne il s'agit plus spécialement du soin donné à l'âme raisonnable.

2. C'est-à-dire qui commencent à mettre en ordre l'irrationalité : *cf.* I. Hadot, *Simplicius. Sur le Manuel*, t. I, p. 39, note 4 (p. 145 *sq.*).

3. Pour l'explication de ce passage du *Manuel* (chap. 12, 1), *cf.* I. Hadot, *Simplicius. Sur le Manuel*, t. I, chap. XVIII, p. 106-111.

4. οἱ δὲ ἤδη πως προκεκοφότες : *cf.* I. Hadot, *Simplicius. Sur le Manuel*, t. I, p. 39, note 4, deuxième partie (p. 146).

comme étant trop basses et ont confiance qu'ils ne sauraient être à ce point inaptes à tout travail qu'ils en viennent à mourir de faim ; mais c'est par l'accomplissement des devoirs[1], en tant que cela est bon et digne de considération, qu'ils se laissent distraire. Car ces gens-là désirent la considération qui est plus pure[2], ils ont en aversion le manque de considération, et ils veulent venir en aide à leurs amis et à leur patrie. C'est donc à cause de cela qu'ils produisent les objections qu'Épictète réfute maintenant, en les parcourant[3] toutes d'une manière excellente.

[*Le syllogisme qui est impliqué dans l'argumentation d'Épictète.*]

Il expose en premier l'objection commune qui est tirée du manque de considération, à savoir : si je me retire des choses extérieures et de l'assemblée publique dans laquelle *les hommes se distinguent*, comme dit Homère[4], *je vivrai sans considération et je ne serai quelqu'un nulle part.* Et il réfute cette objection en faisant implicitement le syllogisme suivant : le manque de considération est un mal. Le mal dépend de nous comme le bien. « Ce qui dépend de nous » ne pourrait nous appartenir du fait d'autrui ou sous l'effet d'un autre, car alors on ne l'appellerait plus « ce qui dépend de nous ». Donc, le manque de considération, s'il se présente, dépend de nous et se trouve en nous, que les gens du dehors aient ou n'aient pas pour nous un manque de considération. C'est pourquoi il ne faut pas craindre le manque de considération lorsqu'il vient des autres, et, d'une manière générale, ne pas s'imaginer que c'est un manque de considération, s'il est vrai que le manque de considération, étant un mal, dépend de nous.

[*Explication du syllogisme en question.*]

Mais voyons maintenant, concernant les prémisses qu'il a admises, comment est leur rapport avec la vérité. *Le manque de considération,* dit-il, *est un mal.* En effet, si le bien est digne de considération, comme nous en convenons tous, ce qui n'est pas digne de considération et le

1. τὰ καθήκοντα : « les devoirs ». Leur définition se trouve au chap. XXXVII au début, *infra*, p. 73-75, suivie d'une explication détaillée de leur contenu.

2. τῆς καθαρωτέρας τιμῆς : cf. *supra*, XXXI 37-39, p. 26.

3. ἐξελθών codd., διεξελθών conieci : on s'attendrait à διεξελθών, et il est bien possible que ce soit en effet la vraie leçon : comme ce mot se trouve encore assez près de la préposition διά, un oubli du préfixe δι- s'explique aisément.

4. Le même vers d'Homère (*Il.*, IX, 441) est cité, dans un contexte analogue, par Platon, *Gorgias*, 485d5.

manque de considération seront un mal. Car si c'était un bien, le manque de considération serait digne de considération et non pas indigne de considération. Mais en outre, si la considération est un bien, s'il est vrai qu'elle convient à tous les êtres bons (et en effet la considération convient, en tant qu'ils sont des biens, à Dieu, aux êtres supérieurs, à ceux qui, parmi les hommes, sont des gens de bien), il est évident que l'absence de considération sera un mal. Si en effet un contraire est attribué à un contraire, son contraire sera attribué à l'autre contraire[1]. Or le contraire de la considération, c'est le manque de considération, le contraire du bien, c'est le mal. Mais que notre bien et notre mal, étant donné que nous avons le pouvoir d'autodétermination, dépendent de nous et de notre choix délibéré, et que rien de ce qui se produit en dehors de notre choix délibéré ne soit notre bien ou notre mal, cela a été démontré, je pense, auparavant[2], et il n'est pas nécessaire de répéter les mêmes choses. Si donc, lorsqu'il se présente, le manque de considération dépend de nous et est en nous, nous ne saurions être privés de considération par le fait des choses extérieures, si[3] nous les méprisons tout à fait. Car s'il ne dépend pas de nous *d'obtenir une magistrature, d'être admis* dans les conseils ou d'être invité *à un banquet*, le fait de ne pas obtenir ces choses ne sera pas notre mal, en sorte que ce ne sera pas non plus une privation de considération, s'il est vrai que la privation de considération est un mal.

[*Une affirmation d'Épictète difficile à comprendre*
a) *Premier essai d'explication*]

Mais que veut dire : *tu ne peux te trouver dans le mal par le fait d'autrui, non plus que dans la laideur* ? En fait cette sentence est énoncée d'une manière passablement difficile à comprendre. Il semble qu'Épictète fonde sa démonstration de l'affirmation : l'on ne peut être dans le mal du fait d'autrui, sur l'affirmation : l'on ne peut être dans la laideur du fait d'autrui, parce que cette dernière est plus évidente. De même en effet

1. C'est-à-dire, si un contraire (le bien, contraire du mal) est attribué à un autre contraire (la considération, contraire du manque de considération), le contraire du premier (le mal) sera attribué au contraire du second (le manque de considération).

2. *Cf.* surtout I. Hadot, *Simplicius. Sur le Manuel*, t. I, chap. I, 3 – chap. II, 37, p. 7-33.

3. Je ne comprends plus cette subordonnée sous la forme sous laquelle je l'ai éditée en 1996 (Brill) sur la base de l'ensemble des manuscrits, c'est-à-dire commençant par κἂν τέλεως. Comme le mépris des choses extérieures est la condition nécessaire, et pas du tout un obstacle, pour une attitude indifférente vis-à-vis d'un manque de considération de la part de nos concitoyens, je pense maintenant qu'il faut changer le κἂν en ἐὰν.

que le beau est plus manifeste que le bien [1], parce qu'il fleurit de l'union secrète [2] – c'est pourquoi il charme et séduit, il appelle à lui et il engendre en toutes choses le désir de se tourner vers lui [3] –, de la même manière le laid est plus manifeste et plus évident que le mal. Or on dit qu'il est laid d'user des plaisirs d'une manière contraire à ce qui convient. Mais cela arrive selon un choix délibéré et non du fait d'autrui. Car ressentir du plaisir est un mouvement qui nous est propre. Il est donc évident que l'on ne peut être dans la laideur du fait d'autrui [4]. Si donc il n'est pas possible que l'on soit dans la laideur du fait d'autrui et si l'on ne peut pas davantage être dans le mal que l'on ne peut être dans la laideur du fait d'autrui, il est évident certes que l'on ne se trouvera pas non plus dans le

1. *Cf.* Platon, *Phèdre*, 250c8-d8, où la beauté est dite être plus manifeste que la *phronesis* parce que, contrairement à cette dernière, elle peut être vue.

2. Il s'agit ici du beau-en-soi (αὐτοκαλόν, chez Damascius, *De princ.*, t. II, p. 67, 5, ou αὐτοκαλλονή, chez Proclus, *Theol. Plat.*, I, 24, t. I, p. 106, 8 Saffrey-Westerink), qui ne se manifeste pas au niveau du Bien ou Un suprême, parce que ce dernier est au-dessus de toute notion d'union, mais qui se manifeste au niveau d'un Bien ou Un portant déjà le caractère d'une certaine union, bien qu'il se situe encore au-delà de l'être. De ce beau-en-soi dépend, par des intermédiaires, la beauté d'ici-bas.

3. *Cf.* Proclus, *Theol. Plat.*, I, 24, p. 108, 7 *sq.* Saffrey-Westerink, où les mêmes prédicats sont attribués au Beau : ἐπιστρέφει πάντα πρὸς ἑαυτὸ καὶ κινεῖ καὶ ἐνθουσιᾶν ποιεῖ καὶ ἀνακαλεῖται δι' ἔρωτος κηλοῦν πάντα καὶ θέλγον [...]. κηλεῖ [...] καὶ καλεῖ πρὸς ἑαυτό : jeux de mots qui reposent sur les étymologies καλόν – καλοῦν (*cf.* Platon, *Cratyle*, 416b6-d11 ; *cf.* aussi Proclus, *In Alc.*, 328, 14-17, t. II, p. 361 Segonds avec les notes 2 et 3 ; Olympiodore, *In Alc.*, 122, 11, p. 81 Westerink, et *In Gorg.*, 21, 5, p. 117, 10-12 Westerink ; Philopon, *De opif. mundi*, p. 293, 11-13 Reichardt) et καλόν – κηλοῦν (*cf.* Proclus, *In Alc.*, 328, 12-17, t. II, p. 361 Segonds ; Philopon, *De opif. mundi*, p. 293, 11-13 Reichardt ; *cf.* aussi Proclus, *Theol. Plat.* I, 24, p. 108, 13 Saffrey-Westerink.

4. Je crois que l'état du texte de nos manuscrits est le résultat de plusieurs fautes successives et d'essais de correction. Raisonnement présumé de Simplicius (le texte conjecturé est mis entre crochets) : 1. Τὸ γὰρ ἥδεσθαι ἡμέτερόν ἐστι κίνημα 2 <Δῆλον οὖν ὅτι οὐ δύναταί τις ἐν αἰσχρῷ εἶναι δι' ἄλλον.> 3 Εἰ οὖν μὴ δύναταί τις ἐν αἰσχρῷ εἶναι δι' ἄλλον, 4 οὐ μᾶλλον δέ ἐν κακῷ εἶναι δύναται δι' ἄλλον ἤπερ ἐν αἰσχρῷ, 5 δῆλον δὴ ὅτι καὶ ἐν κακῷ οὐκ ἔστι δι' ἄλλον. – Il y a probablement d'abord un saut du même au même δι' ἄλλον (en 2) – δι' ἄλλον (en 3). – Il y a ensuite probablement une dittographie, encore manifeste dans le texte des manuscrits (*cf.* apparat critique), qui est causée peut-être par une confusion de δι' ἄλλον en 5 avec le δι' ἄλλον en 2. Les deux fautes ont dû être commises par le même copiste. – Le résultat de ces deux fautes serait donc le texte suivant : 1 Τὸ γὰρ ἥδεσθαι ἡμέτερόν ἐστι κίνημα 2 <Δῆλον οὖν ὅτι οὐ δύναταί τις ἐν αἰσχρῷ εἶναι δι' ἄλλον.> 3 οὐ μᾶλλον δὲ ἐν κακῷ εἶναι δύναται δι' ἄλλον ἤπερ ἐν αἰσχρῷ 4 δῆλον δὴ ότι καὶ ἐν κακῷ οὐκ ἔστι δι' ἄλλον. 5 Εἰ οὖν μὴ δύναταί τις ἐν αἰσχρῷ εἶναι δι' ἄλλον, 6 οὐ μᾶλλον δέ ἐν κακῷ εἶναι δύναται δι' ἄλλον ἤπερ ἐν αἰσχρῷ, 7 ὅτι καὶ ἐν κακῷ οὐκ ἔστι δι' ἄλλον. – Ensuite on a probablement essayé d'améliorer ce texte peu compréhensible : 1. Par la suppression de la phrase de la ligne 2 (état supposé de l'archétype), 2. par la suppression supplémentaire de la phrase de la ligne 4 (état du texte de A).

mal du fait d'autrui, s'il est vrai que le fait d'être dans le mal n'a rien de plus que le fait d'être dans la laideur. Et en effet le mal dépend de nous dans la même mesure quc la laideur.

[b) *Deuxième essai d'explication.*]

Peut-être que le raisonnement sera plus fort, si nous changeons de place la particule négative, en sorte que cela soit : « davantage non [dans le mal] que dans la laideur », et il dirait alors qu'il est impossible que quelqu'un soit dans le mal du fait d'autrui et qu'il est bien plus impossible qu'il soit cela qu'il est impossible qu'il soit dans la laideur du fait d'autrui, en sorte que ce serait de ce « davantage » que la démonstration de l'argument serait prise. Et ce raisonnement aurait quelque vérité si nous prenions en considération que les rhéteurs caractérisent le beau et le laid par le louable et le blâmable [1], faisant dépendre leur jugement de celui des gens du commun [2], alors que pour l'utile et l'inutile, c'est-à-dire le profitable et le nuisible, ou le bien et le mal, ils disent qu'ils sont, non pas par convention ni par le jugement des hommes, mais par nature [3]. C'est donc dans cette hypothèse, qui fait dépendre la laideur du jugement de ceux qui blâment, qu'il est encore bien plus impossible d'être dans le mal qu'il est impossible d'être dans la laideur du fait d'autrui. Si donc il n'est pas possible d'être dans la laideur du fait d'autrui, comme on l'a dit plus haut, et si, du fait d'autrui, il est davantage impossible d'être dans le mal qu'il n'est impossible d'être dans la laideur, il est évident qu'il est absolument impossible d'être dans le mal du fait d'autrui.

[*Réexamen des objections de ceux qui ont fait quelque progrès.*]

Comment donc, dit-il, *ne seras-tu nulle part quelqu'un*, si tu n'as pas de pouvoir politique? As-tu oublié que ce n'est pas là le lieu où se trouvent le bien et le mal propres à l'homme, mais qu'ils se trouvent dans le désir et l'aversion et en général dans les choses qui dépendent de toi et dans lesquelles il est en ton pouvoir d'avoir une grande valeur, si tu veux bien te conduire en ces choses conformément à la nature? Et alors que tu as en effet en toi le lieu où se trouve le bien et que tu peux à cet

1. Par exemple Aristote, *Rhétorique*, I, 9, 1366a 33 *sq.*

2. Les gens du commun : *cf.* I. Hadot, *Simplicius. Sur le Manuel*, t. I, p. 91, note 4 (p. 170) et *supra*, p. 25, n. 1.

3. Proclus (*In Alc.*, 327, 21-328, 4, t. II, p. 360 Segonds) attribue cette distinction entre le beau et le bien non pas aux rhéteurs, mais à Alcibiade. *Cf.* aussi Olympiodore, *In Alc.*, 105, 11-16, p. 70 Westerink et *In Gorg.*, 3, 10, p. 28, 21-27 Westerink.

endroit avoir une grande valeur, pourquoi dis-tu que *nulle part tu ne seras quelqu'un*? Il est évident que c'est parce que jusqu'à maintenant tu places ton bien dans les choses extérieures que méprise nécessairement celui qui est authentiquement philosophe. – Mais, même si je peux moi-même, en me taisant, avoir en moi-même une grande valeur, *mes amis*, dit-il, *ne recevront aucune assistance*. Ce discours est celui de quelqu'un qui a progressé de façon appréciable. Car un tel homme, autant qu'il dépend de lui, méprise souvent les choses extérieures, mais il désire aider ses amis, en croyant que cela est une œuvre bonne et belle. Et c'est pourquoi il désire aussi bien les richesses que parfois même le pouvoir politique, afin de ne pas être sans utilité pour ses amis [1]. Épictète réfute donc cette objection en tirant argument de « ce qui dépend de nous » et du fait qu'un ami qui se montre loyal dans l'amitié est plus utile qu'un ami qui procure richesse et pouvoir : il tire argument de « ce qui dépend de nous », parce que les richesses, les fonctions politiques, les pouvoirs ne font pas partie des choses qui dépendent de nous. En effet, s'il se trouve que quelqu'un de ceux qui philosophent les possède, qu'il les donne de bon cœur, en estimant, par ce don, plutôt recevoir que donner. Mais s'il ne les a pas, il ne fait aucun tort à l'amitié; car *qui donc peut donner à autrui ce qu'il n'a pas lui-même*?

[*Celui qui ne possède rien et aide moralement ses amis est plus utile que celui qui les aide matériellement.*]

Acquiers-les donc, disent les amis, *afin que nous les ayons nous aussi!* – Mais, s'il est possible que je les acquière, en demeurant moi-même pour vous un ami loyal et en me gardant, en ce qui me concerne, pur de tout ce qui peut faire honte à un philosophe, *montre-moi le chemin, et je les acquerrai*. – Un tel homme paraît céder et se consacrer quelquefois aux affaires à cause de ses amis et aussi assumer avec courage le pouvoir politique, à condition qu'il soit possible d'acquérir ces choses et les posséder tout en gardant le genre de vie, conforme à la nature, qui lui est propre. Mais si cela est impossible, comme cela arrive la plupart du

1. Pour bien comprendre cette objection et sa réfutation, il faut se rendre compte du caractère spécial de l'amitié antique : elle était en général comprise bien plus comme une institution politique et sociale que comme une relation individuelle basée exclusivement sur la sympathie. *Cf.* sur ce sujet A.-M. Guillemin, *Pline le Jeune et la vie littéraire de son temps*, Paris, 1929, p. 2-56, et I. Hadot, *Sénèque*, p. 313-319, le chapitre « Le rôle de l'amitié : son interprétation philosophique et son cadre institutionnel ». *Cf.* aussi *infra*, chap. XXXVII 155-288, p. 80-85, la longue dissertation de Simplicius sur l'amitié philosophique.

temps, et s'il est nécessaire que, désirant se procurer ces choses, il ruine le projet concernant son propre bien, il est évident que ceux qui disent : *Acquiers-les, afin que nous les ayons aussi*, lui demandent de détruire son propre bien, c'est-à-dire le bien de l'âme raisonnable, afin qu'eux-mêmes se procurent ce qui n'est pas leur bien. Car ce qu'ils recherchent n'est pas le bien de l'âme raisonnable, selon laquelle l'homme est homme [1], mais seulement l'objet désiré par les désirs irrationnels. Ces gens-là sont donc véritablement *irréfléchis et iniques*. Iniques d'un côté, parce qu'ils n'ont aucun sens de l'amitié – car *l'amitié est égalité* [2], comme ont dit les pythagoriciens – d'un autre côté parce que c'est inique de vouloir précipiter leur ami dans le mal le plus extrême, afin de satisfaire leur désir irrationnel ; ils sont irréfléchis à la fois parce qu'ils demandent de telles choses à celui qui se livre à eux pour vivre dans leur société, et parce qu'ils ne sont pas capables de discerner la différence qu'il y a entre ce que leur ami perd, en leur obéissant, et ce qu'ils gagneront ; car ce qu'il perd, c'est pour lui le plus grand bien, mais ce qu'ils gagnent, non seulement ce n'est pas leur bien propre, mais parfois aussi c'est leur mal. D'ailleurs s'il les appelle irréfléchis et insensés, c'est peut-être aussi à cause de ce qui est ajouté immédiatement après, à savoir qu'ils préfèrent *l'argent à un ami loyal et digne*. Par là il montre aussi, d'une manière encore plus évidente, que non seulement un tel homme ne sera pas inutile à ses amis, mais même qu'il sera plus utile que ceux qui procurent l'argent. Si en effet, parmi les domestiques aussi, ceux qui sont loyaux et dignes sont plus utiles que ceux qui sont habiles et industrieux, et sont mieux considérés par leurs maîtres, à combien plus forte raison les amis qui sont loyaux et dignes seront-ils mieux considérés, aux yeux des sages, que ceux qui procurent l'argent ! C'est que pour vivre en commun, pour donner des conseils, pour veiller sur ce que l'on a de plus cher et de plus précieux, et aussi dans les dangers et les maladies et après la mort, ces amis loyaux se révèlent les plus utiles, n'étant en désaccord pour aucune chose avec les amis qui les fréquentent. Si donc ils sont réellement des amis, ils aideront leur ami à rester loyal et digne, en visant en même temps ce qui est plus utile pour eux, mais ils ne demanderont pas qu'il commette des actions qui lui font perdre tout à la fois ses qualités d'ami loyal et utile à ses amis.

1. Concernant la définition de l'homme comme âme raisonnable, *cf.* I. Hadot, *Simplicius. Sur le Manuel*, t. I, p. 2, notes 5 et 6 (p. 132 *sq.*).

2. *Cf.* Aristote, *Eth. Nicom.*, VIII, 7, 1157b36 et *Eth. Eud.*, VII, 6, 1240b2 ; 1241b13 ; *Diog. Laert.*, VIII, 10 ; Jamblique, *Vita Pyth.*, c. 29, 162 ; Olympiodore, *In Alc.*, 31, 18, p. 22 Westerink.

[*Celui qui ne possède rien, mais qui est un citoyen vertueux et enseigne à d'autres citoyens comment le devenir, est plus utile à sa patrie que celui qui lui bâtit des bains et des portiques.*]

Mais ma patrie, autant que cela dépend de moi, dit-il, *sera sans secours*, si je t'obéis et que je méprise les choses extérieures comme étrangères. Il aurait pu, sans doute, réfuter aussi cette objection avec les mêmes arguments en disant que tu es maître des choses qui dépendent de toi. Qui donc t'a dit que procurer à ta patrie des portiques et des bains figure parmi les choses qui dépendent de toi ? *Qui peut donner à autrui ce qu'il ne possède pas lui-même ?* Et s'il entend dire : « Acquiers donc, pour que la patrie, elle aussi, possède », il pourrait faire intervenir les arguments précédents. Mais nous laissant concevoir nous-mêmes ces arguments, parce qu'ils sont d'ordre général, il a, avec beaucoup de vivacité [1] et de vigueur, fait à l'objection concernant la patrie une réponse qui est plus spécifique et plus appropriée en disant : *Qu'est-ce que cela peut te faire que ta patrie ne te doive ni portiques ni bains ? Elle ne possède pas non plus les chaussures grâce au forgeron*, mais grâce au fabricant de chaussures, *ni les armes grâce au cordonnier*, mais grâce à l'armurier ! Car toute cité est administrée d'une manière qui lui est profitable et d'une manière juste lorsque chacun de ceux qui y vivent, accomplissant son œuvre propre, ne se mêle pas indiscrètement de choses qui ne le concernent pas, mais que le forgeron, et chacun des autres artisans, apporte le travail qui lui est propre, utile à la cité [2]. – « Mais moi, dira celui qui philosophe, en quoi lui serai-je utile ? » Il lui répond à nouveau d'une manière excellente, comme ceci : *Si tu formais pour elle un autre citoyen loyal et digne*, ne lui procurerais-tu pas quelque chose de plus utile pour elle que ce que lui procure le forgeron ? De cette manière, surtout si tu formes pour elle d'autres citoyens de cette qualité, soit en avertissant et enseignant, soit en devenant toi-même le modèle d'un citoyen honnête et bon, sinon, en t'offrant à la cité comme un tel citoyen, tu lui apportes quelque chose de plus utile que ce que les autres lui apportent.

1. Pour ἐνάργεια comme terme technique de la rhétorique, *cf.* I. Hadot, *Simplicius. Sur le Manuel*, t. I, p. 109, note 2 (p. 177).

2. *Cf.* Platon, *République*, IV, 434a2-d et *Id.*, *Gorgias*, 526c1-5, où il est question d'âmes qui ont vécu saintement et qui sont le plus souvent les âmes des philosophes.

[*La place du philosophe dans la ville.*
a) *Dans un État bien administré.*]

Quelle place, dit-il, occuperai-je donc dans la cité ?[1] Comme chacun des autres en occupe une, l'un gouvernant, l'autre combattant, l'autre encore fabriquant quelqu'une des choses utiles à la vie[2]? Épictète a répondu à cela d'une manière générale en disant : La place *que tu pourras* occuper dans la cité *en gardant ta loyauté et ta dignité*[3], celle-là occupe-la. Mais si, *voulant lui être utile* dans le domaine des richesses, des bains et des portiques, *tu perds* la loyauté et la dignité, tu ne pourras peut-être même plus lui être utile en ces choses, *une fois que tu seras devenu déloyal et sans dignité.* Or qu'y a-t-il de plus beau pour elle ? Avoir des citoyens loyaux et dignes ou bien des portiques et des bains ?

Mais il nous faut rechercher quelle place celui qui philosophe tiendra dans la cité. N'aura-t-il pas précisément comme place celle d'un sculpteur d'hommes et d'un artisan qui fabrique des citoyens loyaux et dignes ? Il n'aura donc pas d'autre tâche que de se purifier lui-même et de purifier les autres pour vivre la vie conforme à la nature qui convient à l'homme ; il sera le père commun et le pédagogue de tous les citoyens, leur réformateur, leur conseiller et leur protecteur, s'offrant à tous pour coopérer à l'accomplissement de tout bien, se réjouissant avec ceux qui ont du bonheur, compatissant avec ceux qui sont affligés et les consolant ; il fera tout simplement ces choses que doit faire celui qui croit avoir pour tâche particulière et comme place dans la cité le soin bienfaisant de tous les hommes dans la mesure de ses moyens. Mais si tu veux le voir affecté spécialement à l'une des occupations qui s'accomplissent dans la cité, alors, dans des États bien gouvernés, un tel homme sera très certainement choisi comme gouvernant, parce qu'il est supérieur aux autres et qu'il est,

1. Toute la discussion sur la place du philosophe dans la société est largement inspirée par le *Gorgias* et la *République* de Platon. Maxime de Tyr, *Oratio* 15, 3 *sq.*, p. 135 *sq.* Trapp (*Maximus of Tyre, The philosophical Orations*, Oxford 1997 [traduction anglaise]), traite également ce sujet. Pour une ample discussion de ce texte, *cf.* I. Hadot, *Simplicius. In Ench.* (1996), p. 13-20. *Cf.* aussi D.J. O'Meara, « Simplicius on the Place of the Philosopher in the City (*In Epictetum*, chap. 32) », dans *Mélanges de l'Université Saint-Joseph*, vol. LVII, 2004, p. 89-98. Concernant le très probable séjour de Simplicius à Harran (Syrie), *cf.* I. Hadot, *Le néoplatonicien Simplicius*, p. 19-133.

2. Ce sont les trois classes de la *République* de Platon : IV, 434a9-c10.

3. Φυλάττων τὸν πιστὸν καὶ αἰδήμονα : C'est un trait du style d'Épictète. Cf. *Entretiens*, I, 28, 23 : πταῖσμα δ'ἦν, ὅτε ἀπώλεσε τὸν αἰδήμονα, τὸν πιστόν, τὸν φιλόξενον, τὸν κόσμιον. J. Souilhé traduit : « La défaite, ce fut quand il perdit la pudeur, la loyauté, le respect de l'hospitalité, la décence ». *Cf.* aussi *Entretiens*, II, 10, 14 ; II, 22, 20.

analogiquement, dans la situation du berger par rapport à son troupeau [1] ; il sera choisi comme conseiller, parce qu'il est sage, et comme général, s'il a l'expérience des choses de la guerre, parce qu'il est plus courageux et plus prudent que les autres. Et en effet, Socrate, à la bataille de Délion, reçut le prix de bravoure ; et alors qu'il faisait retraite isolé au milieu des ennemis, dit-on, aucun de ceux-ci n'osa l'attaquer, tous étant frappés de stupeur devant le courage de cet homme [2]. Quant à Xénophon, choisi comme général, il a sauvé ces fameux Dix-mille, en les ramenant en Grèce à travers un si long chemin et des peuples si nombreux [3]. Et un tel homme sera aussi un juge incorruptible, un ambassadeur sûr, un gardien loyal de ce qui a besoin d'être gardé. Un tel homme aura donc beaucoup de places dans une telle cité.

[b) *Dans un État corrompu*]

Cependant s'il s'agit d'États corrompus, il se tiendra à l'écart des affaires publiques [4], puisque ni lui-même ne plaît à ceux qui gouvernent

1. Non seulement à l'époque hellénistique et impériale, mais dans toute l'Antiquité, autant qu'elle nous est connue par des textes écrits, le souverain idéal a été vu sous l'image du bon pasteur. *Cf.* P. Hadot, article « Fürstenspiegel », dans *RAC*, t. VIII, 1970, p. 555-632.

2. Les faits sont racontés d'une manière différente par d'autres auteurs. D'après Platon, *Banquet*, 220d-221b, Alcibiade, blessé, fut sauvé par Socrate à la bataille de Potidée. Néanmoins le prix de bravoure ne fut pas décerné à Socrate, mais à Alcibiade. Alcibiade invita les généraux à le donner plutôt à Socrate, mais les généraux ne donnèrent pas suite à la demande. Plutarque, *Alcibiade*, 7, raconte la même histoire que Platon, en suivant probablement Platon de près. Diogène Laërce, II, 23, cependant ne dit rien du sauvetage d'Alcibiade par Socrate, mais se borne à dire que le prix de bravoure a été donné à Alcibiade, bien que ce fût Socrate qui l'eût mérité. En ce qui concerne la bataille de Délion, il n'est plus question d'un prix de bravoure chez les autres auteurs. D'après Platon, *Banquet*, 221a-b, Socrate ne faisait pas non plus retraite seul, isolé au milieu des ennemis, mais au milieu des Athéniens qui prirent la fuite ensemble. Mais l'attitude attribuée par Platon à Socrate à cette occasion est à peu près la même que celle que lui prête Simplicius. Ni Platon ni Simplicius cependant ne font mention du fait, rapporté par Diogène Laërce, II, 22, et Strabon, *Geogr.*, IX, 2, 7, t. VI, p. 80 Baladié (p. 403 Casaubon), que Socrate aurait sauvé Xénophon dans cette fuite. Ce dernier était tombé de son cheval, Socrate le ramassa et le porta sur ses épaules jusqu'à ce que la fuite des Athéniens eût pris fin.

3. *Cf.* Xénophon, *Anabase*.

4. Cf. *S.V.F.*, III, n° 611, p. 157s. ; III, n° 690, p. 173 ; III, n° 694, p. 174 ; Sénèque, *De otio*, 3, 3 ; *De tranqu. an.*, 3, 1 *sq.* Et mon article « Tradition stoïcienne et idées politiques au temps des Gracques », *REL*, 48, 1970, p. 133-179, où ces textes sont traités. Sur le thème du « philosophe dans un État corrompu » dans la perspective platonicienne, *cf.* I. Hadot, *Simplicius. In Ench.* (1996), p. 8-20, où je discute également l'interprétation qu'A. Cameron (« The Last Days of the Academy at Athens », dans *Proceedings of the Cambridge Philological Society*, XV, 1969, p. 7-29, et « La fin de l'Académie », dans *Le néo-platonisme, actes du colloque de Royaumont 9-13 juin 1969*, Paris, 1971, p. 281-290) donne du passage de Simplicius.

mal, ni ceux-ci ne lui plaisent, et qu'il ne peut servir ceux qui gouvernent de telles cités en se gardant en même temps loyal et digne. C'est pourquoi, renonçant à essayer de corriger une situation incurable, il s'en ira, s'il lui est possible, dans un autre État meilleur, comme le fit Épictète lui-même qui, condamnant la tyrannie de Domitien, quitta Rome pour Nicopolis[1]. Si cela lui est impossible, il se cachera comme *derrière un petit mur* en se protégeant ainsi du *tourbillon de poussière*[2], veillant à ce que lui-même et les autres, dans la mesure où il le pourra pour eux, agissent bien, et sans cesse, de jour et de nuit, cherchant à voir, parmi ses proches, ses amis, tous ses concitoyens, s'il se présente quelque bonne action qui pourrait avoir besoin de son concours. Et il y a beaucoup d'actions, dans de tels États, qui ont besoin ou qu'on les assiste de quelque conseil et d'une aide loyale ou encore de compassion et de consolation, ou qu'on aille jusqu'à partager le danger, quand un jour le devoir l'exige. Et si pour lui les affaires vont bien au gré du courant, il doit en rendre grâces[3] au dieu, comme celui qui trouve le calme dans la tempête ; mais si, à cause de cette guerre implacable qui oppose le mode de vie contre nature au mode de vie selon la nature, les hommes ivres à ceux qui sont sobres, des difficultés se présentent, ceux qui, pris de peur, renoncent à leur projet de vie, révèlent ainsi qu'ils ont bien mérité de cet État corrompu et que c'est en vain qu'ils le critiquent avec dédain. Quant à ceux qui se servent de cet État mauvais comme d'un gymnase et s'attaquent à leurs adversaires avec d'autant plus de courage que ceux-ci sont plus forts, en sorte qu'ils rendent grâce aussi au maître du gymnase pour la qualité de leurs adversaires, ceux-là seront couronnés comme aux jeux Olympiques[4], non d'un rameau d'olivier, mais de la plénitude d'une vie vertueuse et de la vérité.

1. De la même manière Simplicius avait quitté Athènes pour aller d'abord en Perse et pour élire ensuite domicile à Harran, ville située dans l'empire byzantin, mais proche de la frontière perse et en zone d'influence du roi de Perse. *Cf.* I. Hadot, *Le néoplatonicien Simplicius*, p. 19-133.

2. Ces allusions au texte de la *République* de Platon (*Resp.*, VI, 496d7-8) se retrouvent, dans le même contexte, chez Olympiodore, *In Gorg.*, 26, 18, p. 143, 4-9 et 41, 2, p. 207, 27 *sq.* Westerink. *Cf.* I. Hadot, *Simplicius. In Ench.* (1996), p. 16-20. Il faut ajouter Maxime de Tyr, *Oratio* XV, 10, p. 142 Trapp (cit. p. 34, n. 1).

3. Comme Schweighäuser (*Epicteteae philosophiae monumenta*, t. V, p. 351), je pense qu'il ne faut pas, à cause de l'accusatif γαληνιῶτα, changer ὁμολογεῖν en ὁμολογεῖ. Il faut sous-entendre δεῖ ou χρή.

4. *Cf.* Épictète, *Entretiens*, I, 24, 1 ; Porphyre, *De abst.*, I, 31, 3, t. I, p. 66 Bouffartigue : τὰ τῆς ψυχῆς Ὀλύμπια ἀγωνισόμενοι. *Cf.* aussi I. Hadot, *Simplicius. Sur le Manuel*, t. I, p. 168, note 88, la citation de Sénèque.

Il est bon, dans de tels États – dans lesquels beaucoup portent envie à celui qui veut vivre selon la nature –, de se montrer mesuré et content de peu, surtout en ce qui concerne la considération, mais aussi pour ce qui est des autres choses extérieures, afin que l'envie reste mesurée, autant que possible. Je n'ignore pas, il est vrai, que souvent la modestie elle-même a attiré sur elle une violente envie. Il est bon aussi, dans de telles circonstances, de se garder éloigné des offenses faites aux autorités et des libertés de langage déplacées, afin que, si quelque difficulté surgit, l'on n'accuse pas l'homme mesuré, parce qu'il aurait provoqué les fauves en repos [1], mais bien la déraison et la démence des bêtes sauvages elles-mêmes. Évidemment, il faut les amadouer, sans s'humilier, sans trahir sa propre liberté, sans se rallier aux flatteurs, ni en parole ni en action; car il a perdu son projet de vie, celui qui admet quelqu'une de ces compromissions, et il est banni des jeux Olympiques.

Il faut savoir du reste que les États corrompus sont, en général, nuisibles pour les âmes; surtout ils refoulent les illuminations divines [2], ils traitent

1. *Cf.* Platon, *République*, VI, 496C5-E2 et Olympiodore, *In Gorg.*, 41, 2, p. 207, 27 *sq.* Westerink. *Cf.* I. Hadot, *Simplicius. In Ench.* (1996), p. 16 *sq.*

2. ἔλλαμψις : terme technique de la théurgie; cette manifestation divine est décrite à plusieurs endroits dans le *De mysteriis* de Jamblique comme une action volontaire et salvatrice des dieux en réponse à une invocation de la part des théurges. Je cite *De myst.*, I, 12, p. 62 *sq.* des Places, d'après la traduction de l'éditeur, légèrement modifiée : « Or l'illumination par les invocations luit d'elle-même, par un libre vouloir; loin de se laisser attirer en bas, elle s'avance, grâce à l'activité et à la perfection divines, jusqu'à se révéler… Par une telle volonté les dieux font abondamment resplendir, bienveillants et propices qu'ils sont, la lumière sur les théurges; ils appellent à eux leurs âmes, dispensent à ces âmes l'union avec eux-mêmes, en les habituant, alors même qu'elles sont encore incarnées, à se détacher du corps et à se tourner vers leur principe éternel et intelligible. Il est évident que le salut de l'âme dont nous parlons à présent est le résultat de ces pratiques : quand elle contemple les bienheureux spectacles, l'âme acquiert une vie nouvelle, elle exerce une activité étrangère, il semble alors qu'on ne soit plus un homme, et à bon droit. Souvent même, ayant rejeté sa propre vie, l'âme a reçu en échange l'activité infiniment béatifiante des dieux. Si donc l'ascension obtenue par les invocations procure aux prêtres purification des passions, affranchissement du monde créé, union au principe divin, comment dire qu'elle implique une passibilité? Car il n'est pas vrai que cette sorte d'invocation attire de force les dieux impassibles et purs vers le passible et l'impur; au contraire, elle fait de nous qui, en raison de la génération, sommes nés passibles, des êtres purs et immuables. » Si les illuminations que les dieux accordent aux hommes sont tout à fait volontaires de leur part et ne peuvent pas être provoquées par force, elles doivent néanmoins être sollicitées et méritées par l'homme. A une certaine attitude morale certains rites théurgiques comme les "invocations" doivent donc nécessairement s'ajouter pour qu'on puisse obtenir des illuminations, rites qui ne sont nullement destinés à agir sur les dieux, mais qui « disposent l'esprit humain à la participation des dieux, l'élèvent vers eux et le mettent d'accord avec eux par une persuasion mélodieuse » (I, 12, p. 63 des Places; *cf.* aussi Julien, *Les discours de Julien empereur*, *Sur*

avec dédain les belles occupations[1] et ils anéantissent les exemples de la vie vertueuse. C'est pourquoi ils empêchent totalement et que les âmes puissent recevoir les premiers rudiments d'une bonne éducation, et que cette bonne éducation puisse s'affermir en elles[2]. Pourtant si, dans un tel État, il se rencontre une âme fortifiée grâce à un sort divin, trouvant désormais dans cet État un exercice plus rude, elle se montre alors plus parfaite en ce qui concerne la vertu. Il est donc vrai que tout événement en toute circonstance, qu'ils soient plus sereins ou plus violents, tournent à l'avantage du sage qui se procure, grâce à un choix prudent, le bien qui est en toutes choses.

XXXIII Si quelqu'un t'est préféré dans un banquet
ou une salutation (*Ench.*, chap. 25, l. 1 Boter)
[*Épictète, en parlant de ces situations, ne se sert pas d'argumentations générales utilisées déjà ailleurs, mais il montre quel avantage on peut tirer de telle situation déterminée.*]

Ce développement aussi semble être une partie du précédent, car il répond aux objections restantes qui sont mises en avant par suite de la même disposition. Car celui qui se convertit vers soi-même[3], qui abandonne aux autres les choses extérieures et qui dédaigne de cultiver les riches et les puissants, paraît vivre dans un manque total de considération, car nombreux sont ceux qui lui sont préférés, *dans les banquets, dans les salutations*, et en plus du fait *qu'ils sont admis dans les conseils* plus que lui. Et là aussi, il était, encore une fois, possible de réfuter l'objection à partir de la distinction entre « ce qui dépend de nous » et « ce qui ne

la Mère des Dieux, 18, 178b-c, p. 128 Rochefort). Si ces actes n'ont pas lieu, par négligence ou par suite d'interdiction, comme ce sera le cas sous Justinien, « la sollicitude des dieux est refoulée par nous » (I, 13, p. 63 des Places : le même verbe ἀναστέλλειν = refouler, chez Jamblique et chez Simplicius). C'est cela la colère des dieux, comme Jamblique l'explique, c'est-à-dire « le rejet de la sollicitude bénéfique des dieux » (I, 13, p. 63 Des Places). *Cf.* F.W. Cremer, *Die chaldäischen Orakel und Jamblich De mysteriis*, Meisenheim am Glan 1969, p. 104, et B. Nasemann, *Theurgie*, p. 269-273 ; 238-240. Ceci n'est pas la seule allusion de Simplicius à la théurgie : cf. *infra*, chap. XXXVIII 83-165, p. 92-97, et les explications *ad loc*. *Cf.* aussi I. et P. Hadot, *Apprendre à philosopher*, le chapitre « Religion et philosophie chez Simplicius », p. 183-211.

1. « Les belles occupations » : Simplicius désigne peut-être par cette formule la théurgie ou, plus généralement, les études de la philosophie païenne.

2. Sous cette description générale d'un État mauvais, Simplicius vise certainement les interdictions qui frappaient sous Justinien l'enseignement païen et tendaient à le supprimer complètement. *Cf.* aussi I. Hadot, *Simplicius. Sur le Manuel*, t. I, XIV 31-40, p. 78.

3. Ὁ πρὸς ἑαυτὸν ἐπιστρέφων : *Cf.* I. Hadot, *Simplicius. Sur le Manuel*, t. I, p. 100, note 4 (p. 174 *sq.*).

dépend pas de nous ». Car si nos biens dépendent de nous, et si ces choses-là ne font pas partie des choses qui dépendent de nous, elles ne seront donc pas des biens. Mais Épictète a laissé de côté ce mode de réfutation, parce qu'il est général et a déjà été utilisé, mais il se sert plutôt d'un autre mode, propre à la question présente, et qui fait voir à ceux qui en usent bien une plus grande utilité tirée de pareilles circonstances.

Il dit en effet que ces choses, où les autres sont préférés à ceux qui choisissent une vie meilleure, sont absolument ou bonnes ou mauvaises. Que soit ajouté, pour que la division soit complète [1] : ou indifférentes ; car beaucoup de choses sont aussi de ce dernier genre. Mais si elles sont indifférentes, elles ne sont pas plus dignes qu'indignes de considération. C'est pourquoi il a dédaigné cette section de la division. Donc les choses dont nous parlons sont ou bonnes ou mauvaises. *Si donc elles sont bonnes, il faut que tu te réjouisses*, dit-il, *de ce que cet homme les ait obtenues*, c'est-à-dire qu'il faut que tu te serves de la puissance, qui est en toi, de vouloir le bien pour tous [2] et de te réjouir avec ceux qui y prennent part.

1. La division complète en question est la suivante :

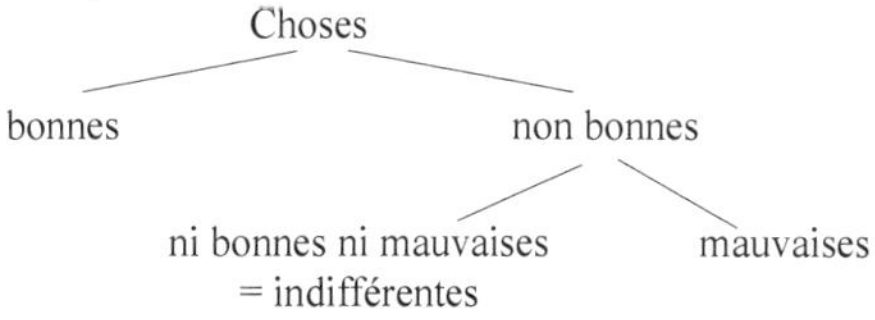

Sur l'origine de cette division stoïcienne chez Xénocrate, *cf.* O. Luschnat, « Das Problem des ethischen Fortschritts in der Alten Stoa », dans *Philologos* CII, 1958, p. 178-214, et H.J. Krämer, *Platonismus und hellenistische Philosophie*, Berlin, New York, 1971, p. 174 *sq.* et 229 *sq.* Pour la question des *indifferentia*, *cf.* I. Hadot, *Simplicius. Sur le Manuel*, t. I, p. 64, note 3 (p. 157).

2. Il s'agit de la βούλησις comme distincte de la προαίρεσις. Proclus, *De prov.* 57, 6 *sq.*, p. 165 Boese (cité d'après la traduction d'Isaac, p. 77, légèrement modifiée), explique la différence entre les deux notions de la manière suivante : « Ils (*scil.* les Anciens) n'affirment pas, en effet, l'identité du choix délibéré et de la volonté, mais ils disent que la volonté veut seulement le bien, alors que le choix délibéré se porte autant vers les choses bonnes que vers des non-bonnes… ; c'est aussi pourquoi ils disent que ce qui caractérise l'âme, c'est l'égale possibilité de choisir le bon ou le mauvais, et que cela correspond à sa nature intermédiaire, qui est tournée vers les deux. Et voilà qui est attesté aussi par l'opinion publique : car les choix délibérés, nous les approuvons chez certains, nous les blâmons chez d'autres mais, s'agissant du mal, nous disons qu'il n'est voulu de personne ; et en effet le mal semble un bien pour ceux qui le choisissent : car il n'est pas une âme qui, connaissant le mal, le choisirait au lieu de le fuir. » *Cf.* aussi *ibid.*, 60, 4 *sq.*, p. 166 Boese (p. 79 Isaac), où Proclus distingue la volonté de l'Un, et des êtres supérieurs à l'homme, de la volonté de ce dernier, et où il est dit à la fin : « Une vie vécue selon la volonté est conforme au Bien, elle qui rend ce qui dépend de nous très puissant, et elle est véritablement déiforme. Par elle, dit Platon (*Phèdre* 246C1-2), l'âme devient un dieu et gouverne le monde entier. » La volonté est donc selon Proclus une faculté essentiellement bonne qui ne saurait vouloir que des choses

[*Cet avantage consiste à parvenir à la ressemblance avec Dieu en imitant sa bienveillance.
Différence entre bienveillance divine et bienveillance humaine.*]

Et vois quel grand bien, caché dans cet apparent manque de considération, il nous fait découvrir. Car c'est là proprement la ressemblance avec Dieu, et il n'y a pas de plus grand bien pour ceux qui viennent après Dieu [1]. En effet, Dieu a la puissance la plus forte, étant cause de toute puissance, et il a la volonté la meilleure, puisqu'il *a voulu que toutes choses soient bonnes et que rien ne soit mauvais* [2] autant que cela est possible. Et puisque sa puissance est égale à sa volonté, il rend toutes choses bonnes, dans la mesure où il est possible à chacun de participer à sa bonté. Mais l'âme humaine est incapable de posséder la puissance suprême, car elle est inférieure en puissance à beaucoup d'autres êtres qui viennent après Dieu; mais elle a reçu de Dieu une volonté capable d'autodétermination, disposée par nature à vouloir le bien pour tous les êtres, lorsqu'elle l'a choisi délibérément elle-même. C'est donc justement conformement à cela surtout qu'elle s'assimile à Dieu dans la mesure où elle agit selon cette volonté. Et si elle ne peut pas rendre toutes choses bonnes, comme le dieu, pourtant, en rendant bonnes toutes les choses qu'elle peut rendre telles, elle rend bonnes, pour ce qui dépend d'elle, toutes choses, et précisément toutes les choses qu'elle veut [3]. Car la volonté est réellement volonté et volonté parfaite, lorsque la puissance tout entière de celui qui veut coopère avec elle. En effet, des choses qui dépendent

réellement bonnes, tandis que le choix délibéré (προαίρεσις) peut s'orienter aussi bien vers les choses réellement bonnes que vers les choses bonnes seulement en apparence, en réalité mauvaises. Le choix délibéré est la faculté qui caractérise l'homme, la volonté est la faculté qui constitue la marque de tous les êtres supérieurs à l'homme. Sur la volonté chez les stoïciens, notamment chez Sénèque, *cf.* I. Hadot, *Sénèque*, p. 297-312.

1. La volonté, comme elle a été définie dans la note précédente, dépend directement de la bonté, c'est-à-dire du Bien ou Un : *cf.* surtout Proclus, *De prov.*, 60, p. 166 Boese, résumé dans la note précédente. (Sur la volonté du démiurge, *cf.* I. Hadot, *Studies on Hierocles*, p. 24-30; *cf.* aussi J.M. Rist, *Eros and Psyche. Studies in Plato, Plotinus and Origen*, Toronto 1964, au sujet de la bonté divine.) La ressemblance avec le dieu ou les dieux se manifeste donc dans l'âme humaine par le développement le plus parfait possible de cette faculté, étant bien entendu qu'elle ne peut s'appliquer qu'à des choses qui dépendent de nous.

2. Platon, *Timée*, 30A2-3.

3. Le sens de cette phrase doit être le suivant : La volonté est quelque chose qui dépend de nous. L'intention de rendre toutes choses bonnes dépend donc de nous. La puissance de rendre toutes choses bonnes ne dépend pas de nous et ne nous concerne donc pas. Quand donc l'homme agit selon son vouloir, c'est-à-dire quand il a l'intention de rendre toutes choses bonnes, il fait ce qui dépend de lui : il rend donc toutes choses bonnes pour ce qui dépend de lui.

de nous, nous sommes maîtres, et vouloir du bien à tous les êtres dépend de nous. Et l'homme bon veut faire du bien à tous les hommes, et non seulement à eux, mais aussi aux animaux sans raison et aux végétaux, et il étend cette volonté même jusqu'aux choses inanimées. Il ne peut certes pas tout ce qu'il veut; c'est pourquoi la volonté sans doute dépend de nous, la puissance elle-même pourtant ne dépend pas de nous, mais elle a besoin du concours de beaucoup d'autres causes, et de causes qui nous sont supérieures [1]. Et c'est pourquoi nous possédons notre bien dans la volonté, parce qu'il dépend de nous. Et voilà pour ce premier point.

[*Épictète ajoute un argument tiré du topos rhétorique de l'utile.*]

Mais si les choses dont nous parlons *sont mauvaises*, dit-il, ne t'afflige pas, mais même réjouis-toi encore une fois *de ne pas les avoir, toi, obtenues.* Ainsi l'homme de bien ne prendra pas comme un manque de considération le fait de ne pas les obtenir; mais il se réjouira, si ce sont des biens, qu'un autre les ait obtenues, si ce sont des maux, que lui-même ne les ait pas obtenues. C'est donc ainsi, en tirant argument de l'utile [2], qu'Épictète a réfuté l'objection tirée de la tristesse que nous éprouvons, parce que nous n'avons pas obtenu les choses en question. Car si elles sont bonnes, il a montré qu'à celui qui le veut, un plus grand bien résulte du fait de ne pas les obtenir, à savoir la ressemblance avec Dieu; et si elles sont mauvaises, c'est un bien de ne pas obtenir les maux.

[*Pour finir Épictète tire argument des topoi rhétoriques du possible et du juste.*]

Puis, il développe son raisonnement en s'appuyant sur le possible et ensuite sur le juste [3]. Du possible, parce qu'il est impossible que celui qui ne courtise pas le maître de la maison, obtienne de lui les mêmes choses qu'obtiennent ceux qui le courtisent. Courtiser les maîtres de maison, c'est *être tous les jours à leur porte, les accompagner* à l'agora, *louer* tout ce qu'ils disent, tout ce qu'ils font, de quelque valeur que cela puisse être.

1. Sur la volonté et la puissance chez l'homme, *cf.* Hiéroclès chez Photius, *Biblioth.*, cod. 251, 465b6 *sq.*, t. VII, p. 203 Henry, et Proclus, *De prov.*, 60, p. 160 Boese (cf. *supra*, p. 39, n. 2). Au sujet des limites de notre libre arbitre, *cf.* I. Hadot, *Studies on Hierocles*, le chapitre « Heimarmenê, contingence, free will », p. 114-118.

2. A propos de l'argument tiré de l'utile, *cf.* I. Hadot, *Simplicius. Sur le Manuel*, t. I, p. 99, note 3 (p. 174).

3. Pour le juste et le possible comme *topoi*, *cf.* I. Hadot, *Simplicius. Sur le Manuel*, t. I, p. 99, note 3 (p. 174).

Toi donc qui ne fais pas cela, s'il est vrai que tu veux philosopher, il est impossible que tu obtiennes les mêmes choses que ceux qui font leur cour. Mais c'est aussi *injustice et insatiabilité* de vouloir prendre part à un repas sans donner ce en échange de quoi on vend ce repas. Car c'est injustice de désirer le bien d'autrui et insatiabilité de vouloir à la fois prendre le repas et ne pas donner ce avec quoi on l'achète. Ensuite que, sans être, lui, au repas, il n'aura rien de moins que celui qui y est, il le montre d'une manière très vivante[1] avec l'exemple des laitues. Car si l'autre a le repas, *tu as*, dit-il, quelque chose de plus digne de considération que le repas : ta liberté, qui consiste à *ne pas louer qui tu ne voulais pas louer, à ne pas supporter les insolences de ses portiers*. Mais si tu veux ces avantages et en même temps le repas, *tu es injuste et insatiable* et, étant tel, tu es un sot, car tu ne trouveras aucun homme à qui te comparer pour paraître meilleur que lui.

XXXIV Il est possible de connaître l'intention de la nature par les choses sur lesquelles nous ne sommes pas en désaccord.
(*Ench.*, chap. 26, l. 1-2 Boter)

[*Certitude des notions communes et incertitude des notions propres.*]

Les notions communes[2] des hommes concernant la nature des choses *sur lesquelles nous ne sommes pas en désaccord*, mais au contraire du même avis les uns et les autres, nous les hommes, par exemple que le bon est utile et l'utile bon, que toutes choses désirent le bien, que l'égal n'est ni supérieur ni inférieur [par rapport à quelque chose], que deux et deux font quatre – ces notions communes donc, et toutes les autres du même genre, formées en nous par la droite raison et longtemps éprouvées, sont vraies et sont en harmonie avec la nature des choses. Mais les notions propres aux individus sont souvent erronées : les unes, parce qu'elles sont tirées de la sensation qui se trompe, par exemple que la lune est égale en

1. Pour ἐναργῶς comme terme technique de la rhétorique, cf. *supra*, p. 33, n. 1 et I. Hadot, *Simplicius. Sur le Manuel*, t. I, p. 109, note 2 (p. 177).

2. A propos des « notions communes », doctrine et terme stoïciens repris par le néoplatonisme, *cf.* V. Goldschmidt, *Le système stoïcien et l'idée de temps*, Paris, 1953, § 78, p. 159 *sq.* Au sujet des « notions communes » chez les épicuriens, *cf.* J.M. Rist, *Epicurus*, Cambridge 1972, p. 26 *sq.* : ce sont surtout des notions basées sur les sensations et l'expérience, mais aussi une notion comme l'existence des dieux. Pour la position néoplatonicienne, *cf.* Proclus, *Theol. Plat.*, I, 25, t. I, p. 110, 22 *sq.* Saffrey-Westerink avec la note 4, p. 159-161 ; *In Alc.*, 104, 8-10, t. I, p. 86 Segonds avec les notes 3 et 4, p. 180 ; 142, 17, t. I, p. 118 Segonds avec la note 7, p. 207. Cf. *infra*, p. 98, n. 2.

grandeur au soleil [1], ou du fait qu'elles proviennent du désir irrationnel, comme celle qui dit que tout plaisir est un bien [2], ou du fait qu'elles résultent d'un raisonnement mal éprouvé et d'hypothèses mauvaises, comme celle qui dit qu'il y a deux principes de toutes choses [3] ou celle qui croit que l'âme est un corps [4]. Ces notions donc, et les autres du même genre, sur lesquelles nous sommes en désaccord, ne sont pas absolument vraies, mais parfois ce sont les notions qui leur sont contraires qui sont vraies, et il n'est pas prudent de vouloir connaître à partir d'elles la nature des choses, qu'il a appelée ici *l'intention de la nature.*

[*Exemples probants donnés par Épictète de l'incertitude des jugements particuliers.*]

Une preuve de l'incertitude des jugements particuliers et de la certitude des jugements universels, c'est que le même homme supporte le même accident d'une certaine manière, c'est-à-dire avec beaucoup plus de passion et de déraison, si c'est lui-même qui en souffre, et d'une autre manière lorsqu'il le voit arriver à un autre. Alors il le voit avec plus d'impassibilité, d'une manière qui est plus vraie et plus en accord avec les autres hommes, ceux auxquels n'arrive pas cet accident et qui ne jugent pas selon la passion, mais selon la raison. Et cela, il l'a prouvé par un exemple banal, celui du gobelet brisé. En effet, *quand le jeune esclave de quelqu'un d'autre casse un gobelet, nous sommes prêts à dire* [5], nous ainsi que les autres qui jugent sans passion, *que cela fait partie des choses qui arrivent* qu'un esclave parfois soit distrait et cogne un gobelet ou le

1. Opinion généralement attribuée, dans les polémiques anciennes, aux épicuriens, à cause de leur dogme selon lequel toutes les sensations sont vraies (p. ex. Cicéron, *De fin.*, I, VI, 20). En réalité, la doctrine épicurienne concernant la sensation était beaucoup plus compliquée : *cf.* J.M. Rist, *Epicurus*, *op. cit.* (p. 42, n. 2), p. 17 *sq.* : quand Épicure dit que toutes les sensations sont vraies, il veut dire que toutes les sensations indiquent quelque chose de réel, mais la manière dont la raison interprète cet élément de réalité dépend de nous. La confirmation d'un jugement se fait par la collection d'autres sensations et leur comparaison mutuelle. *Cf.* surtout J.-F. Balaudé, *Épicure – Lettres, maximes, sentences*, Paris, 1994, chap. 3 : Les critères : sensations, prénotions, affections, p. 32-40.

2. Simplicius donne encore une fois comme exemple une doctrine épicurienne. *Cf.* Épicure, *Lettre à Menécée*, la fin du § 128 et § 129. Trad. J.-F. Balaudé, *Épicure* ..., *op. cit.*, à la note précédente, p. 194 *sq.*

3. Il s'agit de la doctrine manichéenne que Simplicius va réfuter au chapitre suivant (chap. XXXV, *infra*, p. 48-71). *Cf.* le commentaire de ce chapitre dans I. Hadot, *Simplicius. In Ench.* (1996), p. 114-144.

4. Doctrine fondamentale des stoïciens.

5. Πρόχειρον ... ἡμῖν ... λέγειν (ou ἐπιλέγειν) : terme technique qui se rapporte à l'exercice spirituel de la *meditatio malorum* ; *cf.* I. Hadot, *Simplicius. Sur le Manuel*, t. I, VI, 1, p. 42, note 3 (p. 148). Cf. *infra*, p. 44, n. 2.

lâche et qu'ainsi le verre, heurté ou lâché, se brise. Mais quand c'est notre verre qui est brisé, nous nous irritons, comme si quelque chose de tout à fait extraordinaire nous arrivait. Pourtant, dans ce cas également, il aurait fallu penser que cela *fait partie des choses qui arrivent. Ainsi donc*, dit-il, *transpose* ce principe *aux cas plus importants*. Si l'enfant ou la femme d'un autre meurt, *il n'y a personne qui ne dise que ce qui arrive est humain*, en jugeant ainsi l'événement selon les notions communes qui sont en accord avec la nature. Car que l'homme meure, c'est humain, cela correspond à la nature de l'homme, puisqu'il est mortel. Mais *quand c'est son propre enfant qui meurt, c'est tout de suite : « Hélas ! » et « Malheureux que je suis ! »* et les pleurs et les plaintes sur un ton tragique, comme s'il nous était arrivé une chose contre nature, et à nous seuls. *Il aurait pourtant fallu nous souvenir* de quelle manière nous étions disposés lorsque c'était un autre qui pleurait : nous remarquions alors très bien que ce qui causait son trouble, ce n'était pas l'événement lui-même, qui était naturel et qui arrivait nécessairement, mais la passion qu'il éprouvait à l'occasion de cet événement. Et cette passion est double : d'une part elle est une compassion irrationnelle, poussée au-delà de ce qui est convenable [1], que l'âme, rationnelle et immortelle, éprouve pour le corps mortel, celui de l'enfant ou de la femme, et d'autre part elle consiste dans le fait de ne jamais concevoir la nature de ce corps, à savoir qu'il est mortel et qu'il est normal qu'il meure, mais de vivre avec lui comme s'il devait être toujours avec nous. Et ce qui frappe et trouble par-dessus tout, c'est que cela survient à l'improviste. Car, si l'on avait pu s'y exercer et s'y habituer grâce à la représentation, l'événement n'aurait pas provoqué le même trouble et la même tristesse [2]. Une preuve évidente de cela, je pense, c'est le fait que ceux qui, dans de telles occasions, sont très vivement émus, au bout de peu de temps, à cause de l'habitude, en viennent à se calmer [3],

1. C'est la position caractéristique des péripatéticiens et des platoniciens. Sur l'incorporation de la métriopathie péripatéticienne à côté de la doctrine stoïcienne dans le système néoplatonicien, *cf.* I. Hadot, *Le problème*, p. 152-158, et I. et P. Hadot, *Apprendre à philosopher*, p. 75-84. *Cf.* aussi *infra*, note 3.

2. Il s'agit de l'exercice spirituel de la *praemeditatio malorum*. *Cf.* I. Hadot, *Simplicius. Sur le Manuel*, t. I, VIII 39 *sq.*, p. 53 avec note 4 (p. 153) ; IX 24 (προμελετῶντα) *sq.*, p. 56 ; X, 5 (προμελετήσαντα) *sq.*, p. 60, avec note 1 (p. 156) ; XVIII 83 *sq.*, p. 109 avec notes 1 et 2 (p. 177) et XXIX 57, p. 130, avec note 1.

3. Cette argumentation péripatéticienne (cf. *supra* note 1) apparaît déjà chez Sénèque, *Ad Marciam*, 7, 1-8, 1 (cité dans la traduction de R. Waltz, dans *Dialogues*, 3 : *Consolations*, Paris, 1923, p. 20-21) : « – Il est cependant conforme à la nature de regretter les siens. – Qui le conteste, tant que ces regrets sont modérés ? Le simple départ de ceux qui nous sont chers nous cause, aussi bien que leur mort, une irrésistible émotion, qui serre les cœurs les plus fermes. Mais l'imagination y a plus de part que la mesure. Vois combien le chagrin des animaux est violent, et pourtant combien il passe vite : les vaches meuglent un jour ou deux,

comme si rien de tel ne leur était arrivé, et alors ils produisent ces notions conformes à la nature : que c'est une chose humaine, qu'il est nécessaire que meure ce qui est mortel, que nous-mêmes serons bientôt emportés. Si donc, après l'événement, grâce à l'habitude de la séparation, nous la supportons facilement, même avant l'événement, je pense, en nous habituant, par la prévision, à la séparation, nous ne la subirons plus avec une émotion aussi vive.

[*Ce qui cause les jugements particuliers faux, c'est, d'une part, le fait d'avoir manqué de nous exercer dans la préméditation et, d'autre part, l'excès de sympathie pour une chose qui nous est étrangère.*]

La cause qui fait que l'on ne s'habitue pas à de tel événements que nous avons constamment devant les yeux, c'est tout d'abord que les âmes de la plupart des hommes se modèlent toujours sur les événements présents, en sorte que, s'ils sont heureux, ils croient qu'ils seront toujours heureux et, si quelque chose d'attristant leur arrive, ils n'espèrent plus pouvoir s'en libérer. Une seconde cause, qui n'est pas moindre, c'est la sympathie excessive et démesurée qu'ils éprouvent pour de tels objets : car à cause d'elle la représentation de la séparation leur cause une trop grande tristesse. Or personne n'aime penser volontairement à ce qui cause la tristesse. Il faut donc modérer le plus possible la sympathie, en jugeant avec rectitude qui éprouve la sympathie et à qui elle s'adresse, à savoir à

la course folle et désordonnée des cavales ne dure pas davantage ; quand les bêtes fauves ont bien couru sur les traces de leurs petits et bien erré par les forêts, quand elles sont maintes fois revenues à leur tanière dévastée, leur fureur tombe en un moment ; l'oiseau s'agite avec des cris perçants autour de son nid désert : l'instant d'après, il se résigne et reprend tranquillement son essor. Aucun animal ne regrette longtemps sa progéniture, sauf l'homme, qui se fait le complice de sa douleur et ne s'afflige pas en proportion de ce qu'il ressent, mais dans la mesure où il se l'est fixé. Veux-tu des preuves que la nature n'exige pas qu'on s'épuise de regret ? D'abord, le même deuil affecte une femme plus qu'un homme, un barbare plus qu'une personne civilisée, un ignorant plus qu'une personne instruite. Or, lorsqu'une chose tient sa force de la nature, cette force reste la même avec tous les individus ; il est patent que ce qui varie n'émane pas de la nature. Le feu brûlera indifféremment des individus de tout âge, des habitants de tous les pays, les hommes comme les femmes ; le fer fera sentir à n'importe quel corps sa faculté de trancher : pourquoi ? parce que c'est la nature qui leur a donné leurs propriétés et qu'elle ne fait jamais exception de personne. Par la pauvreté, par le deuil, par le mépris chacun est affecté diversement selon qu'il est plus ou moins aguerri par l'habitude, et que la peur qu'il se fait d'avance de choses qui n'ont rien de terrible lui ôte plus ou moins sa force et son courage. Ensuite, quand une chose est l'œuvre de la nature, elle ne diminue pas en durant. La douleur disparaît à la longue : la plus opiniâtre, celle que chaque jour voit renaître et qui s'insurge contre les remèdes, faiblit pourtant sous l'action souveraine du temps, qui calme toutes les effervescences. » *Cf.* I. Hadot, *Sénèque*, p. 102-106 et I. Hadot, *Seneca*, p. 44-46. *Cf.* aussi I. Hadot, *Simplicius. Sur le Manuel*, t. I, le chap. XIX, p. 111-112, et chap. XXIV 10 *sq.*, p. 120-121.

une réalité étrangère, et il faut éviter l'excès dans le commerce intime et dans l'union des corps et s'abstenir des paroles et plus encore des actions qui augmentent la sympathie.

XXXV Comme un but n'est pas posé pour qu'on le manque [1], de même une nature du mal ne vient pas non plus à l'existence dans le monde. (*Ench.*, chap. 27, 1-2 Boter)

[I. *Réfutation de la thèse selon laquelle existent deux principes : le bien et le mal*[2].
a) *Réfutation dialectique*]

Si l'on n'a pas introduit dans le discours concernant l'existence des maux [3] les bonnes distinctions, il est occasion d'impiété envers le divin en même temps qu'il bouleverse les fondements d'une bonne éducation morale et qu'il jette dans des impasses multiples et insolubles ceux qui ne recherchent pas bien les causes de cette existence. Et en effet, si l'on dit que le mal est principe, en sorte qu'il y ait deux principes des étants, le bien et le mal [4], il en résulte alors de nombreuses et grandes absurdités. Car cette dignité de "principe", si elle est unique et si elle est attribuée indistinctement à ces deux contraires, d'où leur advient-elle sinon d'une cause unique, qui leur est antérieure à tous deux ? Mais après tout, comment seront-ils contraires [5], s'ils ne sont pas subordonnés à un même

1. Dans l'*Ethique à Nicomaque*, 1094a22-24, Aristote avait déjà comparé le désir d'atteindre le Souverain Bien « aux archers qui ont une cible devant les yeux ».

2. Ph. Vallat, *Farabi*, p. 58, indique que l'on trouve un écho des développements de Simplicius (XXXV 7-25) dans le *Régime Politique* de Al-Farabi. *Cf.* aussi Vallat, *Farabi*, p. 249.

3. Simplicius a déjà plus haut consacré un bref développement au sujet du mal en se fondant sur la distinction entre le non-être absolu et le non-être relatif : *cf.* I. Hadot, *Simplicius. Sur le Manuel*, t. I, chap. XIV 443-469 et p. 94, note 5 (p. 171).

4. Les adversaires principaux de Simplicius sont cette fois les manichéens : voir I. Hadot, *Simplicius. In Ench.* (1996), Introduction, chap. 5 (p. 114-144), « La réfutation du manichéisme ».

5. Sur la question de savoir si le bien et le mal peuvent être contraires, *cf.* Simplicius, *In Cat.*, p. 416, 22-417, 15 Kalbfleisch : « En effet, Aristote, et avant lui Archytas, donnent dans ce contexte comme exemples des contraires le bien et le mal, la santé et la maladie, le vrai et le faux, la justice et l'injustice, la vertu et le vice ou le fait d'être vertueux (cf. *ibid.*, p. 37, 24 pour la définition du σπουδαῖος) et le fait d'être vicieux, mais comme exemples de la possession (ἕξις) et de la privation (στέρησις), la vue et la cécité. Je crois en effet qu'il vaut la peine de chercher s'il faut poser le bien et le mal, la justice et l'injustice, la santé et la maladie comme étant des contraires ou comme étant des possessions et des privations. Si en effet il (Aristote) veut que les contraires soient égaux en force et que les deux contraires représentent à un même degré des choses de premier ordre et conformes à la nature, mais si

genre ? Car les choses qui sont différentes ne sont pas tout bonnement contraires. Car personne ne dirait que le blanc est contraire au chaud ou au froid, mais ce sont les choses qui sont les plus éloignées les unes des autres dans un même genre, qui sont des contraires. Ainsi le blanc est contraire au noir, parce qu'ils ont en commun le genre "couleur", car ils sont pareillement des couleurs. Ainsi le chaud est le contraire du froid, dont le genre commun est la qualité du toucher qui se rapporte au chaud et au froid. C'est pourquoi il est impossible aussi que des contraires puissent être principes, parce qu'il est nécessaire que leur préexiste le genre commun, et assurément aussi parce qu'il est nécessaire que l'Un soit antérieur au multiple, s'il est vrai que chacune des choses multiples doit nécessairement être une, selon la participation au premier Un, ou alors ne pas être du tout. De plus, s'il est nécessaire qu'il y ait, avant toute propriété, une monade originelle, à partir de laquelle toute propriété qui est divisée en de nombreux sujets vient à l'existence – car à partir du beau divin et originel procèdent toutes les choses belles, et à partir de la première vérité divine, procède toute vérité –, il est nécessaire aussi

par contre ces choses-là (je veux dire le mal, l'injustice, la maladie et les choses de ce genre) sont plutôt des privations, des aberrations (παραλλάξεις) et des déviations (παρατροπαί) qui prennent leur départ de ce qui est conforme à la nature et des existences adventices (παρυποστάσεις), comment serait-il possible que les deux soient des choses de premier ordre ou de force égale ou conformes à la nature de manière égale ? Si en effet, globalement parlant, ce qui est contre nature existe, il se trouve parmi ceux-ci et nulle part ailleurs ; et qu'il s'agisse d'un échec (ἀποτυχία) devient clair par le fait, d'abord, qu'il ne représente un but pour personne et, ensuite, que ceux qui choisissent l'injustice le font parce qu'ils sont appâtés par la coloration apparente (παράχρωσις : *cf.* I. Hadot, *Simplicius. Sur le Manuel*, t. I, p. 46, note 3 [p. 150]) du bien qui est en elle, et qu'ils tombent dedans par échec (κατ'ἀποτυχίαν), ayant pourtant cherché ce qui se suffit à lui-même, ce qui est convenable et occupe le premier rang. Qui douterait, à propos de la maladie, qu'elle ne soit une disposition contre nature ? Et c'est de cette manière que, jusqu'à nos jours, tous les médecins continuent à la définir. Si donc ces choses-là s'opposent à la manière de ce qui est conforme à la nature et de ce qui est contre nature, l'opposition n'est pas celle des contraires (les contraires sont tels par nature et ils sont tous les deux des formes, comme blanc et noir et chaud et froid), mais plutôt de celle de la possession et de la privation, cette dernière pouvant signifier d'une part le fait de subir le processus d'une privation et d'autre part le fait d'être privé définitivement. Car en effet le fait d'être malade est une privation ainsi que le fait d'être mort, l'ophthalmie et le fait d'être aveugle, le premier membre (des oppositions) exprimant le processus d'une privation (τὸ στερίσκεσθαι), le deuxième l'état d'une privation définitive (τὸ ἐστερῆσθαι). Comme donc la privation est double, les gens susnommés (*scil.* Aristote et Archytas) appellent, à cause de leur impuissance totale, "privations" seulement celles qui se caractérisent par une privation définitive, tandis qu'ils posent celles des privations qui se définissent comme les processus d'une privation, comme étant des contraires, à cause d'une certaine puissance qui reste encore en elles par le fait d'être mêlées en quelque sorte à la possession… ».

que les principes multiples se rapportent à un principe unique, qui n'est pas un principe particulier, comme chacun des autres, mais le principe qui surpasse tout principe, principe qui transcende et rassemble en lui tous les principes, communiquant à tous les principes, à partir de lui-même, la dignité de principe, à cause de leur communauté d'origine, avec la dégradation qui est propre à chacun. Ainsi est-il donc absurde d'appeler « premiers principes » ces deux-là et, d'une manière générale, des principes plus nombreux que l'Un[1].

[b) *Réfutation du manichéisme*]

Ceux qui affirment qu'il y a deux principes des étants, à savoir le bien et le mal[2], sont contraints à ne plus pouvoir ni dire que le bien, et même le bien en tant qu'ils l'appellent Dieu, est la cause de toutes choses, ni le louer justement comme le Tout-Puissant, ni lui attribuer la puissance suprême et entière, mais seulement la moitié de la puissance totale, si même il est encore vrai que ce soit la moitié, ni enfin croire qu'il remplit toutes choses de bonté et de lumière, celui que pourtant ils appellent source de la bonté et de la lumière. Qu'ils sont grands, qu'ils sont nombreux les blasphèmes contre Dieu qui découlent nécessairement de ce qu'ils disent ! Car c'est un rôle de lâcheté qu'ils lui donnent, puisqu'il craint le mal qui s'est approché de ses frontières, et redoute qu'il ne pénètre aussi à l'intérieur de celles-ci. Et à cause de cette lâcheté, d'une manière qui à la fois est injuste et nuisible pour lui, il a jeté au mal les âmes, parties et membres de lui-même, ainsi qu'ils le disent, bien que ces âmes n'aient commis auparavant aucune faute, et cela, afin de sauver le reste des êtres bons ; ainsi, disent-ils, un général, devant l'attaque des ennemis, leur sacrifie une partie de son armée, pour sauver le reste. Tels sont leurs discours, même s'ils n'emploient peut-être pas exactement les mêmes mots. Mais celui qui, selon eux, a jeté ainsi les âmes <au mal>, ou tout au moins qui a ordonné de les jeter, *a oublié ou ignoré* l'étendue de ce que les âmes livrées au mal auraient à souffrir : qu'elles sont brûlées, rôties, comme ils disent, et qu'elles sont torturées de toutes manières, alors qu'elles n'avaient commis aucune faute et qu'elles sont des parties du dieu. Et finalement, comme ils disent, celles d'entre elles qui sont

1. Concernant le caractère typiquement néoplatonicien de ce passage, *cf.* I. Hadot, *Simplicius. Sur le Manuel*, t. I, l'Introduction p. XLVIII-LI. *Cf.* aussi Simplicius, *In Cat.*, p. 109, 5-110, 25.

2. Ici commence la réfutation des manichéens. Pour un commentaire des doctrines manichéennes sous-jacentes au développement de Simplicius, *cf.* I. Hadot, *Simplicius. In Ench.* (1996), p. 114-144, le chapitre « La réfutation du manichéisme ».

devenues impies – celles-là, chez eux, ce ne sont pas les assassins, ou les adultères, ou celles qui ont fait, par suite d'une vie corrompue quelqu'une de ces actions criminelles, mais celles qui nient qu'il y ait deux principes de toutes choses, le bien et le mal –, celles-là, donc, ne reviennent plus, disent-ils, vers le bien, mais demeurent collées au mal, en sorte que le bien demeure incomplet, puisqu'il a perdu certaines de ses parties.

De plus, selon eux (que ce discours ne soit pas le mien !), le bien est insensé, puisqu'il n'a pas été capable de calculer ce qui était son avantage et puisqu'il ne connaît pas la nature du mal. Comment en effet le mal aurait-il pu pénétrer dans la région du bien, puisque leurs lots, ainsi qu'ils le disent, sont distincts de toute éternité et déterminés selon leurs natures propres[1] ? Par qui donc ? Ils ne le disent pas. Mais il est évident que cela est arrivé ou bien par hasard (et ainsi il s'ensuivrait que, selon eux, le principe de tout serait le hasard) ou bien, par un Un, supérieur aux deux. Quoiqu'il en soit, ils font le partage, selon eux, avant que le monde ne soit produit, comme si cela se passait sur la terre, car ils donnent au bien ces trois parties : l'Est, l'Ouest et le Nord, mais au mal, le Sud. Car aussi bien ils conçoivent les cinq magasins du mal en quelque sorte comme des cavernes, et ils imaginent là-bas des arbres, des animaux terrestres et aquatiques, en perpétuel combat, dévorés, selon eux, par l'Être aux cinq formes, bien qu'ils disent que ces animaux sont incorruptibles, comme le sont aussi les premiers êtres bons. Si donc, dès l'origine, leurs domaines étaient distincts par nature, comment était-il possible que le mal pénétrât dans la région du bien ? Et comment était-il possible que le contraire, demeurant <tel qu'il est> et sans être détruit, puisse recevoir le contraire ? C'est ainsi en effet que le blanc, demeurant blanc, sera le noir, et la lumière, demeurant lumière, admettrait l'obscurité. Si donc cela est impossible, comment n'est-ce pas ajouter, à la lâcheté et à l'injustice, la sottise, que de jeter l'âme en pâture au mal et à partir de ce moment-là jusqu'à maintenant d'avoir des ennuis, comme ils disent, parce que le bien ne peut ni ne pourra la rappeler complètement, puisque certaines âmes, comme je l'ai déjà mentionné, demeurent, selon eux, dans le mal, à l'avenir, pendant l'éternité infinie ? Et ils disent que le bien n'a pas prévu cela. Et pourtant ils disent que le mal prévoit l'ambassade destinée à être envoyée contre lui et qu'il imagine des ruses contre elle. Combien eût-il été meilleur de laisser le mal en lutte avec lui-même, plutôt que de se mêler

1. Pour un commentaire des doctrines manichéennes sous-jacentes au développement de Simplicius, *cf.* I. Hadot, *Simplicius. In Ench.* (1996), p. 114-144 le chapitre « La réfutation du manichéisme ».

soi-même avec le mal, sans pouvoir en devenir maître ! Car ils disent que le mal est inengendré et incorruptible, justement comme le bien. Et en effet, cela aussi, on pourrait le leur reprocher, qu'ils attribuent également au bien et au mal ces choses-là : être inengendré et incorruptible, être sans commencement et sans fin. Que pourrait-il y avoir de plus auguste que cela ?

Et que de belles choses encore ils disent à propos de la création du monde ! Lorsqu'ils parlent de certaines colonnes [1], ce n'est pas de celles « qui tiennent séparés la terre et le ciel » – car ils refusent de comprendre en un sens mythique quelque chose de ce qui a été dit –, mais, comme me l'a révélé l'un de ceux qui chez eux sont considérés comme sages [2], ils croient qu'elles sont faites de pierre solide et qu'elles sont sculptées en haut. Et ils parlent de douze portes, dont respectivement une seule s'ouvre périodiquement [3]. Leurs explications des éclipses révèlent une étonnante surabondance de sagesse. Car ils disent que, lorsque les méchants enchaînés au moment de la création du monde provoquent, dans leurs agitations, du trouble et du tumulte, les astres (*scil.* le soleil et la lune) se couvrent de certains rideaux pour ne pas participer au trouble de ces méchants Et telles seraient les éclipses : les occultations des astres par les rideaux. Et quelle absurdité encore en ceci : de tout ce qui est dans le ciel, n'honorer que ces deux astres, en disant qu'ils appartiennent au lot du bien, et au contraire mépriser les autres comme faisant partie du lot du mal. Et ils ne croient pas que la lumière de la lune provient du soleil, mais

1. Pour un commentaire des doctrines manichéennes sous-jacentes au développement de Simplicius, *cf.* I. Hadot, *Simplicius. In Ench.* (1996), p. 128-138.

2. Cette remarque permet entre autres de localiser le lieu de rédaction du commentaire de Simplicius : *cf.* I. Hadot, *Le néoplatonicien Simplicius*, p. 31-39, et I. Hadot, *Simplicius. Sur le Manuel*, t. I, Introduction, p. XIV avec note 1. A propos de la leçon ὡς ἐμοί τις, la critique de C. Luna (*cf.* « Compte-rendu de R. Thiel, *Simplikios und das Ende der neuplatonischen Schule*, Mayence, Akademie der Wissenschaften und der Literatur, Abhandl. der geistes- und sozialwissenschaftlichen Klasse, 8, 1999 », *Mnemosyne* LIV, 2001, p. 482-504, à la note 23, p. 502), qui veut rétablir dans le texte grec l'ancienne conjecture ὁποίας τις de Schweighäuser, lequel ne disposait pas de mes deux meilleurs manuscrits A et B, est tout à fait injustifiée et va à l'encontre du stemma des manuscrits résultant de l'histoire du texte (*cf.* I. Hadot, « La tradition manuscrite » ; *cf.* également I. Hadot, *Simplicius. Sur le Manuel*, t. I, p. XIV avec la note 1). Ce stemma avait été approuvé aussi bien par M. J. Irigoin, membre du jury de ma thèse de Doctorat d'Etat de 1977 que par M. G. Boter, dans *The Encheiridion of Epictetus and its three Christian adaptations. Transmission and critical editions*, Leiden-Boston-Köln 1999, p. 93 en bas : « The description of the relationship of the MSS of Simplicius'commentary as given by Hadot is convincing, and I see no reason to depart from her conclusions with regard to the stemma. »

3. C'est-à-dire l'une après l'autre s'ouvrent à des intervalles déterminés. *Cf.* le commentaire dans I. Hadot, *Simplicius. In Ench.* (1996), p. 129 *sq.*

que ce sont les âmes que la lune, après les avoir puisées de la terre depuis la période de la nouvelle lune jusqu'à celle de la pleine lune, transvase dans le soleil, depuis la période de la pleine lune de nouveau jusqu'à la nouvelle lune.

Mais pourquoi est-ce que je prolonge ce récit? Car bien qu'ils imaginent des monstruosités qui ne méritent même pas d'être appelées mythes, ils ne les traitent pas pourtant comme des mythes et ils ne croient pas que quelque chose d'autre soit indiqué par là, mais ils se fient à ce qui est dit comme à quelque chose de vrai. Ils imaginent le mal comme un vivant pentamorphe[1] composé d'un lion, d'un poisson, d'un aigle et d'autres animaux dont je ne me souviens plus, et ils craignent l'attaque de ce monstre. Si grande est dans ces discours l'impiété envers le divin! Et l'étonnant en cela, c'est qu'ils ont imaginé tout cela, à les en croire, par une pieuse crainte. En effet, parce qu'ils ne voulaient pas dire que le dieu est la cause du mal, ils ont posé un principe propre du mal en lui assignant une dignité et une force égales à celles du bien, ou plutôt encore plus grandes. Car jusqu'à maintenant, dans toutes ses entreprises, le mal paraît avoir été le vainqueur. Et le mal semble, selon eux, s'agripper de toutes parts au bien en rusant de toutes les manières possibles pour ne pas en être privé. Quant au bien, comme ils le disent, c'est volontairement qu'il s'est mêlé au mal, et il s'est comporté jusqu'à maintenant, selon eux, d'une manière lâche, injuste et irraisonnable, en sorte que, alors qu'ils voulaient éviter de le nommer la cause du mal, ils le décrivent comme totalement mauvais et, selon le proverbe, fuyant la fumée ils sont tombés dans le feu. Voilà jusqu'à quel point ce discours est impie à l'égard du divin.

[c) *Autre réfutation dialectique : selon les dires mêmes des manichéens, il ne peut y avoir ni un principe du mal ni un mal.*]

D'autre part ce discours, dans la mesure où cela est en son pouvoir, détruit les fondements d'un bon comportement moral, en détruisant réellement l'affirmation selon laquelle « quelque chose est en notre pouvoir ». Car il introduit le principe du mal comme inengendré, incorruptible et puissant, poussant de force les âmes dans le mal, en sorte qu'il n'est plus en notre pouvoir de pécher ou non, puisque celui qui nous contraint est si fort que, selon eux, il ne peut même pas être vaincu par le dieu. A vrai dire, on aurait dû penser que, si les âmes, contraintes par

1. Pour un commentaire des doctrines manichéennes sous-jacentes au développement de Simplicius, *cf.* I. Hadot, *Simplicius. In Ench.* (1996), le chapitre « La réfutation du manichéisme ».

quelqu'un de plus fort qu'elles, commettent sous une impulsion extérieure et involontairement l'homicide ou l'adultère ou quelque autre action de ce genre, qui fasse partie de ce que l'on appelle les choses mauvaises, elles sont innocentes. Car les choses qui sont faites sous la violence et involontairement, puisqu'il n'y a pas en elles de culpabilité, sont pardonnées aussi bien par Dieu que par les lois. Et il n'y a absolument plus ni péché ni mal si l'on admet que nous faisons de telles choses en étant contraints par des causes plus fortes que nous. Si donc, cherchant la cause de ces actions en considérant qu'elles sont mauvaises, ils ont posé un principe du mal, alors, puisque ce principe a été posé et qu'il exerce une contrainte, il ne subsiste plus de mal du tout, leur discours se réfute lui-même d'une manière plaisante. Car il s'ensuit que, s'il y a un principe du mal, il n'y a plus de mal du tout. Mais s'il n'y a pas de mal, il ne devrait pas y avoir de principe du mal. En sorte que s'il y a un principe du mal, comme ils le prétendent, il n'y aura ni mal ni principe du mal.

[II. *Réfutation de la thèse selon laquelle le dieu lui-même serait cause du mal.*]

Cette hypothèse ayant donc été ainsi réfutée de manière évidente, si quelqu'un, voulant éluder cette réfutation, osait dire que c'est le dieu lui-même qui est la cause du mal en tant que mal, celui-là aussi peut être convaincu, d'une manière plus succincte, d'être impie envers le dieu et menteur. Car comment ce discours impie envers le dieu pourrait-il être vrai, puisque ce dieu est le chorège de la vérité [1] ? Et d'abord, comment le dieu, puisqu'il est bon selon la bonté la plus haute et la plus inaltérable, pourrait-il produire à partir de lui-même le mal, si en effet le mal lui est contraire, comme le pensent ceux qui énoncent cette objection [2] ? Comment le contraire pourrait-il être produit par son contraire [3] ? Et en outre, celui qui produit quelque chose à partir de lui-même, le produit en étant la cause de son être même, en en possédant la cause et en se posant en situation de cause, car il est lui-même selon <le mode de> la cause ce qu'est le produit selon <le mode de> l'existence réelle [4]. Ainsi une

1. Dans le système néoplatonicien, "vérité" et "bonté" sont intimement liées ensemble : *cf.* Proclus, *In Tim.*, III, p. 83, 2 *sq.* et I, 21 *sq.* Diehl.

2. Οἱ αἱροῦντες : terme dialectique signifiant ceux qui posent une question ou soulèvent un problème.

3. Cf. *supra*, p. 46, n. 5.

4. Pour les modes κατ' αἰτίαν et καθ' ὕπαρξιν *cf.* Proclus, *El. Theol.*, prop. 65, p. 62, 13 Dodds et prop. 67 ; 103 ; 118 ; 140 ; 163 ; 173. Dans ce contexte, la ὕπαρξις, traduite par "existence réelle", signifie l'ensemble des attributs d'une chose. *Cf.* P. Hadot,

telle argumentation, en dehors du fait qu'elle aussi commet de manière évidente un sacrilège envers le dieu, ne s'aperçoit pas qu'elle introduit elle-même, comme le discours précédent, à la fois un principe du mal et le premier mal.

[III. *Qu'est- ce que le mal et où trouve-t-il sa place ?*
a) *Le mal n'est pas une essence, mais un accident.*]

Si réellement le mal n'a pas d'origine et si le dieu n'est pas la cause du mal, d'où vient le mal ? Il est en effet impossible que quelque chose vienne à l'existence sans cause. Ne faut-il pas d'abord exposer distinctement ce qu'est ce que l'on appelle le mal, et de cette manière chercher d'où il vient ? Certes, celui qui ignore ce que chaque chose est, ne peut pas non plus trouver la cause de cette chose. Il faut donc dire que le mal tel que le conçoivent ceux qui posent un principe du mal, ainsi que la plupart de ceux qui éprouvent des difficultés [1] à son sujet – à savoir que le mal est une essence ayant une sorte d'existence à titre premier, comme le bien, et une puissance qui est égale à celle du bien et qui est contraire à égalité [2] par rapport à lui ; que ce mal précisément est une essence qui, par sa nature propre, ne se mêle pas à son contraire, le bien, comme le noir se comporte envers le blanc et le froid envers le chaud –, il faut donc dire que ce mal-là n'existe d'aucune manière dans la nature des étants. Car s'il était une essence à titre premier, comme par exemple un homme ou un cheval, il posséderait de toute manière une certaine perfection correspondant à sa nature propre, et une forme, grâce à laquelle il est ce qu'il est. Mais toute forme, quand elle possède la perfection qui correspond à sa nature propre, est bonne et non pas mauvaise. Voilà donc pourquoi ils disent [3] que ce mal-là désire le bien et qu'il participe au bien, que le bien lui est utile, que le mal chérit cette participation et qu'il fait tout pour ne pas la perdre. Comment donc un tel mal pourrait-il être conçu comme étant absolument mauvais ? Mais quant au mal selon lequel nous sommes appelés mauvais et coupables, et à cause duquel nous subissons des punitions en tant qu'hommes vicieux, ce mal-*là est un accident* et non pas une essence,

« Théologie, exégèse, révélation, écriture dans la philosophie grecque », dans *Les règles de l'interprétation*, éd. M. Tardieu, Paris, 1987, p. 13-34, en particulier p. 20-21, et réimprimé dans P. Hadot, *Études de philosophie ancienne*, Paris, Les Belles Lettres, 2010 [2], p. 27-58.

1. Cf. *supra*, p. 48, n. 2.

2. Le mal comme le conçoivent les néoplatoniciens n'est pas contraire au bien, mais "subcontraire" : *cf.* Proclus, *De mal. subs.*, 9, p. 41 Isaac. *Cf.* aussi *supra*, p. 46, n. 5.

3. *Scil.* les manichéens.

s'il est vrai *qu'il vient et disparaît sans que le substrat périsse*[1] et qu'il n'existe pas en lui-même. Qu'est-ce que serait un mal qui ne serait pas le mal de quelque chose ? De la même manière le bien qui lui est opposé est lui aussi accidentel. Mais le bien est ce qui correspond à la nature de chacun, grâce auquel chacun possède sa perfection propre ; le mal par contre est la disposition contre nature de celui qui possède le mal, selon laquelle il est privé de ce qui correspond à sa nature et du bien. Si en effet le mal aussi était une disposition qui correspond à la nature et une perfection de la forme de celui qui le possède, le mal serait un bien lui aussi et il ne serait plus appelé "mal".

[b) *Le mal n'a qu'une existence adventice.*]

C'est pourquoi, à la différence du bien, le mal ne possède pas de nature et d'existence à titre premier, mais le mal n'a d'existence que d'une manière adventice[2] par rapport au bien, étant chute hors du bien[3] et privation du bien[4]. Il en va de même pour la maladie par rapport à la santé, et pour le vice de l'âme par rapport à la vertu[5]. Et de même que la façon normale de marcher est en quelque sorte une activité à titre premier de l'être vivant, et que se l'étant fixée comme but il se met en mouvement vers elle, tandis qu'au contraire claudication et boiterie dans la marche adviennent accidentellement par le fait de manquer ce but qu'est l'activité à titre premier, et qu'elles n'existent que de manière adventice par rapport

1. *Cf.* Porphyre, *Isag.*, 12, 24 Busse.

2. Il est impossible de trouver une traduction vraiment satisfaisante des termes παρυπόστασις et παρυφίστασθαι. Dans son article « Parhypostasis in Proclus » (dans *Proclus et son influence*, Actes du Colloque de Neuchâtel, juin 1985, éd. G. Boss et G. Seel, Zürich 1987, p. 145-157, A. C. Lloyd a étudié toutes les « dénotations et connotations » de ces termes chez Proclus. A.C. Lloyd récuse avec raison les traductions de Saffrey-Westerink « pseudo-existence », (*Theol. Plat.* I, 18, p. 85, ligne 7 de la traduction) et « contre-exister » de Isaac (Proclus, *De mal. subs.*, 50, p. 94 et 95) et propose la traduction « parasitic existence » ; A.J. Festugière traduit par « sous-produit » et « exister parallèlement » (*Commentaire sur le Timée*, II, p. 243) ; A.D.R. Sheppard, « Monad and Dyad as Cosmic Principles in Syrianus », dans H.-J. Blumenthal – A.C. Lloyd, *Soul and the Structure of Being in Late Neoplatonism*, Liverpool University Press 1982, p. 10, traduit ce terme par "by-product" et pense qu'il est une innovation de Syrianus. Elle est bien consciente du fait (voir sa note 17) que ce terme apparaît déjà chez Porphyre, mais dans un tout autre contexte. Pour ce paragraphe (chap. XXXV 184-212) *cf.* le texte parallèle de Proclus, *De mal. subs.*, 49, p. 92-93 Isaac.

3. Pour le terme ἔκπτωσις, cf. *infra*, chap. XXXVIII 688 *sq.*, p. 119.

4. *Cf.* les textes parallèles de Proclus, *De mal. subs.*, 7, p. 36-39 ; 51, 9-11, p. 96 et surtout 50, p. 93-96 Isaac.

5. Ces différenciations se sont développées sur un fond aristotélien : *cf.* Aristote, *Phys.*, VII, 246a 11-17.

à elle, étant des mouvements contre nature, de même, il en est ainsi pour chaque mal par rapport au bien qui lui est opposé. Et il n'est pas possible de dire qu'ils existent de manière égale à titre premier, ni qu'ils soient d'égale valeur l'un par rapport à l'autre, comme c'est le cas pour le blanc et le noir. Ces deux derniers sont en effet pareillement des formes, et tous les deux, l'un ni plus ni moins que l'autre, possèdent leur perfection naturelle, et l'un n'est pas la privation de l'autre – car la privation s'écarte de la forme et la manque, comme la claudication par rapport à la marche normale. Chacun d'eux [*scil.* le blanc et le noir] garde sa propre forme dans toute sa pureté, et aucun des deux moins que l'autre. Mais là [*scil.* dans le cas du bien et du mal], alors que l'un est conforme à la nature, l'autre est contre nature, et ce qui est contre nature n'existe que de manière adventice par rapport à ce qui est conforme à la nature : le mal évidemment par rapport au bien, et certes pas le bien par rapport au mal ; de même que personne ne dira que le fait d'atteindre le but n'existe que de manière adventice par rapport au fait de le manquer, ni que la santé n'existe que de manière adventice par rapport à la maladie, mais que c'est le fait de ne pas atteindre le but qui n'existe que de manière adventice par rapport au fait de l'atteindre, et la maladie par rapport à la santé. En effet, la fin à titre premier de l'archer consiste à atteindre le but, car il lance la flèche afin de l'atteindre. Et la fin à titre premier de la nature est la santé, car elle fait tout à cause de la préservation et de la santé de l'être vivant et, en un mot, à cause de ce qui est conforme à sa nature ; et la fin à titre premier de chaque action est ce à cause de quoi l'action se produit. Mais au but <visé> de l'atteinte <du but>, peut advenir accidentellement la non-atteinte, quand l'action n'atteint pas son but et ne recueille pas la fin à cause de laquelle l'action s'est faite, mais au lieu d'elle l'insuccès. Mais ce qui advient accidentellement et contre notre volonté à ce qui était la fin à titre premier, on peut dire à bon droit que cela existe de manière adventice par rapport à la fin, mais on ne peut pas dire que la fin à titre premier existe de manière adventice par rapport à ce qui advient accidentellement contre notre volonté.

Si donc *toutes choses recherchent le bien*[1], et si tout être qui agit, agit afin d'atteindre le bien, soit le bien véritable, soit le bien qui lui apparaît comme tel, il est évident que la fin à titre premier de chaque action consiste à atteindre le bien. Mais quelquefois le mal advient accidentellement à l'action, quand l'élan ne se porte pas vers le bien véritable, mais vers le

1. Allusion au début de l'*Ethique à Nicomaque* d'Aristote (I, 1, 1094a3).

bien qui paraît être tel, auquel le mal est lié [1]. Celui qui recherche le plaisir commet un adultère, et celui qui convoite la richesse vole ou s'adonne à la piraterie ; et certes il agit ainsi tout en recherchant à titre premier le bien qui lui apparaît comme tel et en agissant à cause de lui ; mais il est contraint de recevoir en même temps que le bien le mal qui lui est lié, puisque personne ne désire commettre un adultère pour l'adultère même, ni un vol pour le vol même, ni un quelconque autre mal pour le mal lui-même, à cause du fait qu'il ne recherche pas le mal en tant que mal. Car si le mal était principe ou cause pour les choses qui viennent de lui, il serait aussi leur fin et il serait désirable pour elles, comme l'est le bien. Mais, à nouveau, s'il était tel, il serait bien et non pas mal. Car ce qui est désirable est bien, et ce qui est bien est désirable. Toutes choses désirent leur avantage, qu'il soit véritable ou apparent, et ce dernier aussi en vérité comme s'il était véritable. Car personne ne se trompe volontairement, au point de choisir le faux à la place du vrai et le simulacre à la place de l'original, mais, à cause du transport passionné que nous éprouvons pour le bien apparent [2], quelquefois nous ne voyons pas le mal qui lui est lié, et quelquefois, bien que nous le reconnaissions, nous nous trompons nous-mêmes par un faux raisonnement, estimant que le bien est plus grand et que le mal qui lui est lié est plus petit. Car nous choisissons souvent le bien plus grand accompagné d'un mal plus petit, comme nous supportons les ablations et les cautérisations, parce que nous croyons qu'en elles le bien, à savoir la santé qui survient grâce à elles, est plus grand que le mal [3]. Que *toutes choses recherchent le bien*, c'est évident du fait que même le mal, s'il existait et s'il entreprenait quelque chose, le ferait en vue de son avantage à lui, ce qui revient à dire : pour son bien propre. C'est pourquoi ceux qui le prennent pour base de leur raisonnement [4], disent que tout ce qu'il fait, il le fait pour participer au bien, pour le retenir auprès de lui et pour ne pas le perdre. Si donc aucune chose ne recherche le mal, il ne possède pas d'existence à titre premier. Puisque, en un mot, il est et devient de la manière qui a été dite, on peut affirmer à bon droit qu'il n'existe que de manière adventice et non pas qu'il existe.

1. *Cf.* les textes parallèles I. Hadot, *Simplicius. Sur le Manuel*, t. I, I 375-399, et VII 37 *sq.*

2. *Cf.* le texte parallèle I. Hadot, *Simplicius. Sur le Manuel*, t. I, XIV 459-469, p. 95.

3. *Cf.* les textes parallèles, I. Hadot, *Simplicius. Sur le Manuel*, t. I, I 163-173, p. 14 ; XIV 334-344, p. 90 ; XIV 459-469, p. 95 ; et ici, *infra* : XXXV 322-324, p. 62 ; XXXVIII 648-654, p. 117.

4. *Scil.* les manichéens.

[c) *Les principes ontologiques qui rendent nécessaire l'existence d'êtres ayant la possibilité de changer dans leur essence et de recevoir des dispositions contraires à leur nature* [1]]

Mais, pourrait dire quelqu'un, admettons que le mal soit un accident, qu'il soit seulement le fait de manquer le bien et qu'il n'existe que de manière adventice par rapport à lui ; mais, même si le mal est tel, quelle en est la cause ? Puisque tout ce qui est produit est produit par une cause déterminée, le raionnement doit bien rechercher d'où le mal a pu, somme toute, trouver accès d'une manière quelconque pour s'introduire parmi les êtres, alors que le dieu, c'est-à-dire le principe de tous les êtres, est lui-même bon ? Certes, déjà auparavant nous avons dit quelque chose sur ce thème, dans nos développements sur ce qui dépend de nous et dans l'exégèse du lemme : *Ne demande point que les choses arrivent comme tu les veux* [2] ; pourtant disons maintenant encore ceci [3], en peu de mots : le dieu, source et principe de toute bonté, n'a pas produit seulement les biens premiers qui sont des bontés-en-soi, ni seulement les biens intermédiaires qui, avec les biens premiers, demeurent dans le bien d'une manière perpétuelle, mais aussi les biens derniers, qui ont désormais aussi dans leur nature la possibilité de dévier [4] de ce qui est conforme à la nature et

1. Pour ce paragraphe, *cf.* Proclus, *De mal. subs.*, 50, p. 93-96 Isaac.

2. *Ench.*, 8 Boter. *Cf.* I. Hadot, *Simplicius. Sur le Manuel*, t. I, XIV, p. 77-98. Pour le lemme du chap. XIV, *cf.* Porphyre, Fr. 281, 8 *sq.* et 282 Smith.

3. *Cf.* le commentaire sur ce qui suit dans I. Hadot, *Simplicius. In Ench.* (1996), Introduction, p. 92-107. Cf. *infra*, p. 104, n. 1. *Cf.* aussi Proclus, *In Tim.*, I, p. 378, 22-379, 26 Diehl.

4. *Cf.* Hiéroclès, dans Photius, *Bibliotheca*, cod. 251, 461b37, t. VII, p. 193 Henry (traduction modifiée) : « Car, parmi les trois espèces intelligentes qui sont dans le monde, la plus haute et la première des œuvres du démiurge possède sans se laisser détourner et d'une manière immuable (ἀτρέπτως καὶ ἀμεταβλήτως) la ressemblance avec lui et se situe pleinement dans l'ordre divin ; nous désignons ainsi l'espèce des êtres célestes. La deuxième espèce ne reçoit la nature divine qu'en second ordre et à un degré inférieur ; elle ne participe pas immuablement (ἀτρέπτως) ni sans division à la ressemblance avec le démiurge, mais elle se conforme sans défaut ni dommage aux lois léguées par le père ; ce sont là les attributs que nous donnons aux êtres éthériens. La troisième espèce, en tant que dernière des espèces divines, a non seulement un rang inférieur à l'excellence des êtres célestes, du fait qu'elle est sujette à certains changements (τῷ ὁποσοῦν τρέπεσθαι), mais elle se situe aussi au-dessous des êtres éthériens du fait qu'elle subit parfois les atteintes du mal (τῷ ποτε κακύνεσθαι). » *Cf.* Hiéroclès, *In Carm. aur.*, XIV, 4, p. 64, 10-15 Köhler : « Comme notre nature est raisonnable et, par conséquent, apte à délibérer, et comme elle peut par son propre choix être amenée à bien ou mal délibérer, la forme de vie selon la nature conserve et sauve son essence, mais le choix de ce qu'il ne fallait pas choisir la corrompt autant qu'il est possible (ἡ μὲν κατὰ φύσιν ζωὴ σῴζει τὴν οὐσίαν αὐτῆς, ἡ δὲ παρὰ τὸ δέον αἵρεσις διαφθείρει ἐφ' οἷόν τε). Car la corruption de ce qui est immortel est la méchanceté (κακία). » – Hiéroclès interprète ainsi le *Parménide* de Platon. Parménide y affirme en effet de l'Un de la troisième hypothèse que tantôt il participe de l'essence et que tantôt il ne

de ce qui est bien, vers ce qui est contre nature, chose que précisément nous appelons le mal. Et en effet, après les corps éternels qui sont toujours dans une disposition conforme à la nature et qui sont toujours fixés dans le bien, ont été produits les êtres qui sont capables de génération et de corruption, et, après les âmes qui sont toujours fixées dans le bien, ont été produites les âmes qui peuvent être déviées, pour qu'en même temps la richesse de la bonté de celui qui les produit, produise tous les biens qui pouvaient être produits, pour qu'en même temps le monde soit achevé dans sa perfection, en ne possédant pas seulement les biens premiers et les biens intermédiaires, mais aussi les biens derniers, ce qui est le propre de la perfection, pour qu'en même temps les biens premiers ou les biens intermédiaires, étant pleinement bons, ne se trouvent pas être les derniers,

participe pas de l'essence (οὐσίας μετέχειν ποτέ … μὴ μετέχειν αὖ ποτε οὐσίας = Platon, *Parménide*, 155 E). Damascius dit la même chose, mais d'une manière beaucoup plus compliquée. Ayant établi, en ce qui concerne les âmes qui descendent dans la génération et en remontent, une distinction entre les formes de leur être originel (εἶδος τῆς ὑπάρξεως) et les formes de leurs participations essentielles (εἶδος τῆς οὐσιώδους μεθέξεως), il dit : « Elle [= l'âme de la troisième hypothèse du *Parménide*] ne perd rien de son essence (οὐσία) même ni de sa forme spécifique même, mais les altérations sont nécessairement présentes ou absentes ainsi que les dispositions (διαθέσεις) de son essence. Ce sont là les altérations et les participations (μεθέξεις) qui, dans les âmes universelles et dans les corps divins, mènent l'âme d'un achèvement à l'autre, mais dans notre cas [= dans le cas des âmes raisonnables humaines] elles mènent l'âme de l'achevé à l'inachevé et de l'inachevé à l'achevé… C'est pourquoi Parménide osait dire à propos de notre âme que parfois elle participe de l'essence et parfois n'en participe pas, et que parfois elle devient et parfois elle périt. C'est pourquoi nous sommes sujets à une certaine altération privative (στερητική τις ἀλλοίωσις), telle que l'altération que l'on appelle "matérielle" ; par conséquent, le premier changement est en gestation dans la forme immuable, tandis que le deuxième relève de la même forme, mais selon une participation essentielle (κατὰ μέθεξιν τὴν οὐσιώδη) » (= *Damascius, In Parm.*, t. IV, p. 49, 7-50, 4 Combès-Westerink ; la traduction est la mienne). Pour résumer l'essentiel : les âmes raisonnables humaines subissent une altération qui ne *détruit* pas leur essence, c'est-à-dire l'altération n'a pas d'impact sur leur forme spécifique, sur le fait donc que les âmes sont automotrices, immortelles, divisées, mais elle *influe* sur leur essence. La forme de participation provoque donc une différenciation de la qualité de l'essence qui est toujours accidentelle, mais néanmoins essentielle, et peut mener non pas à la perte de l'être, mais de l'être bien. (Philopon, dans un contexte apparenté, parle de la qualité de la participation, du ποιόν τῆς μεθέξεως : Philopon, *In De an.*, p. 270, 34-271, 8 Hayduck.) Cette subtilité permet à Simplicius (*infra*, XXXVIII 320-326, p. 105), dans un autre contexte, d'affirmer que l'âme humaine ne change pas dans sa substance, subtilité qui n'a pas été perçue par Brennan et Brittain (*On Epictetus*, 2, p. 131, note 29) dans leur interprétation erronée de Simplicius, *In Ench.*, XXXVIII 320-326. *Cf.* aussi *infra*, p. 104, n. 1. Pour l'histoire de cette doctrine et ma critique de l'interprétation de ce passage de Simplicius par C. Steel (suivi par Brennan et Brittain, *On Epictetus*, 2, p. 131, n. 29), interprétation qui fait partie de la thèse de Steel affirmant l'inauthenticité du commentaire *In De anima* de Simplicius, *cf.* I. Hadot, *Le néoplatonicien Simplicius*, p. 159-165 et 191-218, et (avec d'autres détails) I. Hadot, *Simplicius. In Ench.* (1996), p. 70-113.

sans honneur, sans force, puisqu'ils ne seraient plus les producteurs des êtres capables [1] de génération et de corruption qui transcendent ces derniers, mais seraient alors eux-mêmes ces êtres capables de génération et de corruption; car il est nécessaire que ce soient ceux-là qui soient les derniers; et en même temps il était impossible, puisque les premiers et les intermédiaires sont de telle nature que les premiers sont immuables dans leurs essences et dans leurs actes, et que les intermédiaires sont immuables dans leurs essences, mais peuvent changer localement dans leurs parties [2], <il était impossible donc> que les derniers n'aient pas été produits, sous la lune, sous la dépendance des révolutions célestes, ayant cette fois la possibilité et de changer dans leur essence et de recevoir des dispositions contraires à la nature [3].

[d) *Le mal ne se trouve que dans la région sublunaire.*

1) *Le soi-disant mal des corps est plus un bien qu'un mal pour les corps eux-mêmes et un bien dans la perspective du Tout* [4]]

Donc, pour ces raisons, et évidemment encore pour d'autres beaucoup plus vénérables que celles-ci, est venu à l'existence ce qui se trouve en dessous de la lune et le lieu mortel, où la déviation du bien pouvait trouver place, parce qu'il fallait que, d'une part, le bien dernier vînt lui aussi à l'existence, et que, d'autre part, il fût nécessairement tel qu'il puisse aussi être dévié. Et c'est pour cela qu'il n'y a pas de mal dans ceux qui se trouvent au-dessus de ce lieu [5], parce que la nature du mal, qui est une certaine déviation du dernier bien, celui qui, par sa nature, peut être dévié, se situe là où se trouve le dernier bien. C'est pourquoi l'âme aussi, puisqu'elle a une essence plus noble et immuable, ne participe à aucun mal [6] lorsqu'elle demeure en elle-même; mais comme elle a une disposition naturelle [7]

1. J. Schweighäuser, *Epicteteae philosophiae monumenta*, t. V, p. 368, a bien remarqué que tous les participes dans ce développement signifient "être capable de". Cette remarque vaut également pour quelques participes, infinitifs et substantifs (p. ex. παρατροπή que j'ai parfois traduit par "possibilité de déviation") contenus dans XXXV 413-491, p. 68-71.

2. *Cf.* le commentaire de ce passage dans I. Hadot, *Simplicius. In Ench.* (1996), p. 92-98. Cf. *supra*, p. 57, n. 4.

3. *Cf.* le commentaire de ce passage dans I. Hadot, *Simplicius. In Ench.* (1996), p. 92-98. *Cf.* Proclus, *In Tim.*, I, p. 378, 22 *sq.* Diehl.

4. *Cf.* pour ce paragraphe Proclus, *De mal. subs.*, 61, p. 109-110 Isaac.

5. *Cf.* le texte parallèle plus loin, XXXV 374-392, p. 65-66.

6. *Cf.* le texte parallèle I. Hadot, *Simplicius. Sur le Manuel*, t. I, XIV 165-172, p. 83-84. Cf. *infra*, p. 104, n. 1.

7. Un peu plus loin (XXXV 351-353, p. 64) il est dit qu'elle a une nature « qui peut aller dans des directions opposées (ἀμφίβολον) » ou « qui vit dans deux éléments (ἀμφίβιον A pc) » : cf. *infra*, p. 64, n. 2.

à se trouver dans ce lieu [1] par mode de relation [2] et de se mêler aux corps d'ici-bas – par la providence du père et démiurge de toutes choses, qui produit aussi des âmes de ce genre [3] afin de lier ensemble les choses dernières aux choses premières par *les liens indissolubles* de la cohésion vitale –, elle participe parfois au mal d'ici-bas [4]. Et les corps d'ici-bas [5], selon leur disposition contre nature dans les maladies et les corruptions, semblent participer au mal qui s'abat sur eux, mal qui, je crois, n'est pas un mal, mais plutôt un bien pour les corps : en effet, les corps composés qui sont formés, comme cela a été dit [6], de contraires qui se combattent mutuellement [7] et qui souffrent dans des lieux qui ne leur sont pas propres [8], sont délivrés de leur souffrance en se décomposant ; et cela vaut encore plus pour les corps simples, qui sont à la fois libérés de leur combat et rendus à leurs lieux propres et à leurs intégralités propres en vue d'un rajeunissement. Et même s'ils se transforment les uns dans les autres, cela non plus ne comporte aucun mal : en effet, chacun redevient ce qu'il était auparavant. Car l'eau, se transformant en air, redevient eau à partir de l'air. Mais le plus important, c'est qu'aussi bien la décomposition des corps composés que la transformation des corps simples les uns dans les autres est un bien pour l'ensemble – s'il est vrai que la corruption de l'un est la génération de l'autre –, et que cela est la cause de la durée ininterrompue du cycle de la génération [9]. Or nous voyons, comme nous l'avons dit auparavant, que souvent aussi bien la nature que l'art [10] méprisent les parties au profit de l'ensemble : l'une en repoussant les humeurs et les abcès des lieux les plus importants vers les lieux de peu d'importance,

1. C'est-à-dire dans le lieu sublunaire où se trouve le mal.

2. Pour le sens de κατὰ σχέσιν *cf.* I. Hadot, *Simplicius. Sur le Manuel*, t. I, I 331-336, p. 20, et I. Hadot, *Le problème*, p. 169 *sq.*, et *infra*, p. 63, n. 3.

3. C'est-à-dire capables de se trouver dans ce lieu sublunaire. – Les âmes raisonnables humaines sont la dernière œuvre du démiurge qui, dans le système néoplatonicien, ne se trouve pas au sommet de la hiérarchie divine, mais est en général identifié à l'Intellect. Dans le commentaire sur le *Manuel*, ce démiurge est le plus souvent seulement appelé « le dieu ». Les entités inférieures aux âmes raisonnables humaines ont été créées, en suivant Platon, par les « dieux récents ».

4. A propos de ce texte *cf.* I. Hadot, *Simplicius. In Ench.* (1996), p. 100 *sq.*

5. Par opposition aux corps célestes et aux corps immatériels (par exemple le véhicule lumineux de l'âme raisonnable humaine) qui sont indestructibles et éternels.

6. *Cf.* I. Hadot, *Simplicius. Sur le Manuel*, t. I, XIV 114-121, p. 12.

7. Ce sont des corps simples, les éléments.

8. Selon les Anciens, chaque élément a son lieu naturel dans l'univers : le feu tout en haut, l'air en-dessous etc. Les éléments qui composent les corps terrestres ne sont plus en leurs lieux naturels. Pour la composition des corps *cf.* Platon, *Timée*, 42e-43a.

9. *Cf.* le texte parallèle, I. Hadot, *Simplicius. Sur le Manuel*, t. I, XIV 117-120, p. 12.

10. Comme nous voyons par la suite, Simplicius pense surtout à l'art médical ; *cf.* aussi I. Hadot, *Simplicius. Sur le Manuel*, t. I, XIV 120-135, p. 12-13.

l'autre en coupant, en cautérisant et en retranchant maintes fois la partie afin de sauver l'ensemble, en sorte que les choses qui arrivent aux corps doivent plutôt être appelées des biens que des maux, et la cause de celles-ci doit être appelée cause de biens, mais non pas cause de maux. Et en effet, les totalités parmi les corps sublunaires[1], étant elles-mêmes aussi sempiternelles, ne contiennent aucun mal, mais ce qui semble être du mal dans les (corps) particuliers, contient plus de bien que de mal, comme

1. La leçon de BCD (τὰ … ὅλα) est confirmée par un texte parallèle de Proclus (*In Tim.*, I, p. 131, 15-22 Diehl), où se trouve la même division des corps sublunaires en ὅλα et μέρη : « Mais il nous faut considérer aussi les oppositions des Puissances dans le Tout, de la façon suivante, en divisant chaque fois en ordonnateurs et ordonnés. <1 re division>. D'abord en (A) hyperessentiels et en (B) essences : la race des dieux est en effet hyperessentielle. <Subdivision de B>. Ensuite, les essences en vies éternelles et vies en exercice dans le temps, et, de ce qui est en exercice dans le temps, en âmes et corps, et de ceux-ci, en corps au ciel et corps liés à la *genesis*, et, de ceux-ci, en tout et parties (τὰ ὅλα καὶ τὰ μέρη). » J'ai reproduit la traduction d'A. J. Festugière (*Commentaire sur le Timée*, I, p. 178), mais Festugière n'a pas donné d'explications sur le sens de la dernière subdivision. Simplicius dit que « les totalités parmi les corps » (τὰ ὅλα τῶν σωμάτων) sont sempiternelles (ἀΐδια) et qu'elles ne participent à aucun mal (*cf.* Damascius, *In Parm.*, I, p. 23, 7 *sq.* Combès-Westerink, où l'identité de ce qui est une totalité et de ce qui est éternel est affirmée). *Cf.* aussi Proclus, *Theol. Plat.*, III, 27, t. III, p. 94, 18 *sq.* Saffrey-Westerink : « …en effet, rien de ce qui est total (οὐδὲν τῶν ὅλων) ne perd ni son être ni sa perfection, mais ce qui est sujet à titre premier à la corruption et à la détérioration, c'est le particulier (τὸ μερικόν). Et c'est justement parce qu'il est total (ὅτι ὅλος) que le monde est entier et sempiternel, ainsi que tous les êtres du ciel et chacun des éléments (τῶν στοιχείων ἕκαστα) ; partout en effet la totalité (ἡ ὁλότης) est ce qui maintient dans l'être les substrats. Par conséquent, l'éternité (ὁ αἰών) existe conjointement à la totalité, et la totalité et l'éternité (αἰών) sont identiques. » Simplicius compte un peu plus bas (XXXV 310-313, p. 62), parmi les "particuliers", les "particuliers simples" (τὰ ἁπλᾶ = ici les éléments emprisonnés dans les corps qu'ils composent et qui ne se trouvent plus à leur places originelles : cf. *supra*, XXXV 292 *sq.*, p. 60) et les particuliers composés (="corps composés") qui, eux, participent au mal, bien que leur mal ne soit pas un mal véritable. Les « totalités parmi les corps sublunaires » sont donc les éléments, qui sont sempiternels et comme tels des totalités. Ce résultat est confirmé par les deux citations suivantes : Hermias, *In Phaedr.*, p. 154, 30-155, 5 Couvreur (= p. 161, 23-28 Lucarini-Moreschini) : « A ce propos, on [= Syrianus] a dit que la totalité (ἡ ὁλότης) est double : l'une qui est composée de totalités (ἐξ ὅλων), l'autre de choses plus particulières … l'univers est en effet un tout (ὅλος) en tant que constitué d'éléments entiers (ἐκ τῶν ὅλων στοιχείων) : de la terre entière, du feu entier, de l'eau entière, de l'air entier, totalité que le démiurge, le Zeus transcendant, produit » (*cf.* le commentaire d'A. Longo, *Amicus Plato…*, Milano 2007, p. 214 avec note 12), et surtout Simplicius, *In Phys.*, p. 249, 32 *sq.* Diels : « Si la partie sublunaire du Tout qui naît et périt n'existait pas, l'univers serait incomplet. Comme le dit en effet Platon (*Tim.*, 41b), si ces choses n'existaient pas, le ciel serait incomplet, puisqu'il contiendrait seulement les choses premières et intermédiaires. Et les choses les plus divines dans l'univers seraient les dernières, et stériles, et en fait seraient la matière, avec cette conséquence que cette partie si grande du Tout (cette partie qui, quant aux totalités [τὰς ὁλότητας = les élements] est sempiternelle et qui, quant aux choses particulières (μέρη) dont elle est composée, dure aussi longtemps qu'il est possible pour elles) n'arriverait pas jusqu'aux Étants. Ce qui n'est pas digne de la bonté divine. »

cela a été dit[1], même dans ces particuliers eux-mêmes, qu'elles soient simples ou composées, mais quand on le rapporte au bien des totalités, il devient complètement bon. Et c'est pour cette raison que la disposition contre nature des corps ne saurait être un mal, puisque, dans tous les cas, elle devient bonne.

[d 2) *Si l'on ne veut pas carrément appeler la disposition contre nature un bien, que l'on ne l'appelle pas non plus un mal, mais une nécessité*]

Mais si quelqu'un veut chicaner[2], en refusant d'appeler, comme cela aussi a été déjà dit[3], cette disposition un bien, parce qu'elle est une déviation de ce qui est conforme à la nature, qu'il ne l'appelle pas directement un mal – à cause de la notion confuse que nous avons du mal, comme s'il était contraire à tout bien[4] –, mais qu'il l'appelle plutôt "nécessaire", en considérant qu'il n'est pas digne de choix en lui-même, mais apporte une contribution importante à ce qui est digne de choix en lui-même. Si en effet il était un mal tout court, il ne contribuerait pas au bien. Mais ce qui est nécessaire, même s'il n'est pas en lui-même digne de choix, devient cependant lui-même bon par sa tendance à s'élever vers le bien, et il est certes, lui aussi, un certain bien, s'il est vrai qu'il est digne de choix en quelque manière. Et en effet nous choisissons les ablations et les cautérisations[5], et nous payons pour elles des honoraires et nous en rendons grâce aux médecins, ce qu'il ne faudrait pas faire, si nous les considérions comme un mal. Le nécessaire est un bien inférieur et qui fait partie d'une classe du bien qui est secondaire[6], en tant qu'il n'est pas bien à titre premier, mais pour une certaine raison secondaire, en sorte que le créateur de ce nécessaire n'est d'aucune manière cause de mal, mais qu'il

1. *Cf.* chap. XXXV, 287 *sq.*, p. 60.

2. C'est une manière de faire qui est contraire à un philosophe ou un bon étudiant en philosophie : *cf.* Simplicius, *In Cat.*, p. 7, 28 et 8, 7 Kalbfleisch.

3. *Cf.* I. Hadot, *Simplicius. Sur le Manuel*, t. I, XIV 328-369, p. 90-91, et 422-442, p. 93-94.

4. Je préfère la leçon de B : le mal est subcontraire au bien relatif (*cf.* XXXV 177-181, p. 39*), mais non pas au bien absolu (*cf.* XXXV 161-165, p. 53, et la note 2 correspondante). *Cf.* Proclus, *De mal. subs.*, 9, 17 *sq.* p. 41 Isaac : « subcontrarium quidem est bono cuidam, et non omni ». *Cf.* le texte parallèle de Simplicius, *In Phys.*, p. 249, 16-28 Diels.

5. *Cf.* les textes parallèles I. Hadot, *Simplicius. Sur le Manuel*, t. I, X 68-71, p. 63; XIV 127-135, p. 82, et 338-344, p. 90; et ici, XXXV 304-305, p. 61 ; 448-451, p. 68.

6. *Cf.* le texte parallèle, I. Hadot, *Simplicius. Sur le Manuel*, t. I, XIV 362-367 et Proclus, *De mal. Subs.*, 9, 12 *sq.*, p. 41 Isaac.

est cause ou de bien ou de nécessaire, ce dernier étant lui aussi une sorte de bien de rang secondaire, qui découle naturellement, lui aussi, selon un mode d'abaissement de la source des biens.

> [d 3) *Seules les âmes raisonnables humaines et les âmes de quelques animaux supérieurs sont susceptibles de participer au mal, mais seulement si elles le veulent*[1].]

Et au sujet du mal qui est dans les corps et de sa cause, que ce que nous avons dit suffise pour le moment. Mais puisque ce sont les fautes de l'âme humaine qui semblent surtout être mauvaises et coupables – nous en avons parlé, il est vrai, déjà auparavant[2] –, rien pourtant n'empêche, maintenant encore, de rechercher leur nature et leur cause. Et il faut dire que les âmes des êtres supérieurs à nous, étant toujours en haut et étant fixées dans le bien d'une manière perpétuelle, n'ont jamais en elles le moindre mal. Quant aux âmes des animaux irrationnels, qui se situent au milieu par rapport aux âmes humaines et aux âmes enracinées dans les végétaux, dans la mesure de leur corporéité, elles ont un mal semblable à celui des corps ; mais, dans la mesure où elles possèdent désir et tendance, le mal qui est en elles ressemble au mal des âmes humaines, et à partir de ce que nous dirons au sujet du mal des âmes humaines, on connaîtra aussi ce mal des animaux. Quant à l'âme humaine, s'avançant au milieu, entre les âmes qui demeurent toujours en haut, parce qu'elles se situent au sommet dans l'essence psychique et participent à l'intellect, et les âmes qui demeurent toujours en bas en vertu de la parenté de la vie irrationnelle avec le corps, l'âme humaine donc, étant ainsi engendrée comme un lien vivant entre ce qui est en haut et ce qui est en bas, s'assimile soit à ce qui est en haut, soit à ce qui est en bas, par le fait de se mettre librement en relation[3]. Mais quand elle reste en haut, elle ne participe absolument pas

1. Pour ce paragraphe, *cf.* le commentaire dans I. Hadot, *Simplicius. In Ench.* (1996), p. 76 *sq.* et p. 89-113, et Hiéroclès chez Photius, *Bibliothèque*, t. VII, p. 193 Henry (cité *supra*, p. 57, n. 4) et p. 198 Henry. *Cf.* aussi *infra*, p. 104, n. 1. *Cf.* aussi I. Hadot, *Le néoplatonicien Simplicius*, p. 172-176.

2. *Cf.* I. Hadot, *Simplicius. Sur le Manuel*, t. I, XIV 113-203, p. 81-85, et 451-456, p 95.

3. A propos de σχέσις, *cf.* I. Hadot, *Simplicius. Sur le Manuel*, t. I : I 331-336, p. 20 ; I 358-361, p. 21, et ici, XXXV 283, p. 60, et, bien que le terme ne s'y trouve pas, I. Hadot, *Simplicius. Sur le Manuel*, t. I, I 116-131, p. 12. *Cf.* I. Hadot, *Le problème*, p. 169-170 (les anciennes références à l'édition de Dübner ont été actualisées) : « L'âme raisonnable humaine peut

1. être en rapport avec ce qui est meilleur qu'elle (σχέσις πρὸς τὸ κρεῖττον)
2. être en rapport avec elle-même (σχέσις πρὸς ἑαυτὴν)
3. être en rapport avec ce qui lui est inférieur (σχέσις πρὸς τὸ χεῖρον).

au mal, parce qu'elle est fixée dans le bien. Mais quand il lui arrive parfois d'être trop faible [1] pour une telle vie bienheureuse et pour de tels spectacles indicibles et purs, puisqu'elle peut par nature glisser parfois, lorsqu'elle le veut, vers ce qui est en bas, elle éprouve alors ce qui est le début de toute méchanceté, à savoir la descente volontaire vers ce lieu mortel d'ici-bas. Mais, même si elle a reçu en partage une nature qui peut aller dans des directions opposées [2], ce n'est pas en étant forcée qu'elle descend ou s'élève, mais elle a été produite de telle manière que, lorsqu'elle le veut, elle descende ou elle monte [3]. Et en quoi cela serait-il étonnant chez une âme qui, par essence, peut se mouvoir elle-même, quand, chez les

En correspondance avec ces trois types de rapport, l'âme raisonnable humaine projette une triple forme de vie (τριττὴν ζωὴν προβάλλεται : I. Hadot, *Simplicius. Sur le Manuel*, t. I, I 335, p. 20 ; *cf.* Proclus, *In Remp.*, t. I, p. 177, 14 *sq.* Kroll ; *cf.* Proclus, *In Alc.*, 135, 21 *sq.* : l'âme qui se retourne vers les principes correspond chez Simplicius à l'âme qui est en rapport avec elle-même) et trois genres de désirs (τριττὴν ὄρεξιν). Les formes de vie sont d'ailleurs – Simplicius le laisse entendre (I. Hadot, *Simplicius. Sur le Manuel*, t. I, Prooem. 81 *sq.*, p. 4 *sq.*) – en relation avec les différentes vertus : quand l'âme raisonnable humaine maintient

a) le rapporte n° 1, elle possède les vertus théorétiques

b) le rapport n° 2, elle possède les vertus cathartiques

c) le rapport n° 3, ou elle possède les vertus politiques, quand elle se sert du corps comme d'un instrument ou bien elle ne possède pas de vertu du tout, quand elle se mêle intimement au corps.

Quand l'âme raisonnable humaine entre dans le rapport n° 3, elle s'appuie sur les vies irrationnelles (ou âmes irrationnelles) qu'elle a projetées elle-même en s'unissant avec le corps et qui sont capables ou de connaissance, comme la sensation et l'imagination, ou de désirs, comme la colère et la concupiscence = *infra*, XXXV 358-366, p. 65, et I. Hadot, *Simplicius. Sur le Manuel*, t. I, I 40 *sq.*, p. 9.

Mentionnons encore la grande erreur de C. Steel (*Priscian, On Theophrastus on Sense-perception*, with *"Simplicius", On Aristotle On the Soul* 2.5-12 (*Ancient Commentators on Aristotle*, London 1997), qui écrit à la p. 118 (4) : « The doctrine of the προβολή or projection outwards of the soul is one of the most original contributions of his commentary in *De anima* [scil. du commentaire *In De anima* de Simplicius que C. Steel attribue à Priscien] to the Neoplatonic doctrine of the soul. This doctrine, again, is entirely absent from Simplicius'genuine work (c'est moi qui souligne), together with the vocabulary προβάλλω, προβολή, προβλητικός that is so typical of the *In De anima.* » Or il se trouve, comme nous le voyons, que ce vocabulaire est largement présent aussi dans le commentaire de Simplicius sur le *Manuel* d'Épictète et, en plus, qu'il n'est pas original du tout, car il apparaît, avec les doctrines s'y rapportant, déjà chez Porphyre (*Sent.* 29, p. 18, 8-9 et 20, 8 Lamberz).

1. *Cf.* I. Hadot, *Simplicius. Sur le Manuel*, t. I, V 89-97. Allusion à Platon, *Phèdre*, 248C5 *sq.* *Cf.* aussi Hermias, *In Phaedr.*, p. 163, 20 *sq.* Couvreur, surtout p. 163, 31 *sq.*

2. *Cf.* Proclus, *In Tim.*, I, p. 378, 8 *sq.* Diehl. La leçon d'A pc ἀμφίβιον, qui est peut-être la bonne, trouve, dans le même contexte, un parallèle dans Hiéroclès, *In Carm. aur.*, XXIII, 2, p. 95, 3-5 et XXIV, 9, p. 100, 5-6 Köhler, Plotin, *Enn.* IV 8 [6], 4, 31-35 et Damascius, *In Parm.*, t. IV, p. 11, 1 et 12, 10 Westerink-Combès.

3. *Cf.* Plotin, *Enn.*, IV, 8 [6], 4, 1-42 ; *cf.* Proclus, *In Tim.*, I, p. 378, 7 *sq.*

animaux irrationnels aussi, les amphibies [1], qui peuvent tous, par nature, vivre aussi bien dans l'eau que sur terre, possèdent bien une telle nature, mais, selon leur propre désir, peuvent aller d'un élément à l'autre sans être forcés par quelqu'un, mais seulement lorsqu'ils le souhaitent ?

Mais descendant vers ce lieu mortel en se mettant en relation [2] <avec lui>, et étant sur le point de se lier au corps mortel et de contribuer avec lui à la formation d'un seul être vivant, l'âme a projeté alors des vies [3] irrationnelles, les unes cognitives, comme les sensations et les représentations, les autres appétitives, comme la colère et la concupiscence [4], à l'aide desquelles le vivant mortel est en situation d'avoir à la fois la connaissance qui correspond à son rang – telle que peuvent l'avoir aussi les animaux irrationnels –, de renouveler toujours par la nourriture ce qui s'écoule de lui [5], de garantir la pérennité de sa descendance par la génération de son semblable et d'écarter les choses nocives, ce qui ne serait pas à la portée du vivant mortel s'il n'était complété par ces puissances irrationnelles. Qui en effet, surtout s'il est des plus purifiés, supporterait, pendant aussi longtemps, de manger et de déféquer comme un animal irrationnel, s'il n'y était incité par les désirs irrationnels ? Qui porterait pendant si longtemps un fœtus si grand, si cette concupiscence furieuse et la succession de la descendance ne l'enflammait pas ? Mais, comme je l'ai déjà dit auparavant [6], cela suffit pour montrer que les désirs irrationnels ont été donnés pour le bien et la constitution du vivant, et jusque là aucun mal n'apparaît.

Mais l'âme raisonnable qui est, par essence, plus excellente que le corps et la vie irrationnelle [7], et qui possède une nature qui a le pouvoir de commander sur ceux-ci [8], quand elle conserve par rapport à ceux-ci son rang propre, en les transcendant, en les utilisant comme un instrument et en rapportant à son bien propre le bien que lui apporte leur service, alors

1. Pour cette comparaison *cf.* les textes de Damascius cités, *supra*, p. 64, n. 2.

2. Pour les textes parallèles, cf. *supra*, p. 63, n. 3.

3. A propos du terme technique néoplatonicien ζωή = "vie" ou "forme de vie", *cf.* I. Hadot, *Simplicius. Sur le Manuel*, t. I, p. 4, note 3 (p. 134) et p. 20, notes 2 et 4 (p. 140). En ce qui concerne le verbe "projeter" (προβάλλειν) dans ce contexte, *cf.* I. Hadot, *Simplicius. Sur le Manuel*, t. I, p. 26, note 3 (p. 142) et *supra*, p. 63, n. 3 vers la fin.

4. *Cf.* I. Hadot, *Simplicius. Sur le Manuel*, t. I, I 605-610, p. 31.

5. *Cf.* Hiéroclès, *In Carm. aur.*, XVI, 2, p. 72, 4 Köhler, et dans un autre contexte, Platon, *Phaed.*, 87D9-10.

6. *Cf.* I. Hadot, *Simplicius. Sur le Manuel*, t. I, XIV 165-172, p. 83-84.

7. *Cf.* avec ce paragraphe : I. Hadot, *Simplicius. Sur le Manuel*, t. I, XIV 68 *sq.*, p. 79 *sq.* et ici, *infra*, XXXVIII 739-746, p. 121.

8. *Cf.* XXXV 281-287, p. 59-60, et Proclus, *In Tim.*, I, p. 378, 8 *sq.* Diehl.

tout est bien et nulle part il n'y a de mal qui se développe de manière parasitaire. Mais chaque fois qu'oubliant sa ressemblance avec ce qui est plus excellent, l'âme jette son bâton de commandement et que, négligeant son pouvoir de commander, elle s'incline tout entière vers le corps et les vies irrationnelles – cela lui arrive le plus souvent quand elle préfère la violence et le choc des désirs irrationnels à la pureté et la douceur des désirs raisonnables –, et que se donnant toute entière à l'irrationalité, en tant qu'elle prend celle-ci pour elle-même, puisque alors l'âme raisonnable se met à agir contre sa nature de manière irrationnelle et choisit d'être esclave et d'être commandée à l'encontre de sa dignité propre, qui consiste à commander et à dominer, à ce moment-là le mal se met à croître [1], ne trouvant de place ni dans ce qui est le plus excellent, si celui-ci est en lui-même, ni dans ce qui est de moindre valeur, si celui-ci reste en lui-même, mais lorsque le meilleur, s'enlaçant avec ce qui est inférieur, reçoit d'une manière démesurée la ressemblance avec ce qui est inférieur au lieu de la ressemblance avec ce qui est plus excellent. Mais cela, l'âme ne le subit pas en étant forcée par quelqu'un, mais en l'ayant choisi selon son pouvoir d'autodétermination et selon « ce qui dépend de nous ». En effet, le choix dépend de nous, car il est notre mouvement propre qui vient de l'intérieur [2].

[d 4) *La cause du mal de l'âme raisonnable humaine est son choix libre et délibéré*]

Et, ici, prête-moi attention, afin que, si je m'étais trompé moi-même en quelque point, je ne te trompe pas toi, le lecteur, avec moi. En effet, que le choix aussi bien que le choix délibéré soient un mouvement propre qui vient de l'intérieur de l'âme, qui n'est imposé de l'extérieur par rien, cela est évident, je crois, et a été dit et démontré auparavant [3]. Et que l'âme choisisse selon son choix et son choix délibéré parfois ce qui est plus excellent et parfois ce qui est inférieur au lieu de ce qui est plus excellent, cela est démontré d'une manière sûre, je crois, par le fait qu'aussi bien le dieu que les lois bien instituées et les hommes sensés ne jugent pas les bonnes ou les mauvaises actions des hommes d'après leurs exécutions, mais d'après les choix délibérés, et qu'ils récompensent et punissent, louent et blâment en regardant uniquement le choix délibéré, car celui-ci se détermine lui-même et dépend de nous. C'est pourquoi ils tiennent

1. *Cf.* I. Hadot, *Simplicius. Sur le Manuel*, t. I, XIV 459-469, p. 95.
2. *Ibid.*, t. I, I 251-255, p. 17, et la réponse en I 422-433, p. 24.
3. *Cf.* le résumé de cette argumentation dans *ibid.*, t. I, I 538 *sq.*, p. 28 *sq.*, et XIV 470-507, p. 95-97 ; *cf.* Proclus, *In Tim.*, p. 378, 8 *sq.* Diehl.

les actions commises sous contrainte pour pardonnables, même si elles sont très graves, et ils mettent la faute au compte non de celui qui l'a commise, mais de celui qui a exercé la contrainte, car ce dernier a exercé la contrainte selon un choix délibéré, mais le premier a agi à l'encontre de son choix délibéré. Si donc le choix délibéré est la cause du mal et s'il est une activité de l'âme qui est voulue par elle et qui n'est pas arrachée par la contrainte, qui d'autre que l'âme pourrions-nous désigner comme cause du mal [1] ? Mais elle n'est pas cause du mal en tant que mal – rien ne choisit le mal en tant que mal –, mais en tant que bien apparent qui cache en lui le mal que l'on est forcé de prendre avec le bien apparent. Et de cela j'ai parlé auparavant [2].

Comme nous tenons donc la cause du mal, proclamons à haute voix que le dieu *n'est pas responsable du mal* [3], car c'est l'âme qui commet le mal en se déterminant elle-même et non pas le dieu. Si en effet l'âme commettait le mal sous contrainte, dans ce cas quelqu'un pourrait peut-être accuser le dieu, qui a permis qu'elle soit contrainte étant elle-même innocente, bien que le fait d'agir sous contrainte n'ait jamais été un mal. Mais comme elle le choisit selon son choix délibéré, on pourra l'appeler coupable à bon droit. Si en effet quelqu'un disait que le dieu n'aurait pas dû lui permettre de choisir le mal, il dirait l'une des deux choses : ou il aurait fallu que l'âme, tout en étant capable par nature de choisir parfois le bien et parfois le mal, fût contrainte de ne jamais choisir le mal, ou elle aurait dû être faite telle qu'elle ne soit jamais capable par nature de choisir le mal. Mais la première hypothèse est absurde en elle-même. En effet, c'est en vain que le choix aurait été capable [4] par nature de choisir entre les deux parties, s'il lui était à jamais interdit de se porter vers les deux. Et il n'y aurait plus eu de choix, si la nécessité était encore présente : le choix est en effet dans un rapport de contrariété avec la nécessité. Quant au second argument, il faut d'abord avoir dans l'esprit qu'il n'y a absolument jamais de choix du mal, ensuite qu'il semble conseiller d'enlever de l'univers, sans doute comme s'il s'agissait d'un grand mal, cette essence de l'âme, qui est douée d'autodétermination, qui choisit selon sa volonté et sans être contrainte parfois le bien véritable et parfois le bien qui lui paraît être tel, et il ne prend pas en compte que cette essence de l'âme est un bien

1. *Cf.* I. Hadot, *Simplicius. Sur le Manuel*, t. I, XIV 489-497, p. 96.
2. Cf. *ibid.*, t. I, I 298-315, p. 19; VII 40-56, p. 46; XIV 451-458, p. 95; et ici, XXXV 213-244, p. 55-56.
3. Cf. *ibid.*, t. I, I 434, p. 24 : *cf.* Plat., *Tim.*, 42 D 3-4 et *Resp.*, II 379 B 5-16.
4. Cf. *supra*, p. 57, n. 4.

beaucoup plus grand et véritable[1] que tant de biens qui, dans le monde sensible, sont considérés comme des biens. En effet, ce bien surpasse tout ce qui se trouve dans la région sublunaire, et personne ne choisirait de devenir une plante ou un animal irrationnel quelconque plutôt qu'un homme[2]. Les choses inférieures étant produites par le dieu, comment donc pourrait-il se faire que ce qui est plus grand que celles-ci ne fût pas produit ? Ensuite, chose qui a déjà été dit auparavant[3], si l'on enlève des êtres l'inclinaison des âmes dans l'un et l'autre sens[4], il est nécessaire que ces vertus humaines que l'on estime tant soient enlevées en même temps ainsi que l'espèce humaine tout entière. Car il n'y a plus ni tempérance ni justice humaine, si l'âme n'a pas par nature la possibilité[5] de dévier ; et si en effet elle était incapable de dévier[6], elle serait une âme angélique ou divine, et elle ne serait plus une âme humaine. Par cet argumentation il est prouvé que la <possibilité[7] d'une> déviation est nécessaire, ainsi que le soi-disant mal qui vient d'elle, s'il est vrai que sans elle ni les vertus humaines ne seraient venues parmi les êtres, ni, somme toute, l'espèce humaine.

> [d 5) *Le dieu, qui a produit l'âme raisonnable humaine telle qu'elle puisse dévier, ne serait-il pas cause au moins de ce mal de l'âme ?*
>
> a. *S'il est cause de la nécessité d'une déviation possible, il n'est pas cause d'un mal.*]

C'est pourquoi, même si quelqu'un disait que cette <possibilité de> déviation est produite par le dieu, il ne serait pas juste de penser qu'il affirme que le dieu est cause d'un mal, dans la mesure où cette <possibilité de> déviation est nécessaire pour l'existence de biens si grands qui sont capables par nature de dévier. Et en effet, personne ne dit du médecin, qui fait mûrir les abcès, coupe le corps et procède aux cautérisations et ablations

1. *Cf.* I. Hadot, *Simplicius. Sur le Manuel*, t. I, XIV 477-489, p. 95-96.
2. Cf. *ibid.*, t. I, XIV 371-381, p. 91-92.
3. Cf. *ibid.*, t. I, I 560-567, p. 29.
4. A savoir vers le bien véritable et le bien apparent mélangé avec le mal.
5. *Cf.* XXXV 245-273, p. 59-62, et le commentaire dans I. Hadot, *Simplicius. In Ench.* (1996), p. 92-107.
6. ἀπ{α}ρ{ά}τρεπτος : Ce n'est pas le sens qui exige cette conjecture, car les deux épithètes signifient à peu près la même chose. Mais comme Simplicius, dans ce contexte et ailleurs, utilise invariablement παρατροπή et παρατρέπεσθαι, je pense que la conjecture s'impose. Les abréviations paléographiques pour κατά et παρά sont d'ailleurs très souvent confondues.
7. *Cf.* XXXV 245-273, p. 59-62, et le commentaire dans I. Hadot, *Simplicius. In Ench.* (1996), p. 92-107.

des membres [1], qu'il produit la maladie, mais au contraire qu'il produit la santé, puisqu'il aurait été impossible que ces hommes-là se rétablissent autrement. Mais la justice divine [2], elle aussi, la forme punitive de l'activité justicière, enflamme et fait croître les passions de l'âme [3] jusqu'à un tel degré, parce que l'âme ne pourrait pas guérir autrement qu'en agissant d'abord, et parfois souvent, selon son fol désir. C'est pourquoi aussi les éducateurs font bien de ne pas s'opposer toujours aux désirs des enfants, mais souvent de leur céder, parfois même d'y collaborer, en pensant que cette âme n'est pas capable de vomir complètement de telles passions, si elle n'agit pas quelquefois selon ces passions et n'est pas dégoûtée de cet acte. Et nous disons que ni cet éducateur ni la justice divine ne sont cause d'un mal, mais qu'ils sont cause d'un bien, parce que c'est en vue du bien que cela est fait. Et en effet, nous appelons "tempérantes" les occupations qui tendent vers la tempérance, et saines celles qui tendent vers la santé : car chaque action reçoit sa forme spécifique de la fin en vue de laquelle elle est faite. C'est pourquoi il ne serait pas juste de dire que le

1. *Cf.* les textes parallèles indiqués *supra*, p. 56, n. 3.

2. Probablement faudrait-il mettre une majuscule à "Justice (Dikè)". – Simplicius, à la suite d'Hiéroclès et de Proclus, distingue entre *Pronoia, Dikè* et *Heimarménè*. Cela ressort des faits suivants. D'un côté Simplicius parle de l'"art médical" de la providence (πρόνοια) = I. Hadot, *Simplicius. Sur le Manuel*, XIV 244, p. 87, ou de l'"art médical du dieu" (*ibid.*, XIV 344 et 349, p. 90 et 91), qui vise à guérir les âmes malades, c'est-à-dire devenues mauvaises, par des punitions. D'un autre côté il désigne *Dikè* ou la "*Dikè* divine" comme celle qui guérit les âmes de la méchanceté (*ibid.*, XIV 249, p. 87 ; et ici, *infra*, XXXVIII 652 *sq.*, p. 117-118, et 691-693, p. 119 ; *cf.* Platon, *Gorgias*, 478 D 6-7) et comme celle qui produit la forme punitive de l'action justicière (XXXV 451 *sq.*, p. 69 ; I. Hadot, *Simplicius. Sur le Manuel*, t. I, I 488, p. 26 ; *cf.* Platon, *Lois*, IV, 716A2 et IX, 872E2). On voit donc que c'est *Dikè* qui applique l'art médical de la providence (*cf.* Proclus, *De decem dub.*, 51, 19 *sq.* et Damascius, *Vita Isid.*, 189, p. 258, 4-9 Zintzen = Fr. 126A Athan.). Et finalement Simplicius distingue *Dikè* de l'*Heimarménè* en donnant à cette dernière une fonction encore plus purement exécutive, presque mécanique (I. Hadot, *Simplicius. Sur le Manuel*, t. I, I 488-491, p. 26). Mais quelquefois *Dikè* peut aussi être identifiée avec l'*Heimarménè*, mais sans que cette dernière soit identique à l'*Heimarménè* des stoïciens : *cf.* Hiéroclès chez Photius, *Biblioth.*, cod. 251, t. VII, p. 192 Henry : « … mais sur tous règne en roi leur dieu créateur et père, dont la royauté paternelle est la providence qui, elle, détermine pour chaque genre ce qui lui convient ; et *Dikè*, qui accompagne cette providence, est ce que l'on appelle l'*Heimarménè* ; celle-ci n'est, en effet, ni la nécessité aveugle des tireurs d'horoscopes, ni la contrainte des stoïciens, ni celle qu'imagine Alexandre d'Aphrodise en l'identifiant à la nature platonicienne des corps, ni notre "géniture", dont on détourne les effets par des incantations et les sacrifices, comme d'aucuns le pensent ; mais c'est l'activité justicière du dieu, s'appliquant aux événements qui se déroulent selon la loi établie par la providence : selon un ordre et un enchaînement nécessaire, elle corrige ce que nous faisons, en fonction des hypothèses volontairement choisies que sont nos actes libres. » Pour plus de détails, *cf.* I. Hadot, *Simplicius. Sur le Manuel*, t. I, l'Appendice « La destinée des âmes… », p. CXXIX-CLXII et I. Hadot, *Studies on Hierocles*, p. 99-123.

3. *Cf.* le texte parallèle plus loin, XXXVIII 611-617, p. 116.

dieu, même s'il est cause en quelque sorte de la nécessité de la <possibilité de> déviation, est cause d'un mal.

> [d 5) b. *De quelle manière le dieu est cause de la nécessaire possibilité de déviation : non en la produisant, mais en la permettant. Dernier retour au manichéisme.*]

Quant à la question de savoir comment le dieu est cause précisément de la nécessité de la <possibilité de> déviation, il y a lieu de voir que ce n'est pas en tant qu'il produirait lui-même la déviation – que cela soit exclu –, mais que c'est en tant qu'il permet au pouvoir d'autodétermination de l'âme une telle possibilité, afin qu'une telle forme de réalité trouve, elle aussi, place dans le Tout, et que viennent à l'existence de si grands biens qui, sans cette <possibilité de> déviation, ne pourraient pas venir à l'existence. Mais le dieu est cause au sens propre de cette essence douée d'autodétermination, qui est bonne et plus vénérable que beaucoup de choses bonnes qui se trouvent dans l'univers et dont la <possibilité> de déviation est une activité susceptible d'être affectée, l'essence <de l'âme> le voulant et n'y étant pas forcée. Mais que cette essence douée d'autodétermination soit bonne, même si elle est capable par nature de dévier parfois, cela est manifeste, je crois, même dans les propos de ceux qui posent le principe du mal[1] pour montrer que le dieu n'est pas la cause du mal[2]. Et en effet, même ces gens-là, qui ne se contentent pas d'affirmer que l'âme est produite par le dieu, mais qui déclarent avec emphase qu'elle est une partie ou un membre du dieu[3], admettent qu'elle est capable par nature de devenir mauvaise. Soit donc qu'ils disent qu'elle devient mauvaise par un choix délibéré – c'est ce qui suit logiquement, pour ceux qui affirment qu'il dépend de nous de vaincre le mal ou d'être vaincu par lui, et qu'à cause de cela on exige du vaincu un châtiment et qu'on estime le vainqueur digne de récompenses ; en effet, ces gens qui affirment cela, ne remarquent pas que tout cela ne peut s'accorder avec la théorie selon laquelle l'âme serait poussée de l'extérieur vers le mal –, donc, en un mot, soit qu'ils disent qu'elle devient mauvaise par un choix délibéré, soit qu'ils disent que c'est par une impulsion extérieure, en tout cas c'est parce qu'elle est capable par nature de devenir mauvaise qu'elle devient mauvaise : si en effet elle n'en avait pas été capable par nature, elle ne serait pas devenue mauvaise. C'est pourquoi ils ne disent pas que le bien premier devient mauvais, puisqu'il en est absolument incapable

1. Il s'agit encore une fois des manichéens.

2. Des deux principes, le bien et le mal, c'est uniquement le bien que les manichéens appellent "dieu" : *cf.* XXXV 32 *sq.*, p. 48.

3. *Cf.* le commentaire dans I. Hadot, *Simplicius. In Ench.* (1996), p. 119, note 20.

par nature, et ils ne le disent pas non plus des autres êtres bons qui lui sont immédiatement conjoints, comme ce qu'ils appellent la Mère de Vie et le Démiurge et les Éons qui sont là-haut. Ainsi même ceux-là, en faisant produire par le dieu une âme capable naturellement de devenir mauvaise, n'affirment pas, eux non plus, que le dieu est l'auteur du mal, puisqu'une telle essence n'est pas mauvaise mais bonne.

[IV. *Retour au texte d'Épictète*]

Mais au sujet de l'existence des maux, que ce que nous avons dit suffise pour le moment. Désormais il faut examiner le texte d'Épictète et voir comment lui-même nous a démontré en peu de mots, à la manière d'un résumé, ce qui a été dit <par nous> sur le mal avec une telle longueur. Comme le bon comportement moral réside dans le choix du bien et dans la fuite du mal, il était nécessaire de démontrer que la nature du mal est en quelque sorte empruntée, car d'une certaine manière elle est et elle n'est pas, puisqu'elle est une existence adventice et non pas une existence. C'est pourquoi elle est à fuir absolument, car elle n'a pas d'existence à titre premier. Et c'est pour cette raison qu'elle n'est pour personne digne d'être choisie et que son existence adventice ne présente pour personne un but. Si en effet elle venait à l'existence à titre premier, elle serait tout à fait un but pour celui qui agit. Car pour l'architecte qui construit une maison, c'est la maison en vue de laquelle il construit qui est le but et la fin, et pour le menuisier, c'est la porte en vue de laquelle il travaille le bois ; mais rien ne se fait en raison du mal. Et le syllogisme d'Épictète est en peu de mots le suivant : Le mal consiste à manquer le but. Pour celui qui agit, le but est ce qui vient à l'existence dans le monde à titre premier en accord avec la nature, et la fin est le fait de l'atteindre. Et si cela se réalise, l'agent a atteint son but. Si donc ce qui vient à l'existence dans le monde à titre premier et en accord avec la nature ne consiste pas à manquer le but – car il consiste à atteindre le but –, et si au contraire le mal consiste *à manquer le but*, il est clair que le mal ne vient pas à l'existence à titre premier dans le monde. Et que le mal consiste *à manquer le but*, est clair par ce qui a été dit à son sujet. En effet, celui qui se fixe comme but, comme si c'était un bien, le plaisir, lance ses flèches vers ce plaisir comme vers un bien ; en vérité, il court vers lui plus vite que la flèche, du moins dans son imagination. Et s'il n'atteint pas un bien, mais qu'il le dépasse et s'en écarte [1], il est évident qu'il *manque le but* en étant devenu mauvais. Mais que ce qui vient à l'existence dans le monde à titre premier soit un but pour celui qui agit, et que la fin soit le fait de l'atteindre, cela est clair à

1. Pour une image similaire, *cf.* Platon, *Théétète*, 194A.

partir de ce que j'ai dit à propos de l'architecte et du menuisier. Tout ce qui vient à l'existence est un but pour celui qui agit : regardant vers lui, il tend vers lui ses activités comme des flèches, et sa fin consiste à atteindre le but. En disant : « *Une nature du mal ne vient pas à l'existence dans le monde* », il [Épictète] fait connaître par le nom "nature" ce qui vient à l'existence en accord avec la nature et à titre premier.

Et si quelqu'un comprenait le syllogisme de manière à poser comme mineure le *Comme un but n'est pas posé pour qu'on le manque* – cela signifie en effet que le mal consiste dans le fait de manquer le but –, et à laisser de côté la majeure, qui dit que ce qui, dans le monde, vient à l'existence à titre premier ne consiste dans le fait de *manquer le but* – car il consiste dans le fait que le but a été atteint –, celui-là en tirerait la conclusion que *le mal ne vient pas à l'existence dans le monde* à titre premier et en accord avec la nature. Mais on peut aussi comprendre cette majeure[1] comme une implication : *Si un but n'est pas posé pour qu'on le manque, une nature du mal ne vient pas à l'existence dans le monde*, et en posant comme mineure l'antécédent, le conséquent se trouve confirmé. De toute évidence en effet *un but n'est pas posé pour qu'on le manque*, en sorte qu'*une nature du mal ne vient pas à l'existence dans le monde*. Et la vérité de l'implication est claire : si en effet *un but n'est pas posé pour qu'on le manque, une nature du mal ne vient pas à l'existence dans le monde*. En effet, si elle venait à l'existence, elle serait, pour celui qui agit, un but sur lequel il fixe les yeux en agissant, mais un but pour le fuir, car le mal doit être fui, en sorte que le but serait posé non pas pour l'atteindre, mais pour être manqué. *Si donc un but n'est pas posé pour qu'on le manque, une nature du mal ne vient pas à l'existence dans le monde.*

XXXVI Si quelqu'un livrait ton corps au premier venu, tu serais indigné (*Ench.*, chap. 28,1-2 Boter)

Une grande clarté est obtenue par la comparaison entre autrui, qui livre <mon corps>, et moi-même, qui <le> livre, ainsi qu'entre mon corps et mon âme. En effet il est pire d'être lésé par soi-même que par autrui. Si en effet nous supportons plus difficilement d'être lésés par des amis que par le premier venu, à cause de la représentation de notre familiarité avec eux et parce que cela arrive d'une manière inattendue, il serait beaucoup

1. λαμβάνειν (λῆμμα) = "prendre comme majeure", et προσλαμβάνειν (πρόσληψις) = "prendre comme mineure", sont deux termes techniques de la logique, communs aux stoïciens et aux néoplatoniciens : cf. *SVF*, II, n° 236 et 237 ; et III, VII : Appendix, Crinis, 5 (= D.L., VII, 76).

plus absurde de se léser soi-même. Et si nous supportons mal que notre corps soit lésé, nous devrions supporter beaucoup plus mal encore que notre âme soit lésée. Mais si le fait que quelqu'un d'autre livre ou ne livre pas notre corps au premier venu ne dépend pas de nous, *le fait de livrer notre pensée au premier venu* pour que, si celui-ci se comporte d'une manière insolente ou outrageante, elle soit, elle, *troublée et bouleversée,* ou au contraire de ne pas la livrer pour ne pas en venir à subir cela, ceci dépend de nous. Et les deux <choses> sont dignes de honte : le fait de supporter difficilement le mal qui ne dépend pas de nous et ne se rapporte pas à nous, et le fait de produire notre mal à nous de notre plein gré, alors qu'il dépend de nous de ne pas le produire. Et à juste titre il n'a pas dit « tu ne te fâches pas à cause de cela ? », mais « *tu n'as pas honte à cause de cela ?* », parce que nous nous fâchons et sommes indignés à cause des maux que d'autres nous infligent, mais nous avons honte des maux que nous infligeons aux autres. Mais il faut avoir honte encore plus, si nous nous les infligeons à nous-mêmes, et encore plus, s'il dépend de nous de ne pas nous les infliger. A honte celui qui est conscient de la laideur de ses propres fautes, qu'il a commises selon son choix délibéré. Mais quoi de plus honteux que de ne pas être capable de voir les distinctions claires qu'il a exposées dans sa comparaison ?

XXXVII Les actions appropriées [1] sont mesurées en fonction des relations… (*Ench.*, chap. 30, 1 Boter)

Sont des actions appropriées celles qui sont faites selon ce qui se rapporte, échoit, convient à chacun en fonction de la valeur, et ce sont les œuvres de la justice, qui comprend en elle la vertu entière. Il y a d'une part la justice qui, dans une division, s'oppose aux autres vertus, d'autre

1. Le fondement théorique concernant les actions appropriées ou devoirs, ainsi que les préceptes sur les actions appropriées qui en découlent, est fourni par la fameuse doctrine stoïcienne de l'οἰκείωσις, de laquelle témoignent entre autres les restes de la Ἠθικὴ στοιχείωσις du stoïcien Hiéroclès (époque impériale) (*cf.* H. von Arnim, *Hierokles – Ethische Elementarlehre [Papyrus 9780]. Nebst den bei Stobäus erhaltenen ethischen Exerzitien aus Hierokles*; unter Miwirkung von W. Schubart, Berliner Klassikertexte IV, Berlin 1906). Von Arnim la situe à l'époque d'Hadrien, mais M. Isnardi Parente, « Ierocle stoico. Oikeiosis e doveri sociali » (dans *ANRW*, II, 36/3, p. 2201–2226) juge que cette datation est assez incertaine (p. 2202). Mais elle pense avec v. Arnim qu'il est assez probable que les fragments concernant Hiéroclès qui sont contenus dans les *Eclogae* de Stobée sous des titres divers comme « Comment faut-il se comporter envers les dieux », « Comment faut-il se comporter envers sa patrie », « Sur le mariage », « Combien d'enfants faut-il éduquer ? », « Sur l'amour fraternel », « Comment se comporter envers ses parents » etc., proviennent tous du traité Περὶ τῶν καθηκόντων. *Cf.* aussi Bénatouïl, *Faire usage*, le chapitre « L'exemple des rapports à autrui », p. 270-278.

part la justice qui réunit en elles toutes les vertus [1]. La justice consiste en effet à donner à chacun ce qui lui revient selon sa valeur. C'est pour cela que la bonne conduite éthique et la bonne conduite civique se ramènent aux actions appropriées : la première en étant la justice de l'âme et en assignant à chacune des parties de l'âme ce qui lui convient, la seconde, la justice de la Cité, en attribuant, elle aussi, à chaque partie de la Cité ce qui lui revient selon son mérite. Ayant donc éduqué l'auditeur <*scil.* le disciple> à l'aide des préceptes précédents qui, eux aussi, traitaient des actions appropriées, Épictète lui enseigne à partir de maintenant l'art qui se rapporte aux actions appropriées, comment on peut à la fois les découvrir et les pratiquer. Et ce que d'autres ont rassemblé en de volumineux traités – les uns les intitulant *Sur les actions appropriées* [2], les autres *Sur ce qui est beau dans la vie pratique*, comme Nicolas de Damas [3] –, Épictète l'enseigne en peu de lignes avec une démonstration drastique et une vivacité qui émeut les âmes.

[*Division des actions appropriées selon les relations*]

Les actions appropriées, pour les diviser selon toutes leurs parties, sont au nombre de trois : il y a d'une part celles qui se rapportent aux hommes et, en un mot, à ce qui nous est semblable, d'autre part celles qui se rapportent à ceux qui nous sont supérieurs, enfin celles qui se rapportent à ceux qui nous sont inférieurs, et peut-être aussi celles qui se rapportent à nous-mêmes. Et chacune d'elles possède de nombreuses différences, dont Épictète lui-même examine les principales, en commençant par les actions appropriées qui se rapportent aux hommes. Et avec raison il enseigne tout de suite, dès le début, comment on peut découvrir les actions appropriées.

1. La vertu de la justice apparaît à chacun des quatre niveaux du système porphyrien et néoplatonicien des vertus, à côté de la prudence, du courage et de la tempérance (*cf.* I. Hadot, *Simplicius. Sur le Manuel*, t. I, le § 3 du chap. III de l'Introduction, p. LXXXI *sq.* : « La systématisation des éléments platoniciens, aristotéliciens et stoïciens dans le système porphyrien des vertus »). Mais la justice englobant toutes les justices partielles est la justice divine, personnifiée par Diké (cf. *supra*, p. 69, n. 2).

2. Simplicius ne nous donne pas de noms d'auteurs pour les écrits portant le titre Περὶ καθηκόντων, très répandus non seulement chez les stoïciens. Par l'intermédiaire de l'*Anthologie* de Stobée, nous connaissons trois auteurs stoïciens ayant écrit sur ce sujet : Antipatros de Tarse (maître de Panétius), Musonius Rufus (époque impériale) et Hiéroclès le stoïcien (époque impériale ; cf. *supra*, p. 73, n. 1). Cicéron (*Ad Att.*, XVI, 11, 2), dans son *De officiis*, s'est servi du Περὶ τοῦ καθήκοντος de Panétius. Sénèque (*Ep.* 95, 45) mentionne pour sa part le livre Περὶ καθήκοντος de l'homme politique romain et auteur de livres philosophiques Marcus Iunius Brutus.

3. Vivant sous l'Empereur Auguste, il se déclarait comme adhérant de la philosophie du Péripatos. Il s'agit peut-être ici d'une allusion à son autobiographie perdue, dans laquelle il avait décrit sa vie comme une réalisation de la philosophie d'Aristote.

Et en effet, l'on n'a pas les mêmes devoirs à rendre à un père et à un fils, à un citoyen et à un étranger, à notre bienfaiteur et à celui qui nous nuit, mais aux uns et aux autres des choses différentes selon la différence des relations que nous entretenons avec eux. Autre est la relation avec le père comme avec notre cause après Dieu, et notre totalité et notre bienfaiteur, et autre la relation avec notre fils, en tant qu'il est en quelque sorte une part de nous-mêmes.

[*Définition générale de la relation*]

Mais il faut d'abord comprendre ce qu'est la relation[4] et, ce faisant, fixer notre attention sur ses différences. Donc la relation, pour le dire d'une manière générale, est une coordination réciproque, naturelle ou résultant d'un choix délibéré, de choses semblables ou dissemblables : l'une rassemble, l'autre sépare, la définition des choses qui sont en relation restant intacte. La relation est en effet au milieu de ceux qui ont cette relation et qui, selon cette relation, se tiennent les uns les autres, ou plutôt sont tenus les uns par les autres, en sorte que, même distingués et devenus autres, ils ne sont pas séparés totalement, mais gardent leur réciprocité. C'est pourquoi les choses qui ont une relation sont, et sont appelés, "réciproques".

[*Les différences de la relation*[2] :
a) *La coordination naturelle*]

Une coordination naturelle, réunissant des <termes> semblables, est celle des frères. C'est pourquoi aussi ils sont énoncés de manière semblable les uns par rapport aux autres, car le frère est le frère du frère,

4. Les explications techniques suivantes se fondent en fin de compte sur le chapitre sur les relatifs (τὰ πρός τι) dans les *Catégories* d'Aristote, bien que le terme σχέσις ne s'y trouve pas et qu'Aristote emploie dans ce contexte le terme "réciproques" (τὰ ἀντιστρέφοντα = προσάλληλα chez Simplicius quelques lignes plus bas), par ex. à propos de la relation maître – esclave (*Cat.* 6b28 *sq.*). En revanche Simplicius, dans son commentaire sur les *Catégories*, fait amplement usage de ce terme dans le chapitre sur les relatifs : *In Cat.*, p. 168, 16-172, 36 Kalbfleisch.

2. Une classification plus succincte des σχέσεις en relations naturelles (père-fils), relations résultant du choix délibéré (ami–ami), relations de caractère technique (enseignant-disciple) et relations dues au hasard (maître-esclave) se trouve chez David, *In Porphyrii Isag.*, p. 129, 26-130, 2 Busse. Élias, *Proleg. Philos.*, p. 33, 2-7 Busse et David, *Proleg. Philos.*, p. 74, 17-25 Busse mentionnent tous les deux, en se référant aux *Oikonomika* (livre I) d'Aristote, les 4 σχέσεις (ce terme n'intervient pas dans ce contexte chez Aristote) qui sont le fondement de la conduite d'un ménage : les relations entre père et enfant, mari et femme, maître et esclave, et entre les dépenses et les revenus. *Cf.* aussi le fragment de l'*Oikonomikos* d'Hiéroclès le stoïcien dans *Stobaei Anthol.*, t. V, p. 696 *sq.* Hense.

l'égal est l'égal de l'égal, le parent est le parent du parent, le concitoyen est le concitoyen du concitoyen.

Une coordination naturelle, séparant des <termes> semblables, est celle de ceux qui sont étrangers selon la famille. Et celle-là aussi est une coordination naturelle et selon la ressemblance. C'est pourquoi eux aussi sont dits "réciproques" selon la ressemblance, car l'étranger est l'étranger de l'étranger. Mais cette coordination est néanmoins séparative : ce qui est étranger en effet sépare les familles, tout comme la parenté les unit. A cause de la ressemblance, soit qu'elle réunisse, soit qu'elle sépare, les actions appropriées vis-à-vis de l'autre sont les mêmes dans les deux cas.

Une coordination naturelle, réunissant des <termes> dissemblables, est celle d'un père et d'un fils dans leurs rapports mutuels. Et en effet elle est naturelle et elle réunit, mais elle réunit des <termes> dissemblables, et c'est pourquoi l'énoncé <de la relation> ne se fait plus par référence au même terme, comme c'est le cas avec les frères. Plus haut en effet nous avons dit : le frère est le frère du frère, mais ici : le père est père du fils, et le fils, fils du père. C'est donc là une coordination naturelle, réunissant des <termes> dissemblables, mais elle possède la dissemblance sous forme de cause et de causé [1]. Mais il y a une autre coordination naturelle réunissant des dissemblables, des dissemblables considérés comme contraires, comme sont disposés le "droit" et le "gauche". Et en effet, bien qu'ils soient <des termes> dissemblables, ils sont pourtant coordonnés l'un à l'autre, mais ils sont séparés selon l'opposition de contrariété qui concerne le lieu.

<Il y a> une coordination naturelle, séparant des <termes> dissemblables {selon la dimension spatiale}, par exemple le haut du bas et le dedans du dehors, et de la même façon il y a une coordination naturelle séparant des <termes> dissemblables selon la dimension temporelle, comme le "l'an passé" et le "cette année". En effet cette relation sépare aussi selon le temps.

[b) *La coordination résultant du choix délibéré*]

Une coordination résultant du choix délibéré, quand elle réunit des <termes> semblables, est celle des amis, quand elle les sépare, celle des ennemis. Et en effet les ennemis sont coordonnés selon une relation résultant d'un choix délibéré, étant des semblables. C'est pourquoi l'énoncé de la relation se fait par référence au même <terme> : l'ennemi est l'ennemi de l'ennemi, comme l'ami est l'ami de l'ami, mais la

1. Sur la relation père-fils, *cf.* le texte parallèle chez Élias, *Proleg. Philos.*, p. 51, 3-10 Busse.

coordination sépare dans le cas des ennemis, comme elle unit dans le cas des amis.

Une coordination résultant du choix délibéré, réunissant des <termes> dissemblables, est celle du professeur et de l'élève en tant que cause et causé, mais en tant que contraires cette coordination est celle du vendeur et de l'acheteur.

Une coordination résultant du choix délibéré, qui sépare selon la dissemblance, est celle du poursuivant et du fuyant – car celui qui poursuit, poursuit un fugitif – : elle est certes coordonnée selon la relation des dissemblables qui résulte d'un choix délibéré, mais elle est coordonnée de manière propre à séparer.

[c) *Les relations médianes*]

La relation entre homme et femme paraît cependant être une sorte de relation médiane entre les relations naturelles et les relations résultant d'un choix délibéré, en tant qu'elle participe à toutes les deux à la fois et en tant qu'elle est énoncée selon la dissemblance : car l'homme est l'homme de la femme et la femme la femme de l'homme. Les voisins aussi ont une relation médiane, mais ils sont énoncés selon la ressemblance. Quant à la relation dominant – dominé, elle est d'une part naturelle – car <comme relatifs> dans le Tout le plus fort domine toujours par nature le plus faible –, d'autre part elle résulte d'un choix délibéré, quand par convention les riches dominent, tandis que les pauvres sont dominés ; enfin elle est mélangée, quand, par une opinion unanime, ils préfèrent que ce soient les plus sages qui dominent.

[*Le genre d'une relation détermine l'action appropriée à cette relation*]

Puisque, pour parler en général, il y a donc tant de relations, quelle que soit celle de ces relations dans laquelle nous nous trouvons par rapport à quelqu'un, il nous faut prendre et observer l'action appropriée due à celui-ci à partir de l'espèce même de la relation, soit que la personne en question observe aussi l'action appropriée qui nous est due, soit qu'elle ne le fasse pas, et cela surtout dans le cas des actions appropriées naturelles. En effet, l'autre peut dissoudre la relation résultant d'un choix délibéré, qu'il fasse un choix délibéré mauvais ou bon : l'amitié s'il fait usage d'un mauvais choix, l'inimitié s'il fait usage d'un bon choix. Et en effet, c'est le choix délibéré qui a produit cette relation, alors que ce n'est pas le choix délibéré, mais la nature qui a produit la relation naturelle. C'est pourquoi, si notre ami devient notre ennemi à cause d'un mauvais choix délibéré, il dissout notre relation, et nous ne lui devons plus les actions appropriées à l'amitié, puisqu'il ne veut plus être notre ami, mais notre ennemi. Mais si un père fait usage d'un choix délibéré mauvais, le choix mauvais n'a pas dissous la relation avec le père : en effet, celle-là est naturelle et ne résulte pas d'un choix délibéré, et une telle relation existe envers un père, mais pas du tout envers un bon père. Donc, même si le père est mauvais, il faut quand même s'acquitter des actions appropriées dues à un père.

[*Les actions appropriées envers les parents* [1]]

Il faut donc de toutes les manières avoir soin de lui, d'une part parce qu'il a été cause après Dieu de notre être et, d'autre part, parce que c'est par ses soins et sa sollicitude que nous avons été élevés et que nous sommes arrivés au point où nous sommes, enfin, parce que, ayant en quelque sorte emprunté les soins auprès de nos géniteurs, il convient de les rendre de bon cœur avec intérêt, et d'exécuter à leur service avec empressement tous leurs ordres, tous ceux au moins qui n'incitent pas à la perversité de l'âme. Car ces choses-là, on doit les leur refuser, autant que possible sans les offenser, en tant qu'elles déplaisent au père des âmes, et il faut en revanche leur céder dans les autres choses, qu'elles concernent le corps ou les biens extérieurs. Car si les corps et les biens des esclaves sont soumis à leurs maîtres fortuits, qui les ont achetés avec de l'argent, combien <n'est-ce pas> plus <vrai> de ceux qui par nature sont causes de notre existence ? C'est pourquoi, même quand ils donnent des coups, il faut le supporter avec plus de douceur que les domestiques frappés par leur maître, et encore plus quand ils nous insultent et agissent avec violence. Les anciennes lois des Romains, prenant en considération la supériorité de la nature et les peines que les géniteurs se donnent pour leurs enfants, voulant soumettre les enfants de toutes les manières aux géniteurs, et faisant en même temps, je pense, confiance à l'affection naturelle des géniteurs, permirent aux géniteurs, s'ils le voulaient, de vendre leurs enfants et de les tuer impunément. Mais des lois encore plus anciennes vénérèrent les géniteurs à un degré tel, qu'elles sont allées jusqu'à les appeler "dieux", mais, respectant la supériorité divine, elles appelaient "divins" les frères des pères et des mères, en indiquant ainsi le rang que, selon eux, les géniteurs tenaient vis à vis de leurs enfants. Il faut, en ce qui concerne les actions appropriées dues à nos géniteurs, les accomplir surtout à cause du bien même, et afin que notre choix délibéré

1. *Cf.* le texte parallèle (Πῶς χρηστέον τοῖς γονεῦσιν) du stoïcien Hiéroclès (*Stobaei Anthol.*, t. IV, p. 640–644 Hense), texte qui formait probablement un chapitre du traité *Sur les devoirs* (cf. *supra*, p. 73, n. 1).

demeure conforme à la nature, mais il faut aussi tout de suite songer à la justice divine, parce qu'il est probable que nos enfants deviendront tels à notre égard que nous avons été envers nos géniteurs.

[*Les actions appropriées envers les frères* [1]]

Donc, même *si ton frère commet une injustice, reste fidèle* jusqu'au bout à la coordination naturelle de la relation à un frère ainsi qu'à l'assentiment que tu as consenti au Tout, lorsque tu devais être choisi pour venir vers ces géniteurs, ces frères, ces parents, et non pas vers d'autres. Et songe aussi qu'il n'est pas dans ton pouvoir que l'autre se conduise d'une manière juste ou injuste envers toi, mais que ce qui est tien est dans ton pouvoir. C'est pourquoi *il ne faut pas examiner* comment il se conduit, lui, *mais ce que tu dois faire, toi, pour te comporter d'une manière conforme à la nature*. En effet, ce dont tu es maître, cherche à le disposer selon ce qui te convient. C'est en cela en effet que se trouve ce qui t'est utile et ce qui t'est nuisible. Car celui-là, quelle que soit la manière dont il se conduit, *ne te nuira pas*, si tu cherches l'utile et le nuisible dans les choses qui sont en ton pouvoir. Mais si tu délimites le nuisible dans ce qui se passe à l'extérieur, *à ce moment-là c'est de toi-même et non de ton frère que tu subiras le dommage*. Et songe aussi que, si, par ta douceur et ta tendresse, tu te fais en plus de ton frère un ami, ces deux relations mélangées produisent une union merveilleuse.

[*Les actions appropriées envers les maîtres qui enseignent les choses bonnes*]

Les actions appropriées dues à ceux qui enseignent les choses bonnes sont en quelque sorte les mêmes que celles qui sont dues aux géniteurs, peut-être avec quelque renforcement, car ces gens-là nourrissent et soignent non pas notre corps, mais nous-mêmes [2], et ils ne le font pas par nécessité de la nature, comme les géniteurs chez les animaux sans raison et chez les hommes, mais selon un bon choix délibéré, qui imite la bonté divine qui ramène les âmes tombées dans la génération là même d'où elles provenaient. Les actions appropriées dues aux maîtres qui enseignent <des choses bonnes> sont encore plus importantes par le devoir d'obéir sans

1. *Cf.* le texte parallèle (Περὶ φιλαδελφίας) du stoïcien Hiéroclès (*Stobaei Anthol.*, t. IV, p. 660–664 Hense), texte qui formait probablement un chapitre du traité *Sur les devoirs* : cf. *supra*, p. 73, n. 1.

2. C'est-à-dire l'âme raisonnable : *cf.* la définition de l'homme, I. Hadot, *Simplicius. Sur le Manuel*, t. I, Prooem. 35-36, p. 2, et les notes correspondantes 5 et 6, p. 132.

hésitation à tous leurs ordres, comme si c'était Dieu qui les donnait. C'est que celui qui enseigne ce qui nous convient selon la nature, n'ordonnera rien qui ne tende pas vers ce but. Et si nos géniteurs se trouvent être pour nous aussi ceux qui enseignent les choses bonnes, comme à ce moment-là les deux relations sont réunies, il faut s'acquitter des actions appropriées qui sont dues aux deux à la fois <le parent et le maître>, et les vénérer comme une image divine, parce qu'ils sont devenus, comme le dieu, auteurs aussi bien de notre être que de notre être bien.

[*Les actions appropriées envers les amis*] [1]

[a) *Le choix des amis*]

Il nous faut parler, brièvement autant que possible, des actions appropriées, aussi précieuses qu'utiles, concernant les amis. Parmi celles-ci la première est de choisir ses amis, la seconde d'en user et de les garder, grâce au meilleur usage ; à partir de cela se montre la diversité du bien de l'amitié. Il faut donc faire le choix d'abord en considérant la similitude des caractères : ce qui est dissemblable est inapte à l'amitié, même si les caractères des deux côtés semblent être bons : les caractères doux et stables ne vont pas ensemble avec les caractères faciles à émouvoir et qui s'échauffent vite. En second lieu il faut observer comment celui que nous

1. Pour les philosophes de l'Antiquité gréco-romaine, l'amitié a toujours joué un rôle pédagogique important : cf. *supra*, p. 31, n. 1. Je me permets de me citer à ce propos. J'évoquerai d'abord « l'interprétation philosophique de l'amitié en général qu'Aristote avait élaborée dans deux de ses traités éthiques, les *Magna Moralia* et l'*Éthique à Eudème*. Le texte des *Magna Moralia* ... est le suivant (*Magna Moralia*, II, 15, 1213a13 *sq. Cf. Éthique à Eudème*, VII, 12, 1245a35) : « "Il est très difficile, et certains sages l'ont bien dit, de se connaître soi-même [...] Que nous en soyons incapables ressort des reproches que nous adressons à autrui sans voir que nous faisons nous-mêmes la même chose. Cela est dû à l'amour de soi-même et à la passion, qui obscurcissent le jugement de beaucoup d'entre nous. Or, de la même façon que, lorsque nous voulons voir notre propre visage, nous le faisons en regardant dans un miroir, de même, quand nous voulons nous connaître nous-mêmes, nous nous connaîtrons nous-mêmes en regardant notre ami. Car l'ami, disons-nous, est un autre Je. Si donc il est plaisant de se connaître soi-même, et si cela ne peut se faire sans un autre qui est un ami, [même] l'homme se suffisant à lui-même aura donc besoin d'un ami pour se connaître lui-même". Si donc l'existence d'un ami est l'unique condition qui nous permette de nous connaître nous-même (et l'ami est en ce sens un *alter ego* de la manière la plus authentique qui soit) et si se connaître soi-même est une condition indispensable à tout processus d'amélioration éthique, le rôle éminent qu'il fallait attribuer à l'ami dans le perfectionnement du moi s'éclaire par là-même. La maxime épistémologique selon laquelle le semblable n'est connu que par le semblable fonde aussi la définition philosophico-éthique de l'amitié, pour autant que l'identité, ou du moins la ressemblance dans les penchants, y est tenue pour indispensable. En ce qui concerne les perspectives de la direction spirituelle, de toute évidence il fallait que la fusion du directeur spirituel et de l'ami au sein d'une

choisissons comme ami en a usé avec ses amis antérieurs. Et le troisième <point>, qui est en même temps premier, milieu et dernier : <il faut voir> s'il est dominé par les passions irrationnelles, ou si la raison, dans quelque mesure, règne en lui. A la suite de cela il faut examiner les désirs, s'ils sont mûs vers ce qui est beau et bon et ce qui est loué par les hommes de bien, ou vers ce qui est agréable et inconvenant et qui plaît aux hommes immondes, et, bien entendu, encore, si leurs désirs et aversions peuvent être en quelque sorte bien dirigés et s'ils obéissent facilement à la raison droite, ou s'ils sont véhéments et indomptables en préférant toujours ce qui leur semble agréable. De tels désirs et aversions, parce qu'ils forcent tout conformément à ce qu'ils jugent bon, sont impropres à l'union amicale, mais aussi des désirs et aversions qui placent le bien dans les choses extérieures : l'argent, les corps ou la réputation politique ne sont pas, eux aussi, appropriés à l'amitié. En effet, comme ces choses-là sont divisibles, celui qui désire d'une manière plus véhémente et qui prend la plus grande part, laisse dans tous les cas la plus petite, en sorte que l'ami ne touche plus sa part égale. Ceci est très clair quand il s'agit de l'argent et des corps. Et celui qui recherche la gloire veut absolument être le seul à avoir la gloire. Les biens psychiques, au contraire, les savoirs et les vertus, qui sont présents d'une manière indivisée à ceux qui y participent, ne diminuent pas dans l'un, quand l'autre y participe, mais même ils augmentent. Car ceux-ci <*scil.* les savoirs et les vertus> sont ravivés et enflammés en même temps dans les âmes de ceux qui y participent et, quand ils se communiquent, ils se multiplient et, comme à partir de morceaux de bois frottés l'un contre l'autre, *c'est une lumière* unique *qui jaillit*[1], celle de la vérité et de la vie vertueuse. En outre, les

seule personne soit tenue pour idéale. – Mais un ami, ou mieux des amis, sont nécessaires aussi pour la découverte philosophique de la vérité, qui prend comme point de départ pour chacun la connaissance ontologique de son être propre. Lorsqu'il s'agit non de sages, mais de progressants vers la sagesse [...] les conditions sont les meilleures lorsque l'un des amis s'est avancé plus loin que les autres dans cette voie et peut leur servir de guide – lorsqu'il peut leur tendre la main et les tirer vers le haut. En général, dans toutes les écoles philosophiques de l'époque hellénistique, les enseignants aimaient à se voir dans la situation de l'ami plus avancé par rapport aux amis désireux de progresser. » (I. Hadot, *Sénèque*, p. 314-315). *Cf.* aussi S. Stern-Gillet – G.-M. Gurtler, SJ (ed.), *Ancient and medieval concepts of friendship*, State University of New York, 2014, et J. Wildberger, « Amicitia and Eros : Seneca's Adaption of a Stoic Concept of Friendship for Roman Men in Progress », dans *Philosophie in Rom - Römische Philosophie ? Kultur-, literatur-, und philosophiegeschichtliche Perspektiven*, Hrsg. von G. M. Müller und F. Mariani Zini, Berlin, 2018, p. 387-426.

1. *Cf.* Platon, *Epist.* VII, 341C7-8.

amis qui tendent vers le bien véritable et qui se règlent sur la droite raison, usent d'une même règle pour distinguer ce qui est utile : le bien chez les deux est en effet commun, et la raison droite est une. Puisque, dans les âmes des amis, la règle qui distingue l'utile du nuisible et l'agréable de ce qui est pénible, est commune, il est nécessaire qu'ils soient unis réciproquement et que tout dissentiment et tout trouble s'éloignent. Mais si tous deux n'usent pas de la raison droite comme règle commune, ils sont nécessairement séparés. Tel est donc le choix des amis.

[b) *L'usage des amis*]

Quant au commerce que nous avons avec les amis et la conservation <de leur amitié>, ils auront, pour le dire en un mot, la rectitude, si nous usons de nos amis de la façon dont nous voulons qu'ils usent de nous, et si nous rabaissons toujours en nos pensées le bien qui leur advient de notre part, mais estimons plus important celui qui nous advient de leur part. <Il faut faire> le contraire dans le cas des bévues : rabaisser les leurs, mais regretter les nôtres comme étant plus grandes ; penser qu'on ne possède rien en propre, qui ne convienne encore plus aux amis qu'à nous, et céder le premier rang avec joie, comme si l'on le cédait à soi-même – si toutefois, selon le vieux dit, *l'ami est un autre moi-même* [1]. Puisqu'il est inévitable, étant donné que nous sommes des hommes, que nous commettions quelquefois quelques fautes les uns envers les autres, il faut, en conservant avec toute sa force la résolution d'être amis, corriger ainsi la bévue avec douceur, en obéissant au célèbre précepte qui est vraiment d'or et qui dit : « Ne déteste pas ton ami à cause d'une petite faute aussi longtemps que tu peux [2] ». Il est beau que celui envers qui la faute a été commise se montre plus doux que celui qui l'a commise, et qu'il lui accorde son pardon authentique en parole et en acte, pour que la conscience de la faute ne rende pas, à l'avenir, l'amitié douteuse à celui qui a fauté, parce qu'il ne croit plus que celui envers qui la faute a été commise garde intact le même choix délibéré. Mais il est évident que ce n'est pas seulement à l'ami, mais aussi aux proches de l'ami, qu'il faut rendre des soins compatissants, en sorte que ceux-ci croient n'être pas moins de la famille de l'ami que de la leur. Et quand il est loin, il convient de ne pas moins s'occuper de lui, sinon encore plus, <comportement> que je sais être celui de quelqu'un de mes amis. Pour être bref : si le choix s'est fait avec justesse et si le fondement d'un bon début est posé, c'est

1. *Cf.* Porphyre, *Vita Pyth.* 33, p. 51, Des Places ; *cf.* Cicéron, *De amicitia*, 21, p. 80.
2. *Carmen aureum*, p. 7-8.

finalement la sympathie elle-même accompagnée de raison qui mène vers l'usage de l'amitié qui convient, et elle enseigne facilement les actions appropriées dues à un ami. Et en effet par la suite c'est d'une manière spontanée, en en usant avec son ami comme s'il s'agissait de lui-même, que l'ami accomplira tous les devoirs.

[*Louange de l'amitié*]

Mais quelle chose précieuse est l'amitié et de combien de choses bonnes elle est la cause, il faudrait un long discours pour l'exposer en détail. Disons néanmoins quelques mots qui <nous> viennent maintenant à l'esprit. Premièrement donc, chacun des deux amis possèdera deux âmes, deux corps, et évidemment aussi en commun les choses extérieures. Mais si de tels amis sont plusieurs, chacun d'eux est multiplié en ce qui concerne les âmes, les corps et les choses extérieures. Et en conséquence, dans la recherche des étants, une grande lumière de vérité se montre en brillant aux âmes ainsi unies, et dans la pratique de la vertu, à partir des excellences de chacun, mises en commun et exercées ensemble, c'est une seule vertu parfaite, illuminée par les êtres supérieurs à cause de sa perfection, qui est présente sans peine à tous communément et à chacun en particulier facilement. Les projets sont fermes, quand on est à plusieurs avec de telles qualités, et les actions infaillibles, étant exécutées avec une plus grande abondance aussi bien de sagesse que de puissance. Étant absent des siens, l'ami leur est présent par l'entremise de l'ami présent, et non seulement quand il est en vie, mais même quand il est mourant, il a confiance en pensant qu'il continue à vivre avec eux. Mais comme la chose est agréable ! Qu'est-ce qui pourrait être plus agréable que la vue d'un ami, le fait de l'entendre, ainsi que les actions qu'il accomplit ? Ce n'est pas en se fondant sur la parenté, ou le pouvoir, ou l'abondance des richesses que fidélité et confiance pourraient devenir aussi solides que lorsqu'elles sont fondées sur des amis véritables. On dit par exemple qu'Alexandre, quand on lui demandait où il avait ses trésors, avait désigné ses amis. Et l'ami est le meilleur pédagogue : par nul autre en effet que par un ami l'on n'est convaincu sans être offensé, et nous n'avons honte devant personne autant que devant l'ami, si nous transgressons quelque chose de ce qui est beau. Et la présence de l'ami augmente les bonheurs et les joies, et personne ne soulage ni ne console les douleurs et les soucis comme l'ami. Et il est le sujet d'exercices le plus sûr pour la meilleure manière d'en user avec les hommes. Et en effet on cède avec joie le premier rang à l'ami et, s'il a commis quelque faute, on le supporte sans s'en offenser, et on dit à un ami ce que l'on pense sans déguisement et en toute vérité. On s'applique avec empressement à échanger les bienfaits et la bienveillance ; et ce qu'il y a dans l'âme d'amour de l'homme et de ressemblance au bien ne se déploie joyeusement envers personne autant qu'envers l'ami. Et il est un frère d'armes qui ne cherche pas de prétexte <pour se dérober>, et jusqu'à la mort, et à personne d'autre qu'à l'ami ne tombera en partage quelqu'un d'une telle qualité. Et s'il était possible de former une armée à partir d'amis, même si ceux-ci étaient beaucoup moins nombreux, ils vaincraient facilement des adversaires plus nombreux.

[*L'amitié comme exercice préparatoire pour les autres actions appropriées*]

Si donc, envers les amis, on s'est exercé sans effort dans ces pratiques et qu'on a acquis l'habitude sans peine grâce à la sympathie de l'amitié, c'est aussi facilement que l'on en fera usage, lorsque l'occasion nous y appellera, envers les autres hommes selon ce qui convient à chacun. Il y a lieu de remarquer que, dans les relations naturelles aussi, c'est l'amitié qui donne de s'acquitter des actions appropriées avec amabilité, sympathie et empressement. Et en effet, si les frères, les parents, les enfants, le mari et la femme ne sont pas l'un pour l'autre des amis, même s'ils obéissent à Épictète et s'acquittent, dans la relation naturelle, des actions appropriées, ils ne le font ni d'une manière empressée ni avec plaisir ni, en somme, volontairement, mais ils le font d'une manière quelconque et comme forcés, pensant qu'ils exécutent une charge qui leur incombe, mais sans se réjouir de ce qui s'est produit ni le chérir comme un bien de premier ordre, mais en en usant comme de choses nécessaires pour l'accomplissement de l'action appropriée. La raison pour laquelle la relation amicale a une force si grande, c'est qu'elle est le résultat d'un choix délibéré. En effet, ce qui est dépourvu de choix délibéré <n'>est lié <que> par la relation naturelle, mais ce qui se fonde sur le choix délibéré possède le lien résultant du choix délibéré, qui est plus puissant que le lien naturel, parce qu'aussi l'essence rationnelle qui choisit par choix délibéré est supérieure à l'essence physique, et elle s'approche plus de l'Un qui unifie tout.

Et certes, ils sont grands et admirables, ces biens de l'amitié que nous venons de mentionner, si ce n'est que la plupart d'entre eux sont humains ; mais la chose la plus grande et la plus divine de l'amitié est inconnue, c'est que l'amitié pure qui conduit les âmes amies à l'union devient le plus bel exercice préparatoire à l'union avec le dieu. Et en effet il est impossible d'atteindre à une union plus élevée avant d'avoir atteint l'union avec les âmes de même espèce. Et c'est avec raison que les Pythagoriciens estimaient l'amitié à un plus haut degré que les autres vertus et disaient qu'elle était le lien de toutes les vertus. Et en effet, si une seule et quelconque vertu entre toutes fait défaut, l'amitié refuse de survenir. Qui en effet, étant injuste, intempérant, lâche et, encore plus, insensé pourrait accueillir le bien de l'amitié ? Il faut donc que celui qui veut être un ami se purifie, autant qu'il le peut, des passions irrationnelles de l'âme, qu'il cherche alors son semblable et, l'ayant trouvé, qu'il l'entoure de ses bras, estimant avoir trouvé *la moitié de lui-même*[1], selon le mythe d'Aristophane. Mais que ces choses <que nous avons dites> soient concédées au désir de l'amitié, désir qui souhaite la voir <se réaliser>, même si ce n'est qu'en peu de gens, étant donné qu'elle s'est presque complètement retirée des hommes de notre temps.

[*Les actions appropriées envers les concitoyens*][2]

Mais il nous faut retourner d'où était partie notre digression et exposer les relations restantes qu'Épictète a mentionnées[3]. Ayant dit qu'il faut trouver la différence entre les actions appropriées en partant de la différence entre les relations, « *de la même manière*, dit-il, *il faut, en partant de la relation du concitoyen saisir l'action appropriée* qui se rapporte à lui ». Cette relation-là, elle aussi, est une sorte de parenté. Si en effet la cité est une mère commune, *étant la "matrie" et la patrie*[4], il est évident que par conséquent les concitoyens sont en quelque sorte des frères. Et manifestement l'on trouve, même si c'est de loin, mais réellement, une certaine parenté entre eux chez presque tous les véritables concitoyens, mais pas chez les métèques. Mais la ressemblance selon

1. *Cf.* Platon, *Sympos.*, 191A6 et, pour le récit entier d'Aristophane, *ibid.* 189A-193D.

2. Quelques éléments de l'argumentation de Simplicius dans ce paragraphe et les suivants se trouvent aussi dans les fragments du Πῶς πατρίδι χρηστέον du stoïcien Hiéroclès (*Stobaei Anthol.*, t. III, p. 730-734 Hense), texte qui formait probablement un chapitre de son traité *Sur les devoirs* : cf. *supra*, p. 73, n. 1.

3. Comme, dans le *Manuel*, Épictète n'a pas traité les devoirs entre homme et femme dans le mariage, Simplicius ne les traite pas non plus, bien que ce sujet ait joué un rôle assez grand dans les livres sur les devoirs, comme les textes de Musonius et des stoïciens Hiéroclès et Antipatros de Tarse en témoignent : pour Musonius *cf.* les fragments XIIIA, XIIIB et XIV dans Musonius, *Dissert.*, p. 89–97 Lutz, et pour Hiéroclès les fragments dans *Stobaei Anthol.*, t. IV, p. 502–507 Hense (suivi par un fragment du Περὶ γάμου d'Antipatros de Tarse). Cf. *infra*, p. 192, n. 2 à propos du chap. LVIII.

4. *Cf.* Platon, *Resp.*, IX, 575D.

la nature <physique et spirituelle> suffit aussi. En effet non seulement les habitants des mêmes cités, mais encore ceux qui appartiennent aux mêmes nations, possèdent une grande ressemblance selon leurs natures <physiques et spirituelles>. Il faut donc se comporter à l'égard des concitoyens comme à l'égard des parents, en veillant autant que possible à la bonne conduite de leurs mœurs – afin qu'il en résulte en même temps l'avantage de cohabiter avec des hommes bons –, à ce qu'ils ne manquent de rien pour ce qui est du nécessaire, et à ce qu'ils soient secourus dans les adversités et <il faut> se montrer un père pour les enfants orphelins et les femmes veuves. L'un en effet peut réconforter son concitoyen par son argent, un autre par son propre pouvoir politique ou celui de ses amis, un autre par ses bons conseils, un autre par son aide physique et un autre, même s'il ne peut rien faire d'autre, à tout le moins par la sympathie.

[*Les actions appropriées envers le voisin*]

Le concitoyen, s'il est aussi voisin, a quelque chose de plus en ce qui concerne la familiarité ; comme en effet ce n'est pas sans raison ni par hasard que nous obtenons par le sort la même cité et la même race, de la même manière nous recevons du sort le même endroit dans la cité selon un certain mérite commun [1]. Il faut au moins montrer envers ceux qui parmi les concitoyens sont nos voisins une familiarité plus grande en observant, avec un certain renforcement quand il s'agit des voisins, ce qui a été dit au sujet du concitoyen, en donnant et recevant en partage tout ce qui est possible, en se réjouissant avec eux des bonnes choses, en s'attristant avec eux dans les circonstances douloureuses, en prenant soin d'eux comme de proches, quand ils sont malades, en rendant clair devant tout le monde, dans leurs démêlés avec d'autres, que l'on va soutenir son

1. Selon une doctrine commune à tous les néoplatoniciens, se fondant sur le mythe d'Er dans la *République* de Platon, la mise en place des âmes en tel lieu, tel peuple, telle famille est effectuée en fonction de leur choix de vie, qui lui-même est déterminé en grande partie par leurs mérites dans les vies antérieures. *Cf.* I. Hadot, *Simplicius. Sur le Manuel*, t. I, l'Appendice « La destinée des âmes… », p. CXXIX-CLXII. *Cf.* aussi plus loin, XXXVIII 532-538, p. 113. *Cf.* aussi Hiéroclès (chez Photius, *Bibliothèque*, codex 251, 466a21 *sq.*, t. VII, Paris, 1974, p. 205) : « […] nous obtenons par le sort, selon ce que nous avons mérité au cours de nos existences antérieures, une vie dans laquelle tout est inclus : race, cité, père, mère, moment de la conception, qualité du corps, genre et circonstances diverses inhérents à notre forme de vie, genre et heure de la mort. » *Cf.* aussi I. Hadot, *Simplicius. Sur le Manuel*, t. I, XIII 43-47, p. 75 avec la note 2. *Cf.* Platon, *Leges*, X, 904B6-E6 et 903D6 *sq.* A propos de XXXVII 310 λαγχάνομεν (obtenir par le sort) et 311 κληρούμεθα (recevoir du sort), *cf.* respectivement Platon, *Resp.*, X, 620E4 et 620D8 ; *Leges*, X, 903E1, et *Phaedr.*, 249B2-4.

voisin autant que possible, si ce dernier fait valoir ce qui est juste ; et, pour le dire en un mot, il faut considérer digne de honte que notre voisin, quand il est dans le besoin, soit aidé par d'autres pour des choses dans lesquelles nous pouvons l'aider.

[*Les actions appropriées envers les étrangers*]

Il existe aussi une certaine relation envers les étrangers ayant élu domicile chez nous, relation qui a été liée par le dieu qui veille sur les étrangers. Envers eux aussi, il faut donc s'acquitter des actions appropriées, à cause du dieu qui veille sur eux et à cause de l'accroissement de l'amour qui est en nous pour les autres hommes, qui doit non seulement s'attacher à la parenté, mais s'étendre à tout le genre humain, et encore assurément pour que nous aussi puissions avec franchise venir supplier le dieu qui veille sur les étrangers de nous assister, et que nous aussi, selon la justice divine, nous obtenions ce que nous avons partagé avec les étrangers. Il faut en effet avoir dans l'esprit que l'on prête à intérêts au dieu les bons choix délibérés et les bonnes actions, et que lui, il les rend avec de grands intérêts d'une manière plus généreuse que tous les hommes. Et il convient <non seulement> de ne faire tort en aucune manière à l'étranger, mais encore de le secourir autant que possible aussi lorsqu'il subit une injustice de la part d'autres gens. Le dieu qui veille sur les étrangers prend plus en pitié celui qui est dépourvu d'aide humaine et le venge davantage. Il faut aussi, si l'on peut, l'assister dans l'affaire pour laquelle il est venu et lui procurer, autant que possible, les choses nécessaires dont il a besoin, et quand l'étranger est malade, l'aider dans toute la mesure du possible et contribuer selon ses possibilités à son retour dans sa patrie.

[*Les actions appropriées du soldat envers le chef d'armée*]

Et il faut aussi, dit-il, que le soldat trouve *à partir de la relation avec le chef d'armée l'action appropriée au sujet de celui-ci*. Il convient aussi bien de lui obéir vite quand il ordonne, en raison du caractère pressant des occasions dans les guerres, que de se battre virilement en obéissant au chef d'armée, vu que c'est sur lui que repose la fortune de la guerre. Et il convient que le soldat s'expose au danger pour le chef d'armée, parce que, si un seul soldat est tombé, cela n'est pas une grande partie qui subit des dommages pendant la guerre, mais si le chef d'armée est tombé, même si les soldats qui sont sous ses ordres sont victorieux, ils perdent vite le courage, et, comme le bétail privé de son berger, quand des loups surviennent, ils se dispersent pour fuir l'un là et l'autre ailleurs, en sorte que non seulement l'armée, mais encore la patrie court un danger, si le chef d'armée tombe pendant la guerre. Les événements à la mort de Cyrus le prouvent, que Xénophon a racontés dans l'*Anabase*.

[*Les actions appropriées envers les gouverneurs d'une cité*]

Il est évident qu'il existe aussi une certaine relation envers les hommes qui gouvernent dans les cités, et des actions appropriées qui conviennent à cette relation. Il convient que ceux qui sont gouvernés obtempèrent en tout à ceux qui sont réellement des gouvernants, qu'ils leur obéissent spontanément et qu'ils les vénèrent comme des bienfaiteurs après Dieu. Car les véritables gouvernants, en commençant par les âmes, pénètrent, en en prenant soin, à travers toutes les affaires de l'homme et, ce que dit Hippocrate des médecins, on peut le constater plus amplement chez les gouvernants : « *Des malheurs d'autrui ils récoltent des douleurs qui leur sont propres*[1] » –, à la vérité d'aucune façon <des douleurs>, s'ils voulaient obéir à Épictète, mais des préoccupations, des fatigues, la négligence de leurs propres affaires et le manque de loisir, ce qui les arrache à la conversion vers eux-mêmes et vers les réalités supérieures, et c'est pour cela qu'il faut vénérer les gouvernants. Et il ne faut pas seulement que ceux qui le peuvent aident les gouvernants, mais encore qu'ils collaborent et croient que, si les gouvernants courent un danger, le gouvernement même le court avec eux. Et si les gouvernants n'ont de gouvernants que le nom, s'ils ne font pas ce qu'il appartient de faire à des gouvernants, même dans ces circonstances il faut, tout en les condamnant comme mauvais, rendre au gouvernement ce qui lui appartient, en leur cédant la première place et en leur obéissant là où nous ne subissons pas de dommage en ce qui touche notre âme.

Mais il faut se tourner vers les autres chapitres d'Épictète, de peur que, sans m'en apercevoir, alors que je me propose d'expliquer le texte d'Épictète, je ne fasse maintenant du rabâchage sur les actions appropriées.

1. Hippocrate, *De flatibus*, I, 2, dans *Des vents. De l'art*, texte établi et traduit par J. Jouanna (*CUF*), Paris, 1988, p. 103.

XXXVIII Sache que la chose la plus importante en ce qui concerne la piété envers les dieux est celle-ci (*Ench.*, chap. 31,1-2 Boter)

[I. *Les actions appropriées dues aux dieux* [1]

a) *Leur fondement : ne désirer et ne fuir que les choses qui dépendent de nous*]

Ayant enseigné les actions appropriées dues aux êtres de même espèce, c'est-à-dire celles dues aux hommes, il passe désormais aux actions appropriées dues aux êtres supérieurs [2]. On doit en effet, commençant par ce qui est proche, s'élever ainsi vers ce qui est supérieur, et précisément quand il s'agit d'actions appropriées. Mais celles-là également, il les trouve à partir de la relation [3]. Il s'agit en effet d'une relation se rapportant aux causes premières et supérieures. Il est évident que, si elles sont telles, elles n'ont besoin, elles, de rien qui vienne de nous ; c'est pourquoi les actions appropriées que nous leur devons sont celles qui nous concilient avec elles et nous soumettent à elles. Car c'est en cela que consiste, de la part de ceux qui sont produits par une cause, le respect de la relation et de la coordination conforme à la nature envers les causes premières et transcendantes. Il faut donc les honorer et vénérer, *obéir aux événements qui nous viennent d'elles, leur céder de plein gré* et avec contentement, dans la pensée que ces événements sont produits *par un jugement excellent* et une providence bonne. Cela se réalisera pour nous si notre connaissance est véridique et si notre forme de vie [4] est disposée conformément à la nature : si donc, d'une part notre connaissance a des évaluations et opinions droites à leur sujet, <c'est-à-dire au sujet des êtres supérieurs>, <à savoir> qu'elles sont les causes premières de l'univers,

1. *Cf.* les fragments du Τίνα τρόπον θεοῖς χρηστέον du stoïcien Hiéroclès dans *Stobaei Anthol.* t. I, p. 63–64 Wachsmuth et t. II, p. 181–182 Wachsmuth.

2. *Cf.* I. Hadot, *Simplicius. Sur le Manuel*, t. I, l'Appendice « La destinée des âmes : Fatalité (εἱμαρμένη), Providence (πρόνοια), pouvoir de détermination ou libre arbitre (τὸ ἐφ' ἡμῖν, τὸ αὐτεξούσιον) », p. CXXIX–CLXII. *Cf.* I. Hadot dans I. et P. Hadot, *Apprendre à philosopher*, le chapitre « Religion et philosophie chez Épictète » de P. Hadot, et le chapitre « Religion et philosophie chez Simplicius » de I. Hadot, ainsi que l'article beaucoup plus développé d'I. Hadot « Die Stellung des Neuplatonikers Simplikios zum Verhältnis der Philosophie zu Religion und Theurgie », dans *Metaphysik und Religion. Zur Signatur des spätantiken Denkens*, éd. Th. Kobusch–M. Erler, München – Leipzig 2002, p. 323-342. *Cf.* aussi P. Boyancé, « Théurgie et télestique néoplatoniciennes », dans *Revue de l'Histoire des Religions*, t. 147, 1955, p. 189-209, et I. Hadot, « Les attitudes ».

3. *Cf.* le chapitre précédent.

4. *Cf.* I. Hadot, *Simplicius. Sur le Manuel*, t. I, la note 3 à la p. 4 (p. 134) et la note 4 à la p. 20 (p. 140).

qu'elles gouvernent ce qu'elles ont produit, qu'elles prennent soin de l'univers et qu'elles le dirigent bien et avec justice – car si quelqu'un croit soit que les causes premières n'existent pas, soit qu'elles existent, mais ne prennent pas soin <des hommes>, soit qu'elles existent et prennent soin, mais qu'elles ne prennent pas soin <des hommes> d'une manière juste et conformément à la raison droite [1], celui-là ne saurait les honorer ni les vénérer et, aux événements qui sont produits par elles, il ne saurait ni céder ni obéir comme à des événements produits *par un jugement excellent* –, et si, d'autre part, notre forme de vie est disposée d'une manière accueillante envers les événements, dans la pensée que l'univers est gouverné *par un jugement excellent*, sans blâmer quelque chose et sans accuser les causes. Mais ceci, nous ne saurions l'avoir, si nous ne cherchons pas notre bien et notre mal dans ce qui dépend de nous, afin que nous exercions nos désirs et nos aversions dans ce qui dépend de nous [2], et que nous ne subissions pas quelquefois un échec dans nos désirs et que, dans nos aversions, nous ne tombions pas <dans ce que nous avons en aversion>. Si en effet nous désirons les choses extérieures, dans la pensée que ce sont des biens, et que nous fuyons quelques-unes des choses extérieures en pensant que ce sont des maux, il est inévitable que souvent nous manquions ce que nous désirons et que nous tombions dans ce que nous avons en aversion; cependant, quand nous manquons ce que nous désirons et tombons dans ce que nous avons en aversion, *il est inévitable que nous blâmions et haïssions les causes de ces choses* ou ceux qui, certes, pourraient mettre un terme <à tout cela>, mais qui <le> regardent avec indifférence. *Tout être vivant en effet*, et peut-être même tous les étants, « *désirent le bien* » [3], mais, pour la même raison, *fuient les maux*, conformément à la nature; et à cause de cela *ils se détournent des choses nuisibles*, qu'elles soient telles en réalité ou en apparence, en pensant que ce sont des maux, *ainsi*

1. *Cf.* Platon, *Leges* X, 885 B 5 *sq.* : « Jamais homme que les lois ont persuadé de l'existence des dieux n'a de plein gré commis un acte impie ou proféré une parole criminelle; il n'a pu le faire qu'induit par l'une des trois convictions suivantes : soit, comme je l'ai dit, qu'ils n'existent pas; soit, en second lieu, qu'ils existent, mais n'ont aucun souci des humains; soit enfin qu'ils sont faciles à fléchir et se laissent retourner par des prières et des sacrifices. » (*Platon*, *Les Lois*, p. 142 Diès). Cf. *infra*, p. 110, n. 2, la citation d'Épictète.

2. *Cf.* I. Hadot, *Simplicius. Sur le Manuel*, t. I, chap. I (p. 7 *sq.*) et II (p. 32 *sq.*), ainsi que l'Appendice « La destinée des âmes : Fatalité (εἱμαρμένη), Providence (πρόνοια), pouvoir de détermination ou libre arbitre (τὸ ἐφ' ἡμῖν, τὸ αὐτεξούσιον) », p. CXXIX–CLXII. *Cf.* aussi I. Hadot, dans I. et P. Hadot, *Apprendre à philosopher*, chapitre IV, « Le commentaire de Simplicius au premier chapitre du *Manuel* : interprétation néoplatonicienne de « ce qui dépend de nous ».

3. *Cf.* Aristote, *Éthique à Nicomaque*, I, 1, 1094a2.

que leurs causes, tandis qu'ils chérissent et poursuivent les choses utiles ainsi que leurs causes, qu'elles soient telles en réalité ou en apparence, *et en viennent à les admirer* comme de grandes choses. Dans ces conditions il est *impossible que celui qui croit subir un dommage se réjouisse de ce qui semble lui nuire, comme c'est également impossible de se réjouir du dommage lui-même*. Comme il est disposé envers le dommage, de la même manière il est disposé envers celui qui produit le dommage. Le dommage est un mal, le mal est à fuir et haïssable, comme le bien est désirable et agréable.

[I. b) *Quelques exemples de gens qui ne bornent pas leurs désirs et leurs aversions aux choses qui dépendent d'eux et qui, par cela, font acte d'impiété*]

Et qu'il est inévitable de haïr et d'insulter celui que l'on croit être la cause de ce qui paraît être un mal, cela est confirmé aussitôt par le fait que même la parenté physique ne suffit pas pour ne pas haïr ceux qui nous dépouillent de ce qui semble être des biens ou qui nous précipitent dans ce qui paraît être des maux. *C'est pour cela, en effet, que même un père encourt* la haine et *les reproches de son fils lorsqu'il ne donne pas à l'enfant une part des biens apparents*, ou quand il inflige un des maux apparents en <le> battant ou en <l'> accoutumant à la maîtrise de soi. Et dans le cas de *Polynice et Étéocle*, les enfants d'Œdipe, bien qu'ils fussent frères, c'est cela pourtant qui les a amenés à s'exterminer mutuellement dans un combat singulier, <c'est-à-dire> *la croyance où ils étaient que la tyrannie, qui* <*leur*> *apparaissait comme un bien, leur était mutuellement arrachée. Et*, chaque fois qu'il ne pleut pas après les semailles ou qu'il pleut trop à ce moment-là ou qu'il arrive ou n'arrive pas une des choses qui paraissent nuisibles ou utiles, *le paysan insulte les causes*, quelquefois même en blasphémant en paroles, sinon au moins en pensée. Et *les marins* sont fâchés chaque fois qu'un vent favorable ne souffle pas sur eux, bien que souvent l'un ait besoin du vent du sud au moment où l'autre a besoin du vent du nord, et ils ne se représentent pas qu'il est impossible que des vents opposés soufflent en même temps ; mais ils s'irritent tout simplement contre la cause des vents, parce qu'ils ne reçoivent pas leur vent favorable, ou parce qu'ils subissent le vent contraire. De même *les marchands*, quand ils achètent, veulent qu'il y ait abondance des denrées avec lesquelles ils font du commerce, mais quand ils vendent, ils veulent qu'il y ait pénurie ; et ils se fâchent si l'une ou l'autre de ces deux choses n'arrive pas, et ils accusent ceux qui gouvernent l'univers. *Et ceux qui perdent leurs femmes et leurs enfants* et, en un mot, ce qu'ils ont de plus cher, pensant qu'ils n'ont pas atteint les choses désirées et qu'ils sont tombés dans les choses qu'ils ont fuies, adressent des reproches à ceux qui gouvernent <l'univers>. Ceux en effet qui procurent ce qui a l'apparence d'être utile, voilà ceux que nous sommes par nature disposés à honorer et à vénérer. En effet, obtenir ce qui est utile suscite tout de suite la vénération à l'égard de ceux qui procurent l'utile, de même que recevoir ce qui est nuisible suscite haine et répulsion envers les causes. *C'est pourquoi celui qui s'exerce à désirer et à avoir des aversions comme il faut* et à ne pas diriger le désir et l'aversion vers les biens extérieurs, *celui-là s'exerce par cela même dans la piété.* Comme il obtient toujours ce qu'il désire et ne tombe pas dans ce qu'il a en aversion, parce que ces désirs et ces aversions dépendent de nous, il se complaît dans ce qui arrive et il rend aux causes la vénération qui leur est due. Mais celui qui désire les choses extérieures et les a en aversion, si ne se modifient pas pour lui au gré de son opinion les jugements des hommes, et richesse et pauvreté, santé et maladie, vie et mort, victoires et défaites, et naturellement aussi les vents, la pluie, la grêle et l'ensemble des phénomènes célestes et tout le cycle fatal, puisqu'il a dirigé ses désirs et ses aversions vers ces choses, celui-là doit nécessairement manquer beaucoup de choses dont il a le désir, et tomber en beaucoup de choses dont il a l'aversion, en sorte qu'il se fâche dans tous les cas, adresse des reproches aux causes, et vit une vie qui ajoute au fait d'être douloureuse et pénible l'impiété envers le divin, en sorte qu'il est malheureux de toutes les manières.

[I. c) *La piété exige la purification de l'âme et du corps ainsi que l'offrande des prémices des choses extérieures, non pas parce que les dieux en auraient besoin, mais parce que nous avons besoin de l'illumination divine*]

Après avoir enseigné les causes principales en ce qui concerne la piété envers le divin : l'infaillible savoir à leur sujet et <le devoir> *d'obéir et de céder volontiers et avec complaisance aux événements <produits> par eux*, dans la pensée que ces événements sont produits *par le jugement le plus parfait*, et après avoir montré que ceci n'est pas possible à ceux qui ne mettent pas le bien et le mal dans ce qui dépend de nous, mais dans les choses extérieures, il expose à la suite [1] également les marques d'honneurs que l'on offre au divin au moyen de choses extérieures, parmi lesquelles

1. *Cf.* pour la suite I. Hadot, dans I. et P. Hadot, *Apprendre à philosopher*, le chapitre « Religion et philosophie chez Simplicius », p. 183-208, avec un sous-chapitre se rapportant aux doctrines de Jamblique et du néoplatonicien Hiéroclès sur ce sujet.

le dieu[1] a fait connaître aux hommes celles du moins qui sont usuelles et légales – comme aussi les histoires le font voir –, afin que, d'un côté, nous obtenions par elles nous aussi la familiarité avec lui, et que, d'un autre côté, les choses extérieures, profitant, par l'intermédiaire de celles qui sont offertes, de l'illumination divine[2], nous adviennent abondantes et utiles. En effet, de même que nous lui consacrons et dédions l'âme, dont il est la cause[3], en la purifiant d'une part par la notion scientifique que nous avons de lui, d'autre part par la forme de vie[4] conforme à la nature, de la même manière il faut aussi que nous consacrions, à la suite de l'âme, le corps qu'il nous a donné, en <le> purifiant <de l'intérieur> et de l'extérieur, au moyen de ce qui nettoie les souillures visibles et invisibles[5]. Que l'âme purifiée selon la manière que nous avons dite,

1. Le dieu qui est mentionné ici, et dont il est dit quelques lignes plus bas qu'il est « la cause de notre âme », est le démiurge : *cf.* I. Hadot, *Simplicius. Sur le Manuel*, t. I, p. 5, note 3 (p. 135).

2. Cf. *supra*, p. 37, n. 2.

3. Il s'agit de l'âme raisonnable, dernier produit du démiurge. *Cf.* I. Hadot, *Simplicius. Sur le Manuel*, t. I, p. 5, note 3 (p. 135).

4. *Cf.* I. Hadot, *Simplicius. Sur le Manuel*, t. I, p. 4, note 3 (p. 134) et p. 20, note 4 (p. 140).

5. *Cf.* I. Hadot dans I. et P. Hadot, *Apprendre à philosopher*, p. 197 *sq.* : « Les lecteurs que Simplicius envisage pour son commentaire, des débutants, auront compris qu'il s'agissait uniquement du corps de chair et d'os. Mais comme ce corps, étant mortel, n'est plus l'œuvre du démiurge, mais des dieux récents du *Timée*, le corps mentionné par Simplicius devrait être le véhicule de l'âme ou au moins un des véhicules, si l'on admet, avec Proclus, Damascius, et certainement aussi Simplicius, deux véhicules, le véhicule lumineux et le véhicule pneumatique. Dans cette perspective, ce n'est que le véhicule lumineux qui est créé par le démiurge. C'est seulement dans un sens élargi qu'on peut comprendre, par la tournure "le corps qu'il nous a donné", l'ensemble formé par le ou les véhicules *et* le corps de chair et d'os; en effet, si le corps de chair nous a été donné par l'*Heimarmenê*, celle-ci est soumise à la providence du démiurge, en sorte que l'on peut dire que, indirectement, le démiurge est aussi la cause du corps de chair et du corps pneumatique. De toute manière, c'est l'ensemble corps de chair et d'os/corps pneumatique/corps lumineux [les deux derniers ne faisaient jusqu'à Hiéroclès qu'un seul véhicule, portant l'une ou l'autre des deux qualifications, et même encore une troisième : "éthéré"], qui doit être envisagé ici, et des deux derniers corps, en première ligne le corps pneumatique [sous l'influence peut-être des *Oracles Chaldaïques*, qui eux aussi ne connaissent qu'un seul véhicule de l'âme et ne peuvent mentionner que ce véhicule unique : « Ne souille pas le pneuma... » (*Or. Chald.*, fragment 104 Des Places).] On comprend que Simplicius pense à cet ensemble, puisqu'il parle ensuite de "Souillures visibles et invisibles" du corps et des purifications intérieures et extérieures que l'on doit effectuer, ce qui n'est possible qu'à condition qu'il ne s'agisse pas seulement de notre corps de chair et d'os. Il est vrai que "de l'intérieur" n'est qu'une conjecture de ma part, mais qui me semble être sûre. En effet, à cause du τε, le ἔξωθέν τε du meilleur manuscrit A (les autres donnent ἔξωθεν δὲ), ne peut avoir un sens que si l'on rajoute avant un ἔσωθεν. On peut voir une justification de cette conjecture par le parallélisme avec les "souillures visibles et invisibles". » *Cf.* aussi Hermias, *In Phaedr.*, p. 73, 12-74, 10 Couvreur et Damascius,

fasse, par l'intermédiaire de <son> instrument purifié, qui aura revêtu, autant que possible, des vêtements propres, offrande également des prémices des choses extérieures que le dieu a données. Et il est en effet conforme aux lois divines et aux lois humaines d'offrir des prémices à ceux qui <les> ont donné<e>s, non pas parce que le dieu a besoin d'elles – il n'a pas non plus besoin de la bonne conduite de notre vie ni des notions droites à son sujet –, mais c'est nous qui, grâce à ces choses-là devenues selon la mesure qui leur revient aptes à l'illumination divine[1], accueillons le dieu, <du moins> quiconque <entre nous en> est digne. De cette manière également celles des choses extérieures qui sont offertes et consacrées[2] en venant d'une forme de vie[3] pure selon la manière qui convient, participent elles aussi à la bonté divine, en sorte qu'elles révèlent des actions divines. Et en effet plus d'un a reconnu qu'il avait été délivré d'une attaque d'épilepsie précisément par la participation à de telles choses, et souvent certaines de ces choses ont fait cesser la grêle et l'agitation de la mer. Et ceux qui les offrent conformément à la loi divine prennent part, eux aussi, par la relation avec elles, à l'illumination divine en même temps qu'ils font une action juste et agréable, celle d'offrir en prémices et de consacrer ces choses à ceux qui les ont données. Mais comme je l'ai dit, grâce à ce peu qui est offert, c'est l'ensemble de leur espèce [*scil.* des σύμβολαι etc., *cf.* note 2] qui est consacrée et dédiée au dieu et qui reçoit du dieu l'aide qui lui revient.

In Phaed., 123, p. 76-77 Westerink : « Purity is threefold : of the soul, of the body, of external things. We must strive for all of these, so that everything, not only ourselves [= l'âme raisonnable : *cf.* I. Hadot, *Simplicius. Sur le Manuel*, t. I, p. XC], but our tools also [ὄργανα = les âmes et corps différents dont se sert l'âme raisonnable : l'âme irrationnelle et l'âme végétative, les corps lumineux et pneumatique et le corps de chair et d'os], may be flooded by divine illumination, that no demoniac darkness may settle on our soiled tools, turning away our sight from the Gods, and that our soul may travel lighter on her way to the divine and, so far from being burdened by those tools, may derive strength from them for the upward journey, since she is still tied to them as far as natural life is concerned. »

1. Cf. *supra*, p. 37, n. 2.

2. Ce sont les σύμβολαι et les συνθήματα, c'est-à-dire, par exemple, des animaux, des plantes ou des minéraux qui possèdent une affinité spéciale avec les divinités auxquelles ils sont offerts et qui conservent, comme le dit Jamblique, « intacte et pure l'intention de l'auteur », et que « par cet intermédiaire, nous mettons en mouvement, d'une manière appropriée, la cause démiurgique qui, sans rien perdre de sa pureté, domine cette créature » (Jamblique, *De myst.*, V 9 (209, 14 *sq.*), p. 164 Des Places).

3. *Cf.* I. Hadot, *Simplicius. Sur le Manuel*, t. I, p. 4, note 3 (p. 134) et p. 20, note 4 (p. 140).

[I. d) *Il faut toujours respecter les rites locaux, dont la diversité s'explique par des manifestations et révélations différentes, mais appropriées, du divin*]

Ceci, dit-il, *il convient que chacun le fasse selon la coutume ancestrale* [1]. Le dieu en effet est toujours présent partout en même temps avec toutes ses puissances divines. Nous au contraire, qui, alors que les choses produites par le dieu sont multiples, sommes déterminés selon une seule espèce, l'espèce humaine, et qui de l'espèce humaine avons désormais détaché pour nous une seule forme de vie et le choix d'une seule <forme d'>existence, confinés dans une petite partie du Tout et de la terre même, nous participons, l'un, de telle bonté divine, l'autre de telle autre, et, d'une manière différente, l'un, en tels lieux et tels temps, et l'autre, en d'autres. Tu vois par exemple que, quand il fait jour chez nous, il fait nuit chez d'autres; que, quand c'est l'hiver en tel endroit, c'est l'été en d'autres lieux, et qu'ici naissent telles plantes et tels animaux, en d'autres lieux d'autres, étant donné que la terre et les choses qui sont en elle reçoivent les bontés divines d'une manière partielle. Chacun <des peuples> se rend le divin favorable grâce à ce que, d'une part, le dieu <lui> a révélé, et grâce à ce dont, d'autre part, il est lui-même devenu conscient par l'expérience, avec des différences que l'on trouve dans les lieux et les <formes d'> existences, comme dans les moments opportuns, les modes et le changement dans les sacrifices et des offrandes [2]. Et quand les cérémonies en l'honneur du dieu sont célébrées conformément à la volonté du dieu, une certaine action de l'illumination divine [3] se manifeste

1. *Cf.* Porphyre, *Ad Marc.*, 18, p. 116 Des Places : « Voici en effet le plus grand fruit de la piété : honorer la divinité selon les traditions ancestrales ». L'exercice des cultes ancestraux jouait aussi un rôle dans la théurgie de Jamblique, mais la possibilité de les exercer diminuait avec la progression de la foi chrétienne. *Cf.* I. Hadot, « Les attitudes ».

2. Ainsi Celse, un moyen-platonicien du IIe siècle de notre ère, juge lui aussi que « les différentes parties de la terre ont été dès l'origine attribuées à différents surveillants (ἐπόπταις) et réparties en autant de gouvernements, et c'est ainsi qu'elles sont administrées. Dès lors, ce qui est fait dans chaque nation est accompli avec rectitude si c'est de la manière agréée par ces puissances; mais il y aurait impiété à enfreindre des lois établies dès l'origine dans chaque région. » (= Celse, chez Origène, *Contra Cels.*, V, 25 et VII, 68, 8 *sq.*, dans *Contre Celse*, introduction, texte critique, traduction et notes par M. Borret (Sources chrétiennes), Paris, 1969, respectivement, t. III, p. 74-75 et t. IV, p. 170-172). L'empereur Julien mentionne dans son *Contra Galileos*, fr. 21, p. 80-83, des surveillants divins qui furent départis à chacun des peuples. *Cf.* aussi Proclus, *In Tim.*, I, p. 139, 17-142, 10. Cette grande tolérance mutuelle des différentes religions païennes entre elles devait malheureusement disparaître sous l'impact des religions juive, chrétienne et musulmane.

3. Cf. *supra*, p. 37, n. 2.

aux jours déterminés, qui en d'autres jours ne se manifeste pas du tout. Et en effet des malades sont guéris <en ces jours> et certaines des choses utiles sont alors prédites : tant est puissante, pour la familiarité avec ce qui est divin, aussi bien la différence des temps que l'accord parfait entre les lieux, les manières, les mots, les actions et les choses offertes !

[I. e) *Les rites doivent être exécutés avec précision et les offrandes faites avec mesure*]

Tout ce qui concerne les marques d'honneur à l'égard du divin, dit-il, *il faut le faire avec pureté et sans négligence.* « *Car il n'est pas permis à l'impur de se saisir de ce qui est pur* » : si à ce qui est pur et sans mélange quelque chose de corrompu est mêlé, cela le souille. Il ne faut donc pas, dit-il, faire quelque chose avec négligence – car la négligence participe à quelque impureté de fond –, ni, dit-il, faire aucune de ces choses d'une manière insouciante, de sorte que par légèreté quelqu'une des choses qui doivent être accomplies soit l'objet d'une omission, d'une confusion ou d'une interversion. Comme en effet, chaque fois que tu enlèves ou intervertis les lettres d'un mot, la forme du mot ne se réalise pas, de la même manière, chaque fois que quelqu'une des actions ou des paroles divines est l'objet d'une omission ou d'une interversion ou d'une confusion [1], l'illumination du dieu ne se réalise pas, mais la légèreté de l'exécutant dissout l'efficacité des actions accomplies, de même que le zèle soutenu de l'exécutant, accompagné de science, est habituellement ce qu'il y a de plus important pour l'achèvement et l'accomplissement des autres choses. Et celui qui se montre insouciant et léger quand il

1. *Cf.* Jamblique, *De myst.*, V, 21 (p. 230, 1-6), p. 176 Des Places : « … seuls ils (*scil.* les théurges) savent que les omissions, si minimes soient-elles, renversent toute l'œuvre du culte, comme dans l'échelle musicale une corde rompue suffit à ruiner entièrement l'harmonie des proportions. » Même le chrétien Origène, tout en polémiquant contre le païen Celse, admet par exemple, bien qu'avec une légère hésitation, l'efficacité des noms divins dits « dans un enchaînement particulier » : « Si nous étions capables de prouver que ce qu'on nomme la magie n'est pas, comme le pensent les disciples d'Épicure et d'Aristote, une pratique entièrement incohérente, mais, comme le démontrent les gens experts en cet art, un système cohérent, dont très peu connaissent les principes : nous dirions alors que le nom de Sabaoth, d'Adonaï, et tous les autres transmis chez les Hébreux avec une grande vénération, ne sont pas donnés d'après des réalités communes ou créées, mais d'après une mystérieuse science divine qui est attribuée au Créateur de l'univers. *Pour cette raison, ces noms ont de l'effet quand on les dit dans un enchaînement particulier qui les entrelace*, de même encore d'autres noms prononcés en langue égyptienne à l'adresse de certains démons qui ont de l'effet dans tel domaine, ou d'autres en dialecte perse à l'adresse d'autres puissances, et ainsi dans chaque peuple ». (= Origène, *Contre Celse*, I, 24, dans l'édition de M. Borret [cf. *supra*, p. 95, n. 2], t. I, 1967, p. 139).

s'agit des marques d'honneur à l'égard du dieu, pour laquelle des choses qui doivent être accomplies aurait-il de l'empressement ? Mais il ne faut pas non plus, dit-il, s'approcher d'une manière impie, c'est-à-dire sans vénération : plus nous estimons honorables et vénérables les êtres divins, plus nous participons à eux en tant que tels ; et en effet nous-mêmes, par la vénération du divin, nous sommes à la fois soumis et agrandis autant que cela est possible. Ayant dit qu'il ne faut pas agir d'une manière insouciante, il a pris des précautions, semble-t-il, pour que personne ne pense qu'il dit qu'il faut rivaliser *au-dessus de ses forces* pour faire des offrandes et pour les consacrer, et il a ajouté qu'il ne faut pas faire ces choses *en surpassant ses forces*. D'abord, en effet, où pourrait être la meilleure mesure, sinon auprès des êtres divins, qui mesurent et limitent tout avec les meilleures limites ? Ensuite, rien n'assure autant la constance des actions vouées aux êtres divins que le fait de maintenir à propos d'elles une identité constante et ininterrompue, dans la parole aussi bien que dans l'action, en ne changeant rien autant que possible. Or il est impossible de faire souvent ces choses en surpassant nos forces. Ceux qui rivalisent outre mesure au sujet du divin ont l'air en même temps de condamner le dieu pour vénalité, et de ne pas savoir quelle utilité ces actions apportent pour honorer les divinités, étant donné qu'elles ne veulent être que des prémices des choses que le dieu nous a données.

[II. *Les trois problèmes que l'on peut se poser au sujet des dieux : leur existence, leur providence et leur justice*

a) *Preuve de l'existence du divin et recherche des premières causes ou principes*

1) *les prénotions innées*]

Ayant donc suivi, comme j'ai pu, cet homme admirable, j'ai aussi expliqué en détail la forme présente de son discours. Mais comme il a, au début du chapitre, indiqué brièvement les trois problèmes concernant les dieux sur lesquels il faut être d'accord préalablement à toute législation, et dont toute bonne éducation morale a besoin, à savoir qu'ils existent, prennent soin <de l'univers> et qu'ils dirigent toutes choses d'une manière bonne et juste, rien n'empêche d'ajouter aux problèmes les preuves, à cause de ceux, parmi les hommes, qui sont récalcitrants. Par nature en effet non seulement les hommes, mais encore les êtres vivants sans raison, les plantes, les pierres et, bref, tous les étants, sont, chacun selon sa puissance propre, tournés vers le dieu ; mais les hommes sont, en plus, dès l'enfance accoutumés par les parents à honorer la divinité, et ils suivent les notions communes [1] aux hommes. Tous les hommes en effet, barbares et Hellènes, pendant le temps antérieur infini et à présent, pensent qu'un dieu existe, bien que les uns suivent telles notions, les autres d'autres, excepté les Akrothoïtes, dont Théophraste raconte que, parce qu'ils étaient devenus athées, ils furent tous ensemble engloutis par la terre, et, si en outre il y en a eu d'autres [*scil.* athées], on parle d'un ou deux, pendant tout le temps antérieur. Mais il arrive que quelques-uns, non seulement parce qu'ils croient sans démonstrations, mais encore parce qu'ils voient que quelquefois les bons semblent être malheureux dans leurs entreprises et que quelquefois en revanche les méchants prospèrent, se préoccupent peu des saisies anticipées qu'ils possèdent [2] et donnent lieu à la tragédie de dire : « J'ose dire que peut-être les dieux n'existent pas : en effet, le bonheur des méchants me frappe de stupeur. » Il est donc bon pour

1. *Cf.* la note suivante.

2. A propos des termes κοιναὶ ἔννοιαι (notions communes, *cf.* aussi *supra*, p. 42, n. 2) et προλήψεις (saisies anticipées = *insitas* ou *innatas cognitiones*) qui, dans les textes antiques sont souvent échangeables, *cf.* les explications détaillées dans I. Hadot, *Sénèque*, le chapitre « Recherches préliminaires sur le sens des tournures comme « points de départ (*aphormai*) vers la vertu », *fundamenta* ou *semina innata virtutis, prolepsis emphutos*, *praesumptio* ou *praenotio*, etc. », p. 375-397. Dans le contexte présent, je ne cite que ceux des textes, grecs et latins, qui concernent l'existence des dieux et qui montrent qu'épicuriens, stoïciens et platoniciens étaient d'accord pour dire que l'existence des dieux était une opinion commune fondée sur des notions innées – et donc vraies – et non pas acquises. Ils ne diffèrent que dans l'explication métaphysique qu'ils en donnent.

Cicéron, *De nat. deorum*, I, 43-44 (c'est l'épicurien Velleius qui parle) : « Épicure avait été le seul à avoir perçu l'existence des dieux par le fait que la nature elle-même avait enfoncé [*impressisset*] dans les âmes [*animis*] de tous les hommes la notion des dieux. Car quelle est la nation, ou quel est le genre d'hommes qui ne possèderait pas, sans avoir été instruit [*sine doctrina*], une certaine saisie anticipée [*anticipationem quaedam*] des dieux, qu'Épicure appelait *prolêpsis*, c'est-à-dire une sorte d'idée anticipée par l'âme de quelque chose [*anteceptam animo rei quandam informationem*], sans laquelle rien ne peut être compris, ni recherché, ni discuté [...] Ce qu'est la base de notre enquête, vous le voyez donc excellemment posé. Comme en effet l'opinion n'a pas été établie par une institution quelconque ou par la coutume ou par une loi, et comme l'accord unanime et ferme perdure, il faut comprendre nécessairement que les dieux existent, parce que nous avons d'eux des connaissances implantées, ou mieux, innées [*insitas eorum vel potius innatas cognitiones habemus*] ; ce sur quoi la nature de tous est d'accord, cela est nécessairement vrai : par conséquent il faut convenir que les dieux existent. Et comme cela est un fait établi pour tout le monde, non seulement pour les philosophes, mais aussi pour les gens incultes, il nous faut admettre aussi comme établi que nous possédons une saisie anticipée (*anticipationem*] – comme je l'ai nommée auparavant –, ou prénotion [*praenotionem*] des dieux (il faut en effet donner aux choses nouvelles des dénominations nouvelles, comme Épicure lui-même a appelé *prolêpsin* une chose qu'avant lui personne n'avait appelée de ce nom) : nous avons donc une prénotion selon laquelle nous croyons que les dieux sont bienheureux et immortels ».

ceux-là, obéissant précisément à Épictète, de mettre notre bien et notre mal non dans les choses extérieures, mais dans les choses qui dépendent de nous [1]. De cette manière en effet il n'arrivera jamais ni que le bon soit malheureux dans ses entreprises, ni que le méchant prospère. Eh bien, cherchons à consolider, autant qu'il est possible, par des démonstrations les saisies anticipées, non démontrées, au sujet de Dieu.

[II. a 2) *Premier point de départ pour la recherche des causes premières : la hiérarchie des causes. Il faut chercher les causes immédiates des choses engendrées et les causes qui précèdent ces causes-là, jusqu'à ce que nous arrivions à l'inengendré, les étants, qui sont autoconstitués, ou encore supérieurs à ceux-ci*] [2]

Le commencement de la recherche consiste à voir d'abord ce que signifie le nom de “Dieu”. Et il faut savoir que *les premiers qui ont posé ce nom* [3] ont nommé ainsi ceux qui circulent dans le ciel, à partir de θέειν, c'est-à-dire courir et se mouvoir rapidement. Mais par la suite on a transféré ce nom également aux causes incorporelles et intelligibles des étants, et jusqu'au principe et à la cause unique de toutes choses, en sorte que ce nom désigne le principe des étants et la cause intelligible qui est la toute première et la plus souveraine. Car ou bien toutes les choses engendrées sont engendrées par le hasard et la fortune, ou bien elles ont des causes qui les précèdent, par lesquelles elles sont engendrées. Mais ce qui est engendré par hasard et selon la fortune n'a pas de cause efficiente précisément délimitée et n'est pas un but déterminé pour quelque chose. Car s'il en était autrement, cela existerait non par hasard et par fortune,

Dans le livre II du *De nat. deorum* (12), le stoïcien Balbus reprend le même argument : « C'est pourquoi tous les hommes de toutes les nations sont d'accord sur le point essentiel : l'idée que les dieux existent leur est innée et pour ainsi dire gravée (*insculptum*) dans l'âme. »

Cf. aussi Sénèque, *Ep.* 117, 6 : « Nous [*scil.* les stoïciens] avons coutume d'accorder beaucoup d'importance à la saisie anticipée [*praesumptio* = grec : *prolepsis*] qui est partagée par tous les hommes; et chez nous est preuve de vérité quelque chose qui paraît vrai à tous : ainsi nous déduisons l'existence des dieux entre autres du fait que la conviction [de l'existence] des dieux est implantée (*insita* = grec : *emphutos* = implantée ou innée) en tous les hommes et qu'il n'existe nulle part aucune race qui se soit lancée à ce degré hors des lois et des mœurs qu'elle ne crût plus à quelques dieux. »

1. *Cf.* I. Hadot, *Simplicius. Sur le Manuel*, t. I, p. 7-33 = *In Encheiridion*, chap. I-II.

2. Il s'agit maintenant du troisième exposé théologique de Simplicius (XXXVIII 193-442, p. 99-109), qui a été commenté dans I. Hadot, *Simplicius. Sur le Manuel*, t. I, p. LX-LXXVI).

3. A côté de Platon, *Phaedr.*, 244B7 et *Crat.*, 401B, *cf.* aussi Simplicius, *In Cat.*, p. 15, 6-13 Kalbfleisch.

mais selon une cause et un but qui le précéderait. Mais la génération de telles choses ne conserve pas toujours un ordre ni une suite identique, mais les choses qui sont engendrées conformément à la nature et à la suite d'un choix délibéré sont aussi pour l'agent un but bien déterminé. Car l'agriculteur sème et plante en se fixant pour but ce qu'il produit ; et l'accouplement des animaux a en vue la génération des petits ; et la suite et l'ordre de la génération est maintenu du commencement à la fin, les choses se suivant selon le même enchaînement, les unes au commencement, les autres au milieu, les autres à la fin. Car la semence qui est projetée, lorsqu'il s'agit des plantes, après avoir été humectée d'eau, produit racines et pousses, puis fait croître tiges ou branches et ainsi de suite, jusqu'à la production et la maturité du fruit ; lorsqu'il s'agit des animaux, après avoir été humidifiée par le sang menstruel, la semence se déploie et se forme en embryon : nourri et mené à terme, celui-ci est mis au monde au temps convenable. Et toujours le même ordre et la même suite de la génération sont conservés. Si donc les choses qui sont engendrées conformément à la nature et selon un choix délibéré ont une cause bien définie et sont un but défini pour l'agent et se réalisent selon une suite et un ordre toujours identiques, alors que les choses engendrées par hasard n'ont pas une cause définie, ne sont un but pour rien et ne se réalisent pas selon une suite et un ordre toujours identiques, la conclusion évidente est que ce qui est engendré selon la nature et en vertu d'un choix délibéré et, d'une manière générale, toutes les choses qui sont engendrées à titre premier, dans le monde, ne sont pas engendrées par un effet du hasard ou de la fortune, mais selon des causes qui les précèdent. Il faut donc qu'il y ait des causes qui précèdent les choses engendrées. Et si celles-ci étaient elles-mêmes engendrées, il faudrait qu'il y ait d'autres causes qui précèdent celles-ci, jusqu'à ce que nous arrivions aux choses inengendrées : celles-ci ne font plus partie des choses engendrées, mais elles sont plus proprement appelées "étants", parce qu'elles sont totalement non-engendrées, puisqu'elles ont en elles, et non de l'extérieur, la cause de leur être. En sorte que les causes premières et inengendrées sont ou bien autoconstituées ou bien supérieures aux autoconstituées, comme le montrera la suite de notre discours.

[II. a 3) *Second point de départ pour la recherche des premières causes. Il y a des choses qui sont mues par des autres et des choses mues par elles-mêmes. Les mûs-par-des-autres sont des corps, à savoir des choses qui sont engendrées et se corrompent. Leur moteur ainsi que leur cause et principe immédiat est le mû-par-soi*] [1]

De la même manière, nous élevant cette fois à partir du mouvement, nous trouverons que les causes premières motrices sont ou mues par elle-mêmes ou immobiles. En effet l'hétéromobile est mû par un autre ; ou bien cet autre est, lui, mû par lui-même, ou bien lui aussi est mû par un autre, et cela à l'infini – ce qui est impossible, car de cette manière il n'y aura ni mû ni moteur, puisqu'il n'y aura pas de principe du mouvement –, ou bien il est nécessaire que le premier hétéromobile soit mû par le mû-par-soi ou par l'immobile. Mais ce qui est immobile selon toute espèce de mouvement est plutôt principe de repos et de solidité et procure à chacun la possibilité de demeurer toujours dans le même état et de ne pas changer. Il est donc nécessaire que ce soit le mû-par-soi qui soit le premier moteur pour les choses qui sont mues par les autres. Celles-ci sont les choses qui sont engendrées et se corrompent, augmentent et diminuent, changent selon la qualité et passent d'un lieu dans un autre. En effet, il est impossible que l'engendré soit engendré par lui-même – il faudrait pour cela qu'il soit avant d'être engendré –, et ce qui augmente n'est pas augmenté par lui-même – car c'est par l'addition que s'augmente ce qui est augmenté –, et ce qui est altéré n'est pas altéré par lui-même – l'altéré en effet est altéré par une qualité contraire. Mais ce qui change de lieu ne change pas non plus par lui-même ; car toutes les choses qui sont mues selon ces mouvements, il sera montré que ce sont des corps, incapables d'être mûs par soi. Il faut donc que les causes immédiates des choses engendrées et mues par des autres soient mues par elles-mêmes. Et en effet, *si*, selon une pure supposition, *toutes choses s'arrêtaient*, le mouvement ne recommencerait de nulle part ailleurs, si ce n'est à partir du mû-par-soi. Car d'une part l'immobile demeure toujours dans un état identique et, d'autre part, l'hétéromobile attend la puissance du moteur.

1. *Cf.* le commentaire, I. Hadot, *Simplicius. Sur le Manuel*, t. I, chap. II, « La théologie de Simplicius dans le Commentaire sur le *Manuel* d'Épictète », p. LXIV *sq.*

[II. a 4) *Troisième point de départ pour la recherche des premières causes ou principes : l'affirmation que les principes doivent être simples, sans division, et non pas composés, comme le sont les corps. Ils sont donc incorporels.*] [1]

Mais il faut aussi que les principes soient simples. Car les choses composées sont composées à partir de choses simples, et les choses simples précèdent par nature les choses composées. Voyons donc, en remontant à partir du bas, et, commençant par ce qui est le plus proche, recherchons s'il est possible d'admettre les corps au rang de "principe", et s'ils sont tels que notre discours a supposé qu'étaient les premiers principes, ou au contraire si ces corps qui sont mûs ne peuvent être ni autoconstitués ni mûs par soi. Car le mû-par-soi est appelé "mû-par-soi" ou bien lorsqu'il est en partie moteur, en partie mû, ou bien lorsqu'il se meut lui-même tout entier et est mû par lui-même tout entier. Mais si c'est en partie qu'il meut et en partie qu'il est mû, il faut se poser à nouveau les mêmes questions au sujet de la partie motrice : est-elle mue par elle-même ou meut-elle en étant mue de l'extérieur ? Et s'il en est ainsi, ou bien nous nous en irons à l'infini, ou bien nous supposerons que le premier mû-par-soi est mû-par-soi en tant que tout entier moteur et tout entier mû. Il faut dire la même chose à propos de l'autoconstitué. Car il est nécessaire que l'autoconstitué, qui l'est premièrement et au sens propre, soit tout entier constituant et tout entier constitué. Mais ce qui est tel, il est immédiatement nécessaire qu'il soit sans division et sans séparation. Car s'il est susceptible de division et de séparation, il ne peut coïncider tout entier avec tout lui-même, de telle sorte que le tout soit moteur et que ce même tout soit mû, ou encore qu'il soit tout entier constituant et tout entier constitué. Mais il n'est pas non plus possible que les corps soient simples, puisqu'ils résultent d'un sujet et d'une forme et de beaucoup de choses qui les complètent, grandeur, figure, couleur et autres choses semblables, lesquelles ne sont pas des formes primitives, mais des participations aux formes primitives, produites en un sujet sans forme, celui qui reçoit ces participations. Car là où les formes sont prototypes, chacun est cela même qu'il est et n'a pas besoin d'un sujet sans forme participant <à la forme>. Mais là où il y a participation à partir des prototypes, il faut que le participant soit absolument différent, étant par lui-même sans forme.

1. *Cf.* le commentaire, I. Hadot, *Simplicius. Sur le Manuel*, t. I, chap. II « La théologie de Simplicius dans le commentaire sur le *Manuel* d'Épictète », p. LXV.

[II. a 5) *L'âme est ce mû-par-soi incorporel qui meut les corps de l'intérieur, qui est donc le principe immédiat des corps engendrés et qui contient en elle l'ensemble des formes prototypes dont participent les corps*] [1]

Si donc les principes sont incorporels, sans séparation, simples, primitifs, et aussi mûs-par-soi, constitués-par-soi ou quelque chose de supérieur à tout cela, si d'autre part les corps ne peuvent être de telles choses, il est évident que les corps ne sauraient être principes. Quel est donc ce mû-par-soi, dont nous disions qu'étant le moteur des corps qui, eux, sont mûs par un autre, il est, par rapport à eux, dans le rang d'un principe ? Ne faut-il pas dire que c'est ce qui meut le corps de l'intérieur et non de l'extérieur ? Si en effet ce qui meut de l'intérieur n'était pas mû-par-soi, mais s'il était lui-même aussi mû par un autre, nous ne pourrions dire que les corps sont mûs de l'intérieur, mais <seulement qu'ils sont mûs> de l'extérieur. Ce qui meut au sens propre, c'est ce qui meut premièrement ; par exemple, si je meus la pierre avec la main et le bâton, je suis celui qui meut au sens propre. Qu'est-ce donc qui meut les corps de l'intérieur ? Quoi d'autre sinon ce que nous appelons l'âme ? Et en effet ce qui est "animé", est mû de l'intérieur, et ce qui est mû de l'intérieur, nous l'appelons "animé". Or si c'est l'âme qui meut les corps de l'intérieur, si d'autre part ce qui meut les corps de l'intérieur est le mû-par-soi, ce serait l'âme qui serait le mû-par-soi, étant principe et cause des choses engendrées et mues et possédant en elle-même les raisons de ces choses, raisons selon lesquelles sont engendrées les choses engendrées et sont mues les choses mues. Car si les formes qui sont dans les corps ne sont pas les formes primitives, mais sont produites immédiatement par le mû-par-soi, il est évident que, de chaque forme, parmi celles qui se trouvent dans les corps et, d'une manière générale, qui sont engendrées, le principe primitif est psychique, et ces (formes) sont plus distinctes et plus pures. Car, pour ne parler que de l'une d'entre elles : le beau qui est dans les corps se trouve dans les chairs, les os, les nerfs et ce qui complète, s'il y a lieu, le corps des animaux, il rend ces choses belles autant que possible, mais il participe aussi à leur laideur et il est plongé en elle. Mais le beau qui est dans l'âme, délivré de tout cela, non plus seulement image du beau, mais beau en lui-même, est une pure raison ; il n'est pas beau d'un côté, laid d'un autre côté, mais il est beau tout entier et totalement. C'est pourquoi, lorsque l'âme voit le beau qui est en elle ou qui est dans

1. *Cf.* le commentaire, I. Hadot, *Simplicius. Sur le Manuel*, t. I, chap. II « La théologie de Simplicius dans le commentaire sur le *Manuel* d'Épictète », p. LXVI.

une autre âme, elle méprise la beauté corporelle et elle crache dessus, lorsqu'elle la compare au beau qui est dans l'âme. De la même manière chacune des autres formes est, dans l'âme, primitive et pure.

> [II. a 6) *Les âmes sublunaires et même célestes ne peuvent pas être les causes ou principes premiers, car le mû-par-soi contient en lui quelque chose de changeant : il est immobile par rapport aux mouvements corporels, mais mû selon les mouvements de l'âme, immuable quant à l'essence, mais changeant quant aux actes*] [1]

Il est évident que, en correspondance avec les corps, les âmes qui meuvent les corps se divisent en plusieurs catégories et les unes sont âmes des corps célestes, les autres, âmes des corps sublunaires. Il serait en effet absurde que les pires des corps soient animés et vivent et que les

1. *Cf.* le commentaire de ce passage dans I. Hadot, *Simplicius. In Ench.* (1996), p. 98-100. Texte et commentaire de ce paragraphe, et surtout de XXXVIII 320-322, p. 105, sont importants pour éclaircir la position de Simplicius concernant la mutabilité de l'essence de l'âme raisonnable humaine. Dans la même œuvre j'ai commenté, après avoir résumé la position de Damascius sur cette question (p. 71-77), tous les textes de Simplicius qui concernent de près ou de loin ce sujet (p. 77-111) : *In Cat.*, p. 254, 3 *sq.* et 288, 34 *sq.* Kalbfleisch; *In De caelo*, p. 397, 13 Heiberg; *In Phys.*, p. 1066, 3-1067, 2 Diels; *In Ench. Epict.* (dans l'ordre suivi par mon commentaire) : I 138-167 (= I 109-131 Brill); XVI 10-32 (= XVI 9-25 Brill); I 40-51 (= I 32-41 Brill); XIV 422-442 (= 330-345 Brill); XXXV 330-357, *supra*, p. 63-65; XXXV 245-273, *supra*, p. 57-59; I 420-433 (= I 332-342 Brill); XXXVIII 310-326, p. 105; XXXV 281-287, *supra*, p. 59-60; *In De anima* : p. 240, 33-241, 15 et p. 5, 38-6, 17 Hayduck. Je me permets de reprendre une partie de ma conclusion (p. 112) : « Damascius avait notamment affirmé que cette âme raisonnable pouvait, d'une certaine manière, être altérée dans son essence, lorsqu'elle se laissait entraîner par l'irrationalité. Il avait développé dans cette perspective un système ontologique très développé, héritier des philosophies de Proclus et surtout de Jamblique. On retrouve les traces de ce système ontologique de Damascius et de sa théorie de la mutabilité de l'essence de l'âme dans les commentaires de Simplicius sur les *Catégories*, le *Traité du Ciel* et la *Physique*. – Dans le commentaire de Simplicius sur le *Manuel* d'Épictète, on trouve un passage où la doctrine de la mutabilité de l'essence de l'âme est clairement énoncée, mais sans être expliquée d'une manière approfondie et exhaustive : c'est que le commentaire s'adresse à des débutants, ce qui exclut des discussions trop techniques. Néanmoins, un nombre suffisant d'indices montre que ce commentaire de Simplicius laisse entrevoir la même familiarité de son auteur avec le système philosophique de Damascius que tous ses autres commentaires. – Cette doctrine de la mutabilité de l'essence de l'âme raisonnable humaine a une longue histoire [...] On trouve des textes précurseurs chez Plotin, tandis qu'Augustin, puisant de toute évidence à une source néoplatonicienne qui est probablement Porphyre, énonce clairement l'essentiel de cette doctrine. Après Jamblique, qui la développe et systématise, nous la trouvons chez Hiéroclès [cf. *supra*, p. 57, n. 4], Damascius, Simplicius et Priscien (dans sa *Metaphrasis in Theophrastum*). Syrianus, Proclus et Hermias la combattent. »

meilleurs des corps soient inanimés et morts. Et les âmes ont entre elles le même rapport qu'ont les corps, celles qui sont dans le ciel étant causes de celles qui sont sous la lune. Et c'est véritablement une chose vénérable et précieuse que l'âme, surtout l'âme céleste, et elle est appropriée à tenir le rang d'un principe, mais pourtant pas du premier principe. En effet le mû-par-soi et l'autoconstitué préexistent aux choses mues par un autre et constituées de l'extérieur, cela est vrai ; mais pourtant, ils ont en eux un certain dédoublement, celui du moteur et du mû, du constituant et du constitué. Or il faut que le simple soit avant le composé et l'un avant les deux. De plus, même si le mû-par-soi est mû par soi, il est pourtant mû et change, sinon selon l'essence, du moins selon les activités : il n'est pas mû selon les mouvements corporels – sous ce rapport il est immobile –, mais selon les mouvements de l'âme, « *qui ont pour noms vouloir, examiner, délibérer* », réfléchir, « *opiner* », et mue elle-même selon ces mouvements, elle meut les corps selon les mouvements corporels.

[II. a 7) *Le principe supérieur au mû-par-soi est l'immobile*] [1]

Mais il faut qu'avant ce qui change en quelque manière, il y ait ce qui est parfaitement immuable, afin que le changeant puisse continuer à changer. En effet, le mouvement et le changement viennent aussi bien aux choses célestes qu'aux choses sublunaires inaniméés, parce que l'âme les meut à titre premier. Mais d'où vient aux choses célestes qu'elles soient toujours identiques à elles-mêmes, selon le même mode, autour des mêmes choses, en direction des mêmes choses, selon un rapport et un ordre uniques ? D'où vient également dans les choses sublunaires le retour éternel du même au même, qu'il s'agisse des éléments, des saisons, des animaux ou des plantes ? Car, même si les choses qui reviennent cycliquement ne demeurent pas identiques numériquement, comme c'est le cas dans les choses célestes, elles sont quand même rétablies identiques selon l'espèce. Du feu en effet vient l'air, de l'air, l'eau, de l'eau, la terre et à nouveau le feu ; et après le printemps, l'été, l'automne et l'hiver et de nouveau le printemps ; et du grain de blé, la tige, l'herbe, l'épi et de nouveau le grain de blé ; et de l'homme, le sperme, les menstrues, l'embryon et de nouveau l'homme. D'où vient donc cette identité ? Car le mouvement produit changement et altération. Il est donc évident qu'elle provient d'une cause immobile et tout à fait immuable, qui se trouve toujours dans un état d'identité et sous le même mode. Et en effet, il est

1. *Cf.* le commentaire, I. Hadot, *Simplicius. Sur le Manuel*, t. I, chap. II « La théologie de Simplicius dans le commentaire sur le *Manuel* d'Épictète », p. LXVI (en bas) *sq.*

nécessaire que, à ce qui pense ou fait tantôt ceci, tantôt cela, et parfois a des activités temporelles, soit antérieur l'agent qui fait tout toujours selon l'identité, selon le même mode et dans une éternité indivisible et immobile. Car de combien est supérieur au mû-par-soi ce qui n'est pas seulement immuable selon l'essence, mais aussi selon la puissance et l'acte, cela est évident. Or ce qui est supérieur doit préexister selon l'essence par rapport aux choses qui lui sont inférieures. Et il faut que celui qui remonte vers les principes cherche s'il est possible qu'existe quelque chose de supérieur au principe qui est en question ; et s'il l'a trouvé, il doit de nouveau chercher à son propos jusqu'à ce que nous parvenions aux notions les plus élevées, telles que nous n'en ayons plus qui soient encore plus vénérables, et il ne faut pas arrêter la remontée. En effet, il ne faut pas craindre que nous marchions dans le vide, en concevant au sujet des principes quelque chose qui est plus grand et qui dépasse les premiers principes. Car il n'est pas possible que nos pensées puissent faire un tel bond qu'elles puissent s'égaler à la dignité des premiers principes, sans parler de les dépasser. Il n'y a donc que cette élévation vers l'Un qui soit excellente et, autant que possible, infaillible, celle qui consiste, après lui avoir attribué, de tous les biens que nous pouvons concevoir, les noms et les réalités les plus vénérables, les plus saints, les plus primitifs, à savoir fermement que nous ne lui avons rien attribué qui soit digne de lui. Il suffit pour notre pardon que nous ne possédions rien de plus haut que ces choses-là.

[II. a 8) *Description comparative du mû-par-soi et de l'immobile. Même l'immobile contient en lui une pluralité des causes qui exige un principe supérieur un*] [1]

Notre discours étant remonté du mû-par-soi à la cause immobile et immuable en toute manière, qui demeure toujours identique selon le même mode quant à son essence, ses puissances et ses actes, et qui est établie dans l'éternité qui fait coexister le temps avec les choses en mouvement, nous considérerons ainsi, des principes multiples qui sont dans le mû-par-soi, les causes plus originelles, qui se trouvent dans l'immobile : causes immobiles, éternelles, intégrales et unifiées les unes par rapport aux autres, en sorte que chacune est toutes les autres en raison de leur l'union, bien que la distinction intellectuelle demeure sans confusion. D'où en effet vient la distinction des formes qui sont dans le monde, si le dieu démiurge du monde ne les a produites selon les causes qui sont

1. *Cf.* le commentaire, I. Hadot, *Simplicius. Sur le Manuel*, t. I, chap. II, « La théologie de Simplicius dans le commentaire sur le *Manuel* d'Épictète », p. LXVIII-LXIX.

distinguées en lui ? A vrai dire, il ne faut pas imaginer que cette distinction des formes archétypes telle qu'elle se fait là-bas, est semblable à celle des images en ce monde-ci ; et la distinction des raisons qui sont dans l'âme ne se fait pas comme celle des raisons corporelles. Mais de la même manière que chacun des huit cieux et des astres qui sont en eux est une partie du ciel tout entier, et une partie parfaite, qui possède une essence complète et des puissances et des actes propres – et cela n'est pas vrai seulement des choses qui sont dans le ciel, mais aussi de chacune des formes sublunaires et qui sont toujours, comme la forme de l'homme, du cheval, de la figue, de la vigne ; car chacune de ces formes est complète, sinon selon les individus, comme le sont les choses célestes, du moins selon les espèces qui, par leurs différences propres, constituent le monde en son intégralité –, de la même manière chacun des genres plus simples qui constituent les espèces, tels l'essence, le mouvement, le repos, l'identité, l'altérité, la beauté, la vérité, la proportion, et toutes les autres choses qui se trouvent dans le monde corporel, chacun de ces genres donc est total et parfait selon sa forme propre, même s'il contient en lui une multiplicité de différences. Et encore bien plus, chacun de ces genres préexiste-t-il, parfait, dans l'âme du Tout, elle qui est le principe et la cause mue-par-soi de tout ce qui ici-bas est corporel, et elle embrasse ses différences sous un mode concentré. Et c'est selon ce modèle, plus parfait, plus pur, plus exemplaire, que les choses d'ici-bas ont été faites comme des images. Combien cela est-il plus vrai encore des formes archétypes de tout cela, celles qui sont intellectuelles et divines ! Car par l'union, comme je l'ai dit, qui est en elles – non pas selon un contact, une contiguïté, un mélange corporel, mais selon la contraction en une des formes sans séparation et sans division –, chacune possède la totalité, en même temps que la distinction se maintient sans confusion. Et chacune est le principe et la cause primitive de la forme qui lui correspond, en descendant jusqu'aux dernières choses. Mais les principes multiples reçoivent absolument d'un principe unique la dignité de principe. Car il est nécessaire que l'un soit antérieur avant les plusieurs, puisque chacun des plusieurs est un, mais pas cet un qui est avant les plusieurs. Car l'un qui est dans les plusieurs est une partie des plusieurs et il a reçu seulement en partie la simplicité de l'un.

[II. a 9) *L'Un avant toutes choses, principe des principes au-dessus des étants*] [1]

Quant à l'Un qui est antérieur aux plusieurs, étant cause des plusieurs, il a prérassemblé en lui-même les plusieurs selon une union qui est unique, étant Tout avant les touts, hénade des hénades, cause des causes, principe des principes, Dieu des dieux, ainsi qu'il est invoqué par tous d'une manière conforme à la nature. Mais il est aussi la bonté des bontés. En effet, la cause première selon chaque propriété est désirée <seulement> par ce qui vient après elle; *mais celui que tout désire, celui-là est le Bien.* Ainsi donc le principe des principes est la bonté des bontés, mais de la même manière il est aussi la puissance des puissances. Chaque principe en effet a la puissance suprême dans l'espèce qui lui est propre, mais le principe des principes possède la puissance suprême au-dessus de toutes les puissances principielles. Mais il est nécessaire aussi qu'il possède la connaissance suprême. Car il ne saurait ignorer l'une quelconque des choses qui sont produites par lui; or toutes les choses sont produites par lui selon toutes les formes. C'est pourquoi il est nécessaire, de la même manière que notre discours apodictique s'est élevé des parties au tout – car nous n'aurions pas connu le tout, dans sa grandeur et sa qualité, si nous n'avions pas d'abord considéré les parties (mais souvent, rencontrant une unité particulière, nous la prenons pour le tout) –, de la même manière il faut renvoyer l'honneur et la vénération, à travers les parties, vers le tout, s'il est vrai que chacun des principes est principe et, en tant que tel, de même nature aussi bien que de même dénomination que le tout. Car ce n'est pas seulement le nom qui est commun, mais aussi la dignité elle-même de principe, et la transcendance des principes par rapport aux choses qui proviennent d'eux est communiquée aux principes multiples et plus particuliers par le principe qui est unique et universel. Et si quelqu'un trouve insupportable d'appeler du même nom les principes particuliers et le principe universel, tout d'abord, il a tort de le trouver insupportable, car il semble bien que la réalité de principe soit elle aussi commune <aux deux>; et ensuite, il peut appeler les uns "principes", l'autre "principe des principes". En effet, même si chacun des principes particuliers est lui aussi un principe des principes, en tant qu'il a sous lui des principes plus particuliers – il y a en effet un principe de la beauté psychique, et un autre de la beauté corporelle, et un principe commun aux deux, le principe de la beauté en tant que beauté –, pourtant toutefois, le principe qui est au sens propre principe des principes, c'est ce principe en comparaison duquel il

1. *Cf.* le commentaire, I. Hadot, *Simplicius. Sur le Manuel*, t. I, chap. II « La théologie de Simplicius dans le commentaire sur le *Manuel* d'Épictète », p. LXIX-LXXII.

n'en est pas de supérieur. Il en est de même pour la cause des causes, le dieu des dieux, la bonté des bontés.

Bien plus encore, il faut savoir que pour la cause de tout, qui est au-dessus de tous les étants, il n'y a pas de nom qui soit propre [1] – tout nom se rapporte à une notion qui a subi une distinction –, mais, à partir des choses qui viennent après elle, ce sont les plus vénérables que nous faisons remonter vers elle. Et par exemple, comme il a été dit, le nom même de "dieu" est tiré des choses célestes comme étant des réalités qui se meuvent rapidement et qui courent. Et nous ne rougissons pas de l'appeler saint, ami des hommes, bon, seigneur et puissant, dénominations que nous avons coutume d'attribuer à beaucoup d'hommes.

Mais, en ce qui concerne le premier des trois problèmes, celui qui se proposait de montrer qu'il y a des principes premiers des étants et qu'il y a Dieu, cause de tout, que ce qui vient d'être dit suffise, même si certains échelons encore, destinés à l'ascension, ont été laissés de côté, par rapport à l'intégralité tout à fait parfaite <de l'exposé>. Car je sais que certains de ces développements sembleront superflus à certains par rapport au dessein principal de cet écrit, qui est de s'efforcer d'expliquer le *Manuel* d'Épictète.

[II. b) *Réfutation de ceux qui ne croient pas que le divin exerce sa providence sur des choses humaines* [2]
1) *L'exposition du problème et sa division en trois parties*]

Le deuxième point était que le dieu prend soin de l'univers et qu'il le gouverne, ce qui a déjà été prouvé, je crois, d'une manière assez étendue dans ce qui a été dit auparavant; mais ce ne sera pas plus mal s'il profite

1. Allusion au principe absolument ineffable de Damascius : *cf.* I. Hadot, *Simplicius. Sur le Manuel*, t. I, p. LXXI *sq.*

2. La doctrine concernant la providence divine relative aux affaires humaines est restée constante pour l'essentiel dans toute l'histoire du néoplatonisme, c'est-à-dire à partir du néoplatonicien Hiérocles jusqu'à Simplicius en passant par Proclus. J'ai prouvé ailleurs (*cf.* I. Hadot, *Le problème*, p. 119-143, et *eadem*, *Studies on Hierocles*, p. 99-123) que la doctrine néoplatonicienne sur la providence était fixée, dans ses grands traits, dès le début du néoplatonisme, qu'elle devait beaucoup au moyen platonisme et qu'elle a eu, dans son ensemble, un développement analogue à l'ontologie générale du néoplatonisme; que la place qu'Hiéroclès occupe dans l'évolution de la doctrine néoplatonicienne sur la providence correspond à celle qu'il occupe dans l'évolution générale du néoplatonisme, c'est-à-dire qu'il se situe entre Jamblique et Proclus.

Simplicius, à la suite de Proclus, distingue entre *Pronoia*, *Dikè* et *Heimarmenè* : cf. *supra*, p. 69, n. 2.

En 2015, le n° 13 de la revue Χώρα (*Revue d'Études Anciennes et Médiévales*) a été entièrement voué au sujet « La providence dans la pensée grecque et sa première réception arabe ». Dans notre contexte, je recommande surtout l'article de M. Chase, « Porphyre sur la providence », p. 125-147.

d'un examen pour lui-même. Il y a en effet des gens qui croient que les divinités existent et telles que la raison les révèle : bonnes, possédant la puissance la plus haute et la connaissance la plus parfaite, mais *qu'elles méprisent les affaires humaines* en les considérant comme petites, de peu de prix et indignes de leur sollicitude. Ils éprouvent ce sentiment à cause de l'inégalité qu'ils croient trouver dans les choses humaines, lorsqu'ils voient que ceux qui paraissent mauvais ont le pouvoir, la richesse, la santé, qu'ils prospèrent jusqu'à leur mort tardive et quelquefois transmettent leur prospérité à leurs enfants, tandis que ceux qui sont bons subissent de la part de tels hommes des <dommages> irrémédiables sans que, comme ils le croient, aucune punition ne s'ensuive. A partir de ces faits les uns, comme cela a été dit auparavant, osent même supprimer l'existence des divinités; les autres conviennent qu'elles existent et sont telles, à cause des notions communes, mais ils ne croient pas à leur providence à l'égard des choses humaines, et <cela> surtout s'ils se trouvent eux-mêmes dans des malheurs personnels : en effet, une si grande inégalité ne surviendrait pas et les mauvais ne resteraient pas sans être punis, ni les bons sans être vengés, si une providence divine veillait. Il faut donc répondre sur ce sujet d'une manière assez globale et générale à celui qui propose, par la méthode de division, l'argumentation <suivante> : Si les divinités existent, mais ne prennent pas soin <de l'univers>, c'est ou bien en ignorant qu'il faut prendre soin <de l'univers>, ou bien en le sachant. Et si cela est le cas, elles ne prennent pas soin <de l'univers> ou bien parce qu'elles ne le peuvent pas, ou bien parce qu'elles ne le veulent pas; et si c'est parce qu'elles ne le peuvent pas, c'est ou bien parce que les choses d'ici-bas dépassent par leur grandeur la puissance des divinités, ou bien parce que les choses d'ici-bas échappent aux soins des divinités à cause de leur petitesse et de leur peu de valeur[1]. Mais si elles le peuvent, mais ne le veulent pas, c'est qu'elles négligent *par mollesse* et *par légèreté* <les choses d'ici-bas>, ou, encore une fois, c'est que, bien qu'elles le puissent, elles les méprisent à cause de leur petitesse et leur peu de prix[2].

1. Sont visés Aristote et Alexandre d'Aphrodise.

2. Pour Platon, cf. *supra*, p. 90, n. 1. *Cf.* Épictète, *Entretiens*, t. I, 12, 1-3 Souilhé : « Au sujet des dieux, les uns prétendent que la Divinité n'existe pas; d'autres, qu'elle existe, mais qu'elle est inactive, ne s'occupe de rien et n'est en aucune façon Providence; une troisième catégorie de gens soutiennent qu'elle existe et qu'elle est Providence, mais n'a cure que des choses importantes, celles qui concernent les phénomènes célestes, nullement des êtres qui vivent sur la terre; une quatrième catégorie affirme qu'elle prend soin et des réalités terrestres et des réalités humaines, mais seulement d'une façon générale, sans se soucier des détails; une cinquième dont Ulysse et Socrate, déclare : « Rien ne t'échappe/ De mes mouvements » [Iliade, X, 279-280. Ulysse invoque la déesse Athéna]. » La deuxième

[II. b 2) *Réfutation générale se rapportant aux trois parties de la division*]

Telle étant la division, il faut pour le moment répondre d'une manière générale contre toutes ses subdivisions, que le divin, parce qu'il est tel qu'on l'a posé : possédant aussi bien la connaissance la plus exacte que la puissance la plus vigoureuse et la volonté la meilleure, et produisant tous les étants à partir de lui-même, que le divin donc n'ignore pas qu'il faut veiller sur les choses produites par lui – cette ignorance n'est pas possible, même pas chez les plus sots des animaux dépourvus de raison : ceux-là aussi en effet veillent sur leur propre progéniture –, et qu'il est invraisemblable qu'il ne le puisse pas, soit que les choses <d'ici-bas> soient trop grandes – comment en effet le produit serait-il plus grand que le producteur ? –, soit qu'elles soient de trop peu de prix pour obtenir la sollicitude. Si en effet elles étaient telles, pour quelle raison, en somme, auraient-elles été produites ? Mais on ne doit aussi d'aucune manière accuser la volonté, en considérant qu'elle néglige « par mollesse ou par légèreté » <les choses d'ici-bas>. Ce sont là en effet des sentiments d'hommes, et encore d'hommes mauvais, puisque, même aux animaux sans raison, il n'est pas possible de négliger leur progéniture *par mollesse ou paresse*. Mais le divin ne saurait non plus mépriser, comme étant de peu de prix, les choses d'ici-bas qu'il a jugées dignes de produire, en sorte qu'il est impossible de toutes les manières que le dieu ne prenne pas soin des choses qui ont été produites par lui.

[II. b 3) *Réfutations partielles et complémentaires*
a) *Réfutation de ceux qui croient que la providence du dieu ne s'étend pas aux choses humaines à cause de leur petitesse*] [1]

Mais il faut dire ensuite d'une manière particulière à ceux qui, percevant ou croyant percevoir la supériorité divine, rapetissent les choses humaines et les jugent indignes de la providence divine, que l'homme et

catégorie est représentée par les épicuriens, la troisième par les péripatéticiens, la quatrième par les stoïciens, et la cinquième par les platoniciens.

Quant à la première catégorie : ceux qui « prétendent que la Divinité n'existe pas », ils ne sont pas aussi rares dans l'Antiquité que Simplicius (cf. *supra*, XXXVIII 177-181, p. 98) voudrait bien nous faire croire, bien qu'il s'agisse dans la plupart des cas plutôt d'agnostiques que d'athées. Un nombre non négligeable parmi les cyniques, et les sceptiques en général, considéraient plutôt l'existence des dieux comme improuvable, et ils étaient persuadés, comme les épicuriens, qu'ils n'exercent pas de providence sur les hommes : l'existence du mal dans le monde exclurait entre autres cette hypothèse. *Cf.* H.W. Attridge, « The Philosophical Critique of Religion under the Early Empire », *ANRW*, II, 16/1, p. 45-78, article qui donne un très bon aperçu sur l'agnosticisme dans l'Antiquité.

1. Comme par exemple Aristote et Alexandre d'Aphrodise.

les choses humaines ne font pas partie, dans le Tout, des choses les plus viles. L'homme en effet est un être vivant et il possède une âme de très grand prix, l'âme raisonnable, et il est, *de tous les êtres vivants* qui sont engendrés, celui qui *honore le plus* la divinité, en sorte que l'homme n'est pas une *possession* du dieu qui soit méprisable et de peu de prix, ni les affaires humaines, parce qu'elles sont accomplies par l'âme raisonnable. Mais si l'on suppose que l'homme est petit, on doit convenir qu'il est plus facile de veiller sur lui. Comme en effet il est plus facile de percevoir des choses grandes, mais *plus malaisé* de percevoir les choses petites – car pour la vue et l'ouïe les petites choses sont plus difficiles à saisir que les grandes –, de la même manière les forces *portent* et *maîtrisent* plus facilement les choses petites que les grandes. Il est en effet plus facile de porter le poids d'une mine que le poids d'un talent et de labourer ou sarcler un demi-plèthre qu'un plèthre, en sorte que, plus l'on suppose que des choses sont petites, plus l'on conviendra qu'elles s'accommodent mieux à la sollicitude <à leur égard>. De plus, si le dieu[1] veille sur tout le cosmos, il est inévitable qu'il prenne soin aussi de ses parties, comme font aussi les arts. Et en effet le *médecin*[2], qui s'est proposé de soigner tout le corps ne saurait négliger les parties; il en va de même pour le *général*, pour celui *qui administre sa maison* ou pour *l'homme politique*. Il est en effet inévitable que, si l'on néglige les parties, le tout va plus mal. Donc, le dieu, pour ce qui est de la sollicitude pour les choses qui sont à lui, ne saurait se montrer inférieur aux surveillants humains qui, par un *seul* et même *art*, veillent aussi bien sur les parties que sur le tout, sans doute à cause des parties elles-mêmes, mais principalement à cause du tout. Mais nous, comme cela a été dit, nous nous fâchons à cause de certains événements, ne sachant pas de quelle façon eux aussi contribuent à <l'achèvement> du Tout.

> [II. b 3 b) *Contrairement à ce qui arrive aux êtres humains quand ils prennent soin de quelque chose, la providence du dieu ne l'accapare pas ni ne lui retire quelque chose de sa félicité*]

Mais si quelqu'un croit que la providence du dieu à l'égard des choses humaines, parce qu'elles comportent beaucoup d'inégalité, beaucoup de passion et de trouble, cause de l'embarras au dieu et le tire hors de son

1. Il s'agit toujours du démiurge : cf. *supra*, p. 93, n. 1.

2. Pour la comparaison de l'activité providentielle divine avec celle du médecin, *cf.* I. Hadot, *Simplicius. Sur le Manuel*, t. I, p. 87, note 1 (p. 107) et ici, *supra*, p. 69, n. 2.

état bienheureux, c'est visiblement qu'il croit que les êtres supérieurs sont semblables aux surveillants humains, et qu'il ignore la manière dont s'exerce leur sollicitude, croyant que nécessairement le dieu, s'il veille sur quelqu'un, est, comme nous, présent séparément auprès de lui, qu'il suit avec attention chacune de ses actions et qu'il ne peut plus se consacrer à personne d'autre. Et un tel homme ne remarque pas que même le législateur dans une cité, s'il établit des lois <qui prescrivent> ce que quelqu'un qui fait ceci ou qui endure cela doit obtenir, et s'il prépose ces lois comme surveillantes <des faits> même jusqu'aux plus insignifiants, ce législateur à la fois *demeure dans sa manière d'être coutumière* et, aussi longtemps que les lois restent en vigueur, prend soin de la cité par leur intermédiaire. Et il <*scil.* celui qui doute de la providence> ne remarque pas que, bien avant et bien plus <que le législateur>, le dieu, celui qui a fait exister l'univers, ayant vu *que nos actions procédaient d'une âme et contenaient beaucoup de vertu et beaucoup de vice*, que *le dieu donc a imaginé quelle punition il fallait toujours qu'encoure un homme selon ce qu'il était devenu, en quels lieux, pires ou meilleurs, il fallait le transférer* et avec quelles âmes il fallait le réunir [1], à savoir qu'il fallait réunir les âmes devenues plus mauvaises avec les âmes mauvaises, mais les âmes devenues meilleures avec les âmes bonnes, et ce qu'il fallait que les uns fassent aux autres et ce que subissent les uns de la part des autres selon leur mérite. Toutefois, pour ce qui est de devenir tel ou tel ou de recevoir ce rang ou cet autre, le dieu en a laissé *les causes à la volonté de chacun d'entre nous*. Quoi que nous voulions devenir, nous le devenons par le pouvoir d'autodétermination de l'âme et par le fait que la vertu et le vice dépendent de nous; et au-dessus de tous le dieu a placé des puissances qui <à chacun> désignent par la voie du sort <ce qui lui revient> selon le mérite <en prenant en compte> jusqu'à la plus petite action et la plus petite affection de l'âme.

[II. b 3 c) *La providence divine n'a pas de commencement temporel et est toujours et partout présente à toutes choses*] [2]

Et il ne s'est pas abstenu, après avoir une seule fois jadis, à un quelconque commencement du temps, imaginé ces choses, d'en prendre soin, comme un homme se contenterait d'avoir institué des lois. La bonté divine en effet, par laquelle tout est bonifié, n'a pas de commencement

1. Cf. *supra*, p. 86, n. 1.

2. *Cf.* les fragments du Τίνα τρόπον θεοῖς χρηστέον du stoïcien Hiéroclès dans *Stobaei Anthol.*, t. I, p. 63-64 Wachsmuth (= Hiéroclès, *Elements of ethics*, p. 64-67).

temporel, parce qu'elle est toujours, et le dieu n'est pas quelquefois présent et quelquefois absent, car ce sont là choses corporelles. Mais lui-même est toujours présent à toutes choses, tout en étant transcendant à toutes choses ; et sa providence, parce qu'il est toujours et partout et qu'il est bon, s'est étendue sur tous les étants selon la répartition de la valeur qui échoit à chacun. Et de même que tout est illuminé par la lumière du soleil, et que les uns voient, d'autres sont vus, d'autres verdoient, d'autres engendrent des êtres vivants, et que les uns deviennent blancs, les autres noirs, et que les uns se solidifient, les autres se liquéfient, chacun, selon sa propre aptitude de recevoir, participant sans effort de son unique et multiple bonté, sans que le soleil se fatigue pour réaliser aucune de ces choses et soit distrait de sa félicité, de la même manière et dans une plus grande mesure tout participe sans effort de la bonté du dieu, qui a aussi donné le soleil au cosmos, et tout est bonifié selon la mesure de l'aptitude à recevoir qui lui est propre, sans que le dieu ne se fatigue pour réaliser cela et ne soit distrait. Car, agissant, il ne subit rien en retour, comme subissent les choses de la nature, et il ne possède pas une bonté introduite du dehors, en sorte qu'elle souffre un jour l'épuisement ; et, n'étant pas de nature à faire une fois ceci, une autre fois cela, comme notre âme à nous, il n'est pas quelquefois impuissant à exercer la providence sur le cosmos ou cet élan vers le Bien qui est absolument transcendant au cosmos. Si en effet de l'âme humaine, quand elle est achevée et quand elle s'est élevée vers Dieu, on dit qu'elle *chemine dans les hauteurs* et qu'elle « s'occupe des choses célestes » et « gouverne tout le cosmos » [1], de combien plus le dieu, le créateur de l'âme, prendra-t-il soin sans la moindre distraction des choses qui sont produites par lui !

[II. b 3 d) *Réfutation de ceux qui pensent que souvent les hommes bons échouent et sont malheureux et que les hommes mauvais réussissent et sont heureux et qui à cause de cela ne croient pas à la providence divine*]

Mais ces événements qui arrivent aux hommes qui paraissent bons ou mauvais ne méritent pas non plus de renverser l'autorité de la providence. En effet ce que nous croyons n'est pas vrai, à savoir que les bons ont quelquefois mauvaise fortune et sont malheureux et que les mauvais ont bonne fortune et sont heureux –, si ce que nous avons dit est vrai et si nous n'avons pas auparavant récité une vaine rhapsodie quand nous avons

1. *Cf.* I. Hadot, *Simplicius. Sur le Manuel*, t. I, XXIII 47-50, p. 119, avec les notes 4 et 5, p. 180.

prouvé que l'homme bon est celui qui met le bien et le mal humain dans ce qui dépend de nous [1], et qu'un tel homme ne peut jamais ni manquer ce qu'il désire ni tomber dans ce qu'il a en aversion [2]. Mais s'il en est ainsi, il ne s'attirera aucun mal – et en effet, ceux qui font l'objection appellent ces choses des maux, à savoir le fait de manquer ce que nous désirons et de tomber dans ce que nous avons en aversion –, en sorte qu'un homme bon, en tant qu'homme, ne connaît ni la mauvaise fortune ni le malheur. Au contraire tout le monde reconnaîtrait comme hommes mauvais ceux qui vivent leur vie, en tant qu'hommes, d'une manière contraire à la nature. Ceux-ci, oubliant leur pouvoir d'autodétermination et ce qui dépend d'eux, qui caractérise la nature de l'homme, posent leur bien et leur mal dans les choses extérieures, dans la santé du corps, la richesse, la puissance, la naissance, la mollesse et les choses de ce genre, et le mal dans les choses contraires. C'est pourquoi ils désirent les biens apparents qui sont en elles, et ils fuient les autres, pensant que ce sont des maux. Mais il est inévitable que, dans les choses extérieures, parce qu'elles ne dépendent pas de nous, ils manquent ce qu'ils désirent et tombent dans ce qu'ils ont en aversion. Mais ces deux choses ne sont pas des biens, pas même selon ceux qui font l'objection, mais des maux : en sorte que les mauvais, comme ils tombent le plus souvent dans des maux, se rendent compte, s'ils sont un peu sensés, qu'ils ne sont ni fortunés ni heureux, mais le contraire. Et même si quelqu'un suppose qu'ils prospèrent dans les choses extérieures, ou la plupart du temps ou même toujours, ils sont encore plus malheureux. En effet, comme leurs désirs et leurs aversions se font <d'une manière qui est> contre la nature humaine, quand ils obtiennent ces choses-là, ils augmentent plutôt leur disposition contre la nature qui leur est propre en tant qu'hommes. Car ce qui pour chaque être est contre sa nature est une disposition vicieuse et malheureuse.

Mais comme il ne faut pas seulement *contraindre* les lecteurs par les nécessités apodictiques, mais encore les persuader, s'ils doivent choisir ce qui a été dit sur les biens et les maux apparents dans les choses extérieures, je <leur> rappelle ce qui a été dit auparavant : que les soi-disant maux ne sont pas des maux, même s'ils comportent des peines et des contrariétés, et que les biens ne sont pas des biens au sens propre, mais que les soi-disant maux sont des traitements pour les malades et des exercices pour les bien-portants, et que les biens eux-mêmes sont donnés en considération des besoins et des mérites de ceux qui les reçoivent et de ceux qui en

1. Cf. *ibid.*, t. I, I 133-211, p. 12-15.
2. Cf. *ibid.*, t. I, IV 9 *sq.*, p. 35 *sq.*

sont privés. Et en effet la richesse est donnée à celui qui peut en faire un bon usage, à cause aussi bien de l'aisance personnelle sur ce point-là qu'à cause de la bienfaisance envers les autres et de l'accroissement de la volonté délibérée de faire le bien, tandis qu'aux méchants <la richesse est donnée> en vue d'une punition et d'une correction. Et en effet les gens qui aiment l'argent, qui peinent toute leur vie pour faire de l'argent dans l'inquiétude, l'insomnie et la peur toujours suspendue <sur leur tête>, ne retirent aucune jouissance de leur argent. Et quelle punition pourrait être plus juste et plus habile ? Quant aux prodigues, quand ils sont redevenus pauvres, ils sont plus indigents que les mendiants, et quelques-uns sont détruits par la mollesse à cause de la richesse, ils tombent dans de nombreux dangers et manquent du soin d'eux-mêmes <qui conviendrait> à leur dignité, parce qu'à cause de leur richesse ils n'apprennent rien de bon et ne recherchent ni ne réalisent la vie selon la nature qui convient à l'homme. De cette manière aussi santé et puissances sont encore plus nuisibles précisément pour les hommes mauvais, et elles sont données tantôt en vue d'une correction, tantôt en guise de châtiment, pour que, dégoûtés par l'exacerbation des passions, ils vomissent enfin leur maladie et deviennent désormais aptes à la correction et à la purification [1]. En effet, celui qui prend soin des âmes a à cœur non pas que les âmes suspendent leurs activités passionnelles par peur ou par d'autres passions, mais qu'elles se débarrassent de l'habitus mauvais lui-même. Et cela a été dit auparavant d'une manière plus développée [2], et il faut que celui qui en a besoin rafraîchisse sa mémoire à partir de ce développement. Et cela suffit contre ceux qui entreprennent de réfuter par des discours la providence du dieu.

[III. *Réfutation de ceux qui croient que la providence divine peut être influencée par des présents et des supplications*

a) *Exposition du problème de la vénalité supposée du dieu, qui sera examiné sous deux angles différents : premièrement sous l'angle de celui qui commet une injustice, deuxièmement sous l'angle de celui qui subit une injustice*]

Mais maintenant la troisième <coupe> au sauveur, selon la loi ancienne, et allons avec l'aide du sauveur à l'encontre du troisième discours de l'athéisme, qui reconnaît certes que le divin existe et qu'il prend soin des hommes, mais qu'il peut <être amené à> changer d'avis

1. Cf. *supra*, chap. XXXV 451-455, p. 68-69.

2. *Cf.* I. Hadot, *Simplicius. Sur le Manuel*, t. I, chap. XIV 204-369, p. 85-91, et ici, XXXV 445-464, *supra*, p. 68-70.

par des présents, des offrandes et la distribution de pièces de monnaie, comme croient ceux d'aujourd'hui <*scil.* les chrétiens>, en sorte que les hommes injustes, âpres au gain et voleurs, en dépensant une petite part pour cela et en la donnant à ceux qui prétendent prier pour de telles choses et persuader <le dieu>, ont la permission de faire les mêmes choses et ne sont pas punis pour leur faute. Quelques-uns des gens d'aujourd'hui croient même que pardonner et avoir de l'indulgence pour les gens qui commettent des fautes, c'est là chose digne de la bonté divine, des gens, je crois, qui parlent et jugent sans faire de distinctions. Que répondrons-nous donc aussi à ce discours ? Comme il est double, il faut le diviser : l'un <concerne celui qui> commet une injustice, l'autre celui qui <concerne celui qui> la subit, et il faut examiner ce pardon et cette indulgence, comme ils <*scil.* les chrétiens> les appellent, ce qu'ils font aux injustes et comment ils traitent ceux qui subissent une injustice.

[III. a 1) *Dieu, la source de tous les biens, ne peut pas se laisser fléchir pour permettre à un homme de rester injuste, ce qui serait, pour celui-ci, le plus grand mal*]

Si en effet il était bon et utile pour les injustes que le fait de commettre une injustice leur soit pardonné et ne soit pas puni, le pardon viendrait peut-être de Dieu. En effet, c'est d'en haut que tout bien vient aux êtres. Mais si le plus grand mal consiste pour eux à être aidés pour commettre l'injustice et à ne pas être punis pour leurs fautes, comment le dieu en serait-il la cause, lui dont de nombreux discours ont prouvé qu'il est *la cause de tous les biens*, mais qu'il *n'est pas responsable des maux* ? Certes, l'injustice, la cupidité, l'intempérance et l'insolence, étant des dispositions de l'âme qui sont contre nature – s'il est vrai que les contraires de celles-ci sont <des dispositions> conformes à la nature –, sont manifestement des maladies, des difformités et des vices de l'âme. Celui donc qui accroît ces dispositions en pardonnant et les laissant sans guérison augmente manifestement le vice. Mais s'il fait cela, en se laissant corrompre en outre par des présents, comment ne paraîtrait-il *pas pire même que les hommes moyens* ? Qui en effet, ayant pris sur soi de veiller sur quelque chose, regardera avec indifférence, par vénalité, cette chose devenir mauvaise ? Est-ce donc que quelqu'un parmi les médecins qui font profession <de cet art> prendra sur soi, en acceptant des présents ou en les demandant, d'autoriser celui qui subit un dommage par certains aliments ou boissons, à faire usage sans crainte de ces choses nuisibles et de contribuer à cet usage ? Et délaissera-t-il, convaincu par des présents, celui qui a besoin d'une ablation ou d'une cautérisation ? Si donc *la justice* du dieu *est l'art de guérir la méchanceté*, comment serait-il possible qu'elle se montre pire que l'art de guérir des hommes ?

[III. a 2) *Le fait de se laisser fléchir par des présents pour permettre de faire subir des dommages à ceux sur lesquels on a accepté de veiller est indigne même d'un homme ordinaire et à plus forte raison d'un dieu*]

Mais comme on dit de lui qu'il prend soin des hommes qui subissent une injustice et qu'il veille sur eux, voyons comment il en use avec eux, s'il peut se laisser corrompre par des présents pour aider ceux qui commettent des injustices. Pourtant, quel homme ordinaire prendrait sur lui d'abandonner lâchement ceux sur lesquels il veille en se laissant corrompre par des présents ? Est-ce qu'un chef d'armée, en acceptant <des présents> de la part des ennemis, prendrait sur soi de leur abandonner lâchement le camp, ou un berger ses moutons aux loups ? Et pourquoi dis-je « un berger » ? Est-ce donc que les chiens de berger, en acceptant de la part des loups une certaine part du bétail volé, prendraient sur eux de permettre aux loups de mettre en pièces le reste ? Comment ne serait donc pas impie le discours qui affirme au sujet de Dieu une chose qu'il ne convient même pas aux chiens de faire ? Mais, en somme, que le dieu puisse être séduit à l'aide de présents par ceux qui commettent des injustices, quel sens <cela> peut-il avoir ? Car lorsqu'ils viennent des hommes pieux, le dieu accepte certes souvent des présents, non évidemment parce qu'il a besoin de ces présents, mais parce que ceux qui les apportent se tendent vers lui, aussi bien en leurs âmes que par le moyen des choses extérieures. Et si les méchants apportaient des présents parce qu'ils ont besoin de recevoir une punition et d'être guéris, peut-être le dieu accepterait-il des présents même de leur part. Mais si c'est pour devenir pires, quel sens <cela> peut-il avoir ? En effet, même s'ils n'avaient commis aucune autre faute, le <seul> fait d'espérer pouvoir séduire le dieu par des présents les éloignerait encore plus de la familiarité avec lui.

[III. b) *Le rôle du repentir pour l'utilité des présents et des supplications*

1) *De la part des repentants sincères les présents et les supplications sont un témoignage de leur conversion, et ils les aident dans ce processus*]

Qu'est-ce donc que ce discours largement répandu, et d'où tient-il son origine, ce discours qui affirme que le divin se laisse persuader par des présents, des offrandes, par des bienfaisances, par des prières et par des supplications, et qu'il a de l'indulgence pour les pécheurs ? Car peut-être ne le croit-on pas en vain. Peut-être, en fait, dit simplement de cette façon, ce discours n'est-il *ni <assez> vrai ni <assez> conforme* aux lois divines pour être accepté <ainsi>. Si les pécheurs se repentent sincèrement, ces choses <*scil.* les présents> aussi contribuent à la conversion vers le divin, parce qu'elles sont devenues des témoignages du repentir et d'une soumission qui n'est pas seulement de l'âme, mais aussi du corps, lorsqu'ils se mettent à genoux, se roulent <par terre>, font offrande des choses extérieures et font des dépenses pour des choses qui sont agréables au dieu. En effet, quand nous péchons, le dieu ne se détourne ni ne se met en colère ni ne se sépare de nous, ni, quand nous nous repentons, il ne se tourne lui-même vers nous ou ne s'approche de nous, comme s'il était redevenu bon. Ce sont là <des comportements> humains et éloignés de la félicité divine, qui est immuable sous tous les aspects. Mais nous-mêmes, devenus mauvais à cause de notre chute dans ce qui est contre nature, et rendus dissemblables par rapport à la bonté divine parce que nous sommes devenus injustes, sacrilèges et insensés, nous nous arrachons nous-mêmes de là-bas, étant certes incapables de jamais fuir sa providence qui se répand à travers toutes choses ; mais, dans l'idée que nous sommes malades, nous nous procurons alors par nous-mêmes un accès au soin médical de la méchanceté, à la justice, nous nous rendons aptes à recevoir cette providence et sollicitude du dieu. Mais quand nous avons regagné ce qui est conforme à notre nature et que nous nous sommes rendus semblables à lui – *mais la ressemblance avec Dieu consiste à devenir justes et conformes aux lois divines avec l'aide de la sagesse* –, nous nous avançons vers lui et nous nous unissons intimement à lui. Et d'une telle conversion de nous vers lui, nous en parlons comme d'une conversion de lui vers nous, car nous éprouvons quelque chose de semblable à ceux qui, ayant attaché un câble à une roche du littoral et qui, en tirant dessus, s'approchent eux-mêmes et leur barque de la roche, et qui, par ignorance de ce qui se passe, pensent que ce ne sont pas eux qui s'approchent de la roche, mais que la roche vient peu à peu vers eux. Or les repentirs, les prières, les supplications et les choses semblables correspondent au câble. C'est en effet grâce à celles-ci que s'effectue la conversion pour ceux qui sont séparés <du dieu>. Mais un <vrai> repentir n'est pas celui qui se fait en paroles, mais en actes, par le fait de prendre soin – qu'il s'agisse d'eux-mêmes ou de leurs dépendance – de ceux qui ont subi une injustice, qui ont été outragés ou ont été lésés d'une manière quelconque de notre part, et par le fait de haïr l'injustice, de nous détourner des <hommes> injustes, mais de vivre avec ceux qui chérissent ce qui est juste, en nous punissant nous-mêmes. Et jusqu'au moment où nous serons parfaitement purifiés, il faut sans cesse pratiquer ce repentir, sans nous relâcher par intervalles, et il faut devenir notre propre justice.

[III. b 2) *Le vrai repentir consiste à ne pas attendre la justice du dieu, mais à se faire à soi-même son propre procès*]

La preuve et l'achèvement d'un repentir réel consistent à ne plus commettre les mêmes fautes, ni des fautes plus petites que celles-là. Il faut en effet, comme les navigateurs, quand on penche d'un côté, se déplacer sur le côté opposé. Et que le vrai repentir suffise pour une purification parfaite, cela est évident par le fait que le dieu lui aussi regarde vers ce but de la purification. Car tous les événements qui nous arrivent, propres à corriger ou à venger aussi bien ici-bas que dans l'Hadès, tout cela a pour but que l'âme se repente de ses péchés et que, haïssant la méchanceté et la vie contre nature, elle choisisse de son plein gré et chérisse aussi bien la vertu que la science, lesquelles sont les perfections de l'âme raisonnable. Si donc quelqu'un devient pour lui-même sa propre justice, celui-là réussit peut-être plus vite, parce qu'il est puni de sa propre initiative. Même si la douleur et la tristesse sont nécessaires pour ceux qui ont péché à cause de la mollesse et du plaisir, il faut savoir que ceux qui se repentent sincèrement se punissent eux-mêmes par les tortures les plus violentes de leur conscience, qui sont plus douloureuses et plus épuisantes que les punitions corporelles et beaucoup plus difficiles à calmer.

Cela soit dit également contre le troisième athéisme, qui est le pire des trois. Il serait en effet préférable que quelqu'un n'existât pas ni ne prît soin plutôt que, tout en existant et paraissant prendre soin, il conspirât contre ceux dont il prend soin. Cela appartient en effet à l'être-mauvais. Nous choisissons de ne pas être plutôt que d'être mauvais. La cause en est que le bien est supérieur à l'être et que le bien est aussi le principe de l'être, en sorte qu'il est aussi la fin de toutes choses et que toutes choses sont à cause de lui. En effet, l'être aussi, c'est en tant qu'il est bon que nous le chérissons. C'est pourquoi, lorsque nous sommes mauvais, nous aimons plutôt ne pas être.

[IV. *Conclusion : Justification de la longueur de ce chapitre par l'importance des problèmes évoqués*]

Si j'ai peut-être été amené à parler sur ces problèmes beaucoup trop, par rapport au but proposé, c'est parce que le commencement et la fin de toute vie vertueuse et de toute perfection de l'âme consiste à tendre vers le dieu, d'une part *au moyen des droites prénotions innées*[1] *justes* à son sujet, à savoir qu'il existe et qu'il prend soin parfaitement bien <de l'univers>, et qu'il dirige le tout d'une manière juste[2], d'autre part par *le fait d'obéir et de céder volontiers aux événements qui nous viennent* de lui, *dans la pensée que ces événements sont produits par le jugement le plus parfait*. En effet, même si l'âme se meut elle-même, est douée d'autodétermination et possède en elle-même les principes des biens comme des maux, c'est pourtant par Dieu qu'elle a été produite telle, c'est-à-dire se mouvant elle-même. C'est pourquoi, aussi longtemps qu'elle reste enracinée dans sa cause, elle est conservée saine et sauve et elle possède sa perfection avec laquelle le dieu l'a fait venir à l'existence ; mais si elle s'en sépare et, autant que cela dépend d'elle, arrache ses racines de là-haut, elle se consume et dépérit, devenue laide et faible, jusqu'au moment où de nouveau elle se retourne, s'unit à sa cause et de cette manière recouvre sa perfection. Mais il est impossible qu'elle puisse véritablement se retourner, si elle n'a pas en elle-même analysé distinctement les trois problèmes, dans sa connaissance et dans sa vie. Qui en effet consentirait à se tendre vers ce qui n'existe pas, ou vers ce qui existe, mais ne se soucie pas de nous, ou vers ce qui existe et se soucie <de nous>, mais se soucie <de nous> pour notre mal et notre tort ?

XXXIX Chaque fois que tu as recours à la divination, souviens-toi que tu ne sais pas ce qui adviendra (*Ench.*, chap. 32,1 Boter)

[*Une action appropriée à la fois envers le dieu et envers nous-mêmes : l'action d'avoir recours à la divination.*

a) *Dans quelle disposition il faut être lorsqu'on veut avoir recours à la divination*]

Après les actions appropriées dues aux hommes et au dieu, se proposant de parler de celles qui sont dues à soi-même, il a vu un certain genre intermédiaire, qui exige à la fois l'action appropriée due au dieu et celle due à soi-même[3] : celui qui consiste en la divination. Il divise son

1. Προλήψεις : cf. *supra*, p. 98, note 2. Au lieu de προλήψεις, Épictète avait utilisé le terme ὑπολήψεις, qui est plus neutre, et qu'il a donc dû spécifier par l'attribut ὀρθάς, qui, lié par Simplicius à προλήψεις, était superflu.

2. *Cf.* Platon, *Leges* X, 885 B 5 *sq.* (cité *supra*, p. 90, n. 1).

3. *Cf.* dans I. et P. Hadot, *Apprendre à philosopher*, le chapitre « Divination chez Épictète » de P. Hadot (p. 174-181) et le chapitre « Religion et philosophie chez Simplicius » de I. Hadot (p. 183-211). *Cf.* I. Hadot « Die Stellung des Neuplatonikers Simplikios zum Verhältnis der Philosophie zu Religion und Theurgie », dans *Metaphysik und Religion. Zur Signatur des spätantiken Denkens*, éd. Th. Kobusch – M. Erler, München-Leipzig 2002,

discours en trois parties, disant à propos de quelles choses il faut avoir recours à la divination, dans quelles dispositions il faut être lorsqu'on y a recours et de quelle manière il faut user des réponses divinatoires. Mais il a commencé par le milieu, pensant peut-être que c'était la première chose de savoir dans quelle disposition il faut en général en venir à recourir à la divination, à savoir en ne mettant en avant ni désir ni aversion, car c'est nécessairement en tremblant que nous approchons la prédiction : si nous désirons <quelque chose>, nous craignons que le devin ne dise que cela est impossible, et si nous avons en aversion <quelque chose>, qu'il n'annonce que cela se réalisera. Comment alors sera-t-il possible de n'y apporter ni désir ni aversion ? Si tu te représentes, dit-il, que ce au sujet de quoi nous avons recours à la divination appartient aux choses extérieures. Car pour les choses qui dépendent de nous, il n'est pas utile d'avoir recours à la divination. Qui en effet aura recours à la divination <pour savoir> s'il faut désirer les choses qui sont conformes à la nature, mais fuir les choses contre nature ? Si donc les choses au sujet desquelles nous avons recours à la divination sont de celles qui ne dépendent pas de nous – <par exemple>, s'il faut prendre la mer, s'il faut se marier, s'il faut acheter le champ –, et s'il ne faut ni désirer ni fuir des choses qui ne dépendent pas de nous, il est clair *qu'il ne faut apporter chez le devin ni désir ni aversion.* Et en effet, nous ne savons pas quel sera l'événement à venir ; c'est précisément ce dont nous sommes venus nous

p. 323-342. *Cf.* aussi G. Gabor, « When should a philosopher consult divination ? Epictetus and Simplicius on Fate and What is up to us », dans P. D'Hoine and G. Van Riel (eds.), *Fate, providence and moral responsability in ancient, medieval and early modern thought. Studies in honour of Carlos Steel*, Leuven University Press, 2014, p. 325-340. A propos de ce très bon article, je n'ai qu'une seule remarque à faire : à la p. 334, 1er §, ligne 7-12, G. Gabor dit que « Simplicius explicitly defends the soul's freedom… against Epictetus'(false, for Simplicius) belief that the soul is mortal ». Mais Simplicius n'a jamais attribué à Épictète cette doctrine. G. Gabor renvoie (p. 334, n. 23) à ce sujet à la préface de Brennan et Brittain, *On Epictetus*, 1, p. 5, où il est seulement dit que « Simplicius tacitly allows as much in his introduction, when he notes that Epictetus'book has the "surprising" feature that it inculcates virtue even on the (false) supposition that the soul is mortal (H194/D1, 47-2, 14). » Brennan et Britain ne disent pas que cette « (false) supposition » est celle d'Épictète. Mais lisons leur traduction anglaise de la phrase en question de Simplicius (*op. cit.*, p. 38, ligne 6 *sq.*) : « But even if it were supposed that the soul is mortal, and that it is destroyed along with the body, still, in that case anyone who lived according to these precepts would be genuinely happy and blessed… ». Et voici ma propre traduction du même texte grec (I. Hadot, *Simplicius. Sur le Manuel*, t. I, p. 3, ligne 54-58) : « Mais même si l'on suppose que l'âme est mortelle et qu'elle périt en même temps que le corps, celui qui vit conformément à ces préceptes […] trouve véritablement le bonheur et la félicité. » Nulle part, ni dans le texte de Simplicius, ni dans les deux traductions citées, il n'est dit que cette supposition est celle d'Épictète. La supposition (fausse) à laquelle Simplicius fait allusion est d'ailleurs celle des Épicuriens et non pas celle d'Épictète.

enquérir auprès du devin. *Mais quel qu'il soit*, dit-il, tu sais, *si tu es un philosophe, que, des choses qui ne dépendent pas de nous, aucune n'est bonne ou mauvaise*, en sorte qu'elle n'est objet ni de désir ni d'aversion. Et en effet, ceux qui sont avisés dans ces choses [*scil.* dans la pratique divinatoire] disent que même les signes sont brouillés par le désir de ceux qui recourent à la divination. Et aussi cela contribuera à ta tranquillité de l'âme, quand tu as recours à la divination, de savoir que, quels que soient les événements à venir, il est en ton pouvoir d'en tirer profit, et plus ils sont pénibles, plus grand sera le profit *si tu en fais un bon usage*. A cause de cela *va avec confiance* et sans crainte vers la consultation divine[1].

1. Il est intéressant de comparer ce que disent Épictète, et surtout Simplicius, sur la divination avec un texte parallèle de Porphyre dans son *De abstinentia* (*De abst.*, II, 49-53, t. II, p. 114-116 Bouffartigue-Patillon). Il faut évidemment prendre en considération que, dans la deuxième partie de son commentaire sur le *Manuel*, Simplicius s'adresse à des interlocuteurs passablement avancés du point de vue moral et décidés à pratiquer désormais la philosophie (cf. *supra*, introduction, section 1, et *infra*, chap. XXXIX 112-116, p. 126-127), tandis que Porphyre parle du philosophe accompli, « prêtre du dieu suprême ». Mais même si l'on prend en compte ces différences de niveau des gens auxquels ces deux textes s'adressent, la plus grande réserve de Porphyre vis-à-vis de la divination dans presque toutes ses formes, comme d'ailleurs de toute la théurgie jambliquéenne, est nettement visible. Je ne cite qu'une seule petite partie du texte indiqué (*De abst.*, II, 52, 2-53, 1, t. II, p. 115-116 Bouffartigue-Patillon) : « Mais le philosophe dont nous traçons le portrait, celui qui se détache des choses extérieures, nous sommes fondés à affirmer qu'il n'ira pas importuner les démons, et qu'il n'aura pas besoin de devins ni d'entrailles d'animaux. Car les biens sur lesquels portent les divinations, il s'est précisément exercé à s'en détacher. En effet il ne s'abaisse pas au mariage et n'a donc pas à importuner le devin à ce sujet ; il ne s'abaisse pas à faire du commerce ; il ne va pas consulter au sujet d'un serviteur, ou de la réussite sociale, ou de toutes les autres formes de gloriole qui règnent chez les hommes. Sur ce qu'il recherche, ce n'est pas un devin, ce ne sont pas des entrailles d'animaux qui lui donneront des indications certaines. Seul et par lui-même [...] il s'approchera de Dieu qui a son siège dans ses véritables entrailles [c'est-à-dire dans son intellect : *cf.* J. Bouffartigue, *De abst.*, t. I, p. LVII], et recevra ainsi les instructions pour la vie éternelle, car il conflue là-bas de tout son être et souhaite, plutôt que d'entendre un devin, devenir "l'intime du grand Zeus" (Homère, *Od.* XIX, 178). Toutefois, en cas de nécessité pressante, il existe de bons démons qui, par des songes, par des signes, ou par la voix, préviennent l'homme qui vit ainsi en serviteur de Dieu, pour lui indiquer l'issue des événements et les précautions à prendre. » *Cf.* aussi Porphyre, *Ad Nemertium*, Fr. 276 Smith. Un peu plus loin, quand Simplicius explique qu'il ne faut pas avoir recours à la divination au sujet des choses que l'on peut connaître par un raisonnement discursif, il fait entendre que le raisonnement est préférable à la foi (XXXIX 73-74, *infra*, p. 125) : « ...Dieu veut, comme il paraît, que l'âme, puisqu'elle se meut elle-même, voie la vérité par elle-même. » Mais, comme nous l'avons vu au chapitre XXXVIII 83-115, p. 92-94, de son commentaire, notamment à propos des termes « illumination divine » (*cf. supra*, p. 37, n. 2 ; p. 93, n. 2 ; p. 94, n. 1), « souillure du pneuma » (*cf.* p. 93, n. 5) et de l'allusion aux « symboles » (*cf.* p. 94, n. 2), Simplicius adhère néanmoins largement aux idées de Jamblique sur la théurgie. *Cf.* I. Hadot, « Les attitudes ».

[b) *De quelle manière il faut user des réponses divinatoires*]

Vient ensuite l'action appropriée due à Dieu, à savoir, quand tu auras pris conseil, suis absolument ces conseils. En effet, celui qui n'obéit pas à Dieu quand il donne des conseils, à qui obéira-t-il ? Et certes, le fait de ne pas obéir quelquefois aux réponses divinatoires ne vient de rien d'autre que de ce qu'on projette ses désirs et ses aversions propres, en sorte que le fait d'approcher <le devin> sans désirs et sans aversions contribue non seulement à l'approcher *avec confiance* et *sans crainte*, mais aussi à obéir à la volonté divine.

[c) *Sur quels sujets il faut avoir recours à la divination*]

Puis, immédiatement après, il ajoute sur quels sujets il faut avoir recours à la divination, à savoir au sujet des seules affaires dont la fin est incertaine pour nous jusqu'à leur issue, parce que nous sommes dans l'impossibilité d'imaginer la fin à partir de la prudence ou de l'art et de l'expérience qui les concernent. Personne en effet n'aura recours à la divination <pour savoir> s'il faut que l'homme s'alimente ou dorme – l'être vivant en effet a absolument besoin de cela –, et pas davantage <pour savoir> s'il faut pratiquer la philosophie ou vivre conformément à la nature – il est en effet clair pour celui qui est doué de raison que cela est utile –, ni <pour savoir> comment sera faite la maison à bâtir – car l'art anticipe la forme ; l'agriculteur n'aura pas non plus recours à la divination <pour savoir> s'il faut semer ou planter – cela est en effet nécessaire pour l'agriculteur –, mais <pour savoir>, quand, ou bien où, ou bien quelle semence et quelles plantes <il faut> semer>, si cela n'est pas d'avance fixé par l'habitude ou évident par ailleurs ; et <l'on recourra aussi à la divination pour savoir> s'il faut prendre la mer, surtout quand la saison n'est pas tout à fait sans danger. Naturellement il ne faut pas avoir recours à la divination <pour savoir> s'il faut aller sur la place publique ou sortir au champ, bien que même cela soit quelquefois suivi d'une fin pénible, mais le plus souvent cela se termine selon nos vœux ; il suffit, semble-t-il, de « ce qui arrive le plus souvent » pour ne pas avoir besoin de recourir à la divination. Car, même si des points de départ sont donnés, par *un raisonnement ou par un art, pour embrasser d'un coup d'œil le but que l'on se propose*, l'issue n'en sera pas totalement nécessaire ; en effet, en ce qui concerne les choses extérieures, ni la nature, ni l'art, ni le choix délibéré n'ont *une issue* nécessaire, mais il suffit du « comme cela arrive le plus souvent » pour ne pas avoir besoin de recourir à la divination. Car le fait de vouloir avoir recours à la divination sur tout, rend craintif et inactif et dispose à prendre pour grandes les petites choses.

[d) *Il ne faut pas avoir recours à la divination au sujet de choses que l'on peut connaître par un raisonnement discursif. Le savoir est préférable à la foi*] [1]

Mais il vaut la peine d'examiner si, au sujet des choses qui dépendent de nous, il faut absolument ne pas recourir à la divination, <par exemple> : comment faut-il penser au sujet de l'âme ? Est-elle mortelle ou immortelle ? Et faut-il étudier avec ce professeur-là ? Car on voit que, parmi les anciens, beaucoup ont posé des questions au sujet de la nature des choses, et pourtant nous disons, penser de telle ou telle façon est notre affaire et appartient aux choses qui dépendent de nous. Cela étant, peut-être que c'est par démonstration qu'il faut apprendre ce qui est saisissable par démonstration logique. C'est de cette manière en effet que se réalisera une connaissance scientifique, si la démonstration se fait à partir de la cause. Mais le fait d'entendre de Dieu que l'âme est immortelle, fait certes naître la foi, et même une foi solide, comme cela est naturel, mais tout de même pas la science de la chose. Si quelqu'un est jugé digne par le dieu d'apprendre précisément les causes et de devenir savant, cela est un autre genre de la bonté <du dieu>, mais non pas le genre divinatoire : ce dernier en effet semble faire savoir d'avance, dans les choses pratiques, les issues qui sont impénétrables pour la pensée de l'homme. C'est pourquoi, même {si} quelques-uns ont posé des questions sur la nature des étants, du moins ceux-ci étaient rares et ils ne tenaient pas le premier rang en philosophie, mais étaient de ceux qui avaient pris l'habitude d'avoir une foi confiante et non pas scientifique, tandis que Dieu veut, comme il paraît, que l'âme, puisqu'elle se meut elle-même, voie la vérité par elle-même [2].

Certes, Épictète aussi bien que Socrate semblent interdire de poser des questions sur ce que l'âme peut connaître par elle-même. Voilà donc pourquoi Épictète n'approuve même pas celui qui demande s'il faut *partager le danger d'un ami ou de la patrie*. La raison droite en effet ordonne qu'il faut partager le danger. Même si des choses pénibles sont prédites, il ne faut pas moins partager le danger. Quelle est donc l'utilité de poser des questions sur de telles choses au sujet desquelles ce qu'il faut faire est clair ? Il apparaît que le dieu a blâmé très fort ceux qui autrefois demandaient s'il fallait extrader le suppliant. En effet, ce que la raison droite ordonne de faire, il faut le faire et non pas poser des questions, même si quelque chose de pénible s'ensuit pour nous en ce qui concerne le corps ou les choses extérieures. Il faut en effet préférer notre bien à

1. Cf. *supra*, p. 123, n. 1.
2. *Cf.* Porphyre, *Ad Nemert.*, Fr. 276F Smith.

nous [*scil.* les biens de l'âme] aux biens du corps ou aux biens extérieurs, même si ceux-ci se rapportent à nous.

[e) *Ce n'est pas l'action qui compte, mais le choix qui l'anime*]

Après avoir démontré qu'il ne faut pas avoir recours à la divination sur de tels sujets, puisqu'il faut toujours partager le danger, de quelque manière que se présentent les présages, il confirme cela <en s'appuyant> aussi sur le fait que le dieu *avait chassé du temple celui qui n'était pas venu en aide à l'ami qu'on assassinait.* En effet, deux hommes qui s'en allaient vers Delphes tombèrent sur des brigands ; l'un d'eux fut tué, mais l'autre, qui ou bien avait fui ou bien, sans vergogne, n'avait pas aidé <son ami>, vint à l'oracle, et le dieu le chassa en disant : « Puisque tu étais là tout près d'un ami mourant et que tu ne l'as pas défendu, tu es venu en état d'impureté. Sors du temple très beau ! » Et il est certes évident que, même s'il avait voulu, il n'aurait d'aucune manière sauvé son ami de la mort, mais néanmoins il aurait fallu partager son danger et mourir avec lui, même s'il était inévitable qu'en lui portant secours il subirait le même sort. A cause donc de ce choix le dieu a jugé qu'il était impur, en pensant que ce choix était souillé par l'abandon de l'ami à cause d'une compassion démesurée pour le corps, de même que, dans un autre cas, bien qu'il y ait eu échec, le dieu a néanmoins accueilli favorablement le choix. En effet, quand de nouveau deux autres hommes tombèrent sur des brigands, et que l'un des deux fut maîtrisé par les brigands, l'autre lança son javelot, et visant le brigand, il le manqua, et il frappa et tua son ami. Et quand il alla au siège de l'oracle, il n'osa pas entrer, pensant qu'il était impur à cause du meurtre de son ami. Et le dieu prononça envers lui ces vers : « Tu as tué ton compagnon en le défendant. Le sang du meurtre ne te salit pas. Tu es plus pur que tu ne l'étais auparavant ! » Si donc non seulement il n'était pas souillé par le meurtre de son ami, mais qu'il était même devenu plus pur qu'avant à cause de la rectitude de son choix, il est évident que le fait d'agir bien ou mal ne se trouve pas dans l'action, mais dans le choix des hommes.

Et il faut savoir que ce que l'on vient de dire, comme ce que l'on a dit juste avant, à partir de l'endroit que j'ai indiqué, et tout ce que sera dit ensuite, est adapté à une manière d'être moyenne[1], celle qui a déjà

1. Μέση ἕξις : cette manière d'être moyenne et instable, qui admet le plus et le moins et qui est intermédiaire aux dispositions stables, les vices et les vertus, correspond à celle des προκόπτοντες : *cf.* I. Hadot, *Simplicius. Sur le Manuel*, t. I, note 4 à la p. 39 (p. 145 *sq.*). Le Portique connaît la distinction terminologique entre *hexis* et *diathesis* : cf. *SVF*, III, 105 (= Diog. Laert., VII, 98) : « En outre, des biens de l'âme, les uns sont des *hexeis*, les

progressé dans une certaine mesure et qui s'applique à philosopher. En effet, ici aussi il a dit : « *Si toutefois tu es un philosophe* », et par la suite, en beaucoup d'endroits, il indique la même chose [1].

XL. Fixe pour toi désormais un certain style <de vie> et un certain type…(*Ench.*, chap. 33, § 1-3 Boter) [2]

[*Celui qui veut philosopher doit se choisir une forme de vie appropriée à cette préoccupation*

a) *Premier trait caractéristique de la vie philosophique : sa stabilité*]

Exposant à partir d'ici à celui qui en quelque mesure a fait des progrès et qui s'applique désormais à la philosophie l'action appropriée due à soi-même [3] : il faut aussi, dit-il, désormais fixer et définir le style de

autres des *diatheseis* […], les vertus sont des *diatheseis*, les pratiques des *hexeis* […] ». Les stoïciens appellent *diatheseis* les vertus et les vices qui, comme la notion de la ligne droite, n'admettent ni le plus ni le moins. Cf. *SVF*, III, 525 : « Ils <les stoïciens> disent que les *hexeis* sont susceptibles d'intensification et de relâchement, mais que les *diatheseis* ne souffrent ni intensification ni relâchement. » A leurs yeux donc le terme *hexis* signifie par lui seul, sans l'addition du qualificatif « moyenne », un état intermédiaire et instable entre vice et vertu. Dans ce contexte, l'expression μέση ἕξις serait donc selon eux une tautologie. Simplicius a choisi de ne pas employer les deux termes techniques stoïciens – bien qu'il les connût bien (*cf.* Simplicius, *In Cat.*, p. 237, 25-31 Kalbfleisch) – certainement parce que le sens que donnaient les stoïciens à ces deux termes était contraire à l'usage aristotélicien dans les *Catégories* (*cf.* Aristote, *Cat.*, 8b 27 *sq.*, p. 39 Bodéüs). Cf. *infra*, p. 206, n. 3.

1. Cf. *supra*, introduction, section 1, p. 9-12.

2. Simplicius divise le très long chapitre 33 du *Manuel* d'Épictète, chapitre qui ne contient que des préceptes, en 12 chapitres, qui sont les chap. XL à LI).

3. Simplicius comprend la recommandation de se fixer un type de vie comme se rapportant à la doctrine des devoirs, des actions (socialement) convenables ; de "l'action appropriée", il a donné une définition au chapitre XXXVII 1-10, p. 73-74, qui implique qu'elle est « l'œuvre de la justice », et qu'elle est donc la substance des bonnes conduites éthique et civique (puisque la première n'est rien d'autre que « la justice de l'âme », et la seconde, « la justice de la cité ») ; cette mise en commun de la vertu éthique et de la vertu civique ou politique repose sur une analyse que l'on trouve dans le *Commentaire sur la République* de Proclus, qui porte sur le but du dialogue, mais qui, nous le verrons, a eu d'autres conséquences sur l'exégèse de Simplicius, pour l'articulation de l'éthique et du politique : « Si donc la justice caractérise la vertu politique, comment n'est-il pas fatal et que la justice de chaque âme soit la "constitution" de l'âme et que la constitution proprement dite soit la "justice" de toute cité donnée ? Ne disons donc pas qu'il y a deux buts, mais que le but concernant la justice politique et le but concernant la meilleure constitution (dans l'âme) n'en forment qu'un seul… » (*In Remp.*, I, 13, 6-12 Kroll = *Commentaire sur la République*, I, p. 29 Festugière). Simplicius a aussi expliqué dans le chapitre XXXVII que, à partir de ce point (le chapitre 30 du *Manuel*), Épictète se mettait à enseigner l'art du convenable, qui consiste à la fois dans une connaissance et dans une pratique (l. 10-13, p. 74). Cependant, après les longs excursus suscités, aux chapitres XXXVII et XXXVIII, d'abord par la lecture du

conduite qui est approprié à la vie d'un tel homme, style auquel il faut ajuster les détails. En les parcourant lui-même d'un bout à l'autre, il établit à travers eux tout le style propre à une telle vie, en recommandant de le garder, aussi bien *lorsque tu es seul que lorsque tu rencontres d'autres hommes*. Cela veut dire, je pense, qu'il faut toujours, autant que possible, rester dans l'identité, en maintenant toujours sa forme de vie une [1], sans

chapitre 30, puis par celle du chapitre 31 *du Manuel*, et après le traitement de la question spécifique de la divination (au chapitre XXXIX), à partir de ce chapitre XL, Simplicius a constaté que commence dans le *Manuel* une série de conseils de bonne conduite plus spécifiques, de sociabilité, qui visent à ménager autant l'intégration du progressant (en philosophie) dans le tissu des relations sociales nécessaires, que la préservation et l'exercice de son intégrité morale, au milieu de ces liaisons dangereuses avec le monde vulgaire des passions que favorise la sociabilité commune. L'apprentissage et le progrès philosophiques du destinataire des conseils reposent sur la détermination minutieuse des comportements convenables : c'est la tâche assignée à ce type de préceptes, tandis que celle du progressant sera précisément de mettre en œuvre ces préceptes comportementaux. Sur le progressant en philosophie, voir le chapitre V, 27-28, dans I. Hadot, *Simplicius. Sur le Manuel*, t. I, p. 39, avec les explications et le recensement des occurrences donnés dans la note 4, p. 145-146. Signalons enfin que, dans des notes manuscrites où il médite le texte grec d'Épictète, intitulées *Askêmata* (*Exercices*), le philosophe Shaftesbury considérait aussi, à sa manière, le chapitre 22 du *Manuel* comme la marque d'un palier qui délimite un degré supérieur dans l'éducation : il s'agit alors d'un cheminement proprement philosophique, en trois moments, qu'il appelle respectivement *probatio*, *statio* et *confirmatio* (*cf.* L. Jaffro, dans [Arrien], *Manuel d'Épictète*, traduction et notes par E. Cattin, introduction et postface par L. Jaffro, Paris, 1997, p. 53-55). [S.T.]

1. Sur la notion de "forme de vie" : *cf.* I. Hadot, *Simplicius. Sur le Manuel*, t. I, p. 4, note 3 (p. 134) et p. 20, notes 2 et 4 (p. 140). Simplicius a raison d'insister sur les idées de stabilité et d'unicité du type de vie (philosophique, ici), évoquées par le seul verbe "garder" dans le passage commenté. Dans les *Entretiens*, Épictète insiste lui-même sur la nécessité de la constance de l'ascèse et de l'unicité de visée, une fois que l'on a choisi un type de vie, et il condamne la versatilité qui résulte du manque de réflexion préalable : « "je veux remporter la victoire à Olympie". Moi aussi, parbleu ! car c'est une belle chose. Mais vois bien les conditions et les conséquences de ton acte ; et alors, s'il t'est profitable, attache-toi à agir. Tu dois mener une vie rangée, te soumettre à un régime, t'abstenir de friandises, etc. (…) Si, après ces réflexions, tu veux encore concourir, va au combat. Si tu ne les fais pas, vois bien que tu te conduis comme les enfants ; ils jouent tantôt aux athlètes, tantôt aux gladiateurs, puis ils sonnent de la trompette, et ensuite ils imitent comme des acteurs tout ce qu'ils voient et ce qui les frappe. Toi aussi, tu es tantôt athlète, tantôt gladiateur, puis philosophe, ensuite rhéteur, mais jamais de tout ton cœur ; comme un singe, tu imites tout ce que tu vois ; tu t'éprends des choses l'une après l'autre ; l'accoutumance te déplaît. » (III, XV, 2-6, dans *Les Stoïciens*, p. 991-992). Pour déterminer le mode d'action convenable dans les diverses circonstances de la vie, il faut avoir d'abord choisi un type de vie auquel ensuite, comme le dit ici Simplicius, « il faut ajuster les détails ». C'est exactement ce qu'expose Épictète dans un autre passage des *Entretiens* : « Demande-toi d'abord ce que tu veux être ; et alors fais ce que tu fais. Dans toutes les autres occupations, nous voyons que les choses se passent ainsi. Les lutteurs décident d'abord ce qu'ils veulent être et, ensuite, ils agissent en conséquence ; pour un coureur au long stade, etc. (…) On trouvera qu'il en est de même dans les métiers ;

se laisser entraîner, à la manière de l'Euripe[1], par les choses qui tombent sur nous de l'extérieur dans leur diversité. C'est ainsi qu'on disait aussi de Socrate[2] qu'on le voyait toujours dans la même attitude et qu'il n'était changé ni par les choses qui semblaient être agréables ni par celles qui semblaient être douloureuses, parce qu'il maintenait toujours sa forme

pour un charpentier, etc. (…) Si nous ne rapportons pas à une fin ce que nous faisons, nous agirons au hasard ; et si nous le rapportons à une fin qui ne convient pas, nous commettrons des fautes. (…) Quant au but particulier, il se réfère à l'occupation et à la volonté de chacun. Il y a une fin du joueur de cithare comme joueur de cithare (…), du philosophe comme philosophe… » (III, XXIII, 1-5, *ibid.*, p. 1015). L'idée est que, en faisant coïncider les actions avec le choix de vie, au fil du temps et dans le détail des comportements, on s'assure de conserver son identité (voir Cicéron, *Des devoirs*, I, XXXI, 110-113, *ibid.*, p. 533 : « Or chacun doit maintenir ce qui est sien, non pas ses défauts, mais son caractère personnel, pour être plus capable de conserver cette convenance, qui fait l'objet de ma recherche. (…) Si la convenance est quelque part, elle est dans l'égalité que l'on conserve avec soi-même dans la vie entière et dans chaque action… la conduite la plus convenable pour chacun, c'est celle qui est la sienne propre »). [S.T.]

1. Il s'agit d'une expression proverbiale, qui s'applique à des personnes instables et versatiles, dont l'esprit est trop faible pour résister à la pression de l'événement (voir Aristote, *Éthique à Nicomaque*, IX, 6, 1167b 7). L'expression repose sur une réalité observée : le détroit de l'Euripe, entre Eubée et Béotie, était (et est encore) traversé de courants contraires qui changent avec une forte fréquence dans le même jour (voir Strabon, *Geogr.*, I, 3, 12, t. I/1, p. 154 Lasserre et Aujac [p. 55 Casaubon], et IX, 2, 8, t. VI, p. 81 Baladié [p. 403 Casaubon]). [S.T.]

2. L'évocation de Socrate, à propos du choix de vie du progressant en philosophie et de la constance requise dans ce choix, rappelle un propos rapporté par Épictète dans les *Entretiens*, où Socrate ne se présente pas comme celui qui fait progresser, mais seulement comme un progressant (avec un accent mis sur le progrès en éthique, non en dialectique) : « Mais Socrate, que dit-il ? "De même que l'un se réjouit d'améliorer son champ, et l'autre, son cheval, de même je suis content de prendre chaque jour conscience de mes progrès. En quoi ! En phrases ? – Homme, tais-toi. – Alors, dans l'énoncé des principes ? – Que dis-tu là ? – Je ne vois pourtant pas que les philosophes s'occupent de rien d'autre. – Tu crois que ce n'est rien, de ne pas faire de reproches à Dieu ni aux hommes, de ne blâmer personne, de garder toujours même visage en sortant et en entrant ? " » (III, V, 14-16, dans *Les Stoïciens*, p. 972 ; sur la figure et l'héritage de Socrate chez Épictète, voir notamment K. Döring, *Exemplum Socratis*, Wiesbaden, 1979 ; Long, *Epictetus*, p. 67-96 ; et J.-B. Gourinat, « Le Socrate d'Épictète », dans *Philosophie antique : problèmes, renaissances, usages*, 1, 2001, p. 137-165). Socrate est, avec Diogène, l'une des deux grandes figures de sages régulièrement proposées en modèles idéaux par Simplicius, parce que, comme il l'avait dit en commentant le chapitre 8 du *Manuel*, bien avant d'avoir à examiner en détail les actions appropriées, ils ont tous deux atteint, sous l'injonction divine, « une extrême frugalité et une vie conforme à la nature » (voir chap. XIV, 313-319, dans I. Hadot, *Simplicius. Sur le Manuel*, t. I, p. 89 ; sur le modèle socratique de maîtrise de soi chez Simplicius, voir Marilynn Lawrence, « *Akrasia* and *enkrateia* in Simplicius's commentary on Epictetus's *Encheiridion* », dans D. A. Layne et H. Tarrant, éd., *The Neoplatonic Socrates*, Philadelphia, 2014, p. 127-142) ; ce faisant, Simplicius respecte l'idée que se fait de leur grandeur et de leur importance Épictète, qui, dans les *Entretiens*, convoque régulièrement ces deux figures pour illustrer ces préceptes. Simplicius exprime avec une grande clarté, à la toute fin du chapitre LXIX, en quoi Socrate

de vie une et la même. Et il se peut que ce soit cela précisément le style unique qu'il faut fixer et définir, style qu'il a indiqué brièvement en disant qu'il faut garder le même aussi bien *lorsque l'on est seul que lorsque on rencontre d'<autres> hommes.*

[b) *Deuxième trait caractéristique de la vie philosophique : un silence fréquent et, si nécessaire, une parole qui ne parle que du nécessaire et sous une forme concise*]

Et parmi les choses qui sont propres à un tel style <de vie>, la première et la principale est : *Que le silence*, dit-il, *se fasse fréquemment.* En effet, tout l'effort des discours éducateurs consiste à tourner l'âme vers elle-même [1] en l'éloignant des choses extérieures, des passions irrationnelles qui sont en elles, et du corps, pour qu'elle maintienne toujours identique sa forme de vie. C'est à cela manifestement que le silence contribue au plus haut point [2]. C'est pourquoi les pythagoriciens aussi prescrivaient un silence de cinq ans comme le début très efficace de leur

est un modèle pour les progressants en philosophie, en proposant, comme la meilleure méthode pour ceux-ci, l'application constante, quotidienne et minutieuse de la raison aux cas qui se présentent à eux : « C'est de cette manière, dit-il, qu'aussi Socrate est parvenu à être plus sage que tous les hommes, en s'habituant à ne différer en rien son propre profit (...). Eh bien, toi, même si tu n'es pas Socrate, tu dois du moins vivre en pensant vouloir être Socrate. Et celui qui a les yeux fixés sur un exemple et veut se rendre semblable à celui-ci, ne fléchit pas, se comparant toujours <à son modèle> pour l'imiter » (l. 49-56, p. 209). En milieu néoplatonicien, l'appariement de Socrate et de Diogène sous le signe commun d'une exhortation delphique se trouve déjà chez Julien l'Empereur (voir *Contre les cyniques ignorants*, qui est une défense et illustration de Diogène et du cynisme ancien, qui les fait entrer dans l'orbite platonicienne : le rapprochement est suggéré dès le chapitre 1, mais il est surtout développé aux chapitres 7 à 9, puis 11 ; au chapitre 9, Julien s'indigne que « au mépris de ces évidences, nous voulons en un mot élever comme un mur entre ces hommes et les séparer l'un de l'autre... » – p. 155 Rochefort ; au chapitre 8, la philosophie de Diogène, comme chez Simplicius, est elle aussi placée sous le patronage de l'Apollon delphien, qui a exhorté Diogène à mettre en pratique deux de ses préceptes, dont l'un lui est commun avec Socrate). [S.T.]

1. L'expression de la conversion intérieure de l'âme se trouve au chapitre 10 du *Manuel* (« souviens-toi de te retourner vers toi-même »), commenté par Simplicius au chapitre XVI (voir I. Hadot, *Simplicius. Sur le Manuel*, t. I, p. 100, avec les explications données sur la conversion stoïcienne et la conversion néoplatonicienne, à la note 4, p. 174-175). [S.T.]

2. Le silence est ici présenté comme une forme d'exercice qui contribue à la concentration psychique, par le détachement forcé à l'égard de toutes sortes d'affects (les événements, la corporéité, les passions). Au chapitre XXIX (l. 40-45, dans I. Hadot, *Simplicius. Sur le Manuel*, t. I, p. 129), Simplicius prescrivait, comme une application pratique, de s'accoutumer à garder le silence, si on sent la colère monter en soi, afin de donner un délai, d'accorder un recours à la pensée pour qu'elle médite comme il se doit

formation[1]. En effet, de même que les sensations font se tendre vers le dehors l'âme qui collabore avec elles – comme le montrent ceux qui ferment les yeux, lorsqu'ils veulent se concentrer, se ramasser et se réveiller autour de la faculté d'attention de leur âme[2] –, de même le

sur l'événement. Cet exercice du silence est l'une des formes de discipline "corporelle" (nous en rencontrerons d'autres) qui accompagnent l'exercice des vertus à leur niveau le plus élémentaire, le niveau éthique, où l'accoutumance physique est une aide de première importance pour que la raison apprivoise les mouvements passionnels, induits par la corporéité (par exemple, le "bouillonnement" de la colère, ou, plus loin, au chapitre XLI (p. 138-140), le "gonflement" du rire). [S.T.]

1. Le précepte d'Épictète rejoint donc, selon Simplicius, une prescription de Pythagore appliquée aux aspirants en philosophie, qui, s'ils réussissaient l'épreuve, passaient au rang des "ésotériques" (voir Jamblique, *Vita Pyth.*, XVII, 72). Cette analogie avec un enseignement pythagoricien illustre la valeur protreptique reconnue au *Manuel* (voir dans I. Hadot, *Simplicius. Sur le Manuel*, t. I, la section 5 de l'introduction, p. XCII-XCVII). [S.T.]

2. L'explication de Simplicius concernant le mécanisme de la concentration intérieure met en œuvre un vocabulaire qui est assez similaire à celui qu'utilise Porphyre de manière répétée dans la *Sentence* 43 (se tendre vers l'extérieur, se concentrer); qui plus est, la distinction, ici mise en jeu, entre la tension *ad extra* propre au mécanisme de la perception sensible et l'attention tout intérieure de l'âme, qui est indépendante de la première et lui est supérieure, repose sur une élaboration de la conception de la faculté d'attention qui doit beaucoup au même Porphyre (l'attention assure l'unité de l'expérience individuelle – la conscience – dans le processus cognitif : voir *De abst.*, I, 40, 2 et 41, 5, t. I, p. 73-75 Bouffartigue), mais dont on peut apercevoir la source dans les réflexions de Plotin à la toute fin du traité 10 (*Sur les trois hypostases primordiales*, c. 12, 13-21 ; là aussi, le vocabulaire est similaire à celui qu'emploie Simplicius, jusqu'à la présence du verbe "éveiller", et l'expérience décrite, concernant l'ouïe au lieu de la vue, est celle d'un travail de l'attention qui vise à s'abstraire de certaines perceptions sensibles). Simplicius réemploiera ce vocabulaire au chapitre XLIII (pour commenter une expression du chapitre 33, 6 du *Manuel* : « tends ton attention ») ; il faut toutefois préciser que l'emploi de l'adjectif substantivé (« ce qui est attentif » = « la faculté d'attention ») témoigne d'un état postérieur de la doctrine de l'attention, selon lequel celle-ci est considérée comme un "sixième pouvoir" qui appartient à l'âme rationnelle : cette nouvelle faculté est substituée au "sens commun", ou plus exactement, elle est destinée à coiffer à la fois l'attention au sens d'une conscience unitive des actes divers propres à l'âme en quelqu'une de ses "parties", mais aussi la conscience de l'unité du sujet qui perçoit chacun des sensibles propres ; cette interprétation est exposée par Philopon (s'il est bien l'auteur du livre III) et attribuée par lui à des interprètes récents, situés entre Plutarque d'Athènes et lui-même (voir *In De an.*, III, 464, 30-465, 31 Hayduck) : dans leur idée, il doit n'y avoir qu'une seule faculté d'appréhension consciente de toutes les activités, incorporelles et corporelles du sujet, puisque ce sujet, composé d'âme et de corps, est un ; cependant, ces interprètes reconnaissent que la qualification de "faculté d'attention" est employée dans le langage commun à propos des seuls processus cognitifs, tandis qu'on parle de "conscience" (συνειδός) à propos des puissances vitales. On constate que Damascius, le maître de Simplicius, reconnaît aussi une répartition, fonctionnelle ou terminologique, entre la faculté d'attention et la conscience : la première « agit comme un témoin des facultés cognitives », la seconde, « comme un témoin des facultés appétitives » (*In Phaed.*, I, § 271, p. 162-163 Westerink : il emploie les deux mêmes termes que

discours proféré[1] disperse plutôt l'âme vers l'extérieur, bien qu'elle ne collabore pas alors avec les sensations, mais qu'elle agisse elle-même[2]. Et le remède à cette dispersion[3] est le silence. Mais Épictète n'ordonne pas un silence complet et il n'invite pas à ce genre <de vie> de Pythagore, ce genre de vie tout à fait sublime et déiforme, mais au genre politique,

Philopon [?]); la même analyse apparaît dans le *Commentaire sur le premier Alcibiade* d'Olympiodore (*In Alc.*, 23, 16-17, p. 17 Westerink), si l'on accepte l'excellente restitution que Westerink a proposée, pour corriger un texte absurde dû certainement à un saut du même au même, dans une note du *Commentaire sur le Phédon* de Damascius (*In Phaed.*, I, § 271, p. 162); dernier lien objectif entre les trois textes : Olympiodore fait la même analyse que les deux autres, tout en citant, comme Philopon (?), le vers 396 de l'*Oreste* d'Euripide (sur le sujet de la conscience et de la réflexivité – et de quelques autres notions connexes – dans ces textes, voir notamment W. Bernard, « Philoponus on self-awareness », dans R. Sorabji (éd.), *Philoponus and the rejection of Aristotelian science*, London & Ithaca, 1987, p. 154-163; P. Lautner, « Rival theories of self-awareness in late Neoplatonism », *dans Bulletin of the Institute of Classical Studies*, 29, 1994, p. 107-116; I. Hadot, « Aspects »; M. Perkams, *Selbstbewusstsein in der Spätantike*, Berlin, New York, 2008). On notera enfin que l'adjectif substantivé qui désigne la faculté d'attention se trouve dans un dit d'Épictète recueilli à la fin du livre XI des *Pensées* de Marc Aurèle, où il est utilisé dans la description de la règle qui se rapporte à la discipline de l'action : « … dans le thème d'exercice qui se rapporte aux impulsions à l'action, il ne faut jamais relâcher son attention, pour que ces impulsions soient accompagnéees d'une clause de réserve, qu'elles aient pour fin le service de la communauté et soient proportionnées à la valeur (ἀξία) » (§ 37, trad. P. Hadot, dans *Introduction aux « Pensées »*, p. 125). [S.T.]

1. Simplicius use d'une expression stoïcienne, qui fait couple avec l'expression de discours intérieur (voir Sextus Empiricus, *Contre les professeurs*, VIII [= *Contre les dogmatiques*, II], 275 = *SVF* II, 223, ou encore *Esquisses pyrrhoniennes*, I, 62-77). Voir au chapitre IX, 79-82, I. Hadot, *Simplicius. Sur le Manuel*, t. I, p. 59, avec les explications données à la note 1, p. 155. [S.T.]

2. Simplicius nuance la comparaison qu'il fait entre les sensations et le discours proféré, en tant qu'ils font se tendre l'âme vers le dehors, en précisant que, toutefois, il n'y a pas de collaboration avec les sensations dans le second cas. La validité de cette précision (que l'âme agit toute seule en ce cas) repose sur l'idée non exprimée que le *logos* de manière générale constitue l'œuvre propre de l'âme (humaine), la marque caractéristique de sa "vie active", ce qui peut s'autoriser d'une analyse d'Aristote, au livre I de l'*Éthique à Nicomaque* (chap. 6, 1097b 34-1098a 8, p. 70-71 Bodéüs) : « on cherche ce qui est propre [à l'homme]; il faut donc écarter la vie nutritive ou de croissance. D'autre part, il y aurait, à sa suite, une certaine vie sensitive; mais manifestement, elle aussi, est commune au cheval, au bœuf et à tout animal. Reste donc une certaine vie active à mettre au compte de ce qu'il a de rationnel, c'est-à-dire ce qui, d'un côté, obéit à la raison et, de l'autre, la possède et réfléchit. (…) Mais si l'office de l'homme est l'activité rationnelle de l'âme, ou une activité qui n'est pas sans raison … ». [S.T.]

3. Le terme, imagé, exprime le risque de ne pas parvenir à suivre le précepte que Simplicius énonçait plus haut ainsi : « maintenir toujours sa forme de vie une ». L'image exacte est celle du flot, du courant, et Simplicius file donc la métaphore initiée avec l'allusion à l'Euripe. [S.T.]

plus à la mesure des hommes[1]. Il faut donc ou se taire, dit-il, *ou ne dire que ce qui est nécessaire*, et d'une manière brève, en répondant à celui qui questionne. Et il définit en peu de mots le genre des choses au sujet desquelles il faut parler : il faut que ce soit ce qui est nécessaire, aussi

1. Sur les gens qui veulent acquérir les vertus néoplatoniciennes politiques ou civiles, voir I. Hadot, *Simplicius. Sur le Manuel*, t. I, *Introduction*, p. LXXXII. Il y a ici, entre Épictète et Pythagore, une distinction des parénèses qui correspond aussi à une hiérarchie des genres de vie. Selon Simplicius, les recommandations, dans le *Manuel*, visent l'existence civique ou politique, et non la vie de ceux que toute l'Antiquité tardive connaît sous le nom d'« hommes divins », et dont Pythagore, pour les païens, était devenu le parangon. L'idée d'un genre de vie plus simplement humain, plus mesuré, renvoie également à une morale moyenne, ou, en termes néoplatoniciens, à une métriopathie, c'est-à-dire à un niveau inférieur de la pratique des vertus qui, chez Porphyre, correspond précisément aux vertus civiques ou politiques (voir *Sentence* 32, 6-8 et 29-31, dans Porphyre, *Sentences*, t. I, p. 334-337 : « les vertus du citoyen résident dans la mesure imposée aux passions [*scil.* la métriopathie] du fait qu'elles suivent et qu'elles accompagnent le raisonnement relatif au devoir [*scil.* l'action appropriée] dans le domaine de l'action… la disposition caractéristique des vertus civiques se manifeste dans la mesure imposée aux passions, car elle a pour fin d'assurer une vie d'homme qui soit conforme à la nature… »). La liaison que fait Porphyre, pour décrire ce genre de vertus, entre l'action appropriée (le devoir ou le convenable) et une morale de la mesure, est aussi au fondement de toute l'analyse de Simplicius depuis le début du chapitre XL. Contrairement à ce qu'on pourrait croire, cette conception néoplatonicienne des vertus inférieures ou des vertus proprement sociales n'est pas sans rapport avec des idées stoïciennes : c'est bien dans une perspective stoïcienne que Cicéron avait décrit le caractère moyen, voire de second rang, de la morale des actions appropriées (devoirs ou convenables) : « Bien que, selon nous, l'honnête soit le seul bien, il est pourtant logique de s'acquitter du convenable… Dans le convenable, il y a un élément raisonnable qui fait qu'on peut en rendre compte, qui fait donc qu'on peut aussi rendre compte d'une action raisonnable… On voit par là que le raisonnable est de ces choses moyennes qui ne sont ni dans les biens ni dans leurs contraires. Puisqu'elles peuvent avoir quelque utilité…, il ne faut pas les supprimer. » (*Des fins des biens et des maux*, III, XVII, 58, dans *Les Stoïciens*, p. 283) ; et dans un exposé probablement inspiré de la philosophie de Panétius : « Et en effet la formule stoïcienne du souverain bien, vivre conformément à la nature, a, je crois, le sens suivant : se conformer toujours à la vertu, et, quant au reste des choses qui, en dehors d'elle, sont conformes à la nature, les choisir au cas où elles ne s'opposent pas à la vertu. Dans ces conditions, certains pensent que l'on a tort d'introduire pareille comparaison et que l'on n'a pas du tout à prescrire des règles à ce sujet… mais si ceux qui n'atteignent pas la sagesse parfaite ne possèdent non plus en aucune manière l'honnêteté parfaite, il peut y avoir en eux des images de l'honnêteté. Les devoirs dont je parle dans ces livres sont désignés par les stoïciens sous le nom de "moyens" ; ils sont fort communs et ils s'étendent à un grand nombre de personnes, à tous ceux qui y atteignent grâce à leurs qualités naturelles d'esprit et à leur progrès dans l'instruction… Donc les devoirs dont je parle dans ces livres sont, comme ils disent, une "honnêteté de second rang" ; ils ne sont pas particuliers aux sages, mais ils les ont en commun avec tout le genre humain ; chez tous ceux qui ont quelque disposition naturelle à la vertu, ils sont des motifs d'agir » (*Des devoirs*, III, III-IV, 13-16, *ibid.*, p. 590-591). On constate que la connaissance et la pratique des actions appropriées ou convenables n'est pas l'apanage exclusif du sage stoïcien, mais qu'ils sont à la portée des progressants.

bien pour une conduite de l'âme qui soit conforme à la nature[1], que pour le besoin de l'être vivant. De tels sujets en effet, précisément parce qu'ils sont peu nombreux, plus en rapport avec la réalité et qu'ils ne sont ni vains ni illimités, ne troublent pas la représentation, pas plus qu'ils ne la dispersent dans l'illimité. Et il a défini aussi le genre du discours

Or Épictète, dans les *Entretiens*, met expressément en relation la discipline des actions appropriées, chez les aspirants philosophes, avec un état qui n'est pas de l'ἀπάθεια : « Le deuxième [*scil. topos* : celui qui concerne les impulsions et répulsions à l'action] concerne le *devoir* ; car il ne faut pas être *impassible* à la manière d'une statue ; il faut maintenir nos rapports naturels ou acquis avec autrui... » – III, II, 4, dans *Les Stoïciens*, p. 965). Cette modulation de l'impératif classique, quand il s'agit des devoirs, signale peut-être l'influence de Panétius sur le stoïcisme impérial, car, au témoignage du philosophe Taurus (conservé dans les *Nuits attiques* d'Aulu Gelle, XII, v, 10), à propos du rapport du sage stoïcien à la douleur : « l'homme sage peut supporter ou surmonter la douleur, mais l'empêcher absolument d'atteindre sa sensibilité, cela il ne le peut ; car, dit-il, à mon jugement comme à celui de certains philosophes particulièrement sages du Portique, tel le sérieux et savant Panétius, l'ἀναλγησία [= insensibilité] et l'ἀπάθεια [impassibilité] sont désapprouvées et rejetées » (ma traduction ; voir l'édition de Panétius par F. Alesse, *Testimonianze*, n° 84, p. 46, avec le commentaire p. 223-224). Si l'« insensibilité » est « désapprouvée », ce pourrait être parce qu'il ne s'agit pas ou pas seulement ici d'un jugement d'existence à son propos, mais aussi d'un jugement sur la valeur et l'utilité possible de la sensibilité morale dans la discipline des actions appropriées : car le terme traduit par "insensibilité" (qui a aussi un sens psychologique en grec) désigne, chez Aristote, un excès vers l'indifférence, par rapport à une moyenne vertueuse qui est la douceur (πρᾳότης) : il y a peut-être, dans le stoïcisme impérial, un "retour" à la métriopathie d'Aristote à la faveur à la fois de l'héritage de l'enseignement moral de Panétius et du développement de la doctrine de l'appropriation dans ses conséquences sociales altruistes (voir Hiéroclès, *Elements of ethics*, p. 90-91, avec les notes 39-41, et l'introduction, p. XLV-XLVII ; sur de nettes affinités entre Panétius et Épictète, autour de la préoccupation d'une éthique à l'usage des progressants, voir les remarques discrètes mais instructives d'Anthony Long, dans *Epictetus*, p. 230, 241 et n. 8, 256-257 ; voir aussi la dernière partie de l'appendice dans F. Alesse, *Panezio di Rodi e la tradizione stoica*, Napoli, 1994, p. 267-278). [S.T.]

1. C'est ainsi que Simplicius comprend l'une des deux visées (avec le besoin de l'être vivant), et la plus haute des deux, du "convenable" auquel le *Manuel* recommande de « ramener » tous les propos, en évitant aussi bien les sujets futiles des conversations de taverne ou de marché, que l'éloge et la critique des personnes. En introduisant l'expression canonique du τέλος stoïcien de la vie dans l'explication du "convenable", Simplicius est tout à fait dans la note, puisque le convenable ou l'action appropriée, pour les êtres vivants, était défini comme « une certaine activité qui suit de manière conséquente de leur propre nature » ; pour l'homme, distingué par le *logos*, une variante de la définition est la suivante : « ce qui est conséquent dans le genre de vie ». (Stobée, *Anthologie*, II, 7, p. 85 = *SVF* III, 494) : cette variante s'accorde à l'idée, déjà rencontrée chez Cicéron et Épictète, qu'il faut ajuster de manière cohérente et précise les convenables au mode de vie qu'on a choisi. Mais Simplicius respecte aussi l'analyse des vertus civiques propre à Porphyre, puisque la disposition caractéristique des personnes qui pratiquent ces vertus inférieures vise à garantir, ainsi que le Tyrien le dit, « une vie d'homme qui soit conforme à la nature » (*Sentence* 32, 30-31, dans Porphyre, *Sentences*, t. I, p. 336-337) ; Porphyre a en effet maintenu le τέλος

lui-même : concis et bref[1]. Si en effet le fait de se faire une représentation vague des choses sur lesquelles porte le discours et de ne pas maîtriser leur essence produit le verbiage, le fait que la pensée va tout droit aux choses et voit le concentré de leur essence et le principe selon lequel chaque chose existe, fait énoncer aussi le discours <qui porte> sur ces choses d'une manière concentrée sur les points principaux.

[b) 1. *Un discours long n'est permis que pour les besoins de l'enseignement philosophique*]

Et si quelquefois, dit-il, on a besoin aussi d'un discours plus long – car c'est cela le "dire", pas seulement en questionnant ou répondant, mais en développant seul le discours –, même si alors le genre du discours, dit-il, est nécessairement quelquefois changé, étant devenu plus long au lieu

stoïcien, mais en le dévaluant dans sa propre hiérarchie des vertus. La formule de Simplicius décalque celle de Porphyre, et montre qu'il applique lui aussi le τέλος stoïcien (comme il est plus naturel, commentant le *Manuel*), à l'exercice des vertus civiques proposé aux progressants. [S.T.]

1. Il est caractéristique de la position adoptée par les stoïciens à l'endroit de l'art rhétorique qu'on leur doive d'avoir complété la liste des vertus du style due à Théophraste en lui ajoutant une cinquième, la brièveté (*suntomia*). Les stoïciens, et particulièrement les stoïciens romains, même quand ils étaient des hommes d'État, comme par ex. Mucius Scaevola, Caton d'Utique et Musonius Rufus, étaient connus non seulement pour leur rectitude, mais aussi pour leur style concis et bref même dans leurs discours officiels ; selon la définition de Diogène de Babylone (*Diog. Laert.*, VII, 59), « la *suntomia* est une façon de parler qui ne contient que ce qui est indispensable à la connaissance de la chose ». Cet idéal de brièveté, associé au style paratactique de la démonstration syllogistique, avait pour effet de produire un style oratoire que Cicéron décrit de manière très suggestive en donnant pour exemple Caton d'Utique : disciple d'un Portique qui ne recherche aucune forme d'ornement dans ses discours ni ne tire en longeueur ses argumentations, il débite ce qu'il a à dire « en des questions minuscules, pareilles à des points [*minutis interrogatiunculis quasi punctis*] » (Cicéron, *Paradoxes des stoïciens*, *praef.* 2) Mais dans notre contexte il s'agit pour Simplicius en première ligne des "progressants", pour lesquels, aux yeux des néoplatoniciens aussi, ce mode d'expression était adéquate. Quant au vrai philosophe affermi cependant, dont Simplicius parle ensuite, surtout quand il enseignait et quand il ne s'agissait pas de l'enseignement proprement théorique, mais de la conversion à la philosophie ou de la parénèse, même des stoïciens, comme par exemple Sénèque, étaient d'avis qu'il fallait déployer, pour être efficace, l'art de la rhétorique, mais que l'élément pédagogique le plus efficace était l'exemple d'une vie philosophique irréprochable. *Cf.* Gourinat, *Dialectique*, le très instructif sous-chapitre « Dialectique et rhétorique : similitudes et différences, p. 35-40. *Cf.* I. Hadot, *Sénèque*, les chapitres « Sophistique et rhétorique ; le pouvoir de la sentence », « Tradition et originalité de la direction spirituelle chez Sénèque » et « Le rôle de l'autorité ». Quant à Simplicius, une épigramme contenue dans les *Anthologiae Graecae appendices* (E. Cougny, Paris, 1890, chap. III, p. 321) loue ses qualités non seulement de philosophe, mais aussi de rhéteur.

d'être bref, pourtant le genre des sujets sur lesquels portent les discours doit rester le même qu'auparavant : le discours parlant des choses nécessaires – exhortant à la vertu, enseignant, conseillant, consolant, discutant de la vérité dans les étants, célébrant l'excellence du dieu ainsi que sa providence et lui demandant par la prière une assistance pour la vie conforme à la nature [1] –, *mais il ne doit pas porter sur n'importe quel sujet* dont parle n'importe qui, donc *ni sur les combats de gladiateurs ni sur les courses à l'hippodrome* et sur les choses de ce genre, *ni sur la nourriture ou les boissons* que prend un tel ou un tel. Les discours sur de tels sujets clouent à eux aussi la représentation [2] ; quelquefois ils entraînent aussi avec eux le désir et font que la forme de vie [3] se modèle sur eux.

1. Simplicius a remarqué que la recommandation d'Épictète était modulée : garder le silence, le plus souvent, ou bien s'en tenir au nécessaire et être bref, ou enfin, « rarement, … nous en viendrons à dire quelque chose… » ; il interprète ce troisième cas comme le conseil de ne se livrer que rarement à un discours plus long et monologique. Ce type de discours, selon Simplicius, ne peut être justifié que s'il remplit l'une des fonctions classiques et nobles qu'il énumère (de l'exhortation à la prière), ou s'il traite d'une question philosophique élevée (« la vérité dans les étants ») – le cas qu'il évoque, de la célébration du dieu, pouvant tenir soit de la forme hymnique classique, soit d'un discours plus proprement philosophique, qui se donnerait des airs de littérature hymnique, et dont l'exemple classique est le *Timée* : Simplicius lui-même qualifie d'hymne son commentaire au traité *Du ciel* d'Aristote, hymne qu'il adresse en manière d'offrande au Démiurge et à ses œuvres (*In De caelo*, p. 731, 25-29 Heiberg). On se rappellera aussi que deux commentaires de Simplicius se terminent par une prière : le commentaire aux *Catégories* (*In Cat.*, p. 438, 33-36 Kalbfleisch) et celui-ci même (*Épilogue*, 6-15, *infra*, p. 216 et n. 1). [S.T.]

2. Voir le *Phédon*, 83d 1-3, et au chapitre VIII, dans I. Hadot, *Simplicius. Sur le Manuel*, t. I, p. 52 (avec la note 3, p. 152), au chap. XIV, *ibid.*, p. 85, et *infra*, au tout début du chap. LII, 1-2, p. 183 et n. 1, ainsi qu'au chap. LVI, 1-2, p. 190 (où il ne s'agit plus du plaisir, mais des passions irrationnelles en général) ; mais chez Platon comme dans les autres occurrences de Simplicius, l'objet du clouage est l'âme, et le sujet est une passion, alors que la formule employée ici est inédite ; on peut toutefois comprendre le rapport de celle-ci avec les termes de la formule classique, si l'on remarque que les discours dont il est question, par leurs sujets, sont emplis de passion, d'émotion ou de sensualité (ou en sont les vecteurs), et que, comme le sujet est d'ordre discursif, le mal est inoculé au premier chef dans la représentation, qui accompagne les propos passionnés et qui, fascinée, ne pourrait s'en détacher. Simplicius met en garde que cette contamination passionnelle de la représentation n'atteigne à son tour le désir et ne l'entraîne avec elle, ce qui aurait pour conséquence un "remodelage" de la forme de vie choisie par le progressant – et qui, par là, contredirait le précepte du chapitre XL (« maintenir toujours sa forme de vie une et la même »). [S.T.]

3. Sur la notion de "forme de vie" : *cf.* I. Hadot, *Simplicius. Sur le Manuel*, t. I, p. 4, note 3 (p. 134) et p. 20, notes 2 et 4 (p. 140).

[b) 2. *Les sujets de discours qu'il faut éviter*]

Et surtout il ne faut pas, dit-il, faire des discours *sur les hommes, en les blâmant, les louant ou les comparant*, à savoir qu'un tel est meilleur ou pire en ceci ou en cela. Et il est clair que ce genre de discours, lui aussi, fait que l'âme se tend vers l'extérieur, en se séparant d'elle-même, en s'ingérant dans les affaires d'autrui [1] et en se donnant une peine inutile. Mais pourquoi *"surtout" pas sur les hommes, en les blâmant, louant ou comparant*? En effet, en quoi ce discours est-il pire que les autres? Ne faut-il pas dire premièrement que celui à qui le discours <d'Épictète> s'adresse, s'il est vrai qu'il commence à philosopher [2], s'est en général éloigné des préoccupations concernant les gladiateurs ou les athlètes et de pareilles choses, mais qu'il fera plutôt des discours sur les hommes? C'est donc des choses pour lesquelles il a un penchant qu'Épictète le retient le plus, comme s'il disait : « Garde-toi surtout de cela! » Ensuite, alors que les mêmes passions sont pareillement mises en branle à l'occasion des deux sortes de discours – et en effet, avec les discours sur ces sujets sont excitées sympathies et antipathies, qu'il s'agisse de ces discours <sur les hommes> ou de ceux <sur les futilités> – une certaine passion particulière accompagne les discours qui critiquent les hommes, à savoir le mépris et l'orgueil. En effet, celui qui critique les vies des hommes, fait sa critique en pensant qu'il est supérieur à eux. Et la faute qui consiste à commettre une erreur en critiquant les hommes est plus répréhensible que celle qui se commet chez les gens qui jouent.

Mais il faut, dit-il, s'abstenir non seulement de dire de telles choses, mais encore de les écouter. Et en effet, les représentations et les désirs irrationnels des auditeurs sont mûs par l'audition. Et naturellement aussi ceux qui disent de telles choses, quand ils ne se retiennent pas parce que quelqu'un d'aspect plus sérieux est présent, deviennent plus effrontés et nourrissent en eux une liberté de langage impudente et imperturbable.

1. Le terme employé par Simplicius est l'un des quatre qui servent à définir l'injustice dans la *République* (IV, 444b 2). [S.T.]

2. Simplicius justifie l'accent mis par Épictète sur l'abstention de jugements de valeur sur les personnes (« et surtout, pas sur les gens, pour en faire la critique ou l'éloge... ») par le fait que c'est ce sujet-là auquel seraient plus enclins les destinataires de sa parénèse; sur la caractérisation du destinataire du *Manuel*, voir I. Hadot, *Simplicius. Sur le Manuel*, t. I, p. 39, avec l'explication des différentes qualifications à la note 4, p. 145-146. Simplicius fait remarquer que les jugements critiques erronés sur autrui sont une faute plus grave que les propos futiles sur les jeux : par-delà l'évidence morale de cette remarque, une autre raison aggravante peut tenir au fait que, comme il l'a expliqué, ces propos d'évaluation critique d'autrui sont plus fréquents que les autres chez les apprentis philosophes. [S.T.]

C'est pourquoi il dit : « *Si tu en es capable, ramène les discours de ce genre que tiennent ceux qui sont avec toi* à des discours plus sérieux ». *Mais si tu as été abandonné* parmi des gens, qu'il appelle "*étrangers*", qui ont été élevés et ont pris des habitudes selon un autre genre de vie, le genre de vie corrompu : "*Tais-toi*", dit-il, en te purifiant par la conversion vers toi-même accompagnée de silence [1].

XLI Que le rire ne soit ni long, ni sur beaucoup de choses, ni sans retenue (*Ench.*, chap. 33, § 4 Boter)

Après le précepte général, <adressé> à celui qui s'applique à la philosophie : demeurer dans l'identité de sa manière d'être, à quoi le silence contribue pour une large part, il réprime la plus grande déviation <par rapport à cet état>, celle de la joie excessive, déviation qui se fait par le rire, faisant voir peut-être aussi par là la déviation qui lui est opposée, celle de la

1. Cette expression finale reprend une idée exprimée vers le début du même chapitre par Simplicius : « tout l'effort des discours éducateurs consiste à tourner l'âme vers elle-même (...) C'est à cela manifestement que le silence contribue au plus haut point ». L'idée de conversion vers soi-même se rencontre à plusieurs reprises dans les *Entretiens* d'Épictète (par exemple, dans un contexte tout à fait similaire à celui du texte ici commenté, à propos de l'attrait et du danger des spectacles sportifs pour l'apprenti philosophe [III, XVI, 14-15, dans *Les Stoïciens*, p. 994] : « mais d'ici vous allez au spectacle, au combat de gladiateurs, au gymnase couvert, au cirque... nulle bonne habitude, nulle attention, nul retour en vous-mêmes... »). Mais la concomitance entre la purification et la conversion est une idée plotinienne, exprimée dans le traité *Des vertus* (*Ennéades*, I, 2 [= traité 19], chap. 4, 15-17) : « Il faut donc qu'une fois purifiée [l'âme] réalise l'union ; et elle ne la réalisera qu'une fois qu'elle se sera retournée. Se retourne-t-elle donc après la purification ? Disons plutôt que, après la purification, elle se trouve retournée » – ma traduction ; bien entendu, Porphyre a repris l'idée de cette connexion, comme on le voit quand il décrit le passage des vertus purificatrices aux vertus contemplatives : « Il faut donc qu'une fois purifiée l'âme s'unisse à ce qui l'a engendrée ; et par conséquent la vertu qui est la sienne après sa conversion est celle précisément qui consiste en un savoir... » (*Sentence* 32, 51-53, dans Porphyre, *Sentences*, t. I, p. 338-339). Par ailleurs, il existe un lien fort entre l'analyse de la faculté d'attention comme une puissance de l'âme rationnelle, qui permet la concentration en soi à l'écart du sensible (voir le début du chapitre, où sont rapprochées les expériences du silence et des yeux fermés), et la notion de "conversion vers soi-même", ici associée également à l'expérience du silence : la capacité de conversion vers soi est en effet déniée aux sens, parce qu'ils ont leur activité liée au corps (voir Porphyre, *Sent.*, 41, mais aussi Proclus, *El. Theol.*, 16, qui reprend la doctrine) ; elle est le privilège de l'âme rationnelle (voir la liaison établie entre conscience de soi, rationalité, et capacité ou incapacité à se convertir vers soi-même, dans Simplicius [?], *In De an.*, p. 173, 3-7 ou p. 187, 27-29 Hayduck), et, spécialement ici, elle est l'acte de cette faculté d'attention en tant que conscience unitive de soi, quand celle-ci opère en s'abstrayant des sens (sur la notion de "conversion vers soi-même", voir notamment l'article de L. P. Gerson, « ἐπιστροφὴ πρὸς ἑαυτόν : history and meaning », dans *Documenti et studi sulla tradizione filosofica medievale*, 8, 1997, p. 1-32). [S.T.]

douleur[1]. Le rire en effet est comme une sorte de débordement[2] de la joie excessive de l'âme. C'est pourquoi il se fait par un gonflement du pneuma qui produit un bruit pareil à un bouillonnement. Il fait donc dévier la disposition calme et enjouée de l'âme et du corps, de même que les pleurs et les cris de douleur, pour des raisons contraires, corrompent l'identité qui réside dans la juste proportion[3]. C'est pour cela en fait qu'il faut se mettre

1. Simplicius considère, sans le moindre fondement, qu'Épictète veut aussi dénoncer l'excès contraire à la joie excessive, celui de la douleur excessive, à travers leurs débordements expressifs. Il applique ici la conception porphyrienne selon laquelle, à ce niveau d'exercice des vertus, il s'agit d'imposer une juste mesure aux passions (*Sentence* 32, l. 6, 30, 77-78 et 136-137, dans Porphyre, *Sentences*, t. I, p. 334, 336, 340 et 344) ; il est à noter également que Simplicius relève que ce danger et cet exercice concernent le composé, âme et corps ensemble. En cela, il suit encore d'assez près l'enseignement de Porphyre, vers la fin de la *Sentence* 32, qui décrit l'état de la personne qui agit toujours en contact avec le corps selon la sensation (premier niveau d'exercice : « se connaître soi-même comme étant une âme enchaînée dans une réalité étrangère et d'une autre nature que la sienne » (l. 101-103, *ibid.*, t. I, p. 343 – Simplicius illustre ce conseil par l'explication physiologique qu'il donne du rire); dans sa parénèse finale (l. 111 *sq.*, *ibid.*, t. I, p. 342-345), le Tyrien conseille notamment une ascèse modératrice des plaisirs et des douleurs (plaisirs nécessaires et apaisement de la souffrance ; patience et endurance à la douleur), ce qui pourrait expliquer l'introduction de la douleur par Simplicius (qui n'a absolument pas la moindre base dans le texte du *Manuel* qu'il commente), ainsi que l'idée d'un double danger d'excès, en deux directions opposées. [S.T.]

2. Le terme employé à propos du rire est un composé de la même famille que les mots utilisés plus haut, dans le chapitre précédent, pour désigner la "dispersion" de l'âme vers l'extérieur ; c'est le vocabulaire du flot immaîtrisé, initié par la métaphore du courant de l'Europe. [S.T.]

3. Ce que la mesure peut accomplir, par rapport au genre de vie en question (la vie de « celui qui s'applique à la philosophie ») et à ce niveau d'exercice de la vertu, c'est de contribuer à la conservation de l'identité, c'est-à-dire à la préservation de l'âme raisonnable en sa position dominante par rapport au corporel et au sensible. C'est un leitmotiv de Simplicius que de rappeler à l'aspirant philosophe l'impératif de « maintenir toujours une et identique sa forme de vie » (par trois fois, au chapitre XL). Si ce précepte n'est pas sans rapport avec un impératif stoïcien énoncé par ailleurs par Épictète et par Cicéron, concernant l'unicité personnelle et la conservation du genre de vie que l'on s'est choisi, l'insistance même de Simplicius fait comprendre que, pour lui, l'identité et l'unicité à préserver tiennent au fait que l'âme ne fait son salut que reconnaissant que sa nature participe à l'Un et en tirant les conséquences pratiques. C'est ce qui explique l'expression typiquement néoplatonicienne qu'il emploie au début du chapitre XLI, pour traduire le précepte général d'Épictète (« fixe-toi désormais un certain style et modèle de vie auquel tu te tiendras ») : préserve « la manence [μονή] dans le même » de ta manière d'être (expression repétée au début du chapitre XLII) ; la manence est ce qui assure que la conversion vers soi-même ne saurait être autre chose que la conversion vers le principe (voir Proclus, *El. Theol.*, prop. 35, avec le complément des prop. 26 et 30 ; la triade manence-procession-conversion fait l'objet d'un traitement à nouveaux frais, très approfondi, chez Damascius, *De princ.*, II, p. 111-173 Westerink et Combès) : on a donc affaire à une première incitation, traduite en langage néoplatonicien, à la résistance de l'âme face aux dangers de la dispersion dans le sensible. [S.T.]

en garde contre le rire, surtout contre le rire sur beaucoup de choses. Et s'il faut parfois du rire pour que nous ne restions pas complètement sans un sourire, que nous ne rendions pas notre manière d'être trop chagrine et que nous ne paraissions pas aux gens qui se trouvent en notre compagnie bourrus et manquant de charme, il y a pourtant peu de choses qui valent la peine d'en rire. Il est donc clair que celui qui rit sur beaucoup de choses est facilement emporté par une joie excessive. C'est pourquoi il ne faut pas souvent éprouver cela ni rester à rire pendant longtemps – car c'est cela que signifie *"long"* –, et le rire ne doit ni être débordant ni tout à fait complaisant – c'est cela, je pense, que signifie maintenant "*sans retenue*" –, mais il doit plutôt ressembler à un sourire, en n'esquissant qu'un petit changement de position au niveau des lèvres [1].

XLII Si cela est possible, refuse absolument de prononcer un serment, sinon, selon les circonstances...(*Ench.*, chap. 33, § 5 Boter)

Aussi dans ce catalogue des actions appropriées dues à soi-même, après avoir réprimé les grandes et fortes déviations par rapport à la permanence dans l'identité de sa manière d'être, il commence par la vénération envers Dieu. En effet, le serment prend le dieu comme témoin et l'allègue comme médiateur et garant de ce qui est dit. En vérité, le fait d'introduire le dieu dans les affaires humaines – et cela veut dire, dans des

1. En commentant la condamnation du rire « sans retenue », Simplicius préconise de lui-même un comportement positif, exprimant la joie : le sourire. Il est le signe d'une extrême modération des affects (le participe « complaisant », appliqué au rire immaîtrisé, peut être une réminiscence d'un passage du *Phédon* (94b 5-6), sur le même sujet de l'alternative entre complaisance et rétention des affects, où se trouve le participe du même verbe : « S'agit-il de l'âme qui *cède aux affections du corps*, ou de l'âme qui s'oppose à elles ? » – trad. P. Vicaire, p. 68). On voit aussi sur cet exemple que Simplicius comprend que l'exercice proposé n'a pas vocation à être seulement "spirituel", à être un travail de l'âme et sur l'âme (à travers ses passions), mais qu'il s'agit également d'une discipline du corps, forcément par accoutumance, à travers la maîtrise de l'expression des gestes : il faut se limiter à sourire, « en n'esquissant qu'un petit changement de position au niveau des lèvres » (à la fin du chapitre X, 117, dans I. Hadot, *Simplicius. Sur le Manuel*, t. I, p. 65, Simplicius parlait de cet autre versant de l'ascèse en le nommant, « éducation du corps » : le terme est ἀγωγή, c'est-à-dire entraînement, conduite qu'on inculque). Cet aspect très concret et physique de la maîtrise des gestes et expressions du corps, cette discipline appliquée ici à l'expression faciale des émotions, montrent que Simplicius comprend dans l'intégralité et la particularité de leur sémantisme les deux termes employés par Épictète : « fixe-toi un caractère et une marque (τύπος) » ; le propos exprime l'idée de la marque gravée, de la forme travaillée, à partir d'une matrice ou d'un modèle, et les deux termes conjoints renvoient spécialement à la gravure ou à l'empreinte des monnaies ou des sceaux. Le corps, ou la corporéité, est ainsi compris comme l'objet spécifique d'une forme de discipline des passions. [S.T.]

affaires petites et insignifiantes –, fait naître un certain mépris envers lui[1]. C'est pourquoi il faut refuser, si possible, complètement de prononcer un serment, en choisissant même une peine et un dommage possibles plutôt que de jurer ; mais si un jour il est nécessaire de tirer par ce moyen un ami d'un danger ou de présenter une garantie pour les parents ou la patrie, il sera mieux de tout endurer plutôt que de transgresser la convention qui s'est faite avec Dieu comme intermédiaire.

XLIII Rejette les banquets extérieurs et vulgaires… (*Ench.*, chap. 33, § 6 Boter)

Après avoir réprimé l'indifférence au sujet de Dieu, c'est la convoitise *à têtes multiples*[2] qu'il réprime en lui imposant une mesure, en commençant par la plus nécessaire, celle qui concerne la nourriture, et en passant par

1. Simplicius explique de manière judicieuse la recommandation de ne pas prêter serment, par le risque de galvauder cet acte religieux en en abusant, et de faire disparaître, de ce fait, la vénération due aux dieux à force d'invocations inconséquentes. Pour préciser le propos très vague d'Épictète, Simplicius propose de comprendre qu'il faut limiter l'usage du serment à des cas qui relèvent toujours de ce qu'on appellerait l'altruisme : apporter une aide à des amis, à des parents ou à la patrie. L'aide que le philosophe peut apporter aux amis et à la patrie était une question posée dans le chapitre 24 du *Manuel* (commenté au chapitre XXXII, p. 30-38), tandis que le comportement adéquat à avoir à l'égard de ses parents était discuté dans le chapitre 30 (commenté au chapitre XXXVII, qui revient aussi sur le juste commerce avec les amis : *cf.* p. 78-85). Dans son *Commentaire sur les Vers d'or pythagoriciens*, Hiéroclès va dans le même sens que Simplicius, quand il commente l'expression « respecte le serment » : il en vient en effet à dire que le meilleur moyen de le respecter est de ne pas le galvauder (*In Carm. aur.*, p. 16, 18-21 Koehler), mais d'en faire un usage mesuré, de le limiter aux choses importantes et nécessaires (l. 21-22), et même, aux seuls cas où aucune autre voie de salut n'apparaît (l. 22-24) ; il finit même par lire dans le précepte pythagoricien, pourtant positif, une exhortation morale à nous habituer à nous abstenir du serment (p. 17, l. 3, 7 et 10 ; *cf.* p. 102-103 Aujoulat-Lecerf) ; le précepte pythagoricien s'accorde ainsi avec la leçon stoïcienne, dans la morale pratique élémentaire des néoplatoniciens, qui vise d'ailleurs ici, comme chez Simplicius, l'acquisition des vertus politiques (voir en effet p. 16, 3-7 : le respect des serments que l'on fait dans notre vie courante est préservé par *les vertus politiques* – alors que le respect du serment proprement divin est restauré par la conversion vers le dieu et par les vertus purificatrices). [S.T.]

2. L'adjectif provient du livre IX de la *République* (voir 588c 8 et le passage en 589a 7-b 4 : « … il ne faut rien faire, il ne faut rien dire qui n'assure à l'homme intérieur les moyens de dominer le plus possible l'homme entier et de veiller sur son nourrisson aux têtes multiples à la manière du laboureur qui nourrit et apprivoise les espèces pacifiques et empêche les sauvages de croître » – trad. É. Chambry, p. 76). Cependant, alors que chez Platon la bête aux têtes multiples désigne l'ensemble de l'âme irrationnelle, les parts domestique et sauvage à la fois, Simplicius applique en revanche l'épithète à la seule partie sauvage, « la convoitise », celle qui correspond aussi au cheval mauvais et désobéissant du *Phèdre*. Il fait comprendre par là qu'il est question ici des instincts les plus bas. [S.T.]

les autres convoitises qui concernent le corps, il en vient au rapport sexuel. Et en effet, les banquets des hommes savants[1] regardent *la nourriture*, les boissons et les autres réjouissances des banquets comme des objets accessoires, mais en vérité ils consistent en participations communes au discours et en entretiens philosophiques, comme le montrent les banquets rapportés par Platon, Xénophon, Plutarque et d'autres. Mais les banquets des hommes ordinaires, qui sont tendus vers la mollesse et les jouissances corporelles, ressemblent à l'engraissement des animaux dépourvus de raison[2]. C'est pourquoi il a été bien dit qu'une table sans discours ne diffère en rien d'une mangeoire[3]. Il faut donc que l'homme de bien refuse

1. Simplicius explicite ainsi une distinction sous-jacente au conseil d'Épictète, celle qui sépare deux sortes de banquets et deux sortes d'individus, les personnes de haute éducation et les personnes du commun. Il l'illustre par les noms des plus fameux auteurs de la littérature du banquet philosophique. [S.T.]

2. L'image employée s'inscrit dans le prolongement de la métaphore du texte de Platon auquel l'adjectif « à têtes multiples » faisait allusion. Simplicius continue à s'exprimer comme si toute la partie bestiale ou irrationnelle de l'âme se résumait à la seule part sauvage de la concupiscence. Cette simplification s'explique sans doute parce qu'il a en tête (comme le suggère le terme d'« engraissement ») un passage antérieur du même livre de la *République*, dans lequel Platon se contente d'une bipartition entre une partie « raisonnable, paisible et faite pour commander à l'autre », et une « partie bestiale et sauvage, gorgée d'aliments ou de boisson » (571c 4-6). [S.T.]

3. Richard Goulet (notice « Simplicius », dans *DPhA*, VI, p. 351-352) a relevé les occurrences de ce proverbe dans la littérature grecque ; elles sont rares : l'une, dans le *Commentaire sur l'Isagogè de Porphyre* attribué à tort à David ou à Élias ; une seconde dans les *Sacra parallela* de Jean Damascène ; et une dernière dans les *Questions et réponses* du pseudo-Anastase le Sinaïte. Les deux dernières citations christianisent la formulation, et la première, bien qu'elle ne la christianise pas, se trouve sous la plume d'un chrétien, écrivant peut-être vers la fin du VIe siècle. On voit qu'on ne peut remonter à la littérature classique. De ce *concetto* visant ici à opposer la table des gens cultivés à celle des gens vulgaires, comparée à une mangeoire à bétail, on pourrait rapprocher (non certes sur la forme, mais pour le fond commun de critique que porte l'image) un trait des *Caractères* de Théophraste, qui fait partie de la série de touches censées dépeindre le type exemplaire du rustre : « Tout en déjeunant, il va par la même occasion donner le fourrage aux bêtes » (trad. O. Navarre, dans Théophraste, *Caractères*, Paris, 1921, p. 47-48) ; la critique est celle d'un individu qui rabat son comportement alimentaire sur celui des bêtes, qui mange, muet comme elles, en leur compagnie, et, ce faisant, abandonne un élément fondamental de la civilité. Quant à l'association *lexicale* entre l'image proverbiale de la mangeoire et l'image platonicienne de la concupiscence, conçue comme une bête sauvage, elle provient certainement de la réminiscence d'un passage du *Timée* qui tissait cette métaphore : en 70d 7-e 4, la partie concupiscible de l'âme se trouve logée entre le diaphragme et le nombril, dans un espace corporel organisé par les dieux comme une *mangeoire*, et où ils ont attaché la partie concupiscible comme *une bête sauvage* ; le texte platonicien comporte ici la même expression imagée, pour désigner le concupiscible, que celle qui se trouve en *République*, 589b 2-3, passage auquel Simplicius a fait allusion dès le début de ce chapitre (*cf. supra*, p. 141 et n. 2). Cette liaison métaphorique laisse entendre qu'*une table sans discours* doit être considérée comme le signe de la prédominance effective du concupiscible, c'est-à-dire de l'irrationalité, qui considère la nourriture comme l'essentiel du banquet. [S.T.]

les *banquets vulgaires* qui sont au dehors du mode de vie qu'il s'est proposé. Mais *si un jour l'occasion se présente* [1], soit qu'une certaine fête commune le réclame, soit que le père l'exige, soit par complaisance, soit parce qu'une autre nécessité y pousse, « *Tends ton attention* », dit-il, c'est-à-dire : que la faculté d'attention de l'âme soit en éveil et qu'il la maintienne en l'état de rester en elle-même, *de peur que*, en se séparant d'elle-même et en projetant des désirs vulgaires, *elle ne tombe au rang des gens vulgaires* et ne soit souillée ensemble avec les gens vulgaires à cause des désirs irrationnels [2]. Celui en effet qui se livre *aux gens souillés*

1. Simplicius précise les circonstances dans lesquelles on ne pourra éviter de se rendre à un banquet : de manière générale, c'est qu'il faudra sacrifier à des obligations familiales, sociales ou religieuses ; or, c'est une conviction (mais aussi une réalité) antique de longue durée, que le banquet est l'une des « œuvres de la *philia* » (Aristote, *Politique*, III, 9, 13) qui visent à réaliser le bonheur civique (*ibid.*, II, 5, 15 ; VII, 10, 10), et que, comme le disait Fustel de Coulanges, il est l'un des ferments du lien social. Quant aux spécifications apportées par Simplicius, elles sont dans la ligne d'un procédé classique de la direction de conscience ou de la parénèse, qui consiste à produire une forme de casuistique des devoirs du quotidien (déjà chez Panétius, selon F. Alesse : voir *Panezio di Rodi : testimonianze*, Napoli, 1997, Test. 100-101, commento, p. 238-239 ; certes, Zénon, Cléanthe et Chrysippe ont écrit eux aussi des traités *Sur le convenable*, mais je suis d'accord avec Thomas Bénatouïl, quand il remarque : « … la stratégie cynique jouait un rôle important chez Zénon, était toujours présente chez Chrysippe, mais fut ensuite abandonnée au profit de la stratégie casuistique, qui permettait de maintenir l'inspiration fondamentale de la doctrine stoïcienne en la formulant et en la défendant au moyen d'arguments hypothétiques moins choquants pour les bonnes mœurs » – *Faire usage*, p. 317). Mais l'application soutenue de la faculté d'*attention* à toute une casuistique des moments opportuns et des circonstances sociales, concorde avec un développement du chapitre consacré précisément à l'attention, dans les *Entretiens* : « … il faut se rappeler qui nous sommes, quel est notre titre, et nous efforcer de régler nos devoirs selon les significations des relations sociales : quel est le moment opportun pour chanter, pour jouer ? En présence de qui ? Qu'est-ce qui sera hors de propos ? (…) Quand convient-il de railler ? De qui convient-il de rire ? Dans quel cas et à qui faut-il s'accommoder, tout en gardant bien notre dignité dans la condescendance ? » (IV, XII, 16-17, dans *Les Stoïciens*, p. 1102). [S.T.]

2. On retrouve ici tout un réseau de termes qui renvoie à un discours néoplatonicien classique sur les opérations de l'âme qui touchent à la conversion vers soi : le travail de l'attention (et la notion d'éveil) en vue de maintenir l'âme dans cette « manence en soi-même », c'est-à-dire de la préserver de la « séparation d'elle-même », et les notions de projection, de chute, et de souillure, sans compter le terme de "rang" (τάξις) pour désigner en fait un niveau de vie de l'âme, même si le terme permet aussi, par un jeu lexical, de rappeler le verbe par lequel commence le précepte initial du chapitre 33 du *Manuel* (« fixe-toi [τάξον] désormais un certain style et modèle de vie ») ; de même, la « projection des désirs » est une expression qui reprend exactement un précepte énoncé dans le chapitre 15 du *Manuel* : « ne projette pas au loin ton désir » ; la pertinence de cette reprise tient à ce que le sujet (symbolique) du chapitre 15 était aussi le banquet (« Souviens-toi que tu dois te comporter comme si tu participais à un banquet, etc. »). Pour se faire une idée plus précise de ce que recouvre la notion de rang (τάξις) et de ses implications dans ce contexte, on peut se reporter à une explicitation procurée par Simplicius au chapitre XXXV, 374-378, p. 65 : « Mais l'âme raisonnable qui est, par essence, plus excellente que le corps et la vie irrationnelle, et qui

et qui projette les désirs qui sont en eux – c'est cela en effet que signifie « *se frotter à* » –, est souillé par eux, même si auparavant il a été pur en ayant des désirs purs. En effet, pour celui qui est pur, le commerce intime avec l'impur est une souillure [1].

XLIV Accepte les choses relatives au corps
autant que le simple besoin l'exige…(*Ench.*, chap. 33, § 7 Boter)

[*Le train de vie doit se mesurer au strict besoin*
a) *Ce que le strict besoin exige en ce qui concerne la nourriture*]

Les choses qui sont acceptées à cause du corps, il est nécessaire d'abord de les acquérir et ainsi de les utiliser. Et lui [scil. Épictète] parle maintenant de leur usage et il parlera plus tard de leur acquisition [2]. Et il serait peut-être beau que l'homme, étant une âme raisonnable, n'ait besoin de rien, mais puisqu'il utilise un corps périssable comme instrument [3], il

possède une nature qui a le pouvoir de commander sur ceux-ci, quand elle conserve par rapport à ceux-ci son rang propre, en les transcendant, en les utilisant comme un instrument et en rapportant à son bien propre le bien que lui apporte leur service, … ». [S.T.]

1. L'idée que la souillure se transmet aisément à l'apprenti philosophe (pas assez aguerri face à l'opinion) dans la compagnie du vulgaire se trouve aussi dans les *Entretiens*. S'il faut éviter sa fréquentation, c'est, dit Épictète, parce que « lorsque l'on noue avec d'autres des relations plus intimes dans des conversations, des repas, il faut nécessairement ou bien se rendre semblable à eux ou bien les transformer pour les rendre semblables à soi. ( ) en se frottant à un objet couvert de suie, on ne peut éviter de se noircir » (III, XVI, 1-3, dans *Les Stoïciens*, p. 993). Pour la formulation, en contexte néoplatonicien, voir notamment Porphyre, *De abst.*, IV, 20 (t. III, p. 33, M. Patillon – A. Ph. Segonds) : « … la pureté consiste à ne pas se mêler avec son contraire, l'impureté (μολισμός) [consiste] à se mêler avec lui », et Damascius, *In Phaed.*, 122, p. 77 Westerink. [S.T.]

2. Épictète en parle au chapitre 39 (voir le chapitre LVII, p. 190-192).

3. C'est la définition de l'homme dans l'*Alcibiade*, que Damascius considère comme valide seulement pour décrire l'activité de l'homme dans la cité (voir le texte d'Olympiodore, *In Alc.*, 4, 15-5, 10, p. 7 Westerink, exposant l'opinion de Damascius, cité dans I. Hadot, *Simplicius. Sur le Manuel*, t. I, p. XC-XCI), opinion à laquelle adhère Simplicius et qu'il applique à l'interprétation du *Manuel*, en considérant que sa portée protreptique vise l'acquisition des vertus éthiques et civiques qui sont le propre d'un « homme qui veut être vraiment homme », c'est-à-dire qui entend être réellement une âme raisonnable « usant du corps comme instrument » (voir I. Hadot, *Simplicius. Sur le Manuel*, t. I, p. 4-5, *Préambule*, l. 86-104). Il faut cependant souligner que l'insistance de Simplicius sur le soin du corps-instrument (ce dernier terme est employé cinq fois dans ce passage sur la nourriture) concorde avec l'enseignement stoïcien (inspiré du cynisme) sur le bon usage et l'entretien de l'instrument que la nature a mis à notre disposition : l'ascèse consiste à rabattre l'usage (χρῆσις) sur le strict besoin (χρεία), pour approprier (sans dévier du but) l'instrument à sa fin, et c'est là l'œuvre de la vertu (voir par exemple le texte programmatique de Musonius, le maître d'Épictète, à propos de cette discipline corporelle et sociale, dans la diatribe *Sur l'exercice*, dans *Dissert.*, VI, p. 24, 9-25, 4 Hense : « Comme l'homme n'est

suffit de lui apporter le nécessaire[1] et de ne pas glisser vers le superflu[2]. Et de la même manière que le charpentier, en projetant <de faire> la hache, se contente de lui donner la grandeur et la forme convenables et un tranchant aiguisé – il ne désire certes pas la plaquer d'or ou la garnir de pierres précieuses, parce que cela devrait entraîner de manière ruineuse à des dépenses, à s'occuper de l'instrument d'une manière contraire à la raison de ce métier et à le rendre inutilisable pour ce métier –, de la même manière il faut que nous nous comportions envers notre instrument en lui apportant seulement les choses dont il a besoin et en choisissant, *dans les nourritures et les boissons*, parmi celles qui nourrissent le corps humain conformément à la nature, celles qui sont les plus faciles à se procurer et les plus naturelles. En effet ce sont celles-là qui se trouvent précisément être aussi les plus pures, les plus simples et les plus saines. Il faut en effet nourrir l'être vivant[3], mais pas par telles et telles variétés de nourriture. La nature ne nous a pas appropriés[4] aux Théarions et aux

pas seulement une âme, ni seulement un corps, mais un composé de ces deux, celui qui s'exerce doit nécessairement prendre soin des deux… Il faut en effet que le corps de celui qui s'adonne à la philosophie soit bien disposé pour les travaux corporels, parce que souvent les vertus se servent du corps comme d'un instrument nécessaire pour les activités de la vie » – trad. Festugière, p. 70). [S.T.]

1. Le besoin, le strict nécessaire, constituent le critère d'acceptation dans les soins à donner au corps. Simplicius avance des exemples qui doivent montrer que le strict nécessaire permet d'approprier, de la manière la plus économique mais aussi la plus efficace, l'instrument à sa fin (le travail sobre du charpentier, le régime alimentaire du pauvre). [S.T.]

2. Voir Hiéroclès, *In Carm. aur.*, XVI et XVII, p. 71-79 Koehler (*cf.* p. 163-173 Aujoulat-Lecerf), où l'auteur développe une parénèse en partie similaire à celle de Simplicius, à propos des soins du corps et de la simplicité du train de vie, en insistant lui aussi sur le caractère instrumental du corps et sur l'impératif de la métriopathie. [S.T.]

3. Cette phrase et la suivante forment une variation sur l'adage socratique « il faut manger pour vivre et non pas vivre pour manger »; cet adage est cité notamment par Musonius dans sa diatribe *Sur la nourriture* (*Dissert.*, XVIII B, p. 102, 7-11 Hense). [S.T.]

4. Le vocabulaire est celui de la doctrine stoïcienne de l'οἰκείωσις, l'appropriation, qui explique qu'il existe, chez tout être vivant, une perception primale de soi comme tout organisé, adapté à sa survie, et une impulsion première à la viser (voir en particulier Diogène Laërce, VII, 85 = *SVF* III, 178 : « l'impulsion première que possède l'être vivant vise à se conserver soi-même, du fait que la nature dès l'origine l'approprie à lui-même, (…) c'est ainsi en effet qu'il repousse ce qui lui est nuisible et poursuit ce qui lui est propre »; et Hiéroclès le stoïcien, qui traite de la perception primale de soi, *Elements of ethics*, p. 2-25; pour le rapport entre l'appropriation naturelle et son prolongement éthique et civique, voir aussi, notamment, *SVF* III 194, 229a, 438 et 497). Simplicius invite ici à bien distinguer, parmi les choses plaisantes, celles qui, comme les pâtisseries, ne sont pas réellement utiles, parce qu'elles ne sont pas « notre propre » selon la nature; c'est la même opération qu'il préconisait, de manière générale, au chapitre IV, 62-67, dans I. Hadot, *Simplicius. Sur le Manuel*, t. I, p. 37 (« … il faut… être vigilant afin de choisir les plaisirs qui procurent un avantage moral et de nous y habituer »). Sur les actions appropriées et la doctrine de l'οἰκείωσις, voir au chap. XXXVII, 1-3, p. 73, avec la note 1. [S.T.]

Paxamos[1] et au mauvais art du cuisinier, mais à une nourriture qui tisse de nouveau ce qui disparaît[2]. Et qu'il en soit ainsi, c'est ce que rendent évident ceux qui, par manque de ressources, sont forcés de se nourrir d'une manière plus conforme à la nature et qui ont une bien meilleure santé que ceux qui vivent dans la mollesse, comme les paysans, qui ont une meilleure santé que les citadins, les esclaves que les maîtres et les pauvres que les riches[3]. Les <nourritures> superflues et les mets qui sont apprêtés avec soin alourdissent la nature, parce que ce sont des choses nuisibles et étrangères et qu'elles appartiennent d'une certaine façon au genre des poisons. C'est pourquoi naissent à partir d'elles des flatuosités et des écoulements pernicieux. Il faut donc aussi mesurer ce que l'on apporte en quantité et en qualité, d'après la constitution naturelle et les besoins de l'instrument, afin que nous ne soyons pas usés par l'effort pour gagner l'argent qu'exige la dépense démesurée, que nous ne nous occupions pas de l'instrument d'une manière qui est contraire à la raison droite, et que nous ne le rendions pas impropre à l'usage[4]. Mais c'est une heureuse chose d'avoir été même dès le début nourri et habitué de cette manière. Car ainsi ce régime naturel, simple et sans recherche, sera aussi pour le corps tolérable, utile et agréable.

1. Théarion (nommé dans le *Gorgias*, 518b 5) était un boulanger réputé que Socrate invoque ironiquement comme une autorité en matière de soins du corps, que Calliclès pourrait lui nommer en lieu et place des maîtres de gymnastique. Paxamos est un confrère de Théarion, aussi célèbre, mentionné par Athénée, *Les Deipnosophistes*, IX, 376d. [S.T.]

2. L'expression de Simplicius est inspirée du *Phédon* (87d 9-e 1) : « car si l'on admet que le corps est dans un état d'écoulement, et qu'il se détruit tandis que se poursuit la vie de l'homme, l'âme, elle, ne cesse *de tisser de nouveau* ce qui est en train de s'user » (trad. P. Vicaire, p. 57). Par cette allusion, Simplicius paraît assimiler la nature, agent de l'οἰκείωσις, à une forme d'âme, sans doute l'âme végétative ou nutritive, conformément à une gradation des puissances animatrices qui caractérise le néoplatonisme. [S.T.]

3. Les trois couples qui représentent l'opposition entre frugalité et réplétion (paysans *vs* citadins ; esclaves *vs* maîtres ; pauvres *vs* riches) relèvent certainement d'une topique traditionnelle, puisqu'on les trouve déjà utilisés par Musonius dans sa diatribe *Sur la nourriture*, quand il compare les uns et les autres, en termes de vigueur, de santé et d'endurance (*Dissert.*, XVIII B, p. 104, 5-12 Hense). [S.T.]

4. L'idée principale et commune qui se dégage des différents exemples donnés par Simplicius, c'est que la limitation au strict nécessaire (*scil.* au besoin) des apports que l'on fait à l'instrument est la meilleure garantie de son usage optimal en tant qu'instrument. L'usage, le bon usage, se distingue donc de la jouissance primaire de l'instrument, qui le détraque et le rend inutilisable. Resurgit ainsi le leitmotiv de la métriopathie, de la mesure imposée aux appétits corporels ici. Cette analyse de Simplicius est compatible avec une conception stoïcienne de l'usage, qui distingue la joie de l'abstention et la jouissance du plaisir, pour privilégier la première (voir dans le *Manuel* même, au chapitre 34, la « victoire » de l'abstention, preuve de la maîtrise de soi ; sur le fait que l'usage, dans le stoïcisme, vise le contrôle actif de l'objet, voire la maîtrise ou la modération du plaisir, contre le laisser-aller et la soumission à l'objet, voir Bénatouïl, *Faire usage*, p. 233-235). [S.T.]

[b) *Ce que le strict besoin exige en ce qui concerne l'habillement*]

Également en ce qui concerne les vêtements il est bon de se comporter ainsi. On disait de Socrate qu'il utilisait été comme hiver les mêmes vêtements. Il suffira, pour ceux qui, en comparaison avec Socrate, vivent dans la mollesse, de changer d'habillement en fonction des excès des saisons, en utilisant le lin qui vient de la terre et la laine des animaux qui nous sont familiers. Mais explorer les fleuves à l'ouest et arracher la peau des animaux qui s'y trouvent[1], avoir besoin des Chinois à l'est et échanger nos matières les plus durables, l'argent et l'or, contre la filure des vers qui se trouvent chez eux[2], ce serait d'une grande mollesse et d'une grande déraison.

1. Ces animaux fluviaux, "extrême-occidentaux" dans l'idée de Simplicius, sont certainement des castors (voir Strabon, *Geogr.*, III, 4, 15, t. II, p. 74 Lasserrre [163 Casaubon], qui les évoque à propos des ressources naturelles d'une région d'Espagne). À l'époque de Simplicius, le commerce trans-méditerranéen, jusqu'aux contrées de l'extrême Occident, est très actif et il est particulièrement l'affaire des négociants syriens ("syrien" pouvant avoir, dans les sources occidentales, l'extension de notre terme "levantin") : ils exportent les étoffes de soie et d'autres produits orientaux vers l'Occident, et en reviennent avec les produits locaux; ces « rouliers de la mer », comme les appelle Henri Pirenne (*Mahomet et Charlemagne*, Paris, 1970, p. 53), sont nombreux dans les ports de la Méditerranée occidentale, mais aussi dans les villes de l'intérieur, en Espagne, en Gaule ou en Grande-Bretagne, où ils ont des établissements commerciaux, mais forment aussi, ici ou là, de fortes communautés de peuplement urbain. [S.T.]

2. Le commerce de la soie était une grande affaire sous l'Empire romain tardif, dans le Proche-Orient. La Perse avait instauré un monopole d'exportation vers l'Ouest et imposait des droits de douane exorbitants, mais d'autres routes s'étaient ouvertes, par le Caucase au Nord, par la péninsule arabique et la mer Rouge au Sud (sur les routes commerciales, voir notamment P. Bernard, « De l'Euphrate à la Chine avec la caravane de Maès Titianos (c. 100 ap. n. è.) », dans les *Comptes rendus des séances de l'Académie des Inscriptions et Belles-Lettres*, 149e année, 2005, p. 929-969, qui s'intéresse toutefois à une période antérieure; et J.-M. Poinsotte, « Les Romains et la Chine : réalités et mythes », dans les *Mélanges de l'École française de Rome – Antiquité*, t. 91, 1979, p. 431-479). La demande était disproportionnée par rapport à l'offre, ce qui suscitait l'envolée des prix; les empereurs, au long des IVe et Ve siècles, ont tenté de réguler et de contrôler la fabrication (ateliers publics de tissage jouissant d'un monopole) et de restreindre la consommation. Sous Justinien, le commerce et les prix de la soie étaient strictement régulés et le port des vêtements restreint de droit à la cour impériale (pour une première approche, voir l'article « Silk », de D. Graf, dans l'encyclopédie *Late Antiquity : a guide to the postclassical world*, édité par G. Bowersock, P. Brown et O. Grabar, Cambridge, Mass. et Londres, 1999, p. 695-696). Quant à la condamnation morale de l'appétit pour les tissus de soie (vêtements ou tissus d'ameublement), signe d'un amour immodéré du luxe induit dans le terme τρυφή, elle était devenue rapidement un *topos* rhétorique : les auteurs chrétiens tardifs, prenant le relais des moralistes du Haut Empire et adaptant la critique, en font un usage immodéré. Si l'on prête attention à l'opposition marquée, chez Simplicius, entre l'extrême frugalité, dont Socrate est ici l'exemple, et le luxe amollissant que représente par excellence la soie, elle est également un *topos* de la valorisation de la frugalité comme trait des mœurs philosophiques,

[c) *Ce que le strict besoin exige en ce qui concerne l'habitat*]

Et au sujet des maisons aussi il faut se comporter de cette manière. A Cratès en effet le tonneau a suffi comme habitation, bien qu'il eût comme épouse la belle Hipparchia [1]. Ayons un logement, mais suffisant pour notre besoin et par sa taille et par sa décoration, avec, par besoin, une pièce pour les hommes et une pour les femmes – mais peut-être que même cela est superflu –, mais certes pas une habitation comportant au moins trente lits de table, et avec des murs et un sol pavés en mosaïque, ornée de couleurs variées et ayant des lieux de repos différents pour chaque mois. Le besoin en effet n'exige pas tout cela, et il est malheureux qu'habitué à de telles choses, on se dégoûte de toutes les autres. Je passe sous silence le fait que celui qui s'est attaché fortement à ces choses met nécessairement son bonheur en elles et s'oublie totalement lui-même, et s'il en est chassé – il y a beaucoup de facteurs qui ont le pouvoir de l'en chasser –, il doit nécessairement pleurer, se lamenter et se croire alors malheureux, bien que nous ayons été plus malheureux plutôt au temps où nous nous complaisions dans ces choses-là.

qu'on rencontrerait chez Sénèque (*Ep.*, 8, 5, où le sage ne se vêt que pour se protéger du froid, à comparer avec *Ep.* 90, 15, après l'évocation de Diogène en sage authentique, dont l'exemple invite à « suivre la nature » : « on peut être vêtu, même si l'importation des soieries n'existe pas » – trad. H. Noblot, dans *Lettres à Lucilius*, 4 : *Livres XIV-XVIII*, texte établi par F. Préchac, Paris, 1962, p. 32) ou chez Ammien Marcellin, à propos de l'empereur Julien (qui dort sur un sayon, et non sur des *stragulis sericis* : voir *Histoire*, XVI, 5, 5). L'originalité de l'expression de Simplicius consiste dans le fait qu'il n'évoque ni vêtements, ni autres tissus de soie, mais qu'il parle du fil même (νῆμα) : ce ne sont pas des tissus, mais ce qu'on appelle du filé. À l'époque de Simplicius, c'est sous cette forme que la soie arrivait le plus souvent, au lieu de parvenir sous la forme d'un premier tissage qu'il fallait ensuite parfiler. La principale route terrestre, que connaissait certainement Simplicius, par son voyage en Perse et son retour dans l'Empire romain avec ses compagnons, traversait Nisibe, passait par Édesse ou Carrhae, puis Batnae, encore en Osrhoène, avant de traverser l'Euphrate, soit à Zeugma, soit sur le territoire de Hiérapolis, carrefour majeur, pour atteindre les entrepôts d'Antioche ou les ateliers d'autres villes côtières situées plus au Sud. Batnae, à quelque distance à l'ouest d'Édesse et de Carrhae, était le lieu d'une grande foire aux marchandises orientales, parmi lesquelles la soie. Nisibe était le poste frontière persan, où se réglaient les droits de douane. L'opération commerciale toute spéciale à laquelle fait allusion Simplicius (en témoin plutôt qu'en lecteur de géographie, peut-on penser), à savoir des achats d'écheveaux de fils de soie, est un événement qui se produisait et qui était visible sur les marchés romains entre Nisibe et la Syrie, régulièrement en Osrhoène, ou peut-être aussi à Hiérapolis, avant que la marchandise ne soit acheminée aux ateliers de Syrie ou de Phénicie. [S.T.]

1. On connaît le tonneau de Diogène, non celui de Cratès de Thèbes, son disciple. Qu'il fut marié à Hipparchia est en revanche attesté par Diogène Laërce (VI, 93-96), et Épictète lui-même, dans les *Entretiens*, fait allusion à elle, sans la nommer (III, XXII, 76, dans *Les Stoïciens*, p. 1011) ; Musonius dit que Cratès et sa femme vivaient sous les portiques publics, à Athènes (voir la diatribe XIV, *Dissert.*, p. 71, 1-5 Hense). [S.T.]

[d) *Ce que le strict besoin exige en ce qui concerne les domestiques*]

Il faut user de la même mesure dans le nombre des domestiques[1], ayant les yeux fixés aussi bien sur notre besoin que sur le reste de notre fortune, pour qu'ils soient suffisamment nourris et qu'ils travaillent tout à la fois avec soin et sans être accablés. En effet, les domestiques qui, dans les sorties, précèdent et suivent en nombre et ont cela comme tâche, sont à l'insu du maître des gardiens cruels, étant donné qu'il ne peut ni s'en aller quelque part selon sa volonté, ni avoir secrètement un entretien particulier avec quelqu'un, ni faire quelque chose qui lui plaît qui reste un secret pour les domestiques. Et ils sont même importuns aux autres hommes : sur l'agora ils volent ceci, arrachent cela, ils frappent et se livrent à des violences sans vergogne, avec l'aide de leurs compagnons d'esclavage. Corrompus donc de toutes les façons par ceux-ci et par l'oisiveté, la plupart d'entre eux sont tout à fait des adversaires haineux et des ennemis de leurs maîtres, qui, pour nourrir ces domestiques vivant dans la mollesse, se pavanant et s'abandonnant au désordre, doivent tant se fatiguer, rester <tant de nuits> sans dormir, flatter tant de gens, être l'esclave de tant de gens et, ce qui est le couronnement des maux, échouer dans la vie selon la nature qui convient aux hommes. Que cette vie-là, qui se trouve rejetée très loin de l'enseignement d'Épictète[2], profite de la punition qu'elle mérite. Mais l'homme qui s'adonne désormais à la philosophie se servira aussi d'une domesticité proportionnée au strict besoin. Et ce strict besoin est minime, aussi bien parce que cet homme mène une vie simple et qu'il fait beaucoup par lui-même, en sorte qu'il

1. Simplicius insiste plus longuement sur les inconvénients de cet aspect de la vie du riche. Il remarque notamment le déni d'intimité pour le maître, et le fardeau que constitue une masse d'esclaves souvent dissipés, oisifs, relâchés, qui exigent bien plus de soins qu'ils n'en prodiguent. Le résultat de tout cela, tel qu'il est décrit par Simplicius, relève de ce qu'on pourrait appeler la dialectique du maître et de l'esclave, puisque c'est le maître qui, pour nourrir ses esclaves, connaît fatigues, insomnies, etc., se fait en réalité *esclave* des autres, et donc manque le but que Simplicius rappelle une fois de plus : « la vie selon la nature qui convient aux hommes », qui est l'œuvre des vertus éthiques et civiques, dans le système de Porphyre qu'il continue de suivre. Simplicius applique ici une réflexion générale qu'il avait faite au chapitre XXII, 7-9, dans I. Hadot, *Simplicius. Sur le Manuel*, t. I, p. 116 (« nous sommes forcés d'être esclaves, et esclaves non d'un seul, mais d'une multitude de maîtres, et parfois même cruels »), pour commenter une formule du chapitre 14 du *Manuel*. [S.T.]

2. La pauvreté d'Épictète a été évoquée au chapitre XV, 55-58, dans I. Hadot, *Simplicius. Sur le Manuel*, t. I, p. 100 ; le nouvel élément d'information livré ici, à la fin du paragraphe (l'adoption d'un enfant et l'accueil d'une nourrice), peut provenir d'un écrit biographique d'Arrien, comme le laisse entendre un passage du préambule du commentaire (*Préambule*, 4-7, dans I. Hadot, *Simplicius. Sur le Manuel*, t. I, p. 1 ; voir à ce sujet I. Hadot, *Simplicius. In Ench.* (1996), p. 152-157). [S.T.]

n'a besoin d'un domestique que lorsqu'il est malade, ou que le besoin exige un auxiliaire, ou aussi, quelquefois, parce qu'il n'a pas de loisir de s'occuper des choses meilleures, comme aussi cet admirable Épictète qui, après avoir vécu seul la plupart du temps, prit avec lui sur le tard une femme comme nourrice d'un petit enfant, qui allait être abandonné par un de ses amis à cause de sa pauvreté, et qu'il recueillit et éleva lui-même.

[*Les deux causes qui font que les hommes transgressent leur strict besoin : la mollesse et le désir d'avoir une bonne réputation*]

Après avoir nommé chacune des choses dont nous avons besoin, il a ajouté d'un point de vue général que, de toutes choses, il faut enlever le superflu, divisant le superflu en deux espèces [1] : *la mollesse* et *la réputation* auprès des gens du dehors. Ce sont ces deux choses-là en effet et rien d'autre qui se trouvent dans toutes les choses dont on a parlé et à cause desquelles nous allons au-delà du besoin. Si grand était l'empressement des hommes divins [2] pour se débarrasser de tout superflu, qu'on raconte que Diogène, qui emportait toujours avec lui dans sa besace

1. Rien dans le passage commenté ne permet de déceler une telle division. Simplicius ajoute à la mollesse (et au luxe : la τρυφή renvoie aux jouissances amollissantes d'un excès de luxe) – dont la critique domine l'exposé précédent –, une forme plus mentale, ou cognitive, de superflu, à savoir l'opinion (δόξα) auprès des gens du dehors. Le souci délétère de l'*opinion* des gens du commun, qui n'est autre, défini par rapport à soi-même, que le souci de sa propre *réputation*, sera un point récurrent de l'analyse de Simplicius dans les pages qui vont suivre (seconde partie du chapitre XLV et chapitre XLVI, p. 158-166). Quelques préceptes antérieurs du *Manuel* portaient cependant déjà l'accent sur ce défaut, qui, menaçant en nous la disposition conforme à la nature, menace évidemment du même coup la conservation du choix de vie de l'apprenti-philosophe (voir chap. 13, 19, 22 et 23). Les *Entretiens* mettaient aussi en garde contre la puissance néfaste de l'opinion sur la fermeté du choix et de l'ascèse de l'apprenti-philosophe (voir III, XVI, 7-9, dans *Les Stoïciens*, p. 994 : « Pourquoi sont-ils plus forts que vous ? Parce que leur immonde bavardage vient des opinions qu'ils ont ; vous, vous dites de jolies choses, mais du bout des lèvres (…) Voilà pourquoi les profanes sont vos vainqueurs. Car toujours l'opinion a une force invincible. Donc, jusqu'à ce que vos belles pensées se fortifient en vous…, je vous conseille de prendre des précautions dans vos relations avec les profanes » ; ou IV, VI, 22, *ibid.*, p. 1076 : « … Qui empêche donc de faire de même ici ? Je suis pauvre, mais j'ai une opinion correcte sur la pauvreté. Que m'importe si l'on a pitié de ma pauvreté ? […] »). [S.T.]

2. Il s'agit d'une notion fondamentale de la sociologie et de l'idéologie philosophico-religieuse de l'Antiquité tardive (voir, entre autres études, le livre classique de P. Cox, *Biography in Late Antiquity : a quest for the holy man*, Berkeley, 1983, ou encore le dernier chapitre, « ways of life : philosophers and holy men », du plus récent livre de Th. Hägg, *The art of biography in Antiquity*, Cambridge, 2012). Simplicius applique la notion, avec une touchante spontanéité, à la grande figure du cynisme classique, qui est pourtant extérieure à la lignée pythagorico-platonicienne comme, apparemment, à la famille élargie des sages divinement inspirés : mais l'on a vu plus haut que, comme Socrate, il avait été

un gobelet en bois avec lequel il puisait et buvait l'eau, ayant vu une fois, en franchissant un fleuve, quelqu'un puiser l'eau avec ses mains et boire, jeta son gobelet dans le fleuve, disant qu'il n'en avait plus besoin, puisque les mains comblaient le besoin [1].

distingué par l'Apollon pythien, et qu'il avait répondu à son appel ; or cette exhortation divine correspondait manifestement à une forme d'"élection" divine : Apollon avait reconnu la nature supérieure de ces deux êtres, comparables à des héros (voir le parallèle établi entre les deux philosophes et Héraclès et Thésée, au chapitre XIV, 313-319, dans I. Hadot, *Simplicius. Sur le Manuel*, t. I, p. 89 ; Socrate a lui aussi été qualifié de « divin » dans le même chapitre XIV, 173, *ibid.*, p. 84 ; enfin, dans son discours *Contre les cyniques ignorants*, Julien l'Empereur laisse entendre que la réponse de Diogène à l'appel du dieu est le signe d'une sorte de prédestination ou de grâce : « ... le dieu de Delphes qui, comme il ne serait pas permis que quoi que ce soit reste ignoré de lui, n'a pas ignoré "l'aptitude" de Diogène » – ma traduction ; le terme grec est ἐπιτηδειότης, qui a manifestement une connotation religieuse ici, indiquant une prédisposition à recevoir des communications divines). C'est dire sans doute aussi combien le mode de vie ascétique était devenu un critère majeur pour juger de la réalisation de l'idéal philosophique : nous avons déjà vu que Socrate et Diogène sont appariés parce qu'ils sont tous deux considérés comme des exemples de mise en œuvre parfaite de la maîtrise de la nature en nous, par l'exténuation qu'ils ont réalisée des besoins du corps. À propos de la "sanctification" de Diogène en milieu néoplatonicien, il faut rappeler un autre témoignage de Julien l'Empereur, qui répondait à l'accusation d'impiété à l'égard des dieux portée contre Diogène, en affirmant qu'il leur avait donné « ce qu'il avait de plus précieux, à savoir la sanctification de son âme par les idées » (*ibid.*, chap. 17, 199b, p. 168 Rochefort). [S.T.]

1. Voir Diogène Laërce, VI, 37 ; c'était devenu un *topos*, notamment dans la parénèse stoïcienne (voir, entre autres, Sénèque, *Ep.*, 90, 14, qui utilise cette anecdote célébrissime pour montrer la sagesse authentique de Diogène et inciter, à travers son exemple, à « suivre la nature »). Nous avons des indices selon lesquels l'enseignement néoplatonicien, au IVe siècle, avait intégré le cynisme classique et la figure de Diogène à un niveau propédeutique, comme l'illustration d'un premier exercice de la "connaissance de soi", qui relève d'un niveau éthique où l'on apprend à maîtriser ses plaisirs ainsi que ses émotions, et en troisième lieu, à s'affranchir de l'opinion, en suivant la raison : on perçoit bien l'importance de cette leçon de vie que véhicule l'exemple cynique dans le discours *Contre les cyniques ignorants*, de Julien l'Empereur, au chapitre 15, 197c-d, p. 165 Rochefort, et au chapitre 17, 199c, p. 168 Rochefort, qui se termine sur cette formule : « ... mais nous n'y parvenons pas autrement que par un long exercice ») ; sur cette intégration pédagogique, due peut-être à Maxime d'Éphèse, voir J. Bouffartigue, « le cynisme dans le cursus philosophique au IVe siècle : le témoignage de l'empereur Julien », dans M.-O. Goulet-Cazé et R. Goulet (éd.), *Le cynisme ancien et ses prolongements*, Paris, 1993, p. 339-358. Ajoutons que la mise en œuvre de la connaissance de soi, et même de la conversion vers soi-même, était déjà un trait prêté au cynisme "authentique", tel qu'il est présenté par Épictète dans son petit essai sur cette philosophie (voir *Entretiens*, III, XXII, 39 et 53, dans *Les Stoïciens*, p. 1007-1008 ; sur Diogène et le cynisme chez Épictète, voir M. Billerbeck, *Epiktet : von Kynismus*, Leiden, 1978) ; le stoïcien n'hésitait pas non plus (préparant ainsi la voie aux néoplatoniciens) à fabriquer un Diogène modèle de pudeur (αἰδώς) et messager divin (voir *Entretiens*, III, XXII, 15 et 23, *ibid.*, p. 1004-1005) ; enfin, dans son *Manuel* même, Épictète a qualifié Diogène de « divin » (voir au chap. 15, avec le commentaire de Simplicius au chap. XXIII, l. 48-53,

XLV En ce qui concerne les plaisirs de l'amour,
il faut, autant que possible, se conserver pur avant le mariage [1] …
(*Ench.*, chap. 33, § 8 Boter)

[*Tout désir corporel peut être maîtrisé*]

La maîtrise de tout plaisir corporel renforce l'âme raisonnable et fait qu'elle a confiance, grâce à l'expérience, de pouvoir maîtriser l'irrationalité ; et elle restreint les désirs irrationnels de deux manières, à la fois en les faisant dépérir par l'inertie et en les accoutumant à être vaincus par la raison [2]. Quant à la maîtrise du plaisir relatif au commerce sexuel,

dans I. Hadot, *Simplicius. Sur le Manuel*, t. I, p. 119). L'école néoplatonicienne du IVe siècle serait-elle le chaînon manquant, dans l'intégration de la conception idéalisée du cynisme selon Épictète à la phase propédeutique du cursus d'études tardo-antique ? Des éléments précis relevés par Margarethe Billerbeck semblent bien apporter de l'eau au moulin de Jean Bouffartigue et de son hypothèse concernant le rôle possible de Maxime d'Éphèse (voir M. Billerbeck, « Le cynisme idéalisé d'Épictète à Julien », dans M.-O. Goulet-Cazé et R. Goulet (éd.), *Le cynisme ancien*, *op. cit.*, p. 319-338, à la page 336, n. 92). [S.T.]

1. Voir aussi les chapitres LVIII et LIX (commentant les chapitres 40 et 41 du *Manuel*), avec les notes afférentes, p. 192-194.

2. Simplicius explique comment l'ἐγκράτεια est une discipline du corps qui contribue à la maîtrise progressive des passions par la raison, grâce à l'expérience (en tant que mise à l'épreuve de type "ascétique" : πεῖρα) et à l'accoutumance à l'abstinence (en tant que stabilisation d'une façon de vivre : ἔθος) : ainsi, par ce premier travail sur les mouvements passionnels qui affectent le corps, elle donne à l'âme raisonnable de l'assurance dans sa capacité de maîtrise. Il avait noté (chapitre XVI, 17-21, dans I. Hadot, *Simplicius. Sur le Manuel*, t. I, p. 101) qu'au chapitre 10 du *Manuel* (dans le contexte d'une allusion à la concupiscence sexuelle), Épictète emploie ce terme d'ἐγκράτεια, et non « tempérance » (σωφροσύνη), et il avait justifié ce choix terminologique par le niveau propre au public visé par la parénèse du *Manuel* (« ceux qui sont en cours d'éducation ») : les passions sont chez eux très remuantes et s'opposent à la raison : si celle-ci ne les domine pas (μὴ κρατήσῃ), c'est l'ἀκράτεια qui s'installe ; et Simplicius faisait le même rapprochement de mots, dans le registre négatif, qu'il fait ici, dans le registre positif, entre la qualité d'ἐγκράτεια et le verbe « maîtriser ». Il faut cependant préciser que, bien qu'il s'agisse de la maîtrise des passions, nous ne sommes pas ici au niveau des vertus politiques *stricto sensu*, mais de vertus inférieures et « préparatoires aux vertus politiques » (ainsi que le dit I. Hadot à la fin de la note 4 à la page 101, dans I. Hadot, *Simplicius. Sur le Manuel*, t. I, p. 176) ; il s'agit des vertus éthiques, qui certes étaient nommées de concert avec les vertus politiques dans le *Prologue* du commentaire (102-104, *ibid.*, p. 5), mais qui sont un niveau de vertus spécifique ajouté à la base du système porphyrien (avec les vertus physiques), niveau attesté à partir de Proclus : voir *In Remp.*, I, 12, 25-13, 6 Kroll, t. I, p. 28-29 Festugière, et *In Alc.*, 96, 7-16, t. I, p. 79 Segonds (le fait que, dans le premier commentaire, « la tempérance caractérise principalement la vertu morale… et que la justice [caractérise principalement] la vertu politique » peut se justifier pour l'exégète par un énoncé du *Phédon* (82a 9-b 1) sur la qualité propre à la vie des meilleurs parmi ceux qui ne sont pas pleinement philosophes : « ils se sont appliqués à cette vertu sociale et civile [πολιτικήν] qu'on appelle modération et justice » – trad. P. Vicaire, p. 47 : Proclus y voit une distinction, par prédominance d'une vertu particulière, entre le niveau éthique et le niveau politique, si liés qu'ils soient entre eux). Cette nouvelle hiérarchie, plus développée, pourrait remonter à Jamblique, car elle

elle est d'autant plus utile à l'âme qu'elle est plus liée à la vie sociale que les autres maîtrises de soi, et elle est aussi plus précieuse. Mais que ce n'est pas seulement la raison qui est éduquée par un bon enseignement et les meilleures lois, mais aussi les plus violents des désirs irrationnels,

apparaît dans les *Prolégomènes à la philosophie de Platon* (seconde moitié du VIe siècle), quand l'auteur expose l'ordre de lecture des douze principaux dialogues platoniciens selon Jamblique : or cet ordre de lecture est immédiatement justifié par la correspondance entre l'objet auquel s'appliquent les dialogues intermédiaires (ceux qui se situent entre l'*Alcibiade* à la base, et le *Timée* et le *Parménide* au sommet) et une partie du système graduel des vertus, parmi lesquelles sont nommées les premières les vertus physiques et morales (*Anon. Prol.*, chap. 26, 30-32, p. 39) ; en tout cas, après Proclus, sinon déjà après Jamblique, il est clair que cette hiérarchie est devenue un bien commun du néoplatonisme, présente qu'elle est, en tout ou en partie, chez Marinus, Damascius, Philopon, Olympiodore, David, Élias, et, on l'a vu, dans les *Prolégomènes à la philosophie de Platon* (voir H. D. Saffrey, A.-Ph. Segonds et C. Luna, dans Marinus, *Proclus*, p. LXIX-C ; l'attribution à Jamblique, proposée naguère par Westerink [voir son édition du commentaire d'Olympiodore, *In Phaed.*, p. 117, dans la note à 8, 2-3], est mentionnée de manière fugace et sans commentaire par Saffrey *et alii*, p. LXXXIII ; c'est Daniela Patrizia Taormina qui examine la question jambliquéenne et reprend le sujet dans un chapitre de l'introduction aux *Frammenti dalle epistole* de Jamblique, édités par R. M. Piccione et elle-même, Napoli, 2010, p. 227-271). Deux points importants sont à noter : tout d'abord, la répétition du vocabulaire de l'accoutumance dans le développement de Simplicius tient au fait que la vertu morale s'acquiert justement par ce biais (la source est dans les *Lois* de Platon au livre VII, 792e1-2 : « tout caractère (ἦθος) s'implante au moyen de l'habitude (ἔθος) » – œuvre de référence sur ces vertus, nous le verrons bientôt – idée et jeu de mots repris par Aristote, *Éthique à Nicomaque*, II, 1, 1103a 17-18 : « Mais si [la vertu] est morale (ἠθική), elle est le fruit de l'habitude. C'est même de là qu'elle tient son nom, moyennant une petite modification du mot ἔθος » – p. 99 Bodéüs) ; Damascius et Olympiodore expliquent à leur tour l'acquisition de ce niveau de vertus par le travail de l'accoutumance (respectivement *In Phaed.*, I, § 139, p. 84-87 Westerink et *In Phaed.*, 8, § 2, 3-9, p. 118-119 Westerink). En second lieu, la leçon du manuscrit B (πολιτικωτέρα), retenue dans l'édition du texte, ne fait qu'abonder dans le sens d'une articulation très forte entre le travail éthique de l'accoutumance et la mesure qu'il s'agit d'imposer aux passions, pour parvenir à exercer les vertus civiques, ce qui reflète les préoccupations de Platon dans les *Lois*, notamment aux livres VII et VIII, jusqu'à 842a, qui inspirent toute la suite du passage de Simplicius (voir Damascius, *In Phaed.*, I, § 139, p. 86-87 Westerink : « Platon traite [des vertus morales] dans les *Lois* ; elles relèvent de la raison et de l'irrationalité tout ensemble ») ; Simplicius semble très conscient que les *Lois* de Platon sont un lieu privilégié pour articuler l'éthique et le politique, comme l'indique aussi un détail d'expression au chapitre XXXVIII, au moment où il s'apprête à traiter les trois problèmes théologiques majeurs, en faisant une première allusion au livre X des *Lois* (« les trois problèmes... dont l'admission préalable est nécessaire à toute *législation* et à toute *bonne éducation morale* », l. 168-169, *supra*, p. 97). Quant à la relation particulière établie entre la sexualité et la politique (puisque, selon Simplicius, la continence sexuelle « est d'autant plus utile à l'âme qu'elle est plus liée à la vie sociale »), elle n'est pas aussi étonnante ou "post-moderne" qu'on pourrait le croire : elle repose, comme nous l'expliquerons un peu plus loin (à propos de l'équivalence affirmée entre illégalité et impiété dans le cas de certains rapports sexuels), sur des analyses et prescriptions de Platon dans les *Lois*, que Simplicius a manifestement à l'esprit et qui l'aident à commenter le *Manuel*. [S.T.]

en sorte qu'ils ne sont pas seulement freinés par la force, mais qu'ils se soumettent aussi avec docilité [1], cela est évident par le fait que le désir relatif à la nourriture comme celui relatif au commerce sexuel, bien qu'ils soient physiques et violents, s'ils se sont bien accoutumés, se tiennent tranquilles sans forte contrainte [2]. Car ceux qui sont accoutumés

1. C'est, à travers l'emploi de trois mots, une allusion au *Phèdre*, 254a 4, 254c 1-3, 254c 6-7 et 254e1-3, où se trouvent décrites les réponses contrastées des deux chevaux de l'âme au "freinage" du cocher, quand l'objet du désir amoureux est présent. Simplicius souligne tout de même cette sorte de paradoxe (au regard de la distinction platonicienne entre θυμός et ἐπιθυμία, à laquelle il est en train de faire allusion) que, malgré leur caractère physique et très violent, les désirs touchant à la nourriture et à la sexualité sont susceptibles d'un domptage, d'une accoutumance « sans forte contrainte », ce qui, malgré leur brutalité primaire, les fait relever du traitement que l'âme raisonnable applique au θυμός, et non à l'ἐπιθυμία. On notera que l'expression qu'il emploie (« désirs irrationnels » – désir traduisant ὄρεξις) correspond à la définition stoïcienne classique de l'ἐπιθυμία (voir *SVF* III, 391, 438 et 442). [S.T.]

2. Le lexique de la coutume et de l'accoutumance est très présent tout au long de ce paragraphe. L'idée est que la force de l'habitude, pour les désirs les plus foncièrement corporels, est capable de créer une "seconde nature", autrement dit de faire progressivement du corps ce à quoi il est approprié par nature, être l'instrument de l'âme raisonnable. Cela se vérifie particulièrement dans le cas de la coutume, comme l'indique nettement Simplicius peu après : « comme la coutume et la loi ont interdit le commerce sexuel entre frère et sœur, nous savons que, *comme s'ils avaient été réglés par la nature même*, les désirs restent ainsi tout à fait inactifs, etc. ». La coutume est une habitude ancrée dans l'expérience collective, socialisée, perpétuée à travers les générations, et qui impose une contrainte sans faire montre de l'imposer, comme dans les cas de continence individuelle qu'il évoquait plus haut. Simplicius paraît poser une homologie entre l'action de la coutume et de la loi d'une part, et l'action de l'ἐγκράτεια et de la raison d'autre part : la maîtrise des désirs irrationnels suppose immédiatement une double action, celle d'une discipline corporelle, assurée par l'accoutumance (œuvre de l'ἐγκράτεια pour les individus, de l'ἔθος pour la société), et celle d'une discipline mentale, pour ainsi dire, assurée par l'exercice du λόγος chez les individus, et par celui de la loi au niveau social et politique. L'analyse de Simplicius sur la puissance contraignante, non manifeste, de l'habitus social en matière de relations sexuelles est remarquable : que la maîtrise ou contrainte sexuelle soit éminemment sociale ou politique, ou encore, que le désir sexuel soit socialement contraint, dirigé, ou annihilé (dans le cas du désir incestueux), comme si cela était l'œuvre de la nature, ainsi qu'il l'affirme, c'est un point qui n'a été réellement énoncé et examiné de manière aussi nette qu'à la suite de travaux d'anthropologie sociale et générale au XXe siècle ; je rappellerai simplement que l'habitus, qui correspond assez bien au συνεθισμός tel que Simplicius en analyse l'efficacité, a une nature éminemment sociale, selon Marcel Mauss, qui est l'introducteur de cette notion, dans son étude pionnière sur « Les techniques du corps » (texte de 1934, publié en 1936, et repris dans *Sociologie et anthropologie*, Paris, 1950, p. 363-386, à la page 367) ; il postule que c'est à travers l'éducation que se développent les différentes façons d'utiliser le corps, ce qui est le postulat "éthique" de Simplicius commentant Épictète, dans la mesure où, comme on l'a vu, la parénèse s'adresse à ceux qui sont en cours d'éducation, et porte effectivement sur l'usage du corps, en tant qu'instrument de l'âme raisonnable, et ce, au premier niveau d'exercice des vertus, qui est un niveau social au fond, ou d'adaptation du biologique au social (Mauss de son côté invite à voir dans ces habitus, qu'il est le premier à prendre pour

à jeûner ne sont pas gênés par les désirs, mais sont même alourdis s'ils mangent contrairement à leur habitude de jeûner; chez les athlètes, bien qu'ils soient bourrés de viande[1] et en pleine vigueur, le désir du commerce sexuel reste pourtant calme, parce qu'il y est accoutumé à cause <des efforts physiques permanents des athlètes pour gagner> la couronne <faite> d'une branche d'olivier aux concours Olympiques. Et comme la coutume et la loi ont interdit le commerce sexuel entre frère et sœur, nous savons que, comme s'ils avaient été réglés par la nature même, les désirs restent ainsi tout à fait inactifs chez ceux sur lesquels n'a pas fondu une sorte de démence envoyée par les Furies vengeresses[2].

objet de réflexion théorique, « des techniques et l'ouvrage de la raison pratique collective et individuelle », p. 368). Cette analogie peut-être inattendue explique pourquoi Simplicius peut produire des explications tout à fait “modernes” sur ce que j'appelle la discipline du corps (voir plus haut, par exemple, la discipline du sourire), ou, comme on le verra plus loin, sur la psychologie sociale. [S.T.]

1. Le régime carné n'était que l'un parmi plusieurs régimes préconisés pour la préparation aux concours sportifs, et le régime préconisé dépendait de la discipline athlétique. C'est curieusement Pythagore qui est réputé avoir introduit le régime carné chez les athlètes (voir Porphyre, *Vita Pyth.*, 15, p. 42 Des Places et *De abst.*, I, 26, t. I, p. 60 Bouffartigue, ainsi que Diogène Laërce, VIII, 12). L'exemple athlétique constitue aussi une première réminiscence d'un développement de Platon dans les *Lois*, VIII, qui est aussi à l'arrière-plan des lignes suivantes (le désir entre frère et sœur, la folie incestueuse comme malédiction de tragédie, l'équivalence entre illégalité et impiété dans ces cas); comme Platon le fait (en passant : voir *Lois*, 839a 7-b 1), et au contraire d'Épictète dans ce chapitre du *Manuel*, Simplicius associe les désirs excessifs de nourriture et de relations sexuelles. L'exemple des athlètes d'Olympie (vigueur corporelle, et cependant accoutumance à l'abstinence sexuelle, appuyée sur l'ambition de la victoire) vient en droite ligne des *Lois*, quand l'Athénien cite des champions qui, par amour de la victoire, furent d'une tempérance exemplaire (839e 5-840b 2) : Simplicius reprend le participe du verbe σφριγᾶν et paraphrase le « διὰ φιλονικίαν » de Platon par son « διὰ τὸν... στέφανον ». De son côté, Épictète utilise l'exemple de l'athlète olympique, mais dans une perspective plus générale : celui qui veut remporter la victoire athlétique doit bien réfléchir aux conditions et conséquences de ce choix, car il implique une préparation soutenue et un régime strict; par là, Épictète entend montrer la nécessité d'un effort soutenu et systématique dans la discipline de l'action (voir *Entretiens*, III, XV, 1-7, dans *Les Stoïciens*, p. 991-992). [S.T.]

2. Le passage de Platon (837e 9-838e 1) qui inspire cette analyse de la pression sociale (qui domestique sans contrainte apparente les désirs les plus violents) commence par le constat que des hommes, même très pervers, s'abstiennent de relations sexuelles « non contre leur gré, mais d'aussi bon gré que possible » (838a 6-7). Il faut aussi remarquer que le passage de Platon fait droit, à côté de la loi, à la coutume, qu'il appelle aussi « loi non écrite » (voir 838b 1 et 841b 2-3). C'est d'ailleurs cette dernière qui assure l'abstinence de bon gré des pervers, en particulier dans les cas « où la belle personne est leur frère ou leur sœur » (838a 9), alors que Simplicius évoque la double action de la coutume et de la loi pour assurer l'inactivation ou l'annihilation de ces désirs. L'adjectif traduit par « envoyée par les Furies vengeresses » (ποινήλατος) est un terme rare, apparenté au verbe ποινηλατεῖν, qui est employé par Hermias dans son *Commentaire sur le Phèdre de Platon*

Se conserver pur avant le mariage est utile et en outre c'est juste, pour que cette garantie que constitue la virginité, et que l'homme exige de la femme, la femme la reçoive aussi en retour de l'homme[1].

(voir *In Phaedr.*, p. 97, 8-27 Couvreur = édition C. M. Lucarini et C. Moreschini, Berlin, 2012, p. 102, 13-34), à propos de l'une des formes de la folie (en 244d), et pour commenter spécialement les mots suivants : « alors qu'il y a de grandes maladies, des épreuves terribles, suite d'on ne sait quels ressentiments anciens qui viennent frapper certaines familles... » (trad. P. Vicaire, p. 31). Chez Simplicius également, l'association de l'adjectif à la « folie » vise la référence aux malédictions illustrées par les mythes, et notamment dans la tragédie, car il a à l'esprit le même développement de Platon sur l'élimination des désirs incestueux, dans lequel l'Athénien évoque la force totalitaire étonnante de la voix publique sur l'esprit et le comportement de chacun, quand elle condamne sans appel sous les qualificatifs d'impies et d'infâmes de tels actes, qui sont représentés « dans le grand sérieux... tragique, lorsqu'on y introduit ou des Thyestes, ou des Œdipes, ou des Macarées qui, ayant avec leur sœur un commerce clandestin, d'eux-mêmes, une fois découverts, se donnent la mort pour se punir de leur faute » (838b 10-c 8 – trad. A. Diès, p. 80) ; l'Athénien use d'ailleurs du mot « folie » un peu plus loin (839a 7). Le même développement de l'Athénien sur le fonctionnement idéal de la loi permet de comprendre ce que j'appelais plus haut l'homologie postulée par Simplicius entre les couples ἐγκράτεια/λόγος et coutume/loi : en effet, en usant du vocabulaire de la maîtrise (κρατεῖν par deux fois, νικᾶν, ἐγκρατής) et de la conformité à la nature (κατὰ φύσιν, par deux fois), l'Athénien montre que c'est l'œuvre de la loi, avec l'aide puissante de la coutume, dans la cité (de même que c'est l'œuvre du λόγος, aidé puissamment par l'ἐγκράτεια, pour l'âme humaine), que d'obtenir la maîtrise absolue des désirs les plus violents, la régulation, « conforme à la nature », de la sexualité en vue de la fécondation (838e 5-839a 3). Ainsi, ce texte de Platon illustre de manière frappante la doctrine porphyrienne selon laquelle l'exercice des vertus politiques se caractérise par la maîtrise des passions, et l'idée, tout aussi porphyrienne, que la disposition stable qui accompagne cet exercice vise la conformité à la nature (le premier bien de cette loi, dit l'Athénien, dans une formule remarquable, est « qu'elle se trouve conforme à la nature » [839a 6-7]) : le *telos* stoïcien réaffecté aux vertus politiques chez Porphyre est aussi, comme il se doit, un *telos* platonicien. La différence que l'on perçoit cependant chez Simplicius, à travers l'insistance sur le travail préalable de l'accoutumance, consiste dans l'analyse d'un niveau d'exercice préalable à la vertu politique et contribuant à la fonder, à savoir le niveau proprement éthique, distingué déjà par Proclus, et considéré comme l'objet d'un traitement particulier dans les *Lois*, selon le témoignage de Damascius, comme nous l'avons dit. [S.T.]

1. Cette recommandation d'égalité entre les sexes, à l'égard de l'exigence de pureté pré-maritale, va contre les mœurs de la société gréco-romaine ; l'asymétrie quant à la liberté sexuelle se continuait dans la vie maritale, et se traduisait dans la législation sur l'adultère : seule la femme pouvait être reconnue coupable d'adultère à l'égard de son époux, et non l'inverse ; l''adultère de l'homme était une faute à l'égard de l'époux de sa maîtresse (voir par exemple dans A. Rousselle, *Porneia : de la maîtrise du corps à la privation sensorielle : IIe-IVe siècles de l'ère chrétienne*, Paris, 1983, p. 104-111 et p. 122-127, et dans J. Beaucamp, *Le statut de la femme à Byzance (4e-7e siècles), I. Le droit impérial*, Paris, 1990, p. 139 : « Dans le domaine sexuel, la spécificité de la législation se manifeste par son inégalité, qui est flagrante aussi bien pour la femme mariée que pour la jeune fille, la veuve ou la religieuse... toute relation sexuelle extramatrimoniale est criminelle pour une femme – plus exactement pour une femme honorable –, alors qu'elle ne l'est pas pour un homme... C'est pour la femme mariée que l'inégalité des exigences morales se manifeste

Mais si c'est nécessaire, dit-il, *que l'on prenne* avant le mariage *sa part <des plaisirs de l'amour> qui sont conformes à la loi.* En effet, ce qui n'est pas conforme à la loi est aussi tout à fait

de la façon la plus claire... »). Et l'Empire chrétien n'y a rien changé, comme le montre encore Joëlle Beaucamp (*ibid.*, p. 18) : « dans les mentions beaucoup plus nombreuses des constitutions postérieures [*scil.* à la dynastie des Sévères], les termes [*scil.* du vocabulaire de la *castitas* = σωφροσύνη] s'appliquent toujours soit à des femmes, soit à des clercs ou des moines... Le même phénomène peut être observé dans les constitutions de Justinien postérieures à la compilation; ... en dehors de quelques références générales à la vertu de chasteté, ces termes [*scil.* de la famille de σώφρων] sont employés... soit à propos de femmes, soit à propos de clercs, et les exceptions sont très peu nombreuses » ; et p. 170 : « il demeure... que l'adultère est un crime dissymétrique qui n'existe que par rapport au mari. La législation finale de Justinien accentue ce caractère... ». Cependant, la chasteté masculine a eu un promoteur dans le maître d'Épictète, Musonius, qui défendait d'ailleurs de manière plus générale une égalité des deux sexes devant l'éducation et le progrès philosophiques (voir la diatribe *S'il faut donner aux filles la même éducation qu'aux fils*, IV, p. 14, 12-14 Hense : « il est bien que la femme soit tempérante, bien pareillement que le soit aussi l'homme » – trad. Festugière, p. 63-64; et la diatribe *Sur les plaisirs de l'amour*, *Dissert.*, XII, p. 63, 17-64, 3 Hense : « il faut que ceux qui ne sont pas débauchés ni vicieux regardent comme seules justes les relations sexuelles dans le mariage et qui visent à la procréation d'enfants, parce que ce sont les seules légitimes » – trad. Festugière, p. 94). Ces deux prescriptions de Musonius se trouvent être en accord avec l'éducation et la législation "rigoristes" proposées par l'Athénien dans le livre VIII des *Lois* (voir notamment 838e-842a), texte qui est ici à l'arrière-plan du commentaire de Simplicius. Il est à remarquer que Simplicius explique le conseil de pureté pré-maritale non seulement par le critère de l'utilité, mais aussi par celui de la justice : l'homme offre à sa femme une garantie, qui lui fait exiger de lui-même ce qu'il est conventionnel d'exiger de sa fiancée. Simplicius distingue cette « justice » de la légitimité formelle ou légalité qui, elle, laisse une marge de liberté sexuelle au jeune homme, comme le dit ensuite Simplicius, qui fait là allusion au fait que l'homme n'encoure pas de sanction légale, si du moins il n'a pas de relations avec une femme de statut libre et mariée (ce serait un crime d'adultère), ou avec une femme de statut libre non mariée, ni divorcée, ni répudiée, et qu'il ne demanderait pas en mariage (ce serait un crime de stupre). La chasteté conjugale de l'époux était un thème chez certains prédicateurs chrétiens, mais la législation n'a guère suivi, ni la norme sociale; pourtant, peu après la prédication de Musonius, et toujours dans la ville de Rome, l'idée nouvelle que l'homme serait adultère *par rapport à son épouse* est énoncée dans *Le Pasteur* d'Hermas, en liaison avec un commandement divin de « garder la chasteté » (voir A. Rousselle, *Porneia*, *op. cit.*, p. 132-134) ; dans l'Antiquité tardive, cette conception est argumentée et défendue particulièrement par Jean Chrysostome (voir les textes évoqués dans J. Beaucamp, *Le statut de la femme à Byzance (4e-7e siècles), II. Les pratiques sociales*, Paris, 1992, p. 359-360; un Astérius d'Amasée (*Homélie* 5, c. 12) a la même formule que Musonius sur l'exigence commune de chasteté pour les deux sexes, mais il remarque que le droit romain ne transcrit pas cette règle fixée par Dieu; et Grégoire de Nazianze, qui s'indigne de l'inégalité de l'exigence morale et de ses conséquences juridiques injustes, a de son côté une formule apparentée à celle de Simplicius : il ne faut pas « exiger la chasteté sans l'apporter en retour » – *Discours* 37, c. 7). Puisque la première et plus stricte recommandation de Simplicius relève d'une bonne conduite éthique, et non civique, la qualification de « juste » doit renvoyer à ce que Simplicius appelait lui-même « la justice de l'âme », au chapitre XXXVII, par distinction avec la « justice de la cité » (l. 7-10, *supra*, p. 74). Le degré supérieur d'exigence des impie[1] ; car la loi ne saurait le délimiter en vain. Et cela témoigne aussi d'un grand manque de maîtrise de soi. Et en plus de cela, il [c'est-à-dire celui qui ne se conforme pas aux lois sur les relations préconjugales] accoutume non seulement lui-même, mais encore ceux qui l'imitent, à mépriser également les autres lois[2].

[*Si tu sais te maîtriser, n'accable pourtant pas les autres qui ne le savent pas*]

En t'abstenant, dit-il, de telles pratiques, *ne deviens pas arrogant vis-à-vis de ceux qui font usage <de relations sexuelles avant le mariage> ni porté à la critique, et n'allègue pas en maints endroits le fait que toi tu n'en fais pas usage.* Car les critiques et les reproches de ce genre sont pénibles pour ceux qui les entendent, parce que nous ne supportons pas même sans nous en offenser les critiques qui viennent de nos professeurs. Et la raison qui fait que nous les supportons mal, c'est, je pense, que, jusqu'à ce que nous ayons été critiqués, nous croyons passer inaperçus et à cause de cela paraître ne pas même avoir commis de fautes. Et la cause en est que nous usons, pour nous juger nous-mêmes, de l'opinion des gens extérieurs et non pas de nous-mêmes et des êtres les plus excellents, ce qui revient à dire, de la vérité. Mais si celui qui critique non seulement révèle notre faute, mais encore, en se disant lui-même sans faute, se proclame

actions appropriées philosophiquement déterminées, par rapport aux prescriptions du droit, est exprimé nettement, et dans toute sa généralité, par Sénèque (voir la formule du *De ira* : « c'est une piètre innocence que d'être vertueux selon la loi. La règle du devoir [*officiorum*] s'étend beaucoup plus loin que celle du droit » – *De ira*, II, XXVIII, 2, p. 53 Bourgery). [S.T.]

1. Renforcer l'interdit légal qui pèserait sur les relations sexuelles impures par le sentiment enraciné de leur caractère impie : c'est tout le propos et toute la préoccupation de l'Athénien dans le passage déjà évoqué du livre VIII des *Lois* (voir 837e 9-842a 3) : la première réplique de l'Athénien commence par envisager le cas des hommes παράνομοι, et, quand il énumère, à la fin de ce développement, les forces capables de contraindre les natures corrompues à μὴ παρανομεῖν (841c 2), il nomme en premier lieu τὸ θεοσεβές (841c 4) : il s'agit d'imposer la tempérance par la double puissance collective de la raison législatrice et de la foi commune. C'est sur ce discours platonicien que se fonde Simplicius, depuis l'allusion qu'il a faite aux athlètes olympiques. [S.T.]

2. Le travail de l'accoutumance, présenté jusqu'ici comme l'étape préliminaire, ou le socle, pour l'acquisition des vertus éthiques, prend un aspect négatif : Simplicius fait apparaître le risque « politique » majeur, en sens inverse, que la contamination éthique, à partir de l'intempérance sexuelle illicite, ne se répande, par accoutumance, à l'ensemble de la vie « politique », par le mépris de la législation en général, et ne touche l'ensemble des intempérants par une sorte de conformisme dans le vice. Simplicius illustre par cette remarque, *a contrario*, le caractère éminemment politique ou civique qu'il prêtait plus haut à la maîtrise des désirs sexuels et, par là, la liaison intrinsèque entre vertu éthique et vertu civique qu'il reconnaît sous l'inspiration des *Lois* de Platon. [S.T.]

contre nous vainqueur comme dans un concours, alors, paraissant, par comparaison, avoir le dessous, nous sommes encore plus accablés, parce que l'éloge que fait de lui-même celui qui parle ajoute quelque chose à la charge accablante. Cela est en effet plus pesant, parce que l'adversaire devient juge. Mais une telle critique nuit à celui même qui critique et qui met en avant la comparaison avec lui, parce qu'elle tire son âme vers l'extérieur et fait que ce n'est pas à cause du bien qu'il s'abstient de ces choses et fait des critiques, mais pour que lui-même ait bonne réputation en critiquant les autres. Et celui-ci, en se présentant ainsi devant celui à qui la critique est adressée, rend la critique plus accablante, en dehors du fait qu'il lui procure facilement une excuse pour la faute : la comparaison. Il est en effet aisé de dire : « Mais moi, je ne suis pas philosophe » et de s'accorder tout de suite le pardon [1].

1. Tout ce paragraphe, dans lequel Simplicius analyse le déplaisir et le sentiment d'infériorité causés par les critiques faites par un apprenti-philosophe au comportement d'un non-philosophe, excède largement le contenu du bref conseil énoncé à ce point du *Manuel* : cependant, en explicitant le processus psychologique qui se produit dans ce cas de figure et qui peut justifier ce conseil, il le fonde bien plus solidement, et par ailleurs, son explication lui permet d'introduire un thème important qu'il développera à partir du chapitre XLVI, celui du désir de bonne réputation. Simplicius se livre donc à une analyse fouillée qui démonte avec précision les mécanismes psychologiques de la *vexation*, et les vices induits par ce procédé qui pourrait passer pour une tentative de correction des mœurs, tant chez celui qui critique que chez celui qui est critiqué. Au terme de l'analyse, on constate que le moteur de la vexation chez la personne critiquée, comme du sentiment de supériorité chez le critique, c'est la bonne réputation (εὐδοξία), autrement dit, la soumission à l'opinion des autres (δόξα τῶν ἐκτός), qui fait fi de l'examen intérieur d'où seulement surgissent la vérité et le bien : la critique argumentée (ἔλεγχος) manque alors son but, parce que la concentration de l'âme ne s'est pas faite sur l'objectif authentiquement désirable, mais a été détournée vers une autre cible (« elle fait se tendre l'âme vers l'extérieur » – l. 42), qui est la renommée, par l'action d'un vice très subtil et presque indétectable, l'amour de la renommée, auquel Simplicius va consacrer bientôt une analyse spécifique, pour mettre en garde contre ce danger extrême. Dans l'analyse du mécanisme psychologique qui explique la faillite de ce type de critique, Simplicius relève surtout un risque de mauvais usage parénétique de la parole critique : la dissymétrie affichée entre le critique et la personne critiquée, si le critique l'accentue et fait trop montre de sa supériorité morale, loin d'être un avantage pédagogique pour la correction des fautes, s'avère avoir un effet néfaste, tant sur les progrès de l'apprenti-philosophe, imbu de lui-même et manquant ainsi le but (et pour lui et pour l'autre), que sur les premiers pas du non-philosophe, qui, vexé, invoquera le statut auquel il croit être renvoyé comme s'il s'agissait d'une identité (« mais moi, je ne suis pas philosophe » – l. 47) et, par conséquent, comme la cause nécessaire de ses défauts. Nous sommes ici dans une configuration qui, *mutatis mutandis*, n'est pas sans rapport avec la manière et l'esprit dans lesquels Philodème de Gadara, dans son traité *Sur le franc-parler*, analyse et préconise différentes formes de la critique philosophique entre maîtres et élèves, ou entre les élèves, en vue d'établir une casuistique des bons et des mauvais usages du franc-parler pour le progrès éthique (voir les fragments dans *On frank criticism*). En insistant sur les effets désastreux, pour le progrès de l'un comme de l'autre, provoqués par la dissymétrie affichée entre le critique et le critiqué,

XLVI Si quelqu'un te rapporte qu'un tel parle mal de toi, ne te défends pas contre ces dires … (*Ench.*, chap. 33, § 9 Boter)

[*Il faut être son propre juge et ne pas rechercher la renommée*]

Ceci semble viser la colère ; et en effet la colère est excitée par de tels messages, et l'ambition et la vaine gloire, qui sont aussi des mouvements de la colère, s'affligent. Mais pourquoi conseille-t-il de ne pas se défendre ? Pourquoi se dire exposé à encore d'autres maux ? Peut-être en effet une telle modération pourrait-elle paraître démesurée. Ou bien cela s'accorde-t-il aussi avec le but proposé, qui veut retenir l'âme loin des choses extérieures[1] et la retourner vers elle-même, en sorte qu'elle vive

Simplicius exprime ici, par la négative, l'importance du principe égalitaire de la φιλία, cette sociabilité philosophique qui est le soubassement de tout progrès philosophique et qui seule peut assurer que le franc-parler, ou plus précisément la « franche critique », soit un moteur effectif de progrès moral, aussi bien pour soi que pour les autres (Simplicius a déjà énoncé, par contraste, ce qu'est le bon usage de la franche critique, dans son développement sur l'amitié, au chapitre XXXVII 155-288, p. 80-85, conseillant de « corriger… avec douceur ». – l. 201-203, p. 82, et disant plus loin : « l'ami est le meilleur pédagogue : par personne d'autre en effet que par un ami l'on n'est convaincu *sans être offensé*… et, s'il a commis quelque faute, on le supporte *sans s'en offenser*, et on dit à un ami ce que l'on pense sans déguisement et en toute vérité » – l. 239-247, p. 83-84 ; au sujet de l'amitié, voir *supra*, p. 31, n. 1 et p. 80, n. 1). Une différence majeure avec les situations de parole examinées par Philodème, c'est que, comme nous ne sommes pas à l'intérieur d'une communauté philosophique fermée, entre amis ou prétendus tels, le risque de mésusage et de malentendu à l'égard du franc-parler critique est décuplé, car la critique arrive sur un terrain non préparé, où les critères de jugement sur la valeur des individus (y compris sur soi-même) sont "externalisés" par les acteurs sociaux eux-mêmes (c'est la dictature de l'opinion ou de la réputation), qui se désaisissent ainsi de leur propre capacité de progrès philosophique. [S.T.]

1. Le verbe ἀναχαιτίζειν (« retenir ») appartient au vocabulaire hippique : c'est retenir en tirant sur la crinière (χαίτη) ; il permet une nouvelle allusion au (bon) cheval du *Phèdre*, et, par là, à la question du meilleur moyen de modérer la partie irascible de l'âme. Simplicius envisage d'abord l'étonnement que peut susciter le conseil d'Épictète : en effet, il ne se contente pas de préconiser une simple absence de réfutation, qui viserait à ne pas laisser prospérer la colère inspirée par la médisance, non plus que l'ambition ou la vanité que la colère exprime, mais il conseille de réagir en allant jusqu'à avouer d'autres fautes ou vices que celle que nous prête le médisant. En évoquant le sentiment que peut avoir le lecteur de ce conseil, que ce serait là une « modération peut-être démesurée » de la colère (l. 8), Simplicius semble vouloir dire que la réponse préconisée par Épictète, qui fait abonder le critiqué dans le sens de la critique, mais bien au-delà de l'objet premier de la critique, peut paraître excéder la simple visée modératrice de la parénèse. Cependant, la radicalité de la recommandation d'Épictète est justifiée, aux yeux de Simplicius, par l'enracinement profond et la difficulté d'extirpation du plus subtil des vices, l'amour de la renommée, comme il va l'exposer tout au long du chapitre XLVI. [S.T.]

pour elle-même [1] et non pas pour les choses extérieures ? Mais celui qui se défend et ne se contente pas de sa propre conscience [2] et du jugement du dieu omniscient, veut manifestement plaire aux hommes. C'est pourquoi, si quelquefois il peut les persuader, même en mentant, qu'il ne commet pas de faute, il trouve son repos comme s'il n'avait pas commis de faute, se contentant d'avoir persuadé les juges derrière lesquels il s'abrite. Mais si, parce qu'il méprise les choses extérieures, il est devenu pour lui-même un juge incorruptible, la faute est dénoncée par le témoignage de celui-là même qui l'a commise [3]. Et le fait de s'accuser soi-même comme possédant encore d'autres maux, tranche les racines mêmes de

1. L'expression renvoie au moment psychique qu'amorce le processus de conversion intérieure. Pierre Hadot a bien analysé le sens qu'il faut donner à ce type d'expressions, quand les néoplatoniciens entendent désigner un "niveau de vie" et un niveau cognitif spécifique de l'âme, entre le sensible et l'intelligible (voir *P. et V.*, I, p. 191-192). Une source de cette conception d'un « retour à soi-même » pour l'âme est certainement le *Phédon* (79c-d) : « quand [l'âme] est en elle-même et par elle-même dans cet examen… » ; c'est le corollaire d'un rassemblement de ses puissances en elle-même (voir *Phédon*, 67c, définissant la purification : « le fait de séparer le plus possible l'âme d'avec le corps, de l'habituer à se condenser, à se ramasser sur elle-même en partant de chacun des point du corps et à habiter, autant qu'elle le peut, … isolée en elle-même » – trad. P. Vicaire modifiée, p. 19). [S.T.]

2. Il faut se rappeler que la conscience (συνειδός) est l'analogue fonctionnel (ou la dénomination ?), au niveau des facultés appétitives, de ce qui est appelé attention, au niveau des facultés cognitives (voir *supra*, p. 131, n. 2). C'est pourquoi elle est ici évoquée comme le meilleur recours pour atteindre le but proposé dans la phrase précédente, où se trouvent repris les termes employés pour définir le travail de rétention et de concentration psychique qui était attribué spécifiquement à la faculté d'attention, vers le début du chapitre XL (l. 18-21 et 24-26, *supra*, p. 130-132) : éviter à l'âme l'attraction des choses extérieures et la retourner vers elle-même. [S.T.]

3. Le meilleur juge est celui qui ne peut être trompé ; ce juge est présenté de deux manières distinctes par Simplicius : soit comme une instance intérieure (« juge incorruptible de lui-même » – l. 14-15), soit comme un dieu omniscient (l. 11) adjoint à la conscience pour condamner nos propres fautes. Il faut comprendre que la conscience, comme l'exprime Damascius, « agit *comme un témoin* des facultés appétitives » (voir *supra*, p. 131, n. 2) ; c'est certainement en raison de cette fonction assumée par la conscience que Simplicius parle ici de témoignage (μαρτυρία) porté contre soi-même (l. 15-16). L'instance réflexive se met au service de la vérité et de la justice assumées par le for intérieur. La leçon de Simplicius est aussi un complément à son exposé de la fin du chapitre précédent, dans la mesure où, après avoir mis en garde contre les causes et les effets pervers de la critique d'autrui, il énonce ici fermement que le premier objet de l'examen critique et dénonciateur (ἔλεγχος) doit être soi-même. Le caractère crucial et primordial de cet examen de soi-même va être bientôt expliqué par son efficacité pour extirper « l'amour de la renommée » (φιλοδοξία), ce vice éventuellement caché au cœur de la critique moralisante d'autrui, qu'il avait commencé d'évoquer au chapitre précédent. [S.T.]

la recherche de la renommée[1]. Cette passion est en effet dangereuse et s'accroche à l'âme, elle s'y est enracinée et s'enroule sur elle-même. Car d'un côté nous ne paraissons nullement rechercher la renommée, parce que nous la recherchons en vue du bien, d'un autre côté il nous échappe que, pour l'âme, le fait de paraître souvent vouloir rechercher la renommée pour de bons motifs est une passion honteuse, parce que nous ne songeons pas qu'elle souille le bien et ne lui permet pas d'être un bien, ni un bien que l'on désire à titre premier, s'il est vrai que nous ne le choisissons pas pour lui-même, mais pour la renommée qui est liée à lui. C'est en effet la renommée qui devient <ainsi> notre but et notre bien[2]; pour l'acquérir, nous sommes contraints, si cela se trouve, d'appeler la justice à la rescousse, pour que nous ayons bonne réputation, grâce à elle.

[*Le rôle que peut jouer la recherche de la renommée*]

Mais elle paraît être utile pour ceux qui ont d'autres passions. Nous nous rendons en effet maîtres aussi de nombreuses et fortes passions à l'aide de la recherche de la renommée, et nous choisissons souvent à cause d'elle les choses les plus pénibles, qui ne sont en rien plus modérées que les fortes punitions[3]. C'est pourquoi l'on appelle la recherche de la renommée la *dernière tunique* des passions, parce que, après que les autres ont été souvent ôtées à cause d'elle, elle-même s'accroche encore plus à l'âme[4].

1. Commence ici un développement spécial que Simplicius va consacrer à la recherche de la renommée. Son plus grand danger, malgré quelque utilité plus apparente que réelle, est de nous détourner *subrepticement* du vrai bien : elle donne une apparence de noble visée à des actes de l'âme qu'elle détourne en fait à son profit (c'est-à-dire vers la jouissance de l'opinion – un faux bien), ce qui a pour effet de dégrader (« souiller », dit Simplicius) l'intégrité morale de nos actions. [S.T.]

2. Simplicius joue sur le double sens de δόξα, qui veut dire ici renommée ou réputation, mais dont on ne peut oublier l'autre sens, celui d'opinion, entendu comme un critère de jugement externe, auquel on se soumet sans examen logique : le souci de la réputation représente l'avers d'une unique fausse monnaie, dont le revers porte la dictature de l'opinion. [S.T.]

3. Comme tout poison, la φιλοδοξία peut être, sous certaines conditions, utilisée comme contre-poison ou remède, afin d'affaiblir et de rendre inopérantes d'autres passions. Simplicius a déjà relevé l'utilité de ce qu'il appelait alors la φιλοτιμία pour mortifier les « commençants », quand ils s'entendent faire un reproche, et les retenir de se livrer à certaines passions qui leur attireraient de la honte ; c'est donc une passion qui a cette particularité de pouvoir être une aide pour la maîtrise des passions, du moins chez les personnes qui ne sont pas assez avancées en philosophie pour conformer leurs actions sur la considération du seul bien authentique (voir au chapitre XVI, 65-71, dans I. Hadot, *Simplicius. Sur le Manuel*, t. I, p. 103). [S.T.]

4. L'expression « la dernière tunique des passions » était appliquée à la φιλοτιμία dans le passage parallèle du chapitre XVI. Sur cette image, voir la note 2 à la page 103, *ibid.*, p. 176, où est cité le passage des *Mémorables* de Dioscoride (cité lui-même par Athénée dans *Les deipnosophistes*), qui attribue la métaphore à Platon. L'expression réapparaît dans

Mais en vérité, la recherche de la renommée ne <nous> délivre pas de ces autres passions, mais elle suspend seulement leurs activités dans leur manifestation au grand jour : ceux qui, à cause d'elle, ne sont pas impudiques dans leurs actes, ne cessent pas de manquer aux bienséances dans leurs représentations, en sorte qu'il arrive que, d'une part, elle ne fait pas cesser les autres passions, et que, d'autre part, elle s'accroît de façon plus désagréable à cause de la suspension de l'activité des autres passions[1].

le commentarisme néoplatonicien à propos du *Phédon*, 66d 3-7 ; ainsi Damascius dit-il dans son *Commentaire sur le Phédon* (*In Phaed.*, I, § 111, p. 70-71 Westerink) : « La dernière tunique et la plus difficile à ôter est, sur le plan du désir, l'amour de l'honneur (φιλοτιμία), et sur le plan de la connaissance, l'imagination » ; Olympiodore a un passage similaire, si ce n'est qu'il ne met pas l'amour de l'honneur dans la sphère du désir, mais parmi *les formes de vie*, par opposition à l'imagination, comptée parmi les formes de connaissance (voir *In Phaed.*, 6, § 2, p. 96-97 Westerink ; le placement de la φιλοτιμία parmi les formes de vie, et non parmi les désirs, se comprend mieux si on lit un passage du *Commentaire sur le Premier Alcibiade* de Proclus, où il est question de la gradation des formes de vie par analogie avec les formes de gouvernement dans la *République* : il existe donc une vie d'ambition qui se trouve être juste inférieure à la vie la meilleure, « et dans la remontée, on se purifie de cette forme de vie en dernier. C'est pourquoi Platon appelait le désir d'honneurs l'ultime tunique des âmes… Lors donc que nous remontons et que nous nous dépouillons des passions et des tuniques que nous avions revêtues au cours de notre descente, la toute dernière tunique dont nous devons nous dépouiller, c'est celle de l'ambition… » – *In Alc.*, 138, 14-22, t. I, p. 115 Segonds) ; la dichotomie entre connaissance et désir chez Damascius, on l'a vu (*supra*, p. 131, n. 2), servait aussi à distinguer les domaines respectifs de l'attention et de la conscience, tandis que la dichotomie entre connaissance et vie, employée ici par Olympiodore, se trouvait chez les interprètes récents cités par Philopon (?), pour établir la même distinction que faisait Damascius entre le domaine de l'attention et celui de la conscience. On pourrait dire qu'il y a à l'arrière-plan de ces analyses un schéma qui décrit deux disciplines, celle des pensées et représentations, et celle des désirs et des choix vitaux, et qui délimite le domaine spécifique de deux facultés "disciplinaires", l'attention et la conscience, qui jouent un rôle éminent dans l'ascèse et dans la conversion vertueuses, au niveau mental et au niveau vital respectivement. [S.T.]

1. Simplicius apporte un correctif au rôle positif qu'il vient de prêter à la φιλοδοξία : elle ne fait que suspendre l'activité des passions qu'elle a étouffées et elle s'accroît en se substituant à elles. Simplicius continue à faire œuvre de moraliste classique, décomposant et éclairant le mécanisme psychologique complexe qui fait que les passions se recouvrent l'une l'autre sans s'éliminer, ou bien déplacent subtilement leur point d'application, des actes aux représentations. On peut constater qu'il fait usage de la distinction déjà rencontrée, chez Damascius et Olympiodore notamment, entre la discipline des pensées et représentations (le domaine des formes de connaissance) et la discipline des désirs et de l'action (exprimée par les mots : « dans leurs actes », l. 34 ; c'est le domaine des formes de vie), et qu'il a certainement à l'esprit le parallèle entre l'ambition comme dernière tunique des passions sur le plan vital (ou du désir) – image qu'il vient d'évoquer –, et l'imagination comme dernière tunique de l'âme, sur le plan cognitif (d'où l'apparition du terme « représentations » – l. 34-35). L'effet réel de la φιλοδοξία est donc pervers, car elle prend pour alliée de son action l'imagination, sa complice au niveau mental, chacune se mettant à dominer dans son

Il semble donc que, pour quelqu'un qui est jeune, elle soit utile au début pour freiner les passions de la jeunesse, mais que, si elle se maintient chez quelqu'un qui avance en âge, elle est un grand fléau, car elle ne permet pas à l'âme de se retourner vers elle-même, parce qu'elle est grande ouverte sur les opinions <venant> de l'extérieur, ni de jamais choisir aucun bien à titre premier, mais elle le choisit à cause de la bonne opinion qui le suit, ce qui revient à dire qu'elle ne choisit jamais un bien en tant que bien [1].

[*Les contradictions internes de l'homme qui recherche la renommée*]

C'est comme encore une autre chose qui arrive à de tels caractères et qui mérite que l'on en rit : nous qui méprisons et conspuons en général les gens du commun et les jugeons indignes de considération, nous sommes néanmoins, comme si c'étaient de grands hommes, suspendus à leur opinion comme à un cheveu.

[*Ce qu'il faut faire pour ne plus avoir le souci de la renommée*]

Telle étant donc la recherche de la renommée, rien d'autre ne peut l'arracher aussi efficacement que la modération du caractère et l'aveu de

domaine propre et confortant l'autre dans le sien ; en effet, la suspension que la φιλοδοξία produit a deux effets : elle refoule et consigne les autres passions, empêchées d'agir, dans l'imagination où elles prospèrent sous forme d'images indécentes ; et simultanément, l'ambition se renforce comme désir propre dans la sphère vitale. Damascius mettait en garde contre ces deux tuniques de Nessus « les plus difficiles à dépouiller » : « c'est pourquoi la majorité même de ceux qui philosophent se trouvent entravés par elles, et spécialement par l'imagination » (*In Phaed.*, I, § 111, p. 70-71). C'est donc, malgré les apparences fabriquées par la φιλοδοξία, un échec de la métriopathie qui risque d'être d'autant plus grave qu'il ne s'avoue pas comme tel. [S.T.]

1. C'est la ruse difficilement détectable de la φιλοδοξία que de masquer le désir dont elle est porteuse sous la poursuite même du bien moral – ce que Simplicius a précédemment exprimé aux lignes 17-26, p. 162. Olympiodore présente la même analyse de cette chausse-trappe, où la poursuite du bien s'enferre, aussi bien dans le *Commentaire sur le Phédon* (*In Phaed.*, 6, § 2, p. 96-97 Westerink : « … même si nous semblons n'avoir aucune ambition, l'ambition est le motif qui est derrière cela, de sorte qu'encore une fois nous n'avons pas fui cette passion »), que dans *le Commentaire sur le Premier Alcibiade* (*In Alc.*, 50, 25-51, 2, p. 34 Westerink : « Il faut rechercher pourquoi, de la passion de l'ambition, plus que des autres, il est difficile de se laver [δυσέκνιπτον : même mot que celui qu'Olympiodore emploie dans son autre commentaire ; Simplicius use du verbe « souiller » à son propos *cf.* chap. XLVI, l. 22, p. 162] ; il en est ainsi parce que même ceux qui ne veulent pas être ambitieux font cela par ambition, de façon à ne pas paraître ambitieux »). Simplicius joue de nouveau sur le sémantisme de δόξα pour rappeler le lien intrinsèque entre l'opinion extérieure et le souci de la bonne réputation (εὐδοξία), qui empêche la conversion vers le vrai bien, qui est à rechercher à l'intérieur de nous (l. 39-43). [S.T.]

nos propres maux [1]. Mais il faut être attentif à ce que nous ne fassions pas aussi cela par vaine gloire, car, si cela se fait sincèrement, il ne reste plus aucun espoir d'une bonne réputation ; et, s'il était possible, par contrainte, de faire en sorte qu'aucun des autres hommes ne connaisse nos avantages, et que tous connaissent nos infériorités, la recherche de la renommée

1. Il faut noter l'introduction dans ce chapitre XLVI d'un vocabulaire imagé particulier, qui est celui de l'ablation ou de l'extirpation d'un mal comme d'une racine profonde (ἐκκόπτειν, avec, puis sans le complément "racines") : il est apparu aux lignes 16-17, déjà à propos de l'action bénéfique et efficace de l'aveu de ses propres fautes, et il est constamment appliqué à la φιλοδοξία. L'emploi métaphorique de ce verbe est attesté dans quelques vestiges de l'épicurisme, ainsi dans l'inscription de Diogène d'Œnoanda : « ... parmi les afflictions, celles qui sont vaines, nous les avons complètement extirpées » (fr. 3, col. VI, ma traduction) ; voir aussi le fragment 34 (col. VII), où la métaphore végétale est plus claire : « Ceux-ci [*scil.* les désirs qui dépassent les limites naturelles] sont en effet les racines de tout mal, et si nous ne les coupons pas à la base, une foule de maux se grefferont sur nous » (trad. A. Étienne et D. O'Meara, dans *La philosophie épicurienne sur pierre : les fragments de Diogène d'Œnoanda*, Fribourg et Paris, 1996, p. 43). S'il n'y avait que l'usage de ce lexique, on pourrait penser à une pure coïncidence dans les métaphores, entre les termes de Simplicius et l'expression de la thérapeutique épicurienne (à propos de celle-ci et de l'emploi et du sens de cette métaphore, voir A. J. Voelke, *La philosophie comme thérapie de l'âme : études de philosophie hellénistique*, Paris-Fribourg, 1993, chapitre IV, p. 59-72) ; mais ce vocabulaire particulier s'accompagne, également au début et à la fin du même chapitre, de l'emploi d'une terminologie assez marquée par l'épicurisme, celle de la κενοδοξία (sous la forme de l'adjectif, l. 2, et sous celle de l'adverbe, l. 50). Par ailleurs, l'extirpation radicale de la colère (passion à laquelle Simplicius rattache l'ambition, l. 3-5) est un thème stoïcien qui est traité par Sénèque dans le *De ira*, avec la même image (« on a tort de dire qu'on ne peut l'extirper » – II, XIII, 1, p. 40-41 Bourgery ; voir aussi, dans la conclusion, III, XLII, 1 : « passons-nous donc de ce mal, purgeons-en notre âme, extirpons-le jusqu'en ses racines » – *ibid.*, p. 107). Pour ce faire, comme Simplicius ici, Sénèque préconise d'utiliser l'examen de conscience, présenté comme un tribunal intérieur, ainsi que l'aveu – à soi-même du moins : « ce qui fait naître notre indignation, c'est cette idée : "je ne suis pas coupable, je n'ai rien fait". Si, mais tu n'avoues rien » (II, XXVIII, 1, *ibid.*, p. 53) ; voir aussi III, XXXVI, 2, *ibid.*, p. 103 : « la colère cessera et se modérera si elle sait qu'il lui faudra venir chaque jour devant le juge ». Tout ce lexique de l'éradication renvoie à l'idée ou à l'idéal, non de la métriopathie, mais d'un état d'impassibilité à l'égard de cette dernière tunique passionnelle : c'est pourquoi Simplicius faisait droit à l'objection possible que le conseil d'avouer ses propres fautes dépassât l'objectif métriopathique (« une telle modération pourrait paraître démesurée » – l. 7). Il faut comprendre que Simplicius parle d'une étape thérapeutique qui peut ne se réaliser qu'en un second temps du progrès philosophique, et au cours de laquelle l'aveu des fautes et la *modération même du caractère*, comme il l'exprime ici (l. 49), une fois acquise, deviennent les moyens d'une prochaine ἀπάθεια. Ceci est confirmé par le rapport explicite qu'il établit entre la relative utilité ou la foncière nocivité de la φιλοδοξία et l'âge de l'apprenti-philosophe (l. 37-40). La dernière citation que nous avons faite de Sénèque montre d'ailleurs aussi une hésitation apparente quant à la visée thérapeutique de la parénèse (« la colère cessera et se modérera... »), mais elle tient certainement, comme chez Simplicius, à la prise en compte des traits propres à

serait arrachée, et nous cesserions de faire ce que nous faisons en vue d'une bonne réputation, parce que nous n'espérerions plus celle-ci [1].

XLVII Il n'est pas nécessaire d'aller souvent aux spectacles… (*Ench.*, chap. 33, § 10 Boter)

[*Il faut rester calme et détaché au milieu des événements du spectacle*]

Il n'y a pas seulement les convoitises irrationnelles de la nourriture et des relations sexuelles, mais encore les convoitises des spectacles visuels et auditifs. Comment il faut en conséquence se comporter à leur égard, il l'enseigne en disant : « *Il n'est pas nécessaire d'aller souvent*

la nature de la personne à qui s'adresse le discours (dans ce cas, son frère Novatus, qui demandait seulement à Sénèque comment *modérer* la colère : voir les prologues des livres I, I, 1, et III, I, 1, *op. cit.*, p. 2 et 65 respectivement). Par-delà l'objet et le sujet immédiat de la parénèse, les deux philosophes ne manquent pas de dessiner la ligne d'horizon ultime du progrès philosophique qu'ils proposent au lecteur. [S.T.]

1. Quant à l'aveu (à autrui) de nos propres maux, si crucial selon Simplicius pour l'éradication de la dernière tunique passionnelle, c'est une pratique qui, en dehors de la confession chrétienne, est attestée dans le milieu philosophique par le traité de Philodème *Sur le franc-parler*, qui montre comment, selon les tempéraments et les occasions, il faut user avec précision et mesure du franc-parler, dans une école épicurienne, entre amis, soit d'élève à élève, soit de maître à élève (voir, à propos de la modération nécessaire dans la critique d'autrui, les recommandations dans *On frank criticism*) : les épicuriens proposent une pratique thérapeutique double concernant le franc-parler : la franchise modulée dans la critique d'autrui, mais aussi la franchise à l'égard de ses propres défauts ; étant double chez chacun des élèves, on comprend qu'elle requiert, le rôle du maître étant réservé, une correction mutuelle. Simplicius souligne toutefois, dans l'aveu même des fautes, le risque de succomber subrepticement à une nouvelle ruse de la φιλοδοξία, en se faisant secrètement honneur de l'aveu même. Cette remarque comporte une approbation de principe, avec deux prudentes réserves, de la confession des fautes à autrui (et non dans le seul for intérieur) : « *si* cela se fait sincèrement… » (l. 50-51 - et non « par vaine gloire ») et « *s'il était possible* de nous infliger la contrainte que…, etc. » (l. 51-53), qui fait allusion à une humiliation complète de soi portée « à la connaissance de tous » ; la seconde réserve ne concerne pas le détournement du but visé (au lieu de mortifier absolument l'amour de la réputation, la confession le repaît secrètement), mais la possibilité même d'une humiliation absolue de soi : serait-ce la critique allusive d'une pratique contemporaine bien établie de l'aveu ? Car, en contexte chrétien, la confession était l'une des composantes des actes de pénitence publics (le syntagme « infliger la contrainte de » convient tout à fait à l'expression de la notion de *pénitence* comprise comme une peine infligée par une juridiction, en l'occurrence, ecclésiale) ; or ces actes de pénitence, par leur caractère collectif, pouvaient tourner au spectaculaire. Simplicius reconnaît honnêtement la validité théorique de la médication par l'aveu des fautes, mais il semble mettre en doute l'efficacité de la pratique telle qu'elle est réglée socialement (et religieusement bien sûr) à son époque. Peut-être l'idée de Simplicius est-elle qu'il est douteux qu'on obtienne une humiliation complète de soi (remède pour éradiquer la dernière tunique de l'âme) dans un contexte d'extrême publicité et dans la soumission à une contrainte qui est tout de même extérieure à l'individu (celle qui est imposée par l'Église en tant qu'autorité et en tant que communauté). Notons que, quelques générations avant Simplicius, le pape Léon le Grand lui-même s'élevait contre une habitude

aux spectacles »[1], ou plutôt il est nécessaire de ne pas y aller souvent. En effet, théâtrale est la vie de ceux qui fréquentent souvent le théâtre. *Mais si quelquefois venait à se présenter une occasion opportune* ou bien de fête légale, honorée par de telles représentations, ou bien par complaisance à l'égard des gens du commun – à ceux-ci en effet ceux qui semblent fuir le genre de vie habituel paraissent importuns –, ou pour éprouver et examiner comment nous nous sommes comportés l'an passé vis-à-vis de ces choses, et comment nous nous comportons maintenant, ou à cause de quelque autre besoin ayant un motif raisonnable, <bref>, si l'occasion se présente d'aller au spectacle[2], il faut même alors tendre notre attention, en

qu'il jugeait intolérable, celle de la confession publique de la part des pénitents, dans une lettre de mars 459 adressée à tous les évêques de Campanie, Samnium et Picenum (« … cum reatus conscientiarum sufficiat solis sacerdotibus indicari confessione secreta » – *Lettre* 168, dans *Patrologia Latina*, 54, col. 1210-1211). [S.T.]

1. Le terme grec commenté par Simplicius est θέατρα ; on peut mettre derrière ce terme les spectacles du théâtre ou de l'amphithéâtre, voire peut-être de l'hippodrome (voir au chap. 33 du *Manuel*, commenté par Simplicius au chap. XL, l. 52-54, p. 136), mais il n'est peut-être pas inutile de rappeler que, à l'époque de Simplicius, ces spectacles ne sont plus tout à fait les mêmes que ceux que vise le *Manuel* d'Épictète : la tragédie et la comédie ont disparu, les jeux de gladiateurs aussi ; restent les mimes et pantomimes, les courses de chars, les spectacles de chasses aux fauves (malgré l'interdiction de l'empereur Anastase) et, jusqu'en 520, pendant l'été, les très populaires et attractifs Jeux olympiques d'Antioche, qui ont lieu aussi dans la banlieue élégante et boisée de Daphné (instaurés sans doute en 212 et non – selon l'opinion commune –, en 180 : *cf.* S. Remijsen, « The Antiochene Olympics »). Sur les spectacles à la fin de l'Antiquité, voir notamment l'article de Richard Lim, « Consensus and dissensus on public spectacles in early Byzantium », dans L. Garland, éd., *Conformity and non-conformity in Byzantium* (= *Byzantinische Forschungen*, 24, 1997), Amsterdam, 1997, p. 159-179. [S.T.]

2. Les motifs légitimes d'aller au théâtre sont à peu près du même type que ceux que Simplicius invoquait à propos des banquets, au chap. XLIII, l. 13-15, p. 143 (fête légale, ou complaisance à l'égard de la sociabilité commune, notamment) ; il ajoute toutefois un motif nouveau, celui de tester ses réactions face à un spectacle, d'une année à l'autre, et par là d'éprouver la maîtrise que l'on pense avoir sur ses propres affects ; il emploie pour caractériser ce motif le terme de δοκιμασία, qui est en consonance avec le vocabulaire du tribunal et du jugement dont il a usé peu avant pour exprimer l'utilité de l'examen de conscience, et qui s'accorde aussi avec le vocabulaire d'Épictète (on rencontre en effet des termes de la même famille dans les *Entretiens* : le terme δοκιμαστήριον par exemple, pour l'épreuve et le contrôle de la qualité réelle du disciple – III, VI, 10 ; voir aussi les tout premiers mots des *Entretiens*, où l'on cherche quelle faculté est capable de s'examiner et de se connaître elle-même – I, I, 1 : c'est la raison). L'analogie avec le passage relatif aux banquets le conduit également à reprendre une expression qu'Épictète employait alors : « tends ton attention » (l. 16), et à reformuler l'idée déjà rencontrée qu'il faut demeurer retiré, concentré en soi-même et ne pas projeter de désirs ou d'aversions sur des choses extérieures à nous (le couple de termes « désirs et aversions », employé par Simplicius, est classique dans le stoïcisme : voir *SVF* III, 391 et 394, mais, au lieu de le réserver au cas des objets absents, Épictète l'applique aux passions en général, et donc aussi bien à ce qui nous affecte réellement – voir notamment *Entretiens*, III, II, 1-8 ; sur la nouvelle configuration élaborée par Épictète, voir P. Hadot, « Une clé des *Pensées* »). Ces quelques mots sont censés être une paraphrase

sorte que nous soyons en nous-mêmes et que nous ne nous abandonnions pas aux événements qui se passent là, mais que nous voulions bien *que le vainqueur vainque et que les choses qui arrivent, <arrivent> comme elle arrivent*, ce qui signifie que nous ne dirigions ni désir ni aversion sur ces choses, les considérant comme les plus extérieures des choses extérieures, en sorte que notre manière d'être ne soit pas hautaine au point de paraître pénible à l'assistance, mais qu'elle soit calme, accompagnée d'une certaine bonne grâce, en sorte que nous évitions de pousser des cris et de nous *mêler aux mouvements* <de foule> pour les vainqueurs et de *rire* sans retenue aux propos bouffons, mais que nous louions avec discernement les uns et accueillions les autres avec un sourire [1].

explicative de la formule d'Épictète : « veuille qu'arrive seulement ce qui arrive, que la victoire aille au vainqueur », que Simplicius modifie légèrement en ajoutant un syntagme emprunté à une formulation antérieure du *Manuel* (chap. 8 : « comme il arrive ») ; bien que la paraphrase de Simplicius soit ici bien pauvre et peu adaptée, il faut se souvenir que le très bref chapitre 8 du *Manuel*, constitué presque exclusivement de cette injonction à consentir au destin pour être heureux, lui a donné l'occasion d'une longue dissertation sur les maux véritables, leur cause, la maladie de l'âme et le bon usage des prétendus « maux » (chap. XIV, dans I. Hadot, *Simplicius. Sur le Manuel*, t. I, p. 77-98) ; c'est à la fin de ce chapitre qu'on trouve un commentaire plus développé et mieux adapté à la description de la discipline des désirs préconisée par Épictète (voir chap. XIV, 508-529, *ibid.*, p. 97-98). Bien que le terme ne soit pas employé ici par Simplicius, le travail de l'âme qui est recommandé est de distinguer ce qui dépend de nous de ce qui n'en dépend pas et d'éviter de diriger sa volonté sur le second terme (Simplicius l'exprime sommairement par l'opposition entre l'intériorité psychique et l'extériorité sensible). [S.T.]

1. L'attitude concrète qui doit résulter de ce contrôle des impulsions passionnelles est un comportement qui présente tous les signes de la pondération et de l'amabilité sociale. Le conseil porte autant sur l'expression corporelle de la disposition morale que sur celle-ci : en tout cas, la paraphrase de Simplicius insiste singulièrement sur l'attitude expressive que l'on doit positivement *composer*, indépendamment même de notre état intérieur (qui pourrait être de mépris ou d'indifférence) – ce qui excède et adoucit à la fois le bref conseil donné par le *Manuel* (« Abstiens-toi totalement de crier, etc. ») : même si nous n'investissons aucun désir dans la victoire du vainqueur, Simplicius conseille d'en faire auprès des autres un éloge sur un mode critique, c'est-à-dire en relevant des qualités objectives qu'on a pu observer ; et même si les plaisanteries des comédiens ne nous paraissent pas drôles, on y sourira (sur la discipline corporelle du rire, voir le même conseil de Simplicius au chapitre XLI 2-6, p. 139-140, avec l'emploi du même lexique du « débordement » du rire). Simplicius propose donc de prêter une grande attention à l'expression de notre rôle social, afin que cette expression soit maîtrisée et qu'elle reflète fidèlement un équilibre entre les impératifs de la sociabilité et ceux de l'esprit philosophique nécessaire au progrès moral. Simplicius exprime de manière frappante (« théâtrale est la vie… ») une idée qui s'est imposée dans les sociétés modernes surtout depuis le succès du théâtre à l'italienne dans la sociabilité culturelle noble puis bourgeoise, à savoir que le spectacle est aussi dans la salle de théâtre, en tant que spectacle social donné par les individus eux-mêmes ; la crainte exprimée par Simplicius dans ce *concetto* est que le spectateur lui-même, soumis au regard d'autrui, ne se soumette à l'opinion d'autrui, et sans doute aussi que l'expression libérée des passions qui est le propre

[*Il ne faut pas donner de l'importance au spectacle*
que l'on vient de voir en parlant beaucoup de lui.
– Une question à propos de l'interprétation du texte d'Épictète]

Et après avoir quitté le spectacle, dit-il, *ne discours pas longuement sur les événements* qui ont eu lieu, *qui n'apportent rien à ton amendement*. En effet, ces événements ne sont pas d'ordre éducatif pour que l'on les juge dignes d'un plus long discours. Ou bien donc il faut entendre le « *qui n'apportent rien à ton amendement* » comme se rapportant à tous les discours que nous faisons sur les événements qui sont arrivés dans le spectacle, ou bien, si, par le "qui", c'est une partie excédante qui est

du jeu des acteurs comiques ou dramatiques ne risque d'imprégner l'esprit du spectateur : l'idée sous-jacente est celle de la contamination des passions, ici à travers la μίμησις théâtrale, comme cela a déjà été relevé dans d'autres occasions sociales, où la souillure des passions et de l'opinion atteint l'apprenti philosophe. Quant au type réel de spectacle auquel fait allusion Simplicius quand il énonce ces conseils, il est permis de supposer, étant donné qu'il semble joindre dans une même occasion le spectacle d'une compétition et celui d'un divertissement comique, qu'il pourrait bien avoir à l'esprit une forme de spectacle double qui s'est imposée dans l'Antiquité tardive : les seules grandes compétitions qui demeurent, et qui connaissent un grand succès, sont les courses de chars (les jeux de gladiateurs ont disparu) ; or, les spectacles de mimes se sont alors agrégés aux spectacles populaires des courses, et différents comédiens de mime adhéraient à différentes factions de supporters et équipes du circuit de course, et les représentaient ; pour comprendre l'allusion de Simplicius aux « propos bouffons », il faut aussi rappeler que les performances des mimes, par distinction avec la pantomime, étaient généralement bien plus courtes et spécifiquement comiques (sur l'intrication entre théâtre et compétitions, entre acteurs et équipes de supporters, voir notamment C. Roueché, *Performers and partisans at Aphrodisias in the Roman and late Roman periods*, Londres, 1993). Un siècle avant Simplicius, en contexte chrétien, on rencontre aussi chez Isidore de Péluse une analyse conjointe du danger moral de la scène et de l'hippodrome, parce qu'ils sont réputés susciter des émotions excessives chez les jeunes gens (rire et ardeur colérique) : voir la lettre 1469, à visée parénétique, adressée par Isidore au sophiste Harpocras (dans *Lettres, 2 : Lettres 1414-1700*, texte critique, trad. et notes, P. Evieux, Paris, 2000, p. 110-115). La réprobation morale des prédicateurs chrétiens s'abattait régulièrement sur le spectacle théâtral et sur la profession d'acteur, du fait à la fois de la liaison traditionnelle, encore vivante, entre la représentation théâtrale et la fête religieuse païenne, mais aussi du fait de l'éventuelle indécence morale véhiculée par les propos ou d'autres éléments de la représentation même. Pour ne prendre qu'un exemple proche de Simplicius dans le temps et dans l'espace, le prédicateur Jacques de Saroug, évêque en Syrie au début du VIe siècle, s'en prend encore à l'art du mime, quand du moins celui-ci représente des sujets mythologiques et quand la représentation donne lieu à des offrandes de parfums (voir C. Moss, « Jacob of Serugh's homilies on the spectacles of the theatre », dans *Le Muséon*, 48, 1935, p. 87-112) ; dans le même siècle, le rhéteur Choricius de Gaza prend le contrepied et, dans un discours en défense des mimes (voir l'édition des *Opera* par R. Förster et E. Richtsteig, Leipzig, 1929, *oratio* 8, p. 344-380), donne lustre et dignité à l'art du mime, dans l'idée qu'il s'agit d'un élément constitutif de la παιδεία, et même d'un art socialement utile (qui a des vertus thérapeutiques pour les mélancoliques, ou des vertus politiques, car la libre parole des vedettes porte auprès des politiques, par exemple retranchée de nos propos, peut-être qu'il conseille de ne dire que *ce qui apporte quelque chose à notre amendement* [1]. Tels seraient les discours qui nous reprocheraient l'agitation indécente de nos mouvements pendant le spectacle. Mais discourir au-delà de la mesure sur ce qui a eu lieu pendant le spectacle est un témoignage clair du fait que l'on tient le spectacle pour quelque chose de grand et digne d'être admiré, ce qui n'arriverait pas sans une sympathie vulgaire.

pour une remise d'impôts) ; surtout, il ne croit guère à la nature intrinsèquement mauvaise de la μίμησις (§ 10-17) et à la contaminaton morale des spectateurs ou des acteurs par les rôles et personnages ; il considère même que les spectacles de mimes ont une valeur morale, même à travers des contre-exemples comportementaux, et, contrairement à Simplicius, loin de juger qu'il faut combattre tout autant l'excès de rire que l'excès d'excitation suscité par les compétitions, il constate que ces intermèdes comiques ont le mérite d'adoucir la colère des partisans des factions de l'hippodrome (§ 116). Sur le théâtre chez Choricius, avec une bibliographie très complète, qui porte aussi sur le théâtre en général et son appréciation dans l'Antiquité tardive, voir le récent article de Violaine Malineau, « L'apport de l'*Apologie des mimes* de Chorikios de Gaza à la connaissance du théâtre du VIe siècle », dans *Gaza dans l'Antiquité tardive : archéologie, rhétorique et histoire : actes du colloque international de Poitiers, 6-7 mai 2004*, édités par C. Saliou, Salerno, 2005, p. 149-169 ; voir aussi, de manière plus générale, le livre de Ruth Webb, *Demons and dancers : performance in Late Antiquity*, Cambridge, Mass., 2008. [S.T.]

1. Sur les propos qui suivent le spectacle, Simplicius propose d'abord une *lectio facilior* du conseil du *Manuel*, selon laquelle seraient condamnés tous les propos qui commentent le spectacle ; puis, il fait droit à *une lectio difficilior*, qui réserverait le cas des propos qui visent à s'amender soi-même. Il y a donc une utilité dans l'accomplissement de ces obligations sociales, même quand elles concernent des activités aussi vaines et dangereuses que les spectacles populaires, et leur utilité repose sur le bon usage de ces expériences : l'apprenti philosophe doit en profiter pour tester régulièrement sa maîtrise des passions, ici dans cette épreuve assez redoutable des spectacles, et, s'il y a lieu, il doit se corriger lui-même. Ce conseil est dans la droite ligne de l'examen de conscience qui était proposé auparavant : l'« amendement » (ἐπανόρθωσις), c'est-à-dire le retour à la droite raison et la correction des mœurs, est le grand travail du progressant en philosophie qui cherche à assurer fermement sa disposition vertueuse. Épictète donne une description claire de ce type de travail correctif, qu'il y a lieu de réitérer, dans les *Entretiens*, particulièrement en III, XXV, 1-5, dans *Les Stoïciens*, p. 1033, quand il exhorte ceux qui ont tendance à se décourager : « Dès le début, examine bien tes résolutions : vois celles que tu as pu et celles que tu n'as pas pu tenir… Quand on mène le plus grand des combats, on ne doit pas hésiter, il faut accepter les coups… Ici, si nous nous laissons battre, personne ne nous empêche de recommencer le combat, et il n'y a pas quatre ans à attendre comme pour aller aux Jeux olympiques ; on peut reprendre la lutte en y apportant la même ardeur et, si on succombe, recommencer encore… ». Tout ce chapitre invite à user de toute occasion qui se présente, même les moins apparemment favorables, pour corriger ses fautes et s'améliorer. Comme au début du chapitre XLVI 10-17, p. 161, et comme dans le cas précédent de l'aveu de nos fautes, Simplicius considère qu'ici encore la bonne méthode consiste à user d'une procédure "judiciaire" de la raison discursive, qui consiste dans la preuve que nous faisons et que nous apportons nous-mêmes que notre comportement a été inapproprié (l. 28 : τὰ διελέγχοντα ἡμῶν ; l. 30 :

XLVIII Ne te rends pas au hasard et facilement aux lectures publiques de n'importe qui…(*Ench.*, chap. 33, § 11 Boter)

Après les spectacles il parle des lectures publiques[1] que ceux qui s'appliquent aux compositions poétiques et rhétoriques donnent pour faire étalage de leur faconde ; quelquefois ils font l'éloge des puissants, quelquefois ils vantent les traditions des cités, ou décrivent des lieux, ou déclament sur des problèmes juridiques ou des choses de ce genre[2].

τεκμήριον… ἐναργές). Le terme de « sympathie » (l. 31) fait référence à ce que j'ai appelé la contamination passsionnelle, qui est le grand risque auquel est soumis l'apprenti philosophe dans la fréquentation des gens du commun, comme nous l'avons déjà vu à propos des banquets notamment. La meilleure illustration de cette maladie « sympathique », et la plus dramatisée, se trouve dans les *Confessions* d'Augustin : concernant le théâtre, quand il décrit son état psychologique et moral lors des représentations auxquelles il assiste à Carthage (III, II, 2-4) ; et concernant les compétitions, quand il analyse l'envahissement passionnel que subit malgré lui Alypius, qui se croyait immunisé, devant les jeux de gladiateurs à Rome (VI, VIII, 13). De son côté, Grégoire de Nazianze dépeint les jeunes étudiants pris de "folie sophistique", à Athènes, comme des spectateurs de courses de chars, devenus eux-mêmes les mimes passionnés du spectacle : « … ils forment une masse confuse de jeunes gens qui contrôlent mal leurs impulsions… ils bondissent, ils crient, ils jettent de la poussière en l'air, ils font les cochers sans quitter leur place, ils frappent l'air et ils frappent les chevaux avec leurs doigts en guise de fouet, ils font des attelages et ils les défont… ». (*Oraison funèbre pour Basile le Grand*, chap. 15, dans *Discours 42-43*, éd. et trad. J. Bernardi, Paris, 1992, p. 150-151). Cette « sympathie vulgaire » (l. 31) est donc une communion passionnelle avec la foule, qui peut amener, au pire, une perte d'identité ou de conscience de soi (« et non erat ille qui venerat, sed unus de turba ad quam venerat », écrit Augustin), dans le sens que ces termes revêtent dans la doctrine néoplatonicienne de l'âme. Enfin, du point de vue de l'expression, la mise en relation de l'effet sympathique et de l'admiration pour le spectacle est certainement une réminiscence de la critique de la récitation homérique et du théâtre tragique dans la *République* : « tu sais que nous éprouvons du plaisir, que nous nous laissons aller à le suivre *avec sympathie*, et que nous *admirons* sérieusement le talent du poète qui nous fait sentir ainsi les émotions les plus vives » (X, 605d 4-6, trad. É. Chambry, p. 100). La suite de ce même développement de Platon, consacrée à la comédie et au rire, fera l'objet plus loin, au chapitre LI (l. 20), d'un emprunt plus évident encore de vocabulaire (cf. *infra*, p. 181, n. 2). [S.T.]

1. Épictète aborde ce sujet dans les *Entretiens* (III, XXIII), mais il y examine les dispositions du conférencier et la meilleure attitude philosophique qu'il puisse adopter, et non les dispositions et attitudes de l'auditeur, comme ici. [S.T.]

2. Simplicius évoque les types de lectures publiques qui sont visés, d'après lui, par la recommandation du *Manuel* : des textes poétiques ou rhétoriques, et des textes qui relèvent tous d'une éloquence d'apparat, même quand ils prennent pour objet un sujet juridique (l. 4-6). Il faut voir là une allusion aux plaidoiries de causes fictives ou historiques, dont un exemple serait, chez le grand rhéteur Libanios, la déclamation « Cimon demandant à être emprisonné à la place de son père » (*Declamatio* XI, dans *Libanii opera*, éd. R. Förster, V : *Declamationes* I-XII, Leipzig, 1909, p. 508-528) ; le rhéteur Choricius de Gaza, contemporain de Simplicius et admirateur du maître syrien, a continué la tradition (voir par exemple sa quatrième déclamation, intitulée *Miltiade*). Simplicius ne considère donc pas que l'expression du *Manuel* concerne les conférences philosophiques, comme c'est le cas dans le chapitre des *Entretiens* consacré aux lectures publiques (voir III, XXIII). [S.T.]

Il faut donc, dit-il, *ne pas se rendre facilement* à ces lectures, qui sont faites pour l'étalage et regardent vers l'extérieur, et sans quelque raison qui autorise d'y venir : ou par l'amitié pour celui qui parle, ou à cause du pouvoir de la personne dont on fait l'éloge, ou par quelque complaisance ; cette dernière en effet est souvent très utile, parce qu'elle adoucit les gens qui jalousent ceux qui s'éloignent du train de vie populaire [1]. Mais *si tu te rends*, dit-il, à la lecture publique, *garde une attitude qui soit grave, calme et en même temps ne soit pas importune* : *attitude grave* en faisant des louanges à propos et avec juste mesure, *attitude calme* en ne faisant pas de mouvements désordonnés, en ne poussant pas de clameurs, en ne parlant pas d'une manière intempestive [2], mais en maintenant sa manière

1. Les raisons données pour justifier la présence à ces lectures sont du même ordre que celles qui étaient invoquées pour justifier l'assistance aux banquets ou aux spectacles : des convenances sociales qui valent obligation, et la qualité sociale, une nouvelle fois mentionnée, de la complaisance. Les trois raisons indiquées correspondent aussi à trois types de relations sociales possibles : horizontale (amitié), verticale montante (puissance d'un personnage), verticale descendante (complaisance pour le conformisme vulgaire). Ce schématisme sociologique n'est pas sans intérêt pour comprendre quelle situation sociale et morale délicate occupe le philosophe, et comment il doit s'adapter à des contextes spécifiques d'interrelations personnelles ou collectives sans "perdre son âme", mais aussi, plus prosaïquement, dans ces chapitres, en adoptant des attitudes expressives (corporelles et langagières) très étudiées et composées, en vue d'un second objectif, de pure sociabilité, qui consiste à ne paraître jamais importun ou hautain en société. Cette mise en garde de Simplicius est à mettre en regard de l'attitude philosophique primordiale, qui est exprimée ici par le lexique de l'anachorèse (l. 10-11) : celle-ci, appliquée à la vie philosophique, a deux aspects, l'un pratique, qui concerne le mode de vie, et l'autre proprement psychique et plus fondamental encore, et qui est ce que Marc Aurèle appelle « l'éloignement en soi-même » (voir *Pensées*, IV, 3, dans *Les Stoïciens*, p. 1159 : « ils se cherchent des retraites, maisons de campagne, plages ou montagne ; et toi aussi tu prends l'habitude de désirer fortement des choses de ce genre. Voilà qui est absolument vulgaire, puisqu'il t'est loisible de faire retraite en toi-même à l'heure que tu voudras. Il n'est pas pour l'homme de retraite plus tranquille ni plus débarrassée d'affaires que dans sa propre âme… ») ; dans le néoplatonisme également, cette retraite correspond au niveau de vie intérieure de l'âme qui s'est retournée sur elle-même, au moment crucial de la conversion philosophique. La mise en garde de Simplicius consiste à dire que cette attitude fondamentale et positive de retrait en soi-même risque de perturber notre relation à autrui dans les activités de convenance sociale : il souligne donc qu'il existe une tension entre un état intérieur éminemment positif et son effet vraisemblablement malheureux sur nos relations sociales, et il l'exprime par l'emploi d'un lexique qui, en droit, est tout à fait positif, mais que, ici, à propos des convenances sociales, il affecte d'une valeur plutôt négative, en considération de l'opinion d'autrui devant sa manifestation expressive (« être plongé dans ses réflexions », « garder le silence » – silence dont Simplicius a pourtant expliqué, au chapitre XL 17-28, p. 130-132, l'efficacité pour résister à l'ingérence des passions et concentrer sa pensée). [S.T.]

2. On rencontre également chez Synésios de Cyrène, philosophe néoplatonicien écrivant au début du Ve siècle, une critique sévère de l'éloquence d'apparat à sujet faussement juridique ou politique, et une condamnation des réactions physiques et autres effets passionnels que ces lectures publiques suscitent : « … les rhéteurs ne semblent pas

d'être et son corps en bon ordre et dans l'identité[1], mais *attitude qui ne soit pas importune* en ne paraissant pas exagérément plongé dans ses réflexions, comme si l'on pensait à autre chose, en ne gardant pas un silence incorrect, mais en faisant l'éloge de ce qui est dit avec mesure, sans le juger durement, ni le critiquer, comme dit sans vérité, sans rythme ou sans élégance. Dans tous les cas l'attitude la moins importune et qui est agréable en même temps que juste, c'est de montrer sa satisfaction à l'égard de l'orateur, quand il parle bien, et de la personne louée là où elle est honorée selon la vérité et la justice.

XLIX Chaque fois que tu es sur le point de rencontrer des gens, surtout parmi ceux qui paraissent être dans une haute situation …
(*Ench.*, chap. 33, § 12 Boter)

Ceux qui se tournent vers eux-mêmes et qui veulent vivre pour eux-mêmes[2], n'ont en général pas l'habitude d'aborder des gens exerçant le pouvoir[3]. C'est pourquoi il leur a proposé comme exemple Socrate

exercer leur art à bon escient quand ils font l'éloge d'un Miltiade, d'un Cimon ou même de gens inconnus, ou quand ils traitent des dissensions politiques entre le riche et le pauvre, sujet que j'ai vu provoquer des rixes sur le théâtre, même entre des gens d'âge vénérable ; l'un et l'autre avaient au plus haut point la gravité naturelle du philosophe… mais leur solennelle gravité ne les empêcha nullement de s'injurier, de se mettre en colère, de faire des gesticulations désordonnées, pendant qu'ils discutaient avec une grande prolixité sur des hommes qui, je le croyais alors, étaient leurs familiers, mais qui, comme on s'empressa de m'en informer, non seulement ne l'étaient pas et ne l'avaient jamais été, mais n'avaient même absolument rien de réel » (*Traité des songes*, XX, dans *Opuscula*, éd. N. Terzaghi, Roma, 1944, p. 187-188 = *Opuscules*, I, éd. J. Lamoureux et N. Aujoulat, Paris, 2004, p. 309 – ma traduction). Sur le mépris philosophique pour l'éloquence "des tréteaux", voir aussi ce que dit Grégoire de Nazianze quand il évoque une courte période de sa vie où, de retour d'Athènes avec son ami Basile, ils se sont livrés aux déclamations épidictiques : « Après notre retour, nous avons fait quelques concessions au monde et aux tréteaux, et uniquement pour sacrifier aux désirs du public, car, personnellement, nous n'étions pas gens de théâtre ni de déclamation. Très vite, nous sommes entrés en possession de nous-mêmes » (*Oraison funèbre pour Basile le Grand*, chap. 25, trad. J. Bernardi, [cf. *supra*, p. 170, n. 1], p. 180-181). [S.T.]

1. Le lexique de Simplicius lui permet de rappeler le leitmotiv qu'il avait lancé au début du chapitre XL 3-16, p. 127-130, quand il expliquait l'importance de la stabilité et de l'unicité du type de vie choisi par l'apprenti philosophe, afin de maintenir une disposition vertueuse en toutes circonstances. Comme toutefois, dans les chapitres précédents, il a insisté sur la nécessité de discipliner, à chaque occasion, le corps et les attitudes corporelles, il ne parle plus seulement de l'identité de la manière d'être, mais désormais aussi du bon ordre du corps (on notera le chiasme par lequel il exprime cette double requête, aux lignes 15-16). [S.T.]

2. Pour le sens de l'expression, voir chap. XLVI, l. 9-10, p. 161, n. 1. [S.T.]

3. La remarque de Simplicius suppose qu'il considère ici encore la conversion philosophique comme une forme d'anachorèse, y compris du point de vue du mode de vie, et non seulement du point de vue, certes primordial, du niveau de vie intérieure de l'âme. Cela est relativement surprenant, dans la mesure où le philosophe aux époques classique,

et Zénon : s'ils ont les yeux fixés sur eux, ils trouveront la manière qui leur convient en propre d'aborder ces gens. Il faut donc se représenter comment alors Socrate et Zénon avaient l'habitude d'aborder de tels gens : sans feinte ni artifice, mais en mettant en avant, dans leur propre forme de vie, une grandeur d'âme raisonnable, pure de toute arrogance et vantardise, sans s'abaisser sous le poids du pouvoir et sans le mépriser dédaigneusement. Il appartient à cette même manière d'être de ne pas flatter et de ne pas critiquer avec insolence, mais de louer selon une juste proportion au sujet des bons accomplissements et de commencer par là le

hellénistique ou romaine, est régulièrement en relations avec des notables (étant lui-même souvent un notable) et avec des gens de pouvoir jusqu'au plus haut niveau, et dans la mesure aussi où la philosophie platonicienne est orientée vers l'action politique, comme le montre la vocation ultime du dialecticien (malgré qu'il en ait, certes) dans le livre VII de la *République*, homme d'élite appelé à redescendre administrer la caverne. On peut sans doute rendre raison de cette assertion de deux manières : soit Simplicius pense que, à la différence de la plupart des apprentis philosophes ou des progressants auxquels s'adresse le *Manuel*, seuls des philosophes accomplis ou des vedettes de la philosophie ont été ou sont *régulièrement* en relations avec des puissants (comme Thémistios à Constantinople ou Hypatie à Alexandrie, pour citer des noms fameux sous l'Empire chrétien) ; soit il considère que ceux qui s'attachent à leur propre progrès philosophique, pour atteindre ce but même, ont tendance à privilégier, ou même ont intérêt à privilégier la vie contemplative comme vie de retrait, par idéal ou bien (en période de tyrannie) par prudence : déjà Plotin, dans un souci idéaliste, encourageait nettement ceux de ses élèves qui étaient des aristocrates romains, à abandonner la carrière des honneurs, c'est-à-dire la politique (voir la *Vie de Plotin*, chap. 7), contrairement à l'impératif politique énoncé dans le livre VII de la *République* ; mais à l'époque et dans l'esprit de Simplicius, il peut s'agir d'un motif de prudence, qui pouvait s'appuyer sur une autre tirade de Socrate, au livre VI de la *République*, quand celui-ci évoque le cas où règneraient la folie de la populace et l'insanité des politiques, où le monde social et politique ressemblerait alors à une arène de bêtes fauves où le philosophe ne pourrait même commencer à agir (496c-d) : en ce cas, « il est sûr de périr sans avoir rendu service à l'État ou à ses amis, sans profit ni pour lui ni pour les autres » (trad. É. Chambry, dans *La République, livres IV-VII*, p. 120 : ce texte fait l'objet de deux allusions au chap. XXXII, 193-194 et 219, p. 36-37 ; à ce sujet, voir I. Hadot, *Simplicius. In Ench.* (1996), p. 16-18) ; sur les expressions néoplatoniciennes d'une distance critique à l'égard de la situation sociale, politique ou religieuse contemporaine, voir notamment la première partie de la récente étude, très riche et très informée, de Philippe Hoffmann, « Un grief antichrétien chez Proclus : l'ignorance en théologie », dans A. Perrot (éd.), *Les chrétiens et l'hellénisme : identités religieuses et culture grecque dans l'Antiquité tardive*, Paris, 2012, p. 161-197, aux pages 161-180, où, de manière approfondie, l'auteur cite, reprend, discute ou étaye les études antérieures sur le sujet. En relation avec la seconde des raisons possibles de se tenir à distance des puissants, il est vrai aussi que la tension, voire le divorce entre vie philosophique et vie « politique » sont ressentis de plus en plus fortement dans l'Antiquité tardive, et même chez des notables et intellectuels chrétiens, particulièrement dans le cas où ils sont appelés eux-mêmes à l'épiscopat, tâche éminemment politique discours – comme les médecins enduisent souvent les médicaments amers de miel –, et de se montrer ensuite, sur les mauvais accomplissements, un examinateur sans amertume, mais un correcteur plein de sollicitude et qui en même temps sympathise et s'afflige avec eux, si les bonnes actions sont obscurcies par des bévues parfois peu nombreuses [1]. De toute manière, je crois, Socrate, Zénon et leurs disciples ont montré à de tels gens combien

à laquelle certains peuvent répugner au nom de l'idéal de la vie philosophique, entendue comme contemplation, comme l'aboutissement de leur conversion (des exemples fameux de cette vive tension sont ceux de Grégoire de Nazianze ou de Synésios de Cyrène, qui ont pourtant fini par accepter la charge « politique » de l'épiscopat). Par ailleurs, l'« abord » des puissants n'est pas une simple circonstance de hasard ; dans un contexte d'asymétrie sociale, le terme grec (ἔντευξις) désigne une pratique sociale spécifique, la requête ou demande de faveur (ou d'argent) à un personnage important (voir les *Entretiens*, III, XXIV, 44-49, où l'on constate que l'ἔντευξις pratiquée philosophiquement est une juste requête pour autrui, et qu'elle fait à ce titre partie des actions appropriées : « Ne t'ai-je pas dit que c'était seulement [*scil.* faire cette démarche de solliciteur] pour faire ce qu'il convenait de faire ? » – *Les Stoïciens*, p. 1025). C'est sans doute en raison de cette signification sociale spéciale du terme que Simplicius fait la remarque qu'il y a un travail d'adaptation à faire à partir de ces modèles classiques (l. 5-6), car on n'imagine guère Socrate ou Zénon aller demander des faveurs, et d'autre part le *Manuel* ne précise pas quel comportement serait chez eux à imiter ni de quelle manière. [S.T.]

1. Pour pallier le manque d'explications du *Manuel*, Simplicius développe ici ce qu'implique la « manière d'être » (l. 11) des deux philosophes dans ces occasions. Le trait principal qu'il dégage, à l'usage des progressants, est qu'il faut éviter les deux écueils de la flatterie et de la critique acerbe à l'égard des puissants ; il propose surtout un mode de discours qui se trouve être aussi un mode d'action, habile et prudent, qui ne commence à louer, avec justice et mesure, que pour être en mesure de corriger efficacement autrui, en usant de ce que nous appelons désormais l'empathie, processus psychologique qui, à la faveur du progrès de la psychologie cognitive, a commencé à être redécouvert et analysé, et dont les vertus éducatives et morales, s'il est cultivé, peuvent être exploitées rationnellement ; bien qu'il emploie le terme de « sympathie », c'est plutôt à l'usage raisonné de cette tendance naturelle, que les savants modernes appellent l'empathie, que Simplicius fait allusion dans le syntagme remarquable des lignes 15-16 (noter l'insistance sur l'attitude psychique et morale à adopter, dont témoigne l'emploi de trois termes commençant par le préfixe συν- ; le substantif συνδιορθωτής, qui repose sur un verbe assez rare, doit impliquer un travail de correction dans lequel le "patient" est lui-même impliqué, ce qui nous ramène à l'idée que le travail de correction ne peut pas être une action purement extérieure ; le verbe συνδιορθοῦν, dans la *Vie de Plotin* par Porphyre, chap. 1, ou dans la *Vie de Pythagore* par Jamblique – chap. XIX, 92 Deubner – signifie, non que l'on corrige *en même temps*, mais qu'il y a un travail de correction fait *en commun avec une autre personne*). Pour éclairer le sens profond de cette attitude, il faut se reporter au commentaire que Simplicius a donné du chapitre 16 du *Manuel* (au chapitre XXIV, 28-47, dans I. Hadot, *Simplicius. Sur le Manuel*, t. I, p. 121) : le *Manuel* recommande de ne pas se laisser envahir par le chagrin d'autrui, et cependant : « n'hésite pas, en paroles, à compatir avec lui, et même, éventuellement, à l'accompagner dans ses plaintes. Mais toi, fais bien attention de ne pas gémir aussi intérieurement » (trad. P. Hadot, dans *Manuel d'Épictète*, Paris, 2000, p. 174). Simplicius

de choses indignes d'être choisies comportent les prétendues positions de pouvoir et de supériorité des hommes, et ce qui est digne d'être choisi dans ces positions, à savoir seulement ce qui produit le bien [1], en sorte que ceux qui méprisent ce qui est digne d'être choisi récoltent les maux et sont privés des biens de leur charge. Évidemment, on doit certes se proposer Socrate et Zénon comme modèle, mais conserver la mesure de sa propre forme de vie et mettre en avant, en le tirant de son propre fonds [2], ce

explique que, pour apporter une *aide* réelle et efficace à quelqu'un qui est dans le chagrin, il faut « condescendre » à sa peine, mais non au point de s'abîmer soi-même dans l'affliction, ce qui reviendrait à se priver du moyen de le tirer de son affliction; il propose donc que l'on montre tous les signes, langagiers et physiques, du partage de l'affliction, et cela *sans feinte* (l. 33), et que l'on ne demeure pas dans une ἀπάθεια intérieure qui serait totale (l. 42 et 44) : « Ce n'est ni en restant parfaitement en soi-même, ni en se laissant tout entier entraîner avec lui qu'on retirera celui qui est emporté par le flot ». Contrairement à ce qu'on pourrait croire, la *composition* recommandée de son comportement, de ses réactions, de son visage, dans une indépendance relative par rapport à son état intérieur réel, n'est pas le fruit d'un paradoxe moral : ce n'est pas une marque d'hypocrisie, de pure comédie sociale, destinée à masquer une indifférence à autrui, mais au contraire c'est le signe d'une intégrité morale, d'une bienveillance, qui sait que, face à un état passionnel, la persuasion, fût-elle philosophique, passe de manière privilégiée par l'expression partagée d'une émotion. Cette explication de Simplicius, qui est aussi une recommandation de métriopathie, s'accorde à la leçon d'Épictète sur l'accomplissement des actions appropriées, des convenances sociales, qui suppose explicitement une modulation de l'idéal d'ἀπάθεια, et une empathie régulée, cultivée comme l'expression adéquate d'un rôle social qui peut être utile à autrui, tout en préservant notre disposition libre et vertueuse (outre le chapitre 16 du *Manuel*, voir les *Entretiens*, III, II, 4, à propos du second des trois *topoi* auxquels s'exerce l'aspirant philosophe : « le deuxième concerne le *devoir*; car il ne faut pas être *impassible* à la manière d'une statue; il faut maintenir nos rapports naturels ou acquis avec autrui, comme homme religieux, comme fils, comme frère, comme père, comme citoyen »). [S.T.]

1. Cet adjectif (ἀγαθουργόν), dans son sens philosophique, est assez caractéristique du langage de Proclus, et il induit chez lui l'idée qu'une puissance divine ou démonique exerce sa providence sur ce qui vient après elle (voir *El. Theol.*, 122 ou 133, ou encore *In Alc.*, 54, 12-14, t. I, p. 44-45 Segonds, où l'adjectif qualifie précisément la sollicitude de Socrate, et l'apparente directement à une « providence divine ou démonique »). Le terme est donc approprié, par analogie, pour définir l'œuvre légitime spécialement attachée à la vie des puissants, qui est une action de type providentiel. [S.T.]

2. L'emploi de cet adverbe (αὐτοφυῶς) est sans doute le signe d'une allusion ou d'une réminiscence relative à une discussion qui se trouve dans le *Gorgias*, où le terme est utilisé par Socrate (513b 4) quand il montre l'inanité de la prétention de Calliclès à vouloir adapter ses propres vues pour flatter les puissants. Mais Simplicius a, consciemment ou non, détaché de son contexte la phrase de Socrate où apparaît l'adverbe, pour la comprendre comme une sentence générale : « ce qu'il faut… ce n'est pas les *imiter*, mais leur ressembler *naturellement* »; et reprenant l'opposition entre pure imitation et ressemblance authentique, mais la faisant porter sur le rapport entre l'aspirant philosophe et le sage, il laisse entendre que l'imitation d'un modèle, si beau soit-il, n'est pas suffisante pour effectuer un progrès philosophique, et que ce modèle de sagesse ne saurait être atteint qu'au prix et au terme d'un travail intérieur d'adaptation à soi-même du modèle idéal qui est proposé. [S.T.]

qui est proportionné à celle-ci [1]. Comment en effet est-il possible que quelqu'un qui a une forme de vie encore en progrès, et qui a besoin de l'enseignement d'Épictète, fasse usage des discours de Socrate, de Zénon et de Diogène [2]? Comment un tel homme ne paraîtrait-il pas ridicule? Et on raconte d'Antigonos, qui fut grand roi de la Syrie après Alexandre, qu'il avait dit n'avoir jamais eu conscience d'avoir été mis en difficulté, sauf quand il se rencontrait avec Zénon, bien qu'il ait rencontré de nombreux autres philosophes [3].

1. Simplicius se rend compte du caractère quelque peu déplacé de l'interprétation qu'il vient de donner du conseil du *Manuel*; en effet, comment un simple progressant, et dans une relation peu familière avec un puissant, pourrait-il bien mettre en œuvre une thérapie corrective aussi subtile que celle qu'il vient de proposer? Aussi, comme il l'a suggéré au début du chapitre (l. 5-6), il avertit ici que les modèles prestigieux tirés des *Vies* (ou des *Apophtegmes*) des sages ne peuvent s'appliquer tels quels au destinataire du *Manuel*: « on doit… conserver la *mesure* de sa propre forme de vie » (l. 23-24); il introduit par cette formule une nuance nouvelle par rapport au conseil donné au début du chapitre XL, p. 128 (« maintenir toujours sa forme de vie une » – l. 9), car la modération appliquée dans l'exercice des devoirs et convenances consiste également à bien mesurer à quel degré de la vie philosophique on se situe soi-même. C'est pourquoi il rappelle le niveau des destinataires de la parénèse d'Épictète, qui ont « une forme de vie encore en progrès » (sur la distinction pédagogique des niveaux, voir les explications données à la note 4 de la page 39, dans I. Hadot, *Simplicius. Sur le Manuel*, t. I, p. 145-146); Simplicius insiste sur l'importance du bon usage (l. 27) des modèles de vie et des préceptes philosophiques, et, par là, sur la nécessité d'approprier les exemples de vie ou les types de prescription parénétique aux capacités du progressant, c'est-à-dire d'y réfléchir et de les adapter à sa propre vie. [S.T.]

2. Simplicius fait référence aux apophtegmes et aux chries attribués à ces trois sages. En plus de Diogène Laërce, il faut penser aux anecdotes et sentences recueillies par Jean Stobée dans son *Anthologie*, vers le début du Ve siècle, qui témoigne de l'intérêt continu suscité par cette forme littéraire, jugée utile pour l'instruction morale propédeutique des jeunes gens (sur cette visée probable du travail de Stobée, voir R. M. Piccione, « Encyclopédisme et *enkyklios paideia*? : à propos de Jean Stobée et de l'*Anthologion* », dans *Philosophie antique : problèmes, renaissances, usages*, 2, 2002, p. 169-197). [S.T.]

3. Simplicius identifie de manière incorrecte le roi dont il est question, qui n'est pas un roi de Syrie (Simplicius pense sans doute à Antigone le Borgne, qui a tenu la Syrie entre 315 et 301, date de sa mort), mais un roi de Macédoine, Antigone Gonatas (ca 319-239; voir la notice de Richard Goulet, dans *DPhA*, t. I, p. 211-214); cette confusion est étrange, car il paraît très difficile de penser que Simplicius ait ignoré le cadre ostensiblement athénien des apophtegmes zénoniens et des épisodes les plus mémorables de sa biographie, et donc l'identité macédonienne du souverain, qui apparaît dans certaines anecdotes et qui est connu pour avoir invité Zénon à s'installer à la cour de Macédoine (un échange de lettres, conservé dans un écrit d'Apollonius de Tyr, est transmis par Diogène Laërce, VII, 7-9); et la remarque de Simplicius sur l'indisponibilité, de son temps, de l'enseignement et de la plupart des traités des stoïciens, à la fin de la section sur l'agir et le pâtir de son *Commentaire aux Catégories* (*In Cat.*, p. 334, 1-3 Kalbfleisch) ne fait rien à l'affaire, dans le cas qui nous occupe, car elle concerne évidemment les écrits des stoïciens eux-mêmes, et même leurs écrits philosophiques, et non la biographie plus ou moins légendaire de Zénon, bien transmise encore, sous une forme littéraire différente, à la fin de l'Antiquité, comme en témoigne

A partir d'ici Épictète expose à un tel homme [*scil.* qui fait encore des progrès] les actions appropriées au sujet des rencontres, en commençant par les rencontres avec les gens qui exercent le pouvoir et qui sont *dans une haute situation.*

L Chaque fois que tu vas chez quelqu'un des gens très puissants…
(*Ench.*, chap. 33, § 13 Boter)

En quelque manière il a déjà dit la même chose auparavant dans le chapitre « *Chaque fois que tu es sur le point d'entreprendre une action, rappelle-toi* » etc. [1]. Mais plus haut il poursuit son discours sur l'action de prendre un bain, ici par contre sur un exemple plus important : la visite chez un homme qui exerce le pouvoir. Et plus haut il a achevé

l'*Anthologie* de Stobée. Est-ce donc le propre séjour syrien de Simplicius, accompagné d'une connaissance historique mal assurée ou de ressources littéraires déficientes, qui favorise la confusion ou l'étourderie ? Quant à l'inquiétude que le roi reconnaît éprouver seulement dans ses rencontres avec Zénon, elle ne renvoie pas aux diverses anecdotes de banquet où apparaît ce roi, mais à un passage d'un ton différent, qu'on trouve dans les *Entretiens* d'Épictète (II, XIII, 14-15), et qui part du même constat que fait Simplicius, à savoir que ce n'était pas le philosophe qui s'agitait et s'inquiétait à l'idée de rencontrer le roi, mais le roi qui était nerveux à l'idée de rencontrer Zénon ; la morale de l'apophtegme est toutefois plus claire chez Épictète, parce qu'il indique que la raison en était que c'est le roi qui voulait plaire au philosophe, et non le contraire : le renversement des valeurs sociales communes (qui est véritablement le "solliciteur" ? Qui pratique l'ἔντευξις ?), et donc la supériorité du philosophe accompli sur le roi, apparaît mieux. [S.T.]

1. Simplicius renvoie au chapitre 4 du *Manuel*, qu'il a commenté au chapitre IX, dans I. Hadot, *Simplicius. Sur le Manuel*, t. I, p. 55-60 ; il a en effet remarqué la parenté du propos qu'il doit maintenant commenter avec la leçon du chapitre 4, où il était déjà recommandé de pratiquer un travail préalable sur nos représentations, qui consiste en la prévision des échecs possibles de l'action, certes dans le cadre plus léger de la fréquentation des bains publics, où il s'agissait moins d'un échec de l'action que de menues contrariétés (mais l'idée stoïcienne sous-jacente était que le fait d'être contrarié même dans les petites choses est le signe que nous serons incapables de maîtrise face à des échecs plus graves, et qu'il faut commencer à s'exercer sur les petites contrariétés quotidiennes : Simplicius avait bien explicité le sens de l'exemple des bains comme un appel à une méthode progressive : voir chap. IX, 90-101, dans I. Hadot, *Simplicius. Sur le Manuel*, t. I, p. 59 ; le passage analogique de l'exemple balnéaire aux autres circonstances de la vie se trouve utilisé de manière explicite dans une parénèse de Sénèque à Lucilius : « Être choqué de ces misères n'est pas moins ridicule que de se plaindre parce qu'on se fait éclabousser aux bains… Il se passe dans la vie exactement ce qui se passe aux bains… » – *Lettre* 107, 2, trad. H. Noblot, p. 174). Il s'agit donc de se représenter par avance de possibles contrariétés ou empêchements en distinguant bien ce qui relève de notre visée (et la qualité de cette visée), et d'autre part la coïncidence entre notre visée et la cible, qui ne dépend pas entièrement de nous, afin de n'être ni déçu ni troublé de quelque manière quand les empêchements surviennent (sur cet exercice, voir P. Hadot, *Introduction aux "Pensées"*, p. 311-312 et 327-334, qui analyse ce que recouvre le terme technique ὑπεξαίρεσις, la « clause de réserve »). [S.T.]

son discours sur ce point : <le devoir> de mépriser ce qui arrive et de rester fidèle au choix délibéré s'il est conforme à la nature ; mais ici c'est sur <le devoir> de délibérer à l'avance avec fermeté et non pas d'une manière relâchée, et de se représenter, en s'approchant le plus possible de la vérité, les événements pénibles qui arriveront [1]. En effet, après avoir choisi d'aller chez celui qui exerce le pouvoir même si arrive ce qui a été dit, si cela vient à arriver nous nous repentons souvent et nous nous disons qu'il ne vaut pas la peine de tomber sur ce qui est arrivé, soit parce que, dès le début, nous n'avons pas bien choisi, soit parce que nous sommes troublés plus qu'il ne faut par ce qui est arrivé [2]. Ces deux <attitudes> sont d'un homme inculte : c'est user des choses extérieures d'une manière qui n'est ni bonne ni conforme à ce qu'elles sont par nature, mais en les croyant importantes. Mais ayant d'abord dit, au sujet de la rencontre avec des gens qui, tout en ayant *une haute position*, sont d'accès assez facile, comment il faut se comporter avec eux, à savoir selon le modèle socratique et zénonien, il se propose maintenant de dire, à propos de ceux dont l'abord est plus rude, comment il faut se préparer à rencontrer ceux-là aussi, à savoir qu'il faut, si aucune nécessité n'y appelle, refuser la rencontre avec de tels gens ; mais si cela est nécessaire et s'il paraît qu'il faut la choisir même accompagnée de choses indignes d'être choisies, il faut supporter les événements qui surviennent sans avoir de regret [3].

1. Contrairement à ce que laisse entendre la présentation comparée de l'objet du chapitre 4 et de celui qui est en jeu dans les lignes du chapitre 33 que Simplicius est en train de commenter, il existe un lien très étroit entre le maintien du bon « choix délibéré » au chapitre 4 et l'ὑπεξαίρεσις ou clause de réserve qui est de nouveau illustrée dans cette partie du chapitre 33, puisque l'exercice de cette clause de réserve sert précisément, une fois éprouvée la qualité du choix délibéré (« s'il est conforme à la nature » – l. 8), à assurer son ferme maintien malgré des circonstances ou un événement contraires (mais Simplicius n'a pas compris le sens stoïcien de la notion d'ὑπεξαίρεσις, comme il est bien remarqué dans I. Hadot, *Simplicius. Sur le Manuel*, t. I, Introduction, p. CXV-CXVI). [S.T.]

2. Le repentir ou regret (μεταμέλεια), quand il porte sur ce qui arrive, est toujours le signe manifeste d'une attitude non-philosophique : soit qu'il indique que le choix préalable qui a déterminé notre action n'était pas correct, soit qu'il révèle, si notre choix d'agir était judicieux, que nous n'avons pas pratiqué la fameuse « clause de réserve » qui permet de faire la part des choses entre viser un but et l'atteindre. [S.T.]

3. Cette dernière recommandation concerne les visites aux gens importants qui sont d'un abord difficile : car Simplicius distingue deux conseils de comportement, en fonction de deux catégories de "caractères" chez les gens importants, là où le *Manuel* donnait seulement deux conseils distincts concernant la même occasion sociale. Simplicius restreint la déplaisante nécessité de se livrer à ce type de visites, de manière très allusive, aux cas où, manifestement, seule une forte exigence morale nous obligerait à transcender les « choses indignes d'être choisies » par lesquelles il faudrait en passer, selon la litote de Simplicius. Dans l'enseignement sur les actions appropriées ou devoirs sociaux, le cas évoqué ici est

LI Que soit absente des entretiens la mention fréquente et exagérée de tes actions et de tes périls…(*Ench.*, chap. 33, § 14-16 Boter)

Après <avoir parlé de> la rencontre avec les gens occupant *une haute position*, il dit, au sujet de la rencontre avec les gens du commun [1], comment il faut pratiquer aussi celle-là : il faut se présenter aux gens que l'on rencontre <de façon à n'être> ni *importun* ni méprisable, et certes aussi en se rendant utile envers eux autant qu'il est possible [2]. *Ne pas mentionner souvent et outre mesure nos actions et périls*, c'est supprimer ce qu'il y a d'importun dans ce <genre> de propos— les hommes en effet supportent péniblement ceux qui se louent eux-mêmes, pensant qu'ils sont, eux, par comparaison accusés et insultés par eux –, et c'est en même temps refouler ce qui, dans l'âme, regarde vers l'extérieur et aime la renommée, et montrer de la grandeur d'âme [3].

sensiblement différent des cas précédents, qui exigeaient plutôt de l'aspirant philosophe une forme d'accommodement à des obligations de sociabilité, dans un équilibre entre une mitigation de la sévérité philosophique et le maintien de la disposition intérieure. On peut cependant éclairer le rapport entre la très haute exigence morale dont il est ici question et la discipline des actions appropriées, au moyen d'un texte d'Épictète qui nous est connu par les *Pensées* de Marc Aurèle (XI, 37) : « dans le thème d'exercice se rapportant aux impulsions à l'action, il ne faut jamais relâcher son attention, pour que ces impulsions soient accompagnées d'une clause de réserve, *qu'elles aient pour fin le service de la communauté* et qu'elles soient proportionnées à la valeur » (trad. P. Hadot, *Introduction aux "Pensées"*, p. 125) ; comme la discipline des impulsions à agir et des répulsions est le champ des actions appropriées (voir notamment *Entretiens*, II, II, 1-2), il est clair que la visée altruiste énoncée dans le texte conservé par Marc Aurèle oriente de manière fondamentale la détermination des actions appropriées ou devoirs sociaux. [S.T.]

1. Bien que la chose ne soit pas spécifiée dans le texte du *Manuel*, Simplicius interprète les situations de parole évoquées ici comme des conversations avec des gens du commun ; il le déduit sans doute de la référence, faite peu après dans le *Manuel*, à des plaisanteries et à des propos scabreux, à une licence verbale qui tombe dans la vulgarité, ce qui signale un contexte de conversation relâchée, bien distinct de l'occasion sociale qu'est l'ἔντευξις auprès d'une personne importante, mais aussi d'une conversation entre gens bien éduqués. [S.T.]

2. Simplicius ajoute, de son propre cru, cette recommandation, qui paraît hors de propos ici, mais qui s'accorde avec la haute exigence altruiste qu'on a pu détecter dans le dernier conseil que Simplicius donnait, à la fin du chapitre précédent (chap. L, 20-22, *supra*, p. 179), en harmonie avec un aspect fondamental de la doctrine stoïcienne des devoirs selon Épictète, comme nous l'avons expliqué plus haut (voir, p. 179, n. 3, à propos d'une formule d'Épictète conservée dans les *Pensées* de Marc Aurèle). [S.T.]

3. Simplicius énonce deux couples d'impératifs : vis-à-vis des autres, leur être utile et, négativement, ne pas les gêner ou les humilier par l'éloge de soi ; vis-à-vis de soi, faire preuve de grandeur d'âme et, négativement, éviter l'amour de la renommée. Mais Simplicius ne fait pas du travail intérieur sur soi un préalable à l'attitude à l'égard d'autrui : c'est l'exercice comportemental conseillé qui, mis en pratique, semble plutôt induire une disposition intérieure, ou contribuer à l'installer. Du point de vue de l'expression, le syntagme « les hommes supportent péniblement ceux qui se louent eux-mêmes, pensant

[*Il ne faut pas vouloir exciter le rire des autres*]

Après avoir dit auparavant que l'on ne doit ni rire soi-même sur beaucoup de choses ni être quelqu'un qui rit beaucoup et qui est sans contrainte, il dit maintenant qu'il ne faut pas non plus *exciter le rire* des autres[1]. Et il en a rapporté la raison en disant « *Le terrain est en effet facilement glissant vers la vulgarité* ». Car dire des choses de façon à *exciter le rire* des hommes incultes signifie dans tous les cas que ces choses leur sont agréables et qu'elles sont appropriées à la manière d'être des hommes incultes. Pareillement, ou même plus encore, ils prennent donc pour un homme inculte celui qui excite le rire, en sorte que, même s'ils l'avaient respecté auparavant, cela suffit pour relâcher *le respect qu'ont pour lui* ceux qui le fréquentent. Mais quelques-uns, même parmi les gens qui semblent être raisonnables, font les bouffons, parce qu'ils veulent paraître plaisants[2].

qu'ils sont, eux, par comparaison accusés… par eux » est une reprise presque mot pour mot de l'argument employé au chapitre XLV, p. 158-159, pour dissuader l'aspirant philosophe de dénoncer le comportement de son interlocuteur (l. 35-40) ; le but, dans les deux cas, est double : à l'égard de l'autre, éviter d'inspirer un pénible sentiment d'infériorité ; pour soi, refouler l'amour de la renommée ; cependant, du point de vue moral, le but est en quelque sorte unique : progresser soi-même et contribuer au progrès de l'autre sont étroitement coordonnés dans la discipline des actions appropriées. [S.T.]

1. Simplicius renvoie à un conseil précédent donné dans le chapitre 33 du *Manuel*, et commenté au chapitre XLI, p. 139-140, qui portait sur la “réduction” du rire. Ici, s'il s'agit de ne pas chercher à susciter le rire des autres, c'est dans le but, personnel, de préserver sa dignité, à travers le maintien du respect que les gens vulgaires ont ou doivent avoir pour l'aspirant philosophe. Le cas est similaire aux risques précédemment évoqués, que comportent les banquets ou les spectacles, de s'abaisser dans le comportement ou le langage au-dessous de ce que requiert une disposition philosophique caractérisée par la maîtrise des pulsions. [S.T.]

2. L'expression « faire le bouffon » (γελωτοποιεῖν) est une réminiscence d'une discussion qui se trouve dans la *République*, à propos de la contamination passionnelle de la tristesse et du rire, dans les représentations théâtrales (passage sans doute jugé approprié à la discussion des vertus éthiques, comme les textes des *Lois* précédemment utilisés, dans la mesure où s'y trouve évoquée expressément la collaboration entre raison et habitude, dans une perspective éducative) : « … la partie de nous qui est naturellement la meilleure, parce qu'elle n'est pas suffisamment éduquée par la raison et l'habitude, relâche sa surveillance sur cette partie pleureuse (…) N'en est-il pas de même à l'égard du ridicule ? et quand tu écoutes dans une représentation théâtrale ou dans une conversation privée une bouffonnerie (γελωτοποιῶν) que tu aurais honte de faire toi-même… Ce désir de faire rire (βουλόμενον γελωτοποιεῖν) que tu réprimais, lui aussi, par la raison, de peur de passer pour bouffon, tu lui donnes alors carrière à son tour… » (X, 606a 7-c 4, trad. É. Chambry, p. 101, modifiée). [S.T.]

[*Il ne faut pas supporter, dans la mesure du possible, que d'autres tiennent des propos honteux en ta présence*]

Que celui qui paraît avoir fait en quelque manière des progrès ne se permettra pas *de tenir* lui-même *des propos honteux*, c'est évident. Mais il conseille aussi de ne pas le permettre, dans la mesure du possible, de la part des autres, mais, *si les circonstances s'y prêtent*, c'est-à-dire si celui qui est poussé à ce défaut est jeune et n'est ni impudent ni gonflé de vanité par la richesse et par son rang, « *blâme-le* », dit-il. En effet, tu ne paraîtras grossier ni devant celui *qui tient des propos honteux*, ni devant l'assistance elle-même. Mais s'il se trouve qu'il est assez âgé, d'un caractère hautain et enorgueilli par sa richesse et son rang, d'être blâmé lui sera pénible à supporter et, outre le fait qu'elle sera inefficace et importune et qu'elle attirera des inimitiés, la franchise semblera ridicule. Que faut-il donc faire alors ? *Fais voir par ton silence ton mécontentement !* Et vois comment il a gardé la mesure qui convient à la différence <entre les comportements fautifs>. Dans le cas des gens *qui discourent sur les combats de gladiateurs, sur les courses à l'hippodrome, la nourriture, les boissons, ou bien sur les hommes en les louant et en les blâmant*, « *si tu en es capable*, dit-il, *détourne ces discours* » ; mais ici, s'il y en a l'opportunité, il ordonne même le blâme. Et plus haut « *garde le silence* », dit-il, s'il n'est pas possible de détourner <les discours>, mais ici c'est « *et fais voir ton mécontentement* » [1].

1. C'est un nouvel exemple de la manière dont Simplicius extrapole parfois sur ce que dit le *Manuel* et, par là, raffine la casuistique des actions appropriées : en effet, le précepte du *Manuel* ne distingue pas les attitudes de réprobation des propos obscènes en fonction de critères d'âge, de caractère ou de position sociale, alors que Simplicius considère que le *Manuel* incite à graduer la riposte réprobatrice selon ces critères : comme en d'autres occasions, il s'agit de se demander si l'on ne va pas vexer la personne à qui l'on s'adresse, et même la *braquer contre* nous (et par voie de conséquence contre la philosophie), au lieu de la corriger ou de l'inciter au bien. En rappelant un précepte antérieur du *Manuel* concernant la réaction à certains sujets de conversation assez vulgaires (voir à la toute fin du chapitre XL 75-84, p. 137-138), Simplicius laisse entendre qu'il faut aussi moduler l'expression de la critique en fonction d'un autre critère, qui serait le sujet de conversation même, en tant que symptôme d'une libération passionnelle, et donc d'une inconvenance, plus ou moins grave : pour les propos vulgaires mais plus anodins du passage antérieur, soit on détourne la conversation, soit on se tait ; alors qu'ici, pour les propos obscènes, on manifeste toujours sa réprobation, mais, selon la personne, soit par le langage corporel, soit par le langage proprement dit. L'objet est donc encore une fois l'usage mesuré du franc-parler critique (voir ici aux lignes 29-32, et se reporter à la seconde partie du chapitre XLV 28-47, p. 158-159 et p. 159, n. 1). [S.T.]

LII Chaque fois que tu as la représentation de quelque plaisir, surveille-toi, de même que dans le cas des autres <représentations>, afin que tu ne sois emporté par elle… (*Ench.*, chap. 34 Boter)

Le plaisir corporel est très nuisible pour l'âme. *Tout plaisir corporel cloue en effet l'âme au corps comme un clou*[1], et c'est pour cela que le dieu l'a fait de courte durée. Et en effet, dans le cas de la nourriture et des boissons, le plaisir dure aussi longtemps que nous les sentons dans la bouche, mais une fois avalées, le plaisir s'en va complètement. Et dans le cas de la relation sexuelle la sensation du plaisir se produit au seul moment de l'acte, mais quand celui-ci est passé, la conscience <du plaisir> est comme si elle n'avait jamais existé. Il est évident que le plaisir réside dans le fait d'être perçu par les sens. En effet, ce qui est dépourvu de sensation n'a pas de plaisir du tout. Mais également les plaisirs à l'égard des choses extérieures, comme à l'égard de l'habillement, de la parure, de l'argent ou des propriétés, ceux-là sont, eux aussi, de courte durée. Ayant éprouvé du plaisir lors de l'acquisition de ces choses, nous n'en ressentons plus aucun plaisir après que nous nous y sommes habitués. Mais si l'on les enlève, il s'ensuit une douleur violente qui est beaucoup plus durable que le plaisir. Ainsi donc le plaisir s'en va, après être resté très peu de temps (et ceci vaut surtout pour le plaisir corporel), en laissant à l'âme entièrement et dans tous les cas le dommage causé par lui, souvent aussi au corps, quand la jouissance a été hors de proportion. Mais la maîtrise du plaisir procure un avantage durable au corps et à l'âme, ainsi qu'un autre genre de plaisir qui, étant conforme à la nature, coexiste avec la maîtrise et n'est ni nuisible ni excitant[2].

1. Cette métaphore empruntée au *Phédon* (83d 1-3) est utilisée quatre fois par Simplicius, avec, pour sujet, le plaisir ou la passion (voir chap. VIII 16-17, dans I. Hadot, *Simplicius. Sur le Manuel*, t. I, p. 52, avec la note 3, p. 152), et une autre fois avec, pour sujet, les discours (voir chap. XL 54-55, p. 136 et n. 2). [S.T.]

2. Simplicius distingue deux sortes de plaisirs : les premiers ont pour caractère la fugacité (c'est la caractéristique du plaisir en général, à laquelle il faut réfléchir et qui doit dissuader d'y céder, selon ce passage du *Manuel*), qu'il s'agisse de nourriture et de sexualité, ce qui est assez évident, ou même des biens extérieurs et des objets du luxe, dans la mesure où, comme le souligne bien Simplicius, le plaisir relatif à ce type de biens est sensible essentiellement dans l'acquisition, et s'étiole à l'usage. Simplicius donne en outre des raisons de s'abstenir du plaisir qu'on ne trouve pas dans le passage conmmenté, et qui concernent aussi bien le corps que l'âme, car il est toujours attentif au niveau de parénèse qu'il a déterminé et qui est en rapport avec l'exercice propre aux vertus éthiques. Ainsi donc, le plaisir ne fait pas que disparaître rapidement : il cause forcément un dommage psychique, et il peut causer aussi un dommage corporel, par excès. La seconde sorte de plaisir est liée par nature à la maîtrise même des plaisirs corporels et matériels, et le bénéfice concerne là encore aussi bien le corps que l'âme (sur l'ἐγκράτεια, voir chap. XLV 1-7, p. 152 et n. 2);

Après les préliminaires que voilà, voyons ce que dit Épictète. *Chaque fois*, dit-il, *que tu as la représentation de quelque plaisir*, *de même que dans le cas des autres* <représentations>, comme de la richesse, du pouvoir ou de quelqu'une des choses extérieures, de même et encore plus *surveille-toi aussitôt*, afin que la représentation *ne t'emporte pas* vers l'action, mais que celle-ci attende un peu ; et toi, après t'être procuré *quelque délai* à l'aide d'une telle concentration[1], réfléchis aux durées, celle de la jouissance, qui est très brève, et celle qui suit aussitôt, qui est longue, pleine de dommage et de regret, pendant laquelle tu te fais des

Simplicius a distingué ces deux espèces au chapitre I (l. 163-182, dans I. Hadot, *Simplicius. Sur le Manuel*, t. I, p. 14), quand il parlait du choix qui se porte vers le bien : « … ce bien pouvant être ou véritablement le bien ou un semblant de bien trompeur et séducteur à cause d'un certain plaisir qui lui est inhérent. Car, puisqu'au bien véritable est inhérent *un plaisir véritable*, chaque fois que l'âme éprouve une apparence de plaisir… l'âme court vers lui comme vers le bien sans remarquer que ce plaisir implique une multitude de peines beaucoup plus grandes que lui… ». [S.T.]

1. Le conseil du *Manuel* se rapporte à un exercice particulier, qui consiste à freiner le mouvement de la représentation vers l'action, pour pouvoir faire retour sur cette représentation, et s'accorder ainsi un délai qui permette de la juger dans ses tenants et ses aboutissants (ici, évaluer le ratio entre le plaisir et la peine escomptés) ; c'est un type de conseil qui était déjà apparu aux chapitres 10 et 20 du *Manuel*. Cet examen et ce contrôle des représentations sont particulièrement bien décrits dans les *Entretiens* (III, XII, 14-15, dans *Les Stoïciens*, p. 986-987) : « Le troisième point concerne l'assentiment envers ce qui persuade et ce qui entraîne. Car, de même que Socrate disait qu'il ne fallait pas vivre sans examiner sa manière de vivre, de même il ne faut pas admettre une représentation sans en examiner la valeur ; il faut lui dire : « Attends que je voie qui tu es et d'où tu viens », comme disent les gardiens de nuit : « Montre-moi ton laissez-passer ». As-tu reçu de la nature le signe que doit posséder une représentation pour se faire admettre ? ». On voit que ce contrôle appartient au troisième thème d'exercice, ou discipline de l'assentiment (voir l'article de P. Hadot, « Une clé des *Pensées* »). Ce bon usage des représentations relève d'une vertu dialectique particulière qui est appelée par les stoïciens l'« absence de précipitation » (ἀπροπτωσία) ; elle est ainsi définie dans Diogène Laërce : « la science des situations où il faut donner son assentiment et des cas où il ne le faut pas » (VII, 46 = *SVF* II, 130) ; Diogène Laërce marque plus loin son importance par les conséquences pratiques qu'entraîne le défaut d'exercice de cette vertu : « La précipitation dans les assertions s'étend aussi aux événements (de la vie), si bien que ceux qui n'ont pas entraîné leurs représentations sont emportés vers le désordre et la légèreté » (VII, 48 = *SVF* II, 130). Cette vertu dialectique se retrouve chez Épictète et Marc Aurèle (voir par exemple *Entretiens*, II, VIII, 29, où l'adjectif correspondant est appliqué à l'assentiment, ou dans les *Pensées*, III, 9, 2 et IV, 49, 4 ; sur cette vertu dialectique chère à Chrysippe, voir les présentations commodes de A. A. Long, « Dialectic and the Stoic sage », dans *Stoic studies*, Berkeley, etc., 1996, p. 85-106, aux pages 92-94 [première publication dans *The Stoics*, éd. par J. M. Rist, Berkeley, etc., 1978] ou Gourinat, *Dialectique*, p. 73-74). Enfin, il faut noter que, comme bien des termes relatifs à l'examen de conscience ou à l'aspect éthique des processus cognitifs, le terme ἀναβολή (l. 26, repris du *Manuel*, chap. 34), traduit par "délai", a aussi une signification juridique : il désigne le jugement en appel, le renvoi ou pourvoi juridique. [S.T.]

reproches, parce que tu as été vaincu. Et *à cela oppose* le temps heureux pendant lequel, si tu t'es maîtrisé, tu vas te voir longtemps dans ton avantage et dans le plaisir pur, en te louant et en t'approuvant[1]. En effet, si tu purifies cette comparaison, le désir se tiendra facilement tranquille, humilié qu'il sera par l'évidence de la défaite. Et si tu fais cela encore et encore, étant amoindri, il ne te causera plus de trouble. Mais si le plaisir s'arrête tout de suite après l'acte et qu'alors il n'y a pas de différence entre celui qui a joui et celui qui n'a pas joui, sinon par la représentation du fait d'avoir joui, qu'est-ce qui empêche d'être disposé comme si l'on avait déjà joui et récolté le plaisir, sans prendre part au dommage ? En effet, que la représentation d'avoir joui ne comporte aucun plaisir digne de considération, c'est ce que rend évident le souvenir des jouissances <que nous avons eues> en rêve, car il ne comporte qu'une trace obscure du plaisir. Mais puisque parfois nous avons part à quelques plaisirs qui sont aussi conformes à la raison droite, par exemple assurément à la procréation d'enfants ou à un bain après une fièvre, chaque fois, dit-il, *que l'opportunité se présente de s'adonner à un tel acte, sois attentif à ne pas être vaincu par ce qu'il a de doux et d'attirant*, au point que, sortant de toi-même, tu te livres entièrement au plaisir, mais compare, dans ce moment opportun lui-même, dans quelle mesure maîtriser le plaisir est plus beau qu'être vaincu par lui : il est en effet évident que, dans l'exacte mesure où maîtriser ses passions irrationnelles est plus beau que d'être vaincu par elles, il est aussi plus beau d'être un homme plutôt qu'une bête.

1. Le plaisir pur qui, selon Simplicius, accompagne la maîtrise des plaisirs matériels et la sécurité durable qu'elle procure à l'âme et au corps, n'est pas sans correspondant dans le stoïcisme d'Épictète et de ses devanciers : le terme propre est χαρά, qui désigne la joie raisonnable, en tant qu'elle est distincte du plaisir (irrationnel) (voir sa définition comme « exaltation raisonnable », dans les fragments *SVF* III, 431 à 435 ; Simplicius semble connaître cette définition, d'après l'explication qu'il donne du seul terme « exaltation », au chapitre XII, 9-10, dans I. Hadot, *Simplicius. Sur le Manuel*, t. I, p. 70). Mais même en se livrant à des plaisirs raisonnables, le plus important est en fait de garder le contrôle de soi-même, de mesurer la plus grande valeur que comporte la maîtrise, par rapport au lâcher-prise du plaisir, tout convenable qu'il soit : Simplicius termine ainsi le chapitre sur le rappel de l'impératif de la métriopathie (l. 45-47), qui a dominé les développements antérieurs. L'avantage durable que prône le *Manuel*, et ce que Simplicius appelle un plaisir pur, correspondent à une conception stoïcienne de l'usage des plaisirs, qui distingue la joie de l'abstention et la jouissance du plaisir, et qui privilégie la première (Bénatouïl, *Faire usage*, p. 233-235, montre que, dans le stoïcisme, l'usage vise le contrôle actif de l'objet, voire la maîtrise ou la modération du plaisir, contre le laisser-aller et la soumission à l'objet ; sur le bon usage de l'instrument corporel, voir chap. XLIV 26-30, p. 146 et n. 4). [S.T.]

LIII Quand tu as distinctement perçu que tu dois faire une chose et que tu la fais, n'évite jamais d'être vu la faisant, même si les gens du commun doivent penser à ce propos quelque chose de fâcheux… (*Ench.*, chap. 35 Boter)

Il se donne beaucoup de mal pour que l'on choisisse le bien pour le bien même, afin qu'il soit un bien réellement et non à cause de l'opinion des hommes du commun[1]. En effet, celui qui choisit quelque chose à cause de l'opinion, pose celle-ci comme étant le bien, mais non pas celui-là [*scil.* le vrai bien]. C'est pourquoi, *si l'on n'a pas perçu avec rectitude* que c'est un bien de faire cette chose, il faut éviter l'action en tant qu'elle n'est pas bonne ; mais si tu <la> fais *en ayant perçu avec rectitude* <qu'elle est bonne>, il ne faut pas éviter d'être vu <la> faisant à cause de ceux qui blâment *à tort* ce qui se produit, puisqu'il arrive qu'au bien qui est réellement un bien – un tel bien est en effet celui dont on a perçu

1. Sur ce risque de détournement subreptice de la visée du bien, sous l'emprise de l'opinion et de l'amour de la renommée (les ruses de la φιλοδοξία), voir chap. XLVI 19-25 et 39-43, p. 162-164 avec les notes. L'analyse, dans ce chapitre, repose sur une opposition entre deux critères du vrai et du bien : la *rectitude* du jugement, ou *droite* raison (voir la récurrence de ce vocabulaire, l. 7, 8, 9, 11, 12 et 13), et l'opinion, qui est un critère extérieur au sujet pensant, lors même que celui-ci lui fait accueil, et qui peut induire une forme d'aliénation personnelle qui est aussi une déperdition intellectuelle, d'après la définition néoplatonicienne de l'homme comme une âme raisonnable (« il s'éloigne de lui-même » – l. 15-16). Simplicius emploie ici le terme d'« évaluation » (ὑπόληψις : l. 13), qu'il a été amené à définir au tout début de son commentaire, parce qu'il figure parmi « les choses qui dépendent de nous », au début du *Manuel* (voir chap. I, 10-20, dans I. Hadot, *Simplicius. Sur le Manuel*, t. I, p. 8 : il rabat l'évaluation sur l'opinion, peut-être dans la lignée d'Aristote qui apparie exclusivement les deux facultés en tant qu'elles « admettent l'erreur » – *Éthique à Nicomaque*, VI, 3, 1139b 17). Dans un chapitre ultérieur (chap. XII 43-46, *ibid.*, p. 71, à propos de l'expression du chapitre 6 du *Manuel*, « l'usage des représentations »), il explique comment il conçoit l'évaluation, en la rabattant cette fois-ci sur la représentation : « ce qu'il a appelé alors "évaluation", il le nomme ici "représentation". En effet les étants apparaissent dans notre représentation, sont évalués, sont considérés comme tels ou tels, parfois d'une manière droite, parfois d'une manière déformée ». En réalité, Simplicius distingue tout de même représentation, évaluation et opinion, comme on le voit par l'emploi des trois verbes dans la citation, qui désignent une suite d'opérations dans un processus unique : la représentation ayant lieu, l'évaluation de la réalité représentée, qui est l'étape centrale du processus, produit une opinion sur la chose représentée ; l'évaluation est le moment d'un jugement de valeur, et c'est à elle que Simplicius applique l'épithète *droite*, dans le chapitre XII, comme ici (l. 12) ; il clarifie ce point dans la suite du chapitre XII, quand il dit que l'usage des représentations, quand il n'est pas correct, relève en fait d'un déplacement, d'une interversion d'un prédicat attribué à un sujet, par exemple, « croyant que l'intempérance est un bien et la tempérance un mal » (l. 46-50). Comme dans le chapitre LIII, l'évaluation désigne donc ce moment cognitif crucial où l'on détermine, de manière vraie ou fausse, ce qui est un bien et ce qui est un mal. [S.T.]

avec rectitude qu'il est un bien –, on préfère ce qui n'est pas un bien, mais un mal en tant que faux [1] ; telle est en effet l'évaluation des hommes du commun au sujet de ce qui est fait, évaluation qui n'est pas droite. En plus de cela il arrive que le bien qui a été jugé <tel> par la raison droite, l'on le tienne pour mal, parce qu'on le fuit, et que ce que l'on fuit est mal. De plus, il arrive assurément à un tel homme, parce qu'il s'éloigne de lui-même et de la réalité des choses, d'être entraîné vers les opinions des hommes du commun et de chercher là le bien et le mal, le vrai et le faux.

LIV De même que la proposition « Ou il fait jours ou il fait nuit » a beaucoup de valeur pour le raisonnement disjonctif[2], mais n'a pas de valeur pour le raisonnement conjonctif… (*Ench.*, chap. 36 Boter)

[*Définition de deux types de syllogismes*]

Des syllogismes hypothétiques, dont les stoïciens ont exposé les règles avec subtilité, les uns sont disjonctifs, les autres implicatifs, ou conjonctifs. Disjonctifs sont ceux dans lesquels, si <de deux choses> l'une est, l'autre n'est absolument pas, et, si une chose n'est pas, l'autre est absolument : par exemple, quand je dis : « *Ou il fait jour, ou il fait nuit*; mais en fait il fait nuit, donc il ne fait pas jour. » Ainsi, d'une part, une chose étant posée, l'autre est totalement détruite, d'autre part, par la destruction de l'une est posée l'autre, quand je dis : « Mais en fait il ne fait pas jour, donc il fait nuit », ou : « Mais en fait il ne fait pas nuit, donc il fait jour. » Tel est le raisonnement disjonctif, dans lequel la proposition « *Ou il fait jour ou il fait nuit* » est admise comme "axiome", c'est-à-dire comme vrai d'une manière évidente et conforme aux notions communes ; car c'est cela que les stoïciens appelaient axiomes[3]. Au contraire, il y a syllogisme conjonctif, quand deux propositions sont conjointes l'une à l'autre de telle sorte que l'une est l'antécédent et l'autre le conséquent, mais que, par la position de l'antécédent, le conséquent suit, et, par la

1. Simplicius a donné une analyse similaire de la préférence pour un bien apparent au chapitre I 163-195, dans I. Hadot, *Simplicius. Sur le Manuel*, t. I, p. 14-15. [S.T.]

2. Le texte de Simplicius diverge de celui d'Épictète, qui est le suivant : « De même que le [= les propositions] "il fait jour" et "il fait nuit" a beaucoup de valeur en vue du raisonnement disjonctif… ». En ce qui concerne, entre autres, les conséquences de cette lecture différente pour l'interprétation de ce chapitre, *cf.* I. Hadot, *Simplicius. Sur le Manuel*, t. I, le chapitre IV « La réception des doctrines stoïciennes… », p. CIV-CX.

3. A propos de la fausse interprétation de ce terme stoïcien, *cf.* I. Hadot, *Simplicius. Sur le Manuel*, t. I, p. CIV-CX du chapitre IV de l'Introduction, intitulé « La réception des doctrines stoïciennes par Simplicius dans son commentaire sur le *Manuel* d'Épictète ».

destruction du conséquent, l'antécédent est détruit : par exemple, si au « S'il fait jour », est conjoint de manière vraie le « Il ne fait pas nuit ». Car c'est de manière vraie que de l'antécédent : « S'il fait jour » suit le « Il ne fait pas nuit ». Il est sûr que, dans ce syllogisme conjonctif, par la position de l'antécédent, est posé le conséquent : « Mais en fait il fait jour, donc il ne fait pas nuit ». Mais par la destruction du conséquent, est détruit aussi l'antécédent : « Mais en fait il ne fait pas non-nuit » – mais évidemment il fait nuit ; car deux destructions font une seule affirmation – « donc il ne fait pas jour ». Tel est donc le syllogisme conjonctif ou implicatif.

[*La signification morale du syllogisme mentionné par Épictète*]

Mais voyons maintenant ce qui est dit par Épictète. La proposition « *Ou il fait jour ou il fait nuit* », lorsqu'il s'agit du syllogisme disjonctif, est admise comme axiome incontestable, mais elle ne l'est plus, lorsqu'il s'agit du syllogisme implicatif. Car l'axiome qui est admis pour ce dernier est la proposition implicative, le « S'il fait jour, il ne fait pas nuit ». Donc, dit-il, de la même manière que le « *ou il fait jour ou il fait nuit* » *a beaucoup de valeur pour le raisonnement disjonctif* – c'est de lui en effet que dépend tout le syllogisme disjonctif –, *mais qu'il n'a pas de valeur pour le raisonnement conjonctif*, car il brise la liaison qui dit : « S'il fait jour, il ne fait pas nuit » –, *de la même manière aussi, choisir* dans un banquet *la meilleure part, c'est, pour le corps sans doute*, profitable, utile et digne de choix, *mais, pour ce qui est de l'<esprit de> communauté <qui est de mise> dans un repas, cela n'a pas de valeur*, car cela aussi brise la communauté, comme la proposition dont nous avons parlé brise le syllogisme conjonctif. *Quand donc*, dit-il, *tu prends un repas* avec d'autres, *souviens-toi non seulement de prendre en considération*, dans les mets qui sont présentés, *la valeur pour ton corps*, et de faire ton choix parmi eux, *mais de prendre aussi en considération la valeur* pour <l'esprit de> communauté de l'âme, qu'il faut garder inattaquable.

Et il est évident que, bien que son discours n'ait porté que sur le repas, il faut l'étendre universellement à toute communauté et toute relation sociale. Car la cupidité brise toute communauté, comme le fait pour chacun d'obtenir ce qui lui échoit maintient ensemble, fait grandir et durer la communauté. Car même la communauté des brigands, bien qu'elle soit constituée de pareils hommes, se maintient aussi longtemps qu'elle observe cette consigne : ne pas chercher à avoir plus les uns que les autres. C'est grâce à cette trace de justice que cette injustice se constitue. Ayant donc invité souvent auparavant son disciple à pratiquer la liberté, et ailleurs le courage, la grandeur d'âme, la prudence, la tempérance, dans ce passage, c'est à la justice qu'il l'exhorte, en lui conseillant de supprimer ce qui est l'obstacle à la justice : la cupidité.

LV Si tu assumes un rôle qui est au-dessus de tes forces, à la fois tu y fais mauvaise figure et tu négliges celui que tu aurais pu remplir… (*Ench.*, chap. 37 Boter)

Il faut non pas choisir ce qui est mieux tout court, mais ce qui est à notre mesure[1]. En effet, lorsqu'on se charge <de tâches> démesurées, il n'en résulte rien. C'est pourquoi il faut ne pas s'emparer avec témérité des rôles plus importants : professeur, philosophe, pilote dans un navire ou gouverneur dans une ville. Il vaut mieux en effet être estimé dans un rôle humble, en maîtrisant ce rôle et en se l'appropriant, que de faire mauvaise figure dans un rôle supérieur en restant inférieur à la valeur <de ce rôle> ; et il vaut mieux être un très bon précepteur d'enfants qu'un professeur médiocre, et un bon administrateur de sa maison qu'un mauvais gouverneur. En effet, outre le fait que nous faisons mauvaise figure dans le rôle plus important – je ne dis pas que nous faisons mauvaise figure selon l'opinion, mais selon la nature même de la chose –, nous sacrifions encore le rôle dans lequel nous aurions pu réussir en le choisissant à notre mesure. Est meilleur acteur en effet celui qui, dans une tragédie ou une comédie, joue bien un esclave, que celui qui ne réussit pas dans un rôle de maître ou de roi. Et ce chapitre aussi, qui conseille à la fois de choisir dans la vie un rôle digne et de ne pas chercher à avoir plus que l'on ne doit, me semble viser la justice.

1. *Cf.* à ce sujet Cicéron, *De off.*, I, 110, suivant le stoïcien Panétius : « Mais chacun doit absolument garder ce que lui est propre [*sua cuique*], non certes ses défauts, mais néanmoins ses particularités [*propria*], afin de maintenir plus aisément ce convenable [*decorum*] que nous recherchons. Il faut agir en effet en sorte de ne combattre en rien la nature universelle [*universam naturam*] mais, néanmoins, une fois cette dernière préservée, agir en sorte de suivre la nôtre, particulière [*propriam nostram*], de mesurer nos aspirations à la règle de notre nature propre, même s'il en existe d'autres plus importantes et meilleures ; il ne sert à rien de s'opposer à la nature, ni de poursuivre quelque chose que l'on ne peut atteindre » ; *cf.* aussi Sénèque, *De tranquillitate animi*, 6, 4 : « Il faut considérer si ta nature est plus adaptée à l'action ou à un loisir studieux et à la contemplation, et pencher là où te portera la force de tes dispositions naturelles [*vis ingenii*] […]. En effet, les dispositions naturelles contraintes réagissent mal : quand la nature renâcle, l'effort est vain. »

LVI De même que tu fais attention, en te promenant, de ne pas marcher sur un clou ou ne pas te tordre le pied… (*Ench.*, chap. 38 Boter)

L'âme humaine est lésée de deux manières : tantôt elle se cloue aux passions irrationnelles et par elles se colle au corps lorsque – tout en murmurant, il est vrai, parce qu'elle éprouve quelque déplaisir –, elle est vaincue pourtant par les passions, étant gouvernée despotiquement par celles-ci qui ont pris de la vigueur; tantôt elle a subi une distorsion dans son jugement, lorsqu'elle ne se distingue plus comme différente des passions irrationnelles. Aussi le précepteur ordonne-t-il de se garder de ces deux <dangers> dans la façon de vivre, qu'il a comparée à la promenade, pour qu'elle ne soit pas clouée par les passions irrationnelles qui, étant corporelles, *attachent au corps à la façon des clous l'âme*, qui est collée à elles. Mais quel clou attache aussi bien que ces passions irrationnelles, qui font que l'âme croit qu'elle-même, celles-ci et le corps ne font qu'un ? Quant à la distorsion de la partie opinative et terre-à-terre de l'âme, par laquelle l'âme est en communion avec le corps et les vies corporelles, Épictète l'a comparée d'une façon appropriée à la torsion du pied, et il recommande, de la même manière que nous surveillons le corps en nous promenant, de surveiller l'âme raisonnable lors de sa sortie dans les activités de la vie, l'âme raisonnable qui selon la nature gouverne dans l'être vivant humain et par laquelle cet être vivant se caractérise, pour éviter qu'elle ne s'ignore elle-même, étant clouée aux passions par *avidité gloutonne*, ou distordue dans son jugement et son opinion par insouciance. Si en effet nous nous surveillons nous-mêmes à propos de toute chose, comme les gens qui se promènent, *nous nous adonnerons d'une manière plus sûre* à chaque action. Et même s'il arrive un petit glissement, nous le redressons facilement en nous surveillant. Et même si, ne faisant pas attention pendant un bref moment, nous marchons sur un clou ou posons notre pied d'une manière irrégulière, grâce à notre attention nous séparons facilement du clou notre pied sans qu'il soit percé, et nous régularisons facilement le rythme de notre pied.

LVII La mesure de l'acquisitions est pour chacun le corps,
comme le pied est la mesure pour la chaussure…
(*Ench.*, chap. 39 Boter)

[*Les acquisitions doivent correspondre au strict besoin du corps*]

Dans les choses qui concernent le corps, comme l'habillement, la nourriture, les biens et l'argent, il y a ces deux <considérations> : leur acquisition et leur usage[1]. Ayant donc dit auparavant, au sujet de l'usage de ces choses, qu'il faut en faire usage selon *le strict besoin du corps, en enlevant* tout le superflu qui *tend à la réputation et la mollesse*, il donne maintenant un enseignement au sujet de leur acquisition, en disant que la mesure pour celle-ci est également le corps. Si en effet l'usage est *la mesure de* l'acquisition – car nous faisons des acquisitions pour en user –, et si la mesure de l'usage est le corps et le besoin de celui-ci, il est évident que *la mesure pour l'acquisition sera* aussi *le corps* et le besoin de celui-ci, comme *la mesure pour la chaussure est le pied* et le besoin du pied. C'est pourquoi, si l'on se réfère à ce besoin, on se contentera de peaux sans apprêts : l'une, <posée> sur le pied, pour le chauffer et le protéger, et l'autre en-dessous du pied, pour que l'on ne marche pas directement sur les choses dangereuses ; mais *si l'on dépasse* le besoin du pied, pour en venir à la parure et la mollesse, *la chaussure devient dorée, ensuite*, dit-il, *de couleur pourpre, ensuite brodée*. Et tel était, semble-t-il, chez les Romains, le raffinement au sujet des chaussures pourpres et brodées qu'ils faisaient plus de cas de ces dernières que des chaussures dorées.

Il en est de même aussi pour l'acquisition également des choses qui sont utiles au corps : si quelqu'un dépasse la mesure du besoin et la limite qui est conforme au besoin, il est désormais entraîné vers l'illimité, ajoutant les choses les unes aux autres, jusqu'à ce qu'il soit emporté au plus profond de la mollesse et de la vaine gloire – car c'est à cause d'elles que se produit la déviation –, de l'indigence pleine de besoins, qui accompagne cette déviation, et de l'affliction qui lui est attachée. Si en effet nous acquérons dix choses, nous en voulons vingt, et si nous en acquérons vingt, nous en voulons quarante, et ainsi de suite, et il n'y a pas de limite à la poussée vers l'immensité du désir insatiable. Et il est évident que, à propos de chaque chose que l'on utilise pour le besoin du corps, l'acquisition qui sort des limites s'échappe vers l'illimité, en sorte qu'elle fait oublier désormais le but et le besoin auquel elle contribue, à savoir que c'est le besoin du corps. Voilà pourquoi nous allons souvent jusqu'à négliger notre corps à cause de l'insatiable désir d'acquérir ces choses. Mais peut-être l'exemple de la chaussure, si on l'entend <comme> dépassant la mesure pour ce qui est de la grandeur <du pied> et non pas pour ce qui est de la parure, † nous heurtant souvent pour cette raison et tombant, elle [la chaussure démesurée ?] nous fait tomber quelquefois dans un précipice. Mais il faut, à partir de ce qui a été dit au sujet de

1. A propos de ce chapitre, *cf.* l'étude exhaustive de Bénatouïl, *Faire usage*, et plus précisément la quatrième partie intitulée « L'usage des indifférents », p. 219 *sq*.

l'usage, faire aussi une distinction dans ce qui se rapporte à l'acquisition. Et ces chapitres, qui enseignent la mesure appropriée dans l'acquisition et dans l'usage des choses extérieures, nous orienteraient peut-être aussi vers la justice.

LVIII Les femmes sont appelées "Mesdames" dès l'âge de quatorze ans … (*Ench.*, chap. 40 Boter)

Puisqu'il permet aussi de se marier à ceux qui choisissent une vie conforme à la nature [1], il leur expose également de manière brève le juste soin qui leur incombe au sujet de la femme, en comparant avec celui-ci l'usage qu'en font les hommes du commun et en corrigeant celui-ci à partir des maux qui s'en suivent. Les hommes du commun, dit-il, flattent les femmes dès leur prime jeunesse et les honorent en les appellant "Mesdames" à seule fin de *coucher avec elles*. C'est pourquoi celles-ci, comme on pouvait s'y attendre, en se préparant à cela, *se parent et mettent en cela tous leurs espoirs*. Et l'on ne peut pas les rendre responsables de cela dans la même mesure que les hommes qui leur témoignent de l'honneur à cause de cela. C'est pourquoi il faut en sens inverse leur faire prendre conscience dès le début de ce qu'elles ne sauraient être honorées par nous pour aucune autre raison, si ce n'est pour la parure de leurs mœurs et leur soumission par pudeur au mari. En effet, possédant ces qualités, elle s'habituera facilement dans l'avenir à la direction d'une maison, à l'éducation des enfants, aux soins <à donner> au mari et à une vie simple, ce qui sied à des femmes qui seront accomplies. [2]

1. *Cf.* I. Hadot, *Simplicius. Sur le Manuel*, t. I, *Prooem.* 35-38, p. 2 : « Cet ouvrage fait l'éducation de l'homme considéré comme ayant son essence dans l'âme raisonnable usant du corps comme d'un instrument. C'est pourquoi il permet de se marier, d'avoir des enfants, de jouir des autres choses que l'on peut choisir dans la vie. » Et, comme Simplicius l'explique un peu plus tard (*cf.* I. Hadot, *Simplicius. Sur le Manuel*, t. I, *Prooem*, 78-86, p. 4), ce genre d'homme ne peut atteindre que le degré le plus bas des vertus néoplatoniciennes, caractérisé par la métriopathie : *cf.* I. Hadot, *Simplicius. Sur le Manuel*, t. I, p. LXXVII-XCII.

2. Dans son commentaire sur ce chapitre, Simplicius n'a pas cherché à adoucir la froideur de ton utilisée par Épictète vis-à-vis du sexe féminin. Chez les néoplatoniciens, le mariage, admis seulement au niveau des vertus civiles (voir la note précédente) et en vue d'avoir des enfants, était plutôt considéré comme un obstacle à la vie d'un philosophe (*cf.* aussi *supra*, le chap. XLV). C'est en tout cas l'impression que l'on a en lisant la *Vie d'Isidore* de Damascius (je cite les fragments d'après Athanassiadi, *Damascius*) : le fragment 46 E de la *Vie d'Isidore* nous montre le philosophe Théosèbe renonçant aux relations sexuelles avec sa femme à partir du moment où il fut sûr qu'elle ne pouvait pas avoir d'enfants. Au fragment 97 B Damascius souligne que le philosophe Marinus n'avait jusqu'à sa mort jamais eu de relations sexuelles. La même chose est dite du philosophe Sarapios au fragment 111, 32-33. Et finalement, au fragment 130, Damascius décrit le mariage de son maître Isidore

LIX C'est signe de mauvaise disposition naturelle que de passer son temps dans les choses qui concernent le corps… (*Ench.*, chap. 41 Boter)

De même que ceux qui ont de bonnes dispositions naturelles s'occupent des choses élevées, achevées et précises de la nature qui leur est propre et y passent leur temps, de même ceux qui ont une mauvaise disposition naturelle[1] passent leur temps dans ce qui est de peu de prix,

de la manière suivante : « After Isidore married Domna a son was born to him by her; and he named the child Proclus. Domna died on the fifth day after childbirth, freeing her philosopher from an evil monster and a bitter marriage. » *Cf.* aussi la tournure de Porphyre citée plus haut à la note 1, p. 123 : « Mais le philosophe … ne s'abaisse pas au mariage… » Pour Simplicius lui-même, cf. *infra*, chap. LXI 21-26, p. 196. Cette attitude se fondait non seulement sur le refus, autant que possible, de tout ce qui était corporel, mais aussi sur la conviction que le niveau intellectuel de la femme ne lui permettait en général pas de s'ouvrir à la philosophie. Mais, comme nous le verrons dans la note suivante, toutes les écoles philosophiques de l'Antiquité n'étaient heureusement pas du même avis (Cf., dans ce contexte, l'important article de G. Reydams-Schils, « Virtue, marriage, and parenthood in Simplicius'Commentary on Epictetus' "Encheiridion" », dans K. Corrigan, J.D. Turner (éd.), *Platonisms : ancient, modern, and postmodern*, Leyde 2007, p. 109-125).

1. Je ne me souviens d'aucun texte néoplatonicien ayant parlé d'une manière claire de l'influence de la bonne ou mauvaise disposition naturelle (εὐφυία et ἀφυία) sur le processus de l'apprentissage de la philosophie, et du rôle des deux sexes dans ce domaine. La phrase de Simplicius (XXXIX 67-68, p. 125) : « Si quelqu'un est jugé digne par le dieu d'apprendre précisément les causes et de devenir savant, cela est un autre genre de la bonté [du dieu]… ») semble indiquer que la capacité d'apprendre la philosophie est aux yeux de Simplicius au moins en partie due à la grâce du démiurge. Il en va autrement chez les épicuriens et les stoïciens. – L'école d'Épicure était en même temps une école philosophique et une communauté de vie (des couples y vivaient avec leurs enfants ainsi que des esclaves des deux sexes) et de biens. Elle était ouverte aux pauvres aussi bien qu'aux riches. Seuls importaient les qualités de caractère, la personnalité, la volonté inébranlable de s'éduquer et de s'améliorer. L'on sait de l'école d'Épicure que d'anciennes prostituées y furent acceptées et se virent même confier, en accord avec leurs capacités, des travaux scientifiques (*cf.* Cicéron, *De natura deorum*, I, 93). Quant au Portique, il avait, comme je l'ai dit ailleurs (I. Hadot, *Sénèque*, p. 287 *sq.*), « concédé à la femme la même capacité morale qu'à l'homme, et Sénèque se réclame expressément de cette conception dans la *Consolation à Marcia*, allant jusqu'à se prononcer, contrairement aux mœurs ancestrales, en faveur d'une formation philosophique de la femme. D'un autre côté cependant, il ne parvient pas à se défaire entièrement des bornes imposées par la tradition […] Nombreuses sont les tournures linguistiques et les associations de pensée caractéristiques qui trahissent cette conviction profondément enracinée d'une infériorité du sexe féminin, et Sénèque n'hésite pas, en un certain endroit, à faire de la femme un être vivant ignorant et sauvage. A considérer la fréquence de ses jugements négatifs sur la femme, on ne peut pas s'empêcher de penser que sa conviction véritable allait à l'encontre de la doctrine stoïcienne. On ne saurait dès lors être surpris de voir que Sénèque considère effectivement les deux femmes chez qui, à son avis, une tentative de direction spirituelle a des chances de succès et auxquelles il dédie donc des consolations (il s'agit de Marcia, fille de Cremutius Cordus, et de sa propre mère Helvia), non pas comme des représentantes typiques de leur sexe, mais comme des exemplaires qui

bas, général et accessible aux hommes du commun. Pour l'homme donc qui a son essence dans l'âme raisonnable qui use du corps comme d'un instrument[1], le fait de se détacher des activités de l'âme conformes à la nature, et *de donner son temps au corps, est signe d'une mauvaise disposition naturelle*, de même que la cause en est la mauvaise disposition naturelle. Quel artisan digne de réputation en effet dépense son temps à prendre soin de ses instruments tout en négligeant son art qui les utilise? *Mais le fait de passer son temps dans les choses qui concernent le corps n'est pas seulement signe d'une mauvaise disposition naturelle*, mais aussi d'une sympathie excessive. Car nous passons notre temps dans ce qui fait notre plaisir et nous est sympathique. Il faut donc, dit-il, en regardant comme accessoire le fait de s'occuper du corps, donner son soin principal à ce qui use du corps : car c'est là le juste partage de nos actions appropriées dans ce domaine.

LX Chaque fois que quelqu'un te fait du mal ou parle mal de toi …
(*Ench.*, chap. 42 Boter)

Et ce précepte invite à la patience et à la mansuétude, en argumentant de deux manières : selon une première manière <en disant> que chacun suit sa propre représentation et ce qui lui paraît être bien, et *qu'il n'est pas possible qu'un autre* suive ce qui nous paraît être bien, si cela ne lui paraît pas être bien à lui aussi. Il ne faut donc pas s'emporter s'il suit ce qui lui paraît être bien. Et en effet, toi aussi, tu suis cela, et tous les hommes. Qui donc, s'il est sensé, s'emporterait contre la nature commune? Mais si,

dépassent de très loin la norme de leur espèce et qui sont tout à fait exceptionnels eu égard aux femmes en général : « Tu ne peux pas, déclare Sénèque à sa mère, mettre en avant le nom de femme, dont tes vertus t'ont écartée ». (Texte cité sans les notes correspondantes.) En revanche, le stoïcien Musonius Rufus adhère pleinement à la doctrine stoïcienne de l'égalité entre hommes et femmes, comme ses diatribes, reportées par son élève Lucius et parvenues à nous dans un état fragmentaire, le confirment. Dans sa deuxième diatribe (Musonius, *Dissert.*, p. 36-39 Lutz) il souligne « l'inclination innée de l'âme humaine vers la parfaite honnêteté (καλοκἀγαθία) et la présence des germes de la vertu dans chacun de nous. » Et dans les diatribes III (« Que les femmes aussi doivent étudier la philosophie », p. 38-43 Lutz), IV (« Si les filles doivent avoir la même éducation que les garçons », p. 42-49 Lutz), XIII A et XIII B (« Ce qui est le plus important dans le mariage », p. 88-91 Lutz), et XIV (« Le mariage est-il un obstacle à la poursuite de la philosophie? », p. 90-97 Lutz), Musonius développe un fervent plaidoyer en faveur de l'égalité entre hommes et femmes.

1. C'est à ce genre d'hommes que s'adresse le *Manuel* selon Simplicius, c'est-à-dire à ceux qui veulent acquérir le premier degré des vertus néoplatoniciennes, donc les vertus politiques ou civiles, ou qui ont déjà progressé sur ce chemin. *Cf.* I. Hadot, *Simplicius. Sur le Manuel*, t. I, *Prooem.*, 35-45, p. 2-3 et les notes s'y rapportant.

parce que ce qui n'est ni bien ni juste lui semble être bien, tu t'emportes pour cela, cet emportement aussi est absurde. En effet, c'est lui qui est lésé, et non pas toi. Car celui qui estime que ce qui n'est pas bien est bien, est dans l'erreur, et c'est celui qui est dans l'erreur qui est lésé. Donc, c'est celui qui te fait du mal ou qui parle mal de toi, qui est lui-même le lésé et non pas toi; et ni toi ni aucun parmi les gens puissants ne serait assez fort pour le léser plus grandement, s'il est vrai que, d'une part, les choses venant de l'extérieur et qui semblent être nuisibles, concernent le corps et les choses extérieures, si bien qu'à proprement parler il n'y a pas dommage pour lui, et que d'autre part l'erreur est un dommage pour l'âme, selon laquelle il a son existence. Et que c'est celui qui est dans l'erreur qui est lésé, et non pas celui au sujet duquel il est dans l'erreur, Épictète l'a démontré clairement par l'exemple de la proposition conjonctive[1]. De même que, *si quelqu'un prenait pour fausse la proposition* « S'il fait jour, le soleil est au-dessus de la terre », *ce ne serait pas la proposition conjonctive qui serait lésée* – car elle garde, elle, sa propre vérité –, *mais celui qui est dans l'erreur* à son sujet, de même aussi c'est celui qui, contrairement à ce qui est convenable, t'insulte ou te fait du mal, qui est, lui, le lésé, tandis que toi, tu n'as aucunement été lésé et tu n'as éprouvé aucun mal, surtout si l'essence du bien et du mal se trouve dans ce qui dépend de nous. Si donc tu as dans l'esprit non seulement qu'il est inévitable que chacun *suive ce qui lui paraît* <*être bien*>, mais aussi que c'est celui-là qui est le lésé et non pas toi, *tu te comporteras avec mansuétude* et grandeur d'âme *envers celui qui te blâme*, si tu as pris également l'habitude *de t'écrier*, pour chaque chose de ce genre « *C'est son opinion* : il ne peut pas ne pas la suivre ».

LXI Toute chose comporte deux prises, l'une supportable, l'autre insupportable… (*Ench.*, chap. 43 Boter)

Toutes les choses qui sont dans le devenir, comme elles sont composées d'opposés, selon un certain rapport s'harmonisent et s'adaptent entre elles et sont supportables les unes aux autres, selon un autre rapport ne s'harmonisent pas entre elles et ne se supportent pas mutuellement. De même que le feu, qui est chaud et sec, s'harmonise sous le rapport de la chaleur avec l'air et lui est supportable, mais sous le rapport de la siccité lui est contraire et le combat, de la même manière *un frère, quand il est injuste, présente* lui aussi *deux prises : l'une supportable*, celle d'être le

1. Cf. *supra*, le chap. LIV, p. 187-189.

frère [1], *l'autre insupportable*, celle d'être injuste. Il est évident qu'à l'égard du supportable nous sommes dans des dispositions de bienveillance, de douceur, de complaisance, tandis qu'à l'égard de l'insupportable nous sommes fâchés, irrités et contrariés. Si nous voulons donc être toujours de joyeuse humeur et complaisants, et dans une disposition de douceur à l'égard de toutes choses, puisque toute chose comporte *ces deux prises, celle qui est supportable et celle qui est insupportable*, il faut la prendre par celle qui est supportable. Car il en est réellement ainsi de toutes choses : richesse, pauvreté, santé, maladie, mariage, célibat, enfants, privation d'enfants, et toutes les autres choses dans la vie. Et en effet, ce que la richesse a de supportable, c'est l'aisance, d'insupportable, le manque de loisir et la distraction. Et ce que la pauvreté a de supportable, c'est la tranquillité et l'absence d'affaires, d'insupportable, le manque de ressources. Et ce que la santé a de supportable, c'est l'existence facile et l'usage commode <du corps>, d'insupportable, la présomption et la force des passions. Ce que la maladie a de supportable, c'est la modération des passions de l'âme, d'insupportable, la souffrance. Et ce que le mariage a de supportable, c'est la procréation d'enfants et les soins attentifs, d'insupportable, la multiplicité des besoins et la sympathie irrationnelle. [2] Et la privation d'enfants comporte la liberté, le loisir de s'adonner aux choses plus nobles, le fait de ne pas se soucier de ce que sera sa fortune, même après sa mort, et ce qui est, je crois, très important, <à savoir> le fait de ne pas être forcé de sympathiser avec des enfants même quand parfois ils sont mauvais : il arrive en effet que l'on sympathise avec la méchanceté. Même l'insolence et l'injure contiennent des choses supportables : c'est parfois d'apprendre des choses qui nous concernent que nous ignorions auparavant, et toujours de faire appel à ce qu'il y a d'indulgent en nous. Et la punition que nous fuyons le plus, la punition corporelle, contient <en elle> comme supportables l'exercice de l'âme et sa purification. Toutes les choses de ce genre comportent un grand bien, le fait de supporter virilement. Et en effet, plus que de ne pas tomber <dans ces choses>, il est utile à l'homme, après y être tombé, de continuer à se comporter noblement, s'il est vrai que ne pas y tomber est un bien qui relève du corps et des choses extérieures, tandis que continuer à se comporter noblement est un bien de l'âme. Mais même les ennemis *présentent deux prises*, et il est possible de tirer profit d'eux, parce qu'ils examinent nos passions plus

1. Cf. *supra*, chap. XXXVII 126-139, p. 79, le passage sur les actions appropriées envers les frères.

2. Cf. *supra*, p. 192, n. 2 et p. 193, n. 1.

durement que nous et font que nous devenons plus prudents. Et Plutarque de Chéronée a écrit tout un livre sur le profit <que nous pouvons tirer> de nos ennemis.

LXII Voici des raisonnements qui ne sont pas conclusifs : « Je suis plus riche que toi, je suis donc supérieur à toi »… (*Ench.* chap. 44 Boter)

Ceux qui ont fait de la composition littéraire leur occupation font en général porter leur effort précisément sur l'élocution et l'arrangement des mots, ce qui ne sied pas à celui qui s'adonne à la philosophie, à moins que, soigneusement dirigé dès l'enfance à travers les sciences encycliques[1], il ne possède par nature, et sans s'y être appliqué, une telle élégance de langage. Et même si cela lui est échu, il (= Épictète) ne veut pas que celui qui s'adonne à la philosophie s'en enorgueillisse, estimant qu'il n'a pas cela comme but et n'a pas son essence en cela. En effet, l'élocution, quand elle est belle, possède son propre bien, et celui qui s'est proposé comme but la belle élocution est un poète ou un prosateur. Mais celui qui a son essence dans la forme de vie raisonnable et a comme but la vie qui est conforme à la nature de celle-ci, celui-là, s'il s'exprime mieux que telle personne, ne saurait dire de lui-même en toute justice qu'il lui est supérieur. En effet, il n'est pas lui-même l'élocution, et il ne s'est pas posé comme but l'élocution, au point de recevoir d'après elle sa forme spécifique, comme chaque artisan la reçoit d'après son art. Mais c'est

1. ἐγκύκλιοι λόγοι : il n'est pas facile de décider si par ce terme Simplicius fait allusion au cycle préparatoire néoplatonicien des sept disciplines (*trivium* : grammaire – rhétorique – dialectique + *quadrivium* : musique théorique – géométrie – astronomie – arithmétique) qui, à partir du néoplatonicien Porphyre, précédait obligatoirement l'étude de la philosophie néoplatonicienne, ou s'il renvoie à l'*enkuklios paideia* (latin : *encyclios disciplina*). Le dernier terme désigne à l'époque impériale un cursus d'études fondé sur la réflexion théorique, unifié par la méthode dialectique, qu'il faut parcourir et achever pour avoir une éducation complète. Ce cycle ne se rapporte pas à un nombre délimité, qui serait de "sept arts" par exemple, mais il correspond à l'idée d'unité intérieure et d'achèvement. Ni le cycle néoplatonicien, qui devait faciliter le retour de l'âme raisonnable humaine en elle-même et en sa patrie auprès de l'intellect divin, ni *l'enkuklios paideia*, qui voulait aboutir à une éducation fondée sur le raisonnement la plus universelle possible (il n'y avait pas d'unanimité sur la question de savoir si la médecine et l'architecture étaient assez rationnelles pour pouvoir être comptées parmi les sciences encycliques), n'ont été identiques au contenu de l'éducation habituelle prodiguée, depuis l'époque hellénistique, à des jeunes gens appartenant à des classes supérieures à la moyenne, et qui consistait pour l'essentiel en l'enseignement de la grammaire (qui comprenait aussi le domaine de la littérature) et de la rhétorique. Pour plus de détails, *cf.* I. Hadot, *Arts libéraux et philosophie dans la pensée antique. Contribution à l'histoire de l'éducation et de la culture dans l'Antiquité*, Paris, 2005[2].

justice de dire : « *Mon élocution est plus belle que la tienne* ». Et sans doute le principal, pour qui s'adonne à la philosophie, est-il de refouler sa propension à l'élocution [1] ; mais Épictète prend comme <autre> [2] exemple celui du plus riche, parce qu'ainsi il tempère en même temps le blâme.

LXIII Quelqu'un se baigne vite. Ne dit pas <qu'il se baigne> mal, mais <qu'il se baigne> vite …(*Ench.*, chap. 45 Boter)

Épictète veut que nous ayons un jugement très précis concernant les choses, en sorte que nous ne blâmions ni ne louions quelqu'un de ce qu'il fait si nous ne connaissons pas le but qu'il vise en faisant <ce qu'il fait>. C'est en effet le but qui donne sa forme spécifique à l'événement. C'est pour cela que l'on est utile même en donnant des coups, nuisible en donnant de la nourriture, et que parfois même en volant on fait ce qui est juste, et qu'en donnant on commet une injustice. Il faut donc, dit-il, juger les événements en eux-mêmes et dire que, si *quelqu'un se baigne vite, il se baigne vite*, et ne pas rajouter une qualification, que c'est bien ou mal, jusqu'à ce que nous apprenions le but. Qu'en serait-il en effet, s'il était souffrant et avait passé la nuit sans dormir et avait besoin de la thérapie du bain ? Mais c'est le but qui ajoute la qualification "bien" ou "pas bien", et il faut attendre le but avant de rajouter au « se baigne vite » le "bien" ou le "mal". Et en effet *il est possible de boire beaucoup de vin*, et à cause de la constitution du corps, et à cause de l'état de l'air, comme avant et pendant la canicule, et à cause du genre de maladie et de l'insalubrité du lieu. Si nous ne faisons pas en sorte que nous jugions les actions elles-mêmes, telles qu'elles sont, et disions que « c'est vite », que « c'est beaucoup », mais n'ajoutions pas la qualification avant d'apprendre le but, il advient qu'alors que nous percevons par les sens certaines choses – car c'est cela, *recevoir des représentations qui saisissent* [3], c'est-à-dire saisir en certaines choses ce qui apparaît, comme le "vite" ou le "beaucoup"–, mais *c'est sur d'autres choses que nous donnons notre assentiment*, c'est-à-dire appliquons notre jugement, quand nous disons "mauvais" ou "bon" ce qui est apparu. Mais cela est absurde, voir une chose et en dire autre chose.

1. A propos de l'usage de la rhétorique, cf. *supra*, p. 135, n. 1.

2. La traduction latine de Hieronymus Wolf, reprise en l'améliorant par les éditions de Schweighäuser et de Dübner, ajoute "altero" par conjecture, car le chapitre 44 du *Manuel* d'Épictète contient bien les deux exemples : la richesse et l'élocution.

3. Φαντασία καταληπτική : Terme technique stoïcien qui désigne la représentation qui se fonde sur la perception sensible, et dont la véracité est confirmée par la raison.

Et Épictète veut, je crois, que nous ne louions pas et ne blâmions pas n'importe comment, ou plutôt que nous évitions de blâmer injustement. C'est pourquoi il fait un exposé à ce sujet, et cela pourrait aussi conduire à la justice.

LXIV Ne te dis jamais toi-même philosophe et ne bavarde pas fréquemment sur les théorèmes devant les gens incultes…(*Ench.*, chap. 46 Boter)

[*La différence entre le philosophe et celui qui est encore en cours de progrès*
a) *ce dernier n'a pas encore la compétence requise pour enseigner*]

Adressant son discours à celui qui est encore en cours de progrès – non pas en effet au philosophe accompli : celui-là n'aurait pas besoin de ces exhortations, et Épictète ne lui aurait pas dit « *il y a un risque de vomir aussitôt ce que tu n'as pas digéré* » –, puisque la passion de l'amour de la gloire et de l'ostentation trouble ceux qui sont encore en cours de progrès[1], pour cette raison il s'est proposé de détruire cette passion par de multiples argumentations. Et il serait en effet faux d'appeler le métal en cours de fusion une statue et l'embryon un homme, et de la même manière il serait faux d'appeler celui qui est encore en cours de progrès un philosophe. Si l'on regarde attentivement la grandeur de la forme de vie du vrai philosophe et la supériorité qu'elle possède par rapport aux autres hommes, cela semblera non seulement dire une fausseté, mais encore un sacrilège. Mais celui qui ne se dit pas lui-même philosophe, puisqu'il ne se situe pas lui-même au rang enseignant qui est propre au philosophe[2], il n'entreprendra pas d'enseigner. Comment donc, pourrait dire quelqu'un, pourrait-il s'exercer en progressant, s'il s'est interdit de bavarder devant des gens incultes, devant lesquels les discours ne se font pas en vue de l'exercice, mais d'une manière ostentatoire ? Comment donc va-t-il s'adapter à leur égard ? S'il accomplit les actions qui sont enseignées par les discours et n'exhale pas de discours vides. Et en effet le but ne consiste pas à parler, mais à faire ce qui a été dit.

1. Au sujet des προκόπτοντες (ou de la προκοπή), qui sont mentionnés encore plus haut : au chap. XXX 7, p. 21, et XXXII 8 *sq.*, p. 26, et *infra* au chap. LXIX 12 ; 20 ; 28-29 ; 40 ; 45-46 et 48, p. 208-209 ; *cf.* I. Hadot, *Simplicius. Sur le Manuel*, t. I, la note 4 à la p. 39 (p. 145 *sq.*, deuxième moitié).
2. Cf. *supra*, p. 135, n. 1 (deuxième moitié).

[b) *l'âme de celui qui est encore en cours de progrès ne possède pas une disposition stable comme celle de l'âme du philosophe.*
L'exemple d'un philosophe achevé : Socrate]

Si donc tu te trouves *dans un banquet, ne dis pas comment il faut manger, mais mange comme il faut* : car de cette manière aussi, quand le moment d'enseigner sera venu, les discours, parce qu'ils procèdent de la forme de vie [1], paraîtront efficaces. Qu'est-ce que ce serait, d'enseigner comment il faut manger ou comment il faut supporter les vicissitudes, mais de ne pas s'en tenir aux lois que l'on a soi-même fixées ! Abstiens-toi, dit-il, non seulement de prendre l'initiative de tels discours, mais même si d'autres personnes incultes ont des entretiens sur de tels sujets, ne veuille pas paraître comme un professeur devant des gens incultes [2], car tu risques de vomir ce que tu n'as pas digéré. De même que l'aliment digéré nourrit la disposition du corps, de même les discours digérés nourrissent la disposition de l'âme, de laquelle, comme à partir d'une racine solide, sortent désormais les discours porteurs de fruits. Mais si quelqu'un, avant que sa disposition <intérieure> ne soit parfaite [3], divulgue les discours qu'il a entendus, il risque réellement de *vomir ce qu'il n'a pas encore digéré.* Car c'est à un vomissement de nourriture que ressemble la divulgation de ces discours que l'on a entendus, mais <qui ne viennent pas> de la disposition intérieure à soi-même. Mais puisque l'âme, lorsqu'elle s'est penchée vers l'extérieur, tire profit des bons exemples, il (= Épictète) introduit Socrate qui, bien qu'étant un philosophe accompli au point d'avoir été déclaré par le dieu le plus sage de tous les hommes, *avait supprimé* de sa propre forme de vie [4] tout *ce qui est ostentatoire* à tel point que, comme des gens, dans leur sottise, le méprisaient, mais voulaient, pour leur éducation, être recommandés à d'autres <maîtres> par son intermédiaire, il *les conduisit* de bon cœur à des sophistes, pour les mettre en relation avec ceux-ci. Ainsi présenta-t-il à sa demande Hippocrate, le fils d'Apollodore, à Protagoras. Et dans le *Théétète* il dit lui-même : « Nombreux sont ceux que j'ai déjà remis à Prodicus, nombreux ceux que j'ai remis à d'autres hommes et sages et admirables ».

1. A propos de la “forme de vie” (ζωή), *cf.* I. Hadot, *Simplicius. Sur le Manuel*, t. I, la note 3 à la p. 4 (p. 134) et la note 4 à la p. 20 (p. 140).

2. Au sujet des gens incultes (ἰδιῶται), *cf.* I. Hadot, *Simplicius. Sur le Manuel*, t. I, la note 4 à la p. 39 (p. 145 *sq.*, deuxième moitié).

3. A propos de l'usage du terme *hexis* par Simplicius, cf. *supra*, p. 126, n. 1.

4. Cf. *supra*, n. 1.

[*Le signe du vrai progrès : le passage de la théorie à l'action*]

Mais, dit-il, ne <te contente> pas seulement *de supprimer l'ostentation* et la recherche de la gloire jusqu'au point de ne pas parler des théorèmes *devant les gens incultes*[1], et de te taire, quand parlent ces derniers, mais encore *ne sois pas blessé si quelqu'un te dit que tu ne sais rien.* Car c'est là une bonne preuve du mépris de l'opinion extérieure, plus que de ne pas bavarder sur les théorèmes. De cette attitude-là en effet il ne ressortait pas encore avec évidence que tu passais, auprès des gens du dehors, pour ne rien savoir. Mais si tu n'es pas blessé en entendant aussi cela, quoique auparavant tu en eusses été parfois blessé, *à ce moment-là sache que tu as commencé l'action.* C'est pour cela que tu as accueilli ces beaux discours et l'ardeur pour la philosophie : afin que tu pratiques ce qui est conforme à la nature, et non pas pour que tu le dises et l'entendes. En effet, ne pas être blessé en entendant dire que tu ne sais rien, c'est déjà une action : c'est en effet le mépris de la bonne ou de la mauvaise réputation de l'extérieur. Et s'il faut un jour montrer au professeur, à sa demande, les progrès que l'on a faits, ce sont les actions qu'on doit montrer, celles qui sont produites au dehors à partir des discours qui ont été digérés et qui ont nourri la disposition <intérieure>, et non pas les discours[2]. Et en effet *les brebis ne montrent pas au berger combien elles ont mangé* en vomissant l'herbe, *mais, après avoir digéré le fourrage, elles poussent vers l'extérieur la laine et le lait.*

1. Cf. *supra*, p. 200, n. 2.

2. Ce sont de telles phrases, comme d'ailleurs tout ce chapitre et les deux suivants, qui montrent entre autres l'incongruité du principe herméneutique fondamental des philosophes analytiques, qui combattent l'interprétation de la philosophie antique comme manière de vivre, entre autres défendue par P. Hadot (*cf.* aussi entre autres G. Filoramo (éd.), *Storia della direzione spirituale*, t. I, *L'età antica*, Brescia 2006 [sur la direction spirituelle philosophique et chrétienne]). Mais de plus en plus de voix se lèvent contre ce courant de pensée d'origine américaine, parmi lesquelles je ne nommerai ici que deux excellents articles de Matthew Sharpe : « Drafted into a Foreign War? On the Very Idea of Ancient Philosophy as a Way of Life », qui est à paraître dans un collectif que doit éditer Alberto Vanzo chez Oxford University Press, et qui est consultable sur Academia.edu, et « What place discourse, what role rigorous argumentation? Against the standard image of Hadot's conception of ancient philosophy as a way of life », dans *Pli : the Warwick Journal of Philosophy*, vol. 2016, p. 25-54. *Cf.* aussi *infra* le chap. LXX, p. 209-213, et son commentaire.

LXV Si tu t'es convenablement adapté à la frugalité en ce qui concerne ton corps, ne t'en vante pas…(*Ench.*, chap. 47 Boter)

Il y a beaucoup de prétextes pour vouloir avoir une bonne renommée auprès des hommes. Les uns en effet vont à la chasse à la renommée par le récit détaillé de leurs actions, d'autres par l'élégance de leur langage, d'autres en <se présentant> comme professeurs des devoirs, tel autre avec sa frugalité et son endurance. Ayant déjà soigné les premiers, c'est à ce dernier qu'il adresse maintenant son discours, en l'exhortant à ne pas se vanter de sa frugalité et de son ascèse – le discours en effet est commun <aux deux> –, c'est-à-dire à ne pas s'enfler d'un vain orgueil ni croire que l'on possède quelque chose de grand, mais à considérer d'abord combien plus frugaux que nous sont les mendiants et combien plus endurants, et à considérer ensuite que, même si nous possédons cela à un degré digne que l'on en parle, combien d'autres biens nous ne possédons pas que d'autres possèdent. Il est nuisible aussi de s'enfler d'orgueil à cause d'un quelconque avantage, précisément parce que, le considérant déjà comme grand nous ne cherchons pa à le purifier, et que nous n'en désirons pas d'autres, puisque nous nous contentons de celui-ci. Mais, dit-il, ne fais pas non plus cela d'une manière ostentatoire, en sorte que, quand tu bois de l'eau, tu ramènes de toutes les façons, devant les gens qui s'entretiennent, la conversation sur ce point pour paraître *dire* au bon moment *que tu bois de l'eau. Et si tu veux pratiquer l'ascèse et t'exercer à l'effort*, à l'empire sur soi-même et à l'endurance, fais cela au fond de toi-même, ne te donne pas en spectacle aux gens du dehors, ne cherche pas à être vu par beaucoup de gens, comme ceux qui, ayant subi des violences du fait de beaucoup de gens plus puissants qu'eux et voulant appeler la foule à l'aide, montent sur les statues, clament la violence <qu'on leur a faite> et rassemblent autour d'eux la foule. Ne t'exerce donc pas de manière ostentatoire, mais en toi-même, en sorte que, *si tu es très assoiffé, tu aspires de l'eau fraîche, tu la recraches* et, après cela, tu ne dises à personne que tu l'as fait. En effet, celui qui fait cela d'une manière ostentatoire, d'abord s'est ouvert totalement à l'extérieur et s'est écoulé, en sortant de lui-même, vers l'extérieur, ensuite il perd les biens de la frugalité et de l'endurance, en faisant de l'opinion de la foule le but de ces <vertus>. Mais ces ascèses et ces endurances sont utiles, car elles habituent le corps et les passions irrationnelles qui sont en lui à ne pas se cabrer contre la raison, mais à lui obéir, même quand elle ordonne des choses plus dures. Et naturellement, si l'occasion nous invite, l'homme patient dans l'adversité n'est pas contraint d'abandonner sa liberté par incapacité à supporter des choses pénibles.

LXVI L'attitude et le style <de vie> de l'homme inculte : ce n'est jamais de lui-même qu'il attend profit et dommage, mais de ce qui est à l'extérieur … (*Ench.*, chap. 48a-b Boter)

[*Les trois genres d'hommes selon Épictète : les hommes incultes, les philosophes et les progressants*]

Arrivant maintenant à la fin des exhortations et étant sur le point d'ajouter la conclusion, <à savoir> qu'il ne faut pas s'en tenir aux discours que l'on dit, mais produire les actions qui leur correspondent, ni poser comme but la parole et l'audition, mais la pratique, il nous enseigne d'abord les trois dispositions qui embrassent l'ensemble des hommes. Parmi les hommes les uns sont des gens incultes, d'autres, diamétralement opposés aux premiers, sont des philosophes, d'autres, qu'il [= Épictète] appelle "*progressants*", s'écartent des gens incultes et se rapprochent des philosophes, et c'est à l'intention de ceux-là qu'a été dit ce qui précède. Et c'est précisément ceux-là que, dans ses discours, il a divisé en ceux qui commencent leur éducation et ceux qui ont déjà fait, dans une certaine mesure, des progrès [1].

[*Les fondements ontologiques qui expliquent les différences entre l'homme inculte et le philosophe*] *(Ench., chap. 48b Boter)*

Il décrit donc chacune des trois dispositions mentionnées, disant que *l'attitude et le style <de vie> de l'homme inculte consiste à ne jamais attendre profit ou dommage de lui-même, mais de ce qui est à l'extérieur*. Comme en effet dépendent de nous la raison, selon laquelle nous avons notre essence, et les passions irrationnelles, selon lesquelles nous sommes en communauté avec les animaux, la raison est, selon le proverbe, un Hermès commun à tous [2]. Même si les raisons qui sont en nous diffèrent les unes des autres numériquement, elles sont du moins "une" spécifiquement, de telle manière qu'elles tendent toutes vers les mêmes biens et évitent les mêmes maux, que, selon la raison, elles tiennent toutes pour vraies les mêmes choses et, à rebours, toutes, pour fausses les mêmes choses, en sorte que la raison qui est en chacun est une norme apte à distinguer le bien et le mal, le vrai et le faux. Mais les raisons désirent les formes incorporelles, indivisées et se comportant toujours selon ce qui est le même et de la même manière, comme la tempérance, la justice

1. A propos de cette division entre gens incultes, philosophes et progressants *etc.*, *cf.* I. Hadot, *Simplicius. Sur le Manuel*, t. I, note 4 à la page 39 (p. 145 *sq.*) et *supra*, p. 199, n. 1.

2. C'est-à-dire : un bien à partager entre tous ; le dieu Hermès était entre autres le protecteur du commerce.

et la prudence : chacune de ces formes participe à la totalité de chacune d'elles, sans qu'elle soit amoindrie par la participation. C'est pourquoi les choses qui sont jugées selon la raison droite ne se contredisent pas, mais s'accordent, étant identiques en tous. Quant aux passions irrationnelles, comme la colère, la convoitise et les espèces de celles-ci, même si elles sont spécifiquement les mêmes en moi et en toi, la colère n'en désire pas moins d'autres choses en moi et d'autres choses en toi ; et les convoitises sont différentes ainsi que les objets de leurs désirs, et les aversions sont également différentes et propres à chacune. Et même si elles désirent des choses qui sont les mêmes numériquement, pourtant elles sont corporelles, individuelles et divisées et elles sont amoindries par la participation à une unique chose, comme l'argent, les corps ou les terrains. Et même si tu nommes l'estime, le pouvoir ou la puissance, à cause du fait que ces choses-là sont individuelles, elles ne peuvent pas participer chacune à la totalité de chacune : en effet, elles sont amoindries par la participation. C'est pourquoi au sujet de ces choses les jugements sont propres à chacun ainsi que les combats, les séditions, les guerres.

[*Les signes distinctifs, concernant le philosophe, l'homme inculte et le progressant, qui découlent des différences ontologiques*]

Est donc inculte[1] celui qui, abandonnant la norme universelle et l'objet universellement recherché, se limite à <son> jugement propre et à un objet de désir propre, individuel et corporel, mais ce qui est tel se trouve dans les choses extérieures. Là où tendent le désir et l'aversion, soit d'une manière conforme à la nature, soit d'une manière contre nature, là semblent <se trouver> le bien et le mal. Car on croit que ce qui est désiré est le bien, que ce qui est fui est le mal. Mais le philosophe, se détachant de la tension vers les choses extérieures et les considérant comme étrangères <à lui>, parce qu'il est désormais parfaitement *purifié des simulacres et de l'ombre des étants*, se tourne vers lui-même, vers le réellement étant et les formes universelles de la raison qui sont en lui, et il trouve en lui-même le bien. Le mal en effet n'a pas de place en lui. Ayant donc ainsi caractérisé <les dispositions> qui sont diamétralement opposées l'une à l'autre, il ajoute ensuite *les marques distinctives de celui qui fait des progrès*[2], auquel précisément a été adressé tout le discours précédent : en effet, les discours prononcés ne s'adaptent pas au philosophe – celui-ci en effet est jugé digne non pas d'être éduqué et de recevoir un enseignement,

1. Ἰδιώτης : *cf.* I. Hadot, *Simplicius. Sur le Manuel*, t. I, p. 145 *sq.*, note 4, deuxième moitié, et *supra*, p. 197, n. 1 et p. 203, n. 1.

2. Cf. *supra*, p. 199, n. 1.

mais d'éduquer désormais et d'enseigner ; mais le propre d'un philosophe ne consiste pas *à ne blâmer personne, à ne louer personne* ; et en effet, il sied au professeur et correcteur aussi bien de blâmer que de louer au bon moment –, et naturellement ces discours ne s'adaptent pas non plus à l'homme inculte, sauf si, renonçant au genre de vie d'un homme inculte, il se met entre les mains de celui qui donne une éducation menant à la philosophie et accepte le commencement du progrès.

[*Caractérisation par Simplicius du chapitre qu'il vient d'interpréter comme récapitulation concise de toute la partie antérieure du Manuel.*]

Donc ceci convient au progressant, et ce qui est dit maintenant est comme une sorte de brève récapitulation de ce qui a été dit antérieurement et le plus souvent avec les mots mêmes, nous remettant en mémoire ce développement antérieur et donnant la possibilité, à cause de sa concision, d'en garder le souvenir. *Que l'on s'observe soi-même comme un ennemi*, ceci est dit pour que l'on se méfie de sa disposition pas encore affermie et pour que l'on s'empresse de juger d'une manière plus dure ses propres mouvements, comme nous jugeons ceux des ennemis, en ne concédant rien par sympathie, chose qui arrive habituellement à la plupart d'entre nous, quand il s'agit de nous-mêmes et de nos amis. Et μάσθλης[1] est l'homme mou, semblable aux peaux ramollies.

LXVII Quand quelqu'un se glorifie de comprendre et d'interpréter les œuvres de Chrysippe, dis-toi à toi-même que, si Chrysippe n'avait pas écrit d'une manière obscure, celui-là n'aurait rien de quoi il pourrait se glorifier… (*Ench.*, chap. 49 Boter)

Ayant distingué les trois dispositions qui naissent dans les hommes, l'homme inculte, le philosophe et le progressant[2], et nous ayant fait brièvement ressouvenir des choses qu'il a dites sur le progressant, il ajoute maintenant la conclusion, par ceci et ce qui suit, à savoir qu'il faut pratiquer les actions qui sont enseignées par les discours. Le but des discours, ce sont en effet les actions à cause desquelles les discours ont été prononcés. Surtout quand il s'agit de tels discours <comme ceux d'Épictète>, il est vrai de dire la parole de l'Orateur : « *Si les actions sont absentes, tout discours* » éducatif « *apparaît dans une certaine manière inutile et vide* ». Il faut donc, dit Épictète, dès le début se représenter ce

1. Simplicius a dû lire μάσθλης (= souple) au lieu de ἀμαθής (= ignorant) du *Manuel* d'Épictète : *cf.* l'apparat critique *ad loc.* de Boter (p. 333).

2. Cf. *supra*, p. 199, n. 1 et p. 204, n. 1.

que peut vouloir l'homme qui cherche son bien propre : il veut trouver ce qu'est sa propre nature et ce qu'il convient à celle-ci de faire et de subir, par exemple, qu'elle est l'âme raisonnable qui se sert du corps comme instrument[1], et qu'il faut ajuster son désir et son aversion à la perfection de cette âme. En cherchant donc cela, j'apprends que Chrysippe a écrit sur ces sujets. Ayant pris le livre, je ne fus pas capable par moi-même de *comprendre ce qu'il a écrit*. Ayant cherché un interprète, j'ai compris ce que dit Chrysippe. Même de cette façon *il n'y a pas de quoi être fier*, ni pour l'interprète, ni pour celui qui a compris. En effet, Chrysippe n'a pas écrit pour cela, pour être interprété et compris, mais pour que l'on mette en pratique ses écrits[2]. Si donc je mets en pratique ces écrits, à ce moment-là je prends part au bien qu'ils contiennent. Mais si j'admire l'interprète, parce qu'il fournit de bonnes explications et qu'il comprend <le texte>, et si je peux moi-même interpréter <le texte>, et si tout bonnement j'en retire tous les autres avantages sauf celui de mettre en pratique ces écrits, *que serais-je devenu d'autre qu'un grammairien au lieu d'un philosophe*? En effet, l'interprétation est une partie de la grammaire. Et je diffère du grammairien en ce que *j'interprète Chrysippe au lieu d'Homère*. Mais lire tout simplement les écrits de Chrysippe ou les expliquer à la demande de quelqu'un d'autre et ne pas les mettre en pratique, c'est répréhensible. Il devrait en effet avoir honte à juste titre celui qui, étant malade et trouvant des écrits contenant des remèdes à sa maladie, les lirait sans doute avec perspicacité et en en distinguant nettement <les différentes parties>, et les expliquerait le cas échéant à d'autres, mais ne ferait pas usage de ces remèdes pour sa maladie.

LXVIII Aux projets que tu te proposes, reste fidèle comme à des lois qu'il serait pour toi impie de transgresser … (*Ench.*, chap. 50 Boter)

Une seule hirondelle, comme dit le proverbe, ne fait pas le printemps. De même également une seule ou deux mises en pratique des dires de Chrysippe n'engendrent pas une disposition stable[3], mais il faut, dit-il,

1. *Cf.* I. Hadot, *Simplicius. Sur le Manuel*, t. I, *Prooem.* 35 *sq.*, p. 2 *sq.*, avec la note 6 (p. 132 *sq.*).

2. Cf. *supra*, p. 201, n. 2. Tout ce chapitre serait à méditer par les philosophes analytiques qui, aux yeux d'Épictète et de Simplicius, ne seraient pas des philosophes, mais des grammairiens.

3. Je suis d'avis que Simplicius emploie ici *hexis* dans le sens aristotélicien donné à ce terme dans les *Catégories* d'Aristote (et que je traduis donc par “disposition stable”). « Donc, une espèce de qualité doit être appelée état (*hexis*) ou encore disposition (*diathesis*). Cependant, l'état diffère de la disposition du fait qu'il est chose plus stable et plus durable.

rester fidèle avec fermeté à ton projet en tant que bon et utile, regarder comme impie de le transgresser. Si en effet il paraît inconvenant et impie de transgresser les accords portant sur des choses de peu d'importance, parce que la vérité et la foi, grâce auxquelles toutes choses se tiennent ensemble et perdurent, perdent leur valeur dans la mesure où cela dépend de nous, comment ne serait-ce pas impie de transgresser l'accord avec la philosophie et la bonne manière de vivre ? Mais il les transgresse, celui qui tombe d'accord avec ce qui a été dit et écrit en tant que beau et vrai, qui ensuite quelquefois a même commencé à le pratiquer, mais n'y reste pas fidèle. *Reste donc fidèle et, quant à ce que l'on dira de toi, ne te retourne pas*, dit-il, en faisant allusion à ce qui a été dit auparavant : qu'il y aura une foule de gens qui diront « *Voilà que soudain il nous est revenu sage* » et « *D'où nous <vient> ce sourcil levé ?* » et des choses de ce genre. En effet, il ne dépend pas de nous que ces gens disent ou ne disent pas quelque chose. Mais ce grand homme [= Épictète] semble faire allusion à ce que les Pythagoriciens ont dit de manière symbolique. Ils disaient en effet : « Quand tu pars pour le temple, ne te retourne pas » [1], faisant allusion <par là> au fait que celui qui se met en mouvement vers Dieu ne doit avoir en rien une double volonté en restant attaché aussi aux hommes.

LXIX Jusqu'à quand donc diffères-tu le moment de t'estimer digne des meilleures choses… (*Ench.*, chap. 51 Boter)
[*La signification de l'expression « des meilleures choses ». La qualité de la vie d'ici-bas est décisive pour la qualité de la vie future*]

Il convenait que celui qui a lu jusqu'ici les recommandations, entende aussi ceci, à savoir de ne plus hésiter davantage ni différer. « *L'homme qui ajourne sa tâche lutte toujours contre le malheur.* » Le délai est un prétexte de la paresse. *Jusqu'à quand donc*, dit-il, *diffères-tu encore le moment de t'estimer digne* de mettre en pratique chacune des choses qui ont été dites – c'est cela en fait <que signifie> « les meilleurs choses », en tant qu'elles sont les plus accomplies et le but et la fin des discours –, et *de ne transgresser en rien la raison* droite, mais de tout faire conformément

Or telles sont les sciences et les vertus. » (= Aristote, *Cat.*, 8, p. 39 Bodéüs). Comme je l'ai montré plus haut à la page 126, n. 1, cet usage des termes *hexis* et *diathesis* n'est pas conforme à l'usage stoïcien.

1. Il doit s'agir d'un des "symboles" (σύμβολα) pythagoriciens, dont Jamblique énumère et explique un certain nombre vers la fin de son *Protreptique* (*Protr.*, 21, p. 133, 7 – fin Des Places). Avec des interprétations un peu différentes, le même symbole est cité par Olympiodore (*In Phaed.*, I, § 13, p. 55 Westerink et, dans une version modifiée, par Philopon (*In De an.*, p. 116, 32 *sq.* Hayduck).

à elle, tant dans le désir que dans l'aversion ? Et un autre aurait dit peut-être : « J'attends d'entendre les théorèmes logiques et éthiques », mais toi, qui as maintenant fait de quelque manière des progrès vers la philosophie, ayant reçu préalablement les théorèmes, auxquels il faut auparavant donner son accord en pensant qu'ils ont été dits avec justesse, et qu'il faut ensuite pratiquer, tu leur as donné <en fait> ton accord. *Quel professeur attends-tu donc encore, afin de t'en remettre à lui du soin de ton amélioration* ? Pour d'autres leur jeune âge va de pair avec la jeunesse de leur jugement, mais toi, *tu n'es plus un adolescent, mais déjà un homme accompli*, donc pas non plus un vieillard très âgé. Mais *si tu es léger* ou si, à cause de <ton> insouciance, tu fais succéder les délais aux délais, et *si tu fixes de nouveaux jours après d'autres, passés lesquels tu seras attentif à toi-même*, tu nourris certes en toi un espoir vide, en pensant à aujourd'hui et à demain, mais *il t'échappera que tu ne fais pas de progrès*, mais que tu te soumets à l'habitude, prise peu à peu, de la légèreté, *continuant d'être un homme inculte aussi bien dans ta vie qu'à ta mort*. De même en effet que les choses de là-haut [= la vie de l'âme avant l'incorporation] sont le début des choses d'ici-bas, et que la préparation de la nature qui nous vient d'en haut [1] est d'un grand profit, de même les choses d'ici-bas sont un début des choses de là-haut [*scil.* la vie de l'âme, séparée de son corps, après la mort] et une préparation. Car une est la forme de vie en son entier, et une la vie qui se déplace d'ici-bas vers là-haut.

[*Il faut saisir chaque événement, pénible ou agréable, comme une occasion de faire encore des progrès*]

Estime-toi donc maintenant digne, dit-il, *de mener ta vie en tant qu'homme parfait*, non pas dans la pensée que tu as conquis la perfection – cet homme parfait en effet n'a pas besoin de ces discours –, mais en tant que parfait quant au progrès, en faisant toujours des progrès et en n'interrompant le progrès d'aucune manière. *Mais tout ce qui t'apparaît être bien, considère-le comme une loi* qui te prescrit de le pratiquer. Il est possible de faire un noble usage de tous les événements, même des événements adverses, pourvu que ce soit conformément à la raison droite. *Que ce soit donc une chose pénible ou une chose agréable* qui est présentée, *qu'elle soit glorieuse ou obscure*, saisis-toi de la chose qui t'est présentée et, sans la mépriser si elle est petite, et sans être lâche, si elle est grande, ne permets pas que tu passes à côté d'elle, mais à propos de chaque chose pense que tu te trouves déjà dans un combat ayant pour

1. *Cf.* I. Hadot, *Simplicius. Sur le Manuel*, t. I, l'Appendice « La destinée des âmes … », p. CXXIX *sq*.

objet la vertu, en sorte qu'il est inévitable que tu sois ou couronné ou éliminé. Lorsque le combat est commencé, il ne reste en effet plus de délai. Mais il ne faut pas négliger un seul jour ni une seule chose, en croyant que l'on ne sera lésé en rien en méprisant ces choses.

[*Il faut apporter une vigilance extrême à chaque événement, petit ou grand, car chacun joue un rôle important en vue de la perfection*]

A cause d'un seul jour en effet et d'une seule chose, dit-il, *ton progrès est aussi bien sauvegardé que ruiné*. Comment cela? Ne faut-il pas dire que, si quelqu'un a été léger pendant un seul jour et au sujet d'une seule chose, il devient plus paresseux et plus léger, en sorte que, s'il survient un autre événement, comme sa tension est plus relâchée qu'auparavant, il est plus vaincu par celui-ci que par le précédent et encore plus par un autre, et que le relâchement, qui s'est de cette manière peu à peu renforcé, fait complètement périr le progrès de la raison droite? Mais *le progrès est sauvegardé* et renforcé par le procédé inverse. Car à la suite d'un seul jour et d'une seule chose se produit un signe, de quelque grandeur que soit le progrès, en sorte que l'on va en progressant plus facilement à la rencontre de l'événement suivant, et encore plus du suivant. *C'est de cette manière*, dit-il, *que Socrate* aussi *est parvenu* à être plus sage que tous les hommes, en s'habituant à ne différer en rien son propre profit mais, à propos de chaque événement, *à ne se laisser persuader que par la raison qui lui paraissait, à la réflexion, être la meilleure. Eh bien toi, même si tu n'es pas Socrate, tu dois du moins vivre en voulant être Socrate*. Et celui qui a les yeux fixés sur un exemple et veut se rendre semblable à celui-ci, ne fléchit pas, se comparant toujours <à son modèle> pour l'imiter.

LXX Le premier et le plus nécessaire domaine (*topos*)[1] en philosophie est celui de mettre en pratique les théorèmes … (*Ench.*, chap. 52 Boter)[2]

1. Le mot "*topos*" est employé dans la tradition stoïcienne pour désigner les parties de la philosophie : logique, éthique et physique; *cf.* Diogène Laërce, VII, 39, 43, 84, 132, 160, 189.

2. A cause de la difficulté du texte d'Épictète, je crois utile de donner la traduction du chapitre 52 entier (traduction de Gourinat, *Manuel d'Épictète*, p. 112 *sq.*) : « Le premier et le plus nécessaire domaine est dans la philosophie celui de la mise en pratique des principes, par exemple : "ne pas être dans le faux"; le deuxième, celui des démonstrations, par exemple : "d'où il vient qu'il ne faut pas être dans le faux"; le troisième, celui qui les affermit fermement et les articule, comme : "d'où vient qu'il y a une démonstration? une conséquence? une contradiction? qu'est-ce que le vrai? qu'est-ce que le faux?" Le troisième domaine n'est donc nécessaire qu'à cause du deuxième, et le deuxième ne l'est

[*Brève description du contenu des trois domaines (*topoi*)* [1]]

[Puisque [2]] Pour celui qui s'adonne à la philosophie et qui veut recouvrer sa perfection propre, conforme à la nature, perfection qui concerne la forme de vie [3] ainsi que la connaissance, il est nécessaire de connaître d'une manière scientifique ce qu'est la vérité, pour que, abordant ces choses d'une manière conjecturale et se fiant d'une manière

qu'à cause du premier. Le plus nécessaire, celui auquel il faut vraiment s'arrêter, c'est le premier. Mais nous faisons l'inverse. C'est en effet au troisième domaine que nous consacrons notre temps, et c'est pour lui que nous déployons tout notre zèle. Nous ne nous soucions pas du tout du premier. C'est pourquoi nous sommes dans le faux, mais la manière de démontrer qu'il ne faut pas être dans le faux, nous l'avons toute prête sous la main. »

1. Les trois *topoi* qui suivent ne sont pas les mêmes que ceux que l'on trouve le plus souvent chez Épictète, et qui sont des exercices spirituels qui correspondent aux trois parties de la philosophie; ceux-ci ont été décrits en détail par P. Hadot dans le chapitre « Une clé des *Pensées* ». Ce sont chez Épictète surtout les domaines dans lesquels se situe la pratique des exercices spirituels correspondant aux trois parties de la philosophie, par exemple en *Entretiens* I, 4, 11 (je cite P. Hadot, p. 138) :

« Où se trouve ta tâche propre ?

1) Elle se situe dans le désir et l'aversion, afin que tu ne manques pas ton but et ne tombes pas dans ce que tu redoutes.

2) Elle se situe dans les tendances positives et négatives, afin que tu sois sans faute dans l'action.

3) Elle se situe dans l'assentiment [...] et la suspension de l'assentiment [...] afin que tu ne sois pas dans l'erreur.

Tels sont les trois *topoi* premiers et ce qu'il y a de plus nécessaire. »

P. Hadot conclut par la suite (p. 140), en élargissant les arguments de A. Bonhöffer (*Epictet und die Stoa*, Stuttgart 1890 [Faksimile-Neudruck, Stuttgart-Bad Cannstadt 1968], p. 23-27), « que les trois *topoi* d'Épictète correspondent aux trois parties de la philosophie stoïcienne, considérées, en leur sens profond, comme des exercices spirituels : non pas physique ou éthique ou logique théoriques, mais physique qui transforme le regard porté sur le monde, éthique qui s'exerce à la justice dans l'action, logique qui produit la vigilance dans le jugement et la critique des représentations. Les trois *topoi* d'Épictète, comme les trois parties de la philosophie stoïcienne, couvrent tout le champ de la réalité, aussi bien que l'ensemble de la vie psychologique. Les formules d'Épictète, aussi bien que celles de Marc Aurèle, essaient, en énumérant brièvement les trois *topoi*, de fournir une règle de vie concentrée, qui puisse être facilement "sous la main" en toute circonstance, résumant en quelques mots les principes qui permettront de résoudre, à chaque instant, les problèmes que la vie nous pose. » *Cf.* aussi sur ce sujet Gourinat, *Manuel d'Épictète*, p. 24-28.

En revanche, les trois *topoi* dont il est question dans le chap. 52 du *Manuel* d'Épictète ne concernent que l'exercice et la théorie de la logique : cf. *infra*, p. 211, n. 1.

2. Déjà Hieronymus Wolf, dans sa traduction latine du commentaire de Simplicius (publiée en 1563) et reprise par Schweighäuser dans son édition du commentaire de Simplicius (*Epicteteae philosophiae monumenta*, t. IV, 1800), a préféré ne pas traduire le Ἐπειδή du début de ce chapitre pour éviter l'anacoluthe contenue dans cette très longue période de Simplicius, période qui s'étend, selon l'avis de Schweighäuser (*ibid.*, t. V, p. 487), jusqu'aux mots πραγματείας διδάσκει (LXX 11). Le Ἐπειδή du début de la période sera repris au début de la période suivante par Ἐπειδὴ οὖν.

3. A propos de « perfection qui concerne la forme de vie », *cf.* I. Hadot, *Simplicius. Sur le Manuel*, t. I, la note 3 à la p. 4 (p. 134) et la note 4 à la p. 20 (p. 140).

irrationnelle aux gens qui parlent sans instruction, il ne soit pas contraint tout à la fois de se tromper et de passer d'une <opinion> à d'autres. Mais la connaissance scientifique se fait par démonstration, et ce qu'est la démonstration – à savoir un syllogisme qui est conclu au moyen de prémisses évidentes, assemblées avec art –, et quelles sont les prémisses évidentes et combien il y a de modes pour les assembler, c'est la tâche de la discipline logique de l'enseigner. Puisque donc il en est ainsi, il y a en philosophie trois domaines de première nécessité : *d'abord la mise en pratique des théorèmes*, être prudent dans l'action, *ne pas se tromper (μὴ ψεύδεσθαι)* [1], *ensuite celui de la démonstration*, qui démontre, cause à

1. μὴ ψεύδεσθαι : la plupart des traducteurs du *Manuel* d'Épictète traduisent ces mots par « ne pas mentir ». A ma connaissance, J.-B. Gourinat (*Manuel d'Épictète*, p. 112 *sq.*) est le seul à les traduire par « ne pas être dans le faux », version que je remplace moi-même dans ma traduction de Simplicius par « ne pas se tromper », ce qui ne change rien pour le sens. De toute manière, il me semble sûr que Simplicius lui-même a compris ces mots dans ce sens, ce qui est prouvé aussi par le συμψεύδεσθαι un peu plus loin (LXX 21), qui de toute manière ne peut pas être traduit autrement que par « être faux en même temps ». J'approuve l'interprétation de J.-B. Gourinat du chap. 52 du *Manuel* d'Épictète (*op. cit.*, p. 75 *sq.*) : « Ce chapitre est un des plus délicats du *Manuel*. Il semble en effet qu'Épictète y énumère trois parties de la philosophie qui seraient respectivement une morale appliquée : *ne pas être faux*, une morale théorique : démontrer "*pourquoi il ne faut pas être faux*", et enfin une dialectique : *d'où vient qu'il y a là une démonstration ? Qu'est-ce qu'une démonstration ?*, etc. Il ne fait guère de doute que la troisième activité relève de la théorie de la dialectique. Et l'activité qui consiste à ne pas être faux est bien une pratique. S'agit-il pour autant de morale ? Ce serait le cas si Épictète disait ici qu'*il ne faut pas mentir*, comme le lui font souvent dire les traductions. C'est possible. Mais il est plus probable qu'Épictète prend ici le verbe *pseudesthai* dans son sens stoïcien. Pour un stoïcien, ce terme ne signifie pas simplement : *dire le faux volontairement* (autrement dit, mentir), mais consiste en deux choses : *le fait de dire le faux en se trompant et le fait de le dire dans l'intention de tromper autrui*. Il y a là deux façons différentes d'*être dans le faux* : l'une qui consiste à se tromper, l'autre à dire le faux pour tromper. Les stoïciens ne condamnent pas le mensonge en général : dire le faux à un malade pour son bien, nous appelons cela un mensonge, mais *ce n'est pas être faux* au sens stoïcien. Comme le médecin qui ment par nécessité ne se trompe pas, *parce que son esprit ne donne pas son assentiment au faux*, les stoïciens jugent qu'il *n'est pas dans le faux* (Stobée, II, 7 et Sextus Empiricus, *Contre les savants*, VII, 43-44). Ils ne veulent pas dire par là qu'il ne ment pas, puisque c'est bien ce qu'il fait. Mais, pour eux, il y a deux fautes : une faute morale, celle qui consiste à abuser autrui de façon mal intentionnée, et la faute logique, qui consiste à se tromper dans son assentiment. Dire le faux n'est pas en tant que tel une faute. Quand Épictète dit qu'il ne faut pas être dans le faux, il s'agit donc sans doute moins de morale appliquée que d'une combinaison de dialectique appliquée et de morale appliquée. Ce chapitre du *Manuel* n'expose donc pas une distinction entre diverses parties de la philosophie, mais le lien entre la théorie et la pratique de la dialectique. » *Cf.* aussi Gourinat, *Dialectique*, p. 25 *sq.* sur le même sujet : « Ne pas être faux est donc en fait de la dialectique appliquée ou la pratique de la dialectique, et non exactement de l'éthique, même si tout acte a une dimension éthique. Démontrer qu'il ne faut pas être faux consiste à énoncer les théorèmes de la dialectique, c'est-à-dire comment il faut pratiquer la dialectique : c'est le deuxième domaine. Celui-ci est à distinguer de l'exposition technique des contenus de la dialectique : comment on fait une démonstration, ce que sont une démonstration, une

l'appui, qu'il faut faire ces choses[1] ; *le troisième* <domaine> *est celui qui*, au moyen des méthodes de la logique, *confirme et expose distinctement* que c'est là une démonstration et que nous n'avons pas été abusés (μὴ ἠπατῆσθαι ἡμᾶς), et qui enseigne *ce qu'est une démonstration, une conséquence, une contradiction dans les termes*, que ce qui est plus général suit ce qui est plus particulier – si en effet l'homme est, l'être vivant est aussi –, mais que les opposés se contredisent – "quelqu'un" et "personne", "chacun" et "pas chacun" –, et qu'il est impossible qu'ils soient vrais en même temps et faux en même temps (συμψεύδεσθαι). Il [= le troisième domaine] démontre de quelle sorte est le vrai syllogisme, de quelle sorte le faux et de quelles prémisses et selon quel assemblage il est constitué.

[*L'importance relative de chacun des trois domaines*]

Et il est évident que *le troisième domaine* (*topos*), qui enseigne la méthode de la logique, *est nécessaire à cause du deuxième*, afin que nous sachions d'une manière scientifique quels sont nos biens, que *le deuxième l'est à cause du premier*, afin que, ayant appris quels sont nos biens et comment il faut que nous nous les procurions, nous nous les procurions par les actions mêmes. Et celui-ci est *le* <*domaine*> *le plus nécessaire et la fin où il faut s'arrêter*. En effet, c'est à cause et en vue de celui-ci que les autres sont appris. *Mais nous, nous faisons le contraire*. En effet, *c'est dans le troisième* <*domaine*> *que nous passons* même le plus *notre temps*, et peu dans le deuxième, *mais le premier*, à cause duquel les autres <existent>, *nous le négligeons. Voilà donc pourquoi nous nous trompons sans doute, mais comment on démontre qu'il ne faut pas se tromper*, et au moyen de quelles méthodes de la logique <on peut l'éviter>, *cela nous l'avons sous la main*. Et pourtant il faudrait, après avoir appris comment démontrer qu'on ne doit pas se tromper, savoir ensuite d'une manière

conséquence, le vrai et le faux. Ce passage n'expose donc pas une distinction entre diverses parties de la philosophie, mais le lien entre la théorie et la pratique de la dialectique. » Cette interprétation est aussi celle de Simplicius. – *Cf.* aussi plus haut le chap. LX 9 *sq.*, p. 194-195, où le fait d'être dans l'erreur est aussi considéré comme une faute morale : le verbe ψεύδεσθαι utilisé par Épictète est dans le contexte du chap. LX remplacé par ἀπατῆσθαι, comme occasionnellement aussi ici au chap. LXX.

1. Je cite encore Gourinat, *Dialectique*, p. 49, à propos du chap. 52 du *Manuel* d'Épictète : « Or il s'agit là d'un texte particulièrement révélateur, qui distingue clairement la technique des démonstrations de la technique de l'articulation des notions, tout en soulignant que cette dernière technique est "nécessaire" aux démonstrations (ὁ μὲν τρίτος τόπος ἀναγκαῖος διὰ τὸν δεύτερον) et que c'est elle qui "affermit" les démonstrations des théorèmes. »

démonstrative et scientifique qu'il ne faut pas se tromper, et, après avoir appris cela, passer désormais sa vie à <le> mettre en pratique, en pensant que c'est pour cela que les premiers domaines aussi ont été appris. Il nous a donc, même au moyen de ce chapitre, dirigés, d'une manière très méthodique et propre à nous convertir, vers la mise en pratique des discours protreptiques.

LXXI A chaque occasion il faut avoir sous la main ceci[1] … (*Ench.*, chap. 53 Boter)

Puisque certains Anciens ont enseigné sous une forme resserrée les discours éducatifs qui nous ont été enseignés sous une forme développée, Épictète conseille *de les avoir* partout *sous la main*, parce qu'ils sont faciles à retenir et en même temps renforcent notre confiance en ces exhortations par le témoignage d'hommes fameux et d'expressions qui vont droit au but.

La première parole est donc du stoïcien Cléanthe d'Assos, qui était disciple de Zénon et maître de Chrysippe. J'ai même vu, à Assos même, l'admirable statue érigée par décret du sénat romain en l'honneur de cet homme. Celui-ci prie, dans ces iambes, pour être conduit par Dieu et par la cause productrice et motrice qui, à partir de Dieu, pénètre dans l'ordre toutes choses, cause qu'il a appelée *Peprômené* et *Heimarmené*, promettant de la suivre *sans hésiter* et de son propre gré. En effet, dit-il, si je résiste, *je serai* seulement *mauvais* et je la suivrai en pleurant et en gémissant. Il est en effet inévitable que le plus faible suive le plus fort et que ce qui est causé suive la cause. C'est cela qu'Épictète lui-même a expliqué dans le chapitre où il disait : « *Ne demande point que les choses arrivent comme tu les veux, mais veuille les choses qui arrivent comme elles arrivent, et ta vie s'écoulera sereinement* »[2]. Ce qui comprend en soi toute bonne conduite, c'est de se coordonner avec l'univers et de vouloir

1. Sur l'ensemble des citations suivantes, restées anonymes dans le *Manuel*, et leur utilisation partielle par d'autres auteurs antiques (Vettius Valens dans l'Anon., *De scientia politica dialogus*, Sénèque, Pseudo-Plutarque, *Corpus Hermeticum*), *cf.* le très intéressant article de A. Carlini, « Osservazioni sull'epilogo del *Manuale* di Epitteto » dans *Studi Italiani di Filologia Classica*, Terza serie, t. XIII, fasc. II (1995), p. 214-225 ; à propos de l'usage de la citation de l'*Apologie* par des auteurs chrétiens (Justin, Clément d'Alexandrie), *cf.* Th. Baumeister, « Anytos und Meletos können mich zwar töten, schaden jedoch können sie mir nicht », dans *Platonismus und Christentum*, Festschrift f. H. Dörrie, édité par H.-D. Blume et F. Mann, *Jahrbuch für Antike und Christentum*, Ergänzungsband 10, 1983, p. 58-63.

2. *Cf.* I. Hadot, *Simplicius. Sur le Manuel*, t. I, le chap. XIV.

faire un tout avec lui, et non pas, en se séparant du tout et en se bornant à une petite chose et à un rien, de s'opposer à l'univers et de vouloir que celui-ci se mette à la suite de cette partie tellement insignifiante.

Et la deuxième parole est d'Euripide le poète tragique ; et celle-là aussi va dans le même sens. C'est la nécessité en effet qui conduit toutes choses vers le haut et vers la cause divine, bon gré mal gré. Et celui qui est en harmonie avec la cause divine, qui l'accompagne et ne s'oppose pas, mais la *suit sans hésiter*, celui-là est un vrai sage, lui qui a très bien compris la nature des étants et la différence entre les choses universelles et les choses particulières, et qui vénère comme il convient tout ce <qui relève> de la puissance divine.

Mais la troisième parole : « *Criton, si cela plaît aux dieux, qu'il en soit ainsi* », vient sans doute du *Criton* de Platon, mais c'est Socrate qui parle ; et cette parole aussi, sous une forme plus succincte, va dans le même sens. En effet, celui qui non seulement dit cela, mais encore le vit, se guérit du fait d'être une partie séparée des totalités [1] et de la fuite loin du dieu, et il se sépare de toutes les choses inférieures en se livrant aux totalités et en s'abandonnant au dieu. Et il me semble que cet homme [= Épictète], par ces témoignages ajoutés à la fin, explique que toute la perfection de l'âme humaine culmine dans la conversion vers Dieu et dans le fait de se joindre à lui.

La parole qui est ajoutée à la fin : « *Anytos et Mélètos peuvent certes me tuer, mais ils ne peuvent pas me nuire* », est, il est vrai, <tirée> de l'*Apologie de Socrate* de Platon et dite au sujet d'Anytos et de Mélètos, les accusateurs de Socrate, mais elle relie la fin au début en nous remettant en mémoire ce qui a été dit au commencement : que celui qui place le bien et le mal dans les choses qui dépendent de nous et non pas dans les choses extérieures ne subira jamais ni contrainte ni empêchement ni dommage de quoi que ce soit.

1. Pour les sens de τὰ ὅλα cf. *supra*, p. 61, n. 1.

[Épilogue de Simplicius]

Voilà, pour ceux qui prennent en main l'écrit d'Épictète, la contribution que je pouvais apporter, selon ma capacité, pour l'explication de ce qui <y> est dit, rendant grâce, moi aussi, pour l'occasion qui s'est offerte à moi de m'occuper de tels discours, en <ce> moment propice, qu'est la situation de tyrannie [1]. En ajoutant à la fin aux présents discours [2] une prière qui leur est appropriée, c'est par elle que je terminerai mon exposé.

1. Simplicius a donc écrit le commentaire avec l'intention de pratiquer lui-même un exercice spirituel. *Cf.* I. Hadot, *Simplicius. Sur le Manuel*, t. I, *Prooem.* 73 *sq.*, p. 4 : « Car celui qui écrit le commentaire s'accordera intérieurement de plus en plus avec ces sentences, et en même temps il deviendra de plus en plus conscient de leur vérité [...] » – Pour la datation et le lieu de rédaction du commentaire de Simplicius sur le *Manuel* : après 532, très probablement à Harran, *cf.* I. Hadot, *Le néoplatonicien Simplicius*, p. 166-171. J'en cite la conclusion p. 171 : « En résumé, les essais de Praechter, de Cameron et de Merlan pour dater le commentaire sur le *Manuel* d'Épictète ont échoué : on ne peut le dater ni avant les études de Simplicius à Athènes, ni avant le départ en Perse de Simplicius et de ses collègues. Comme, en plus, ce commentaire n'a été cité par Simplicius dans aucun de ses autres commentaires – c'est un détail qu'il a en commun avec son commentaire sur le *De anima* –, on ne peut même pas proposer une datation en utilisant les autocitations. Dans ce commentaire, le seul texte qui puisse donner une indication quant à la date et le lieu de sa composition est la mention d'un entretien de Simplicius avec un représentant d'un manichéisme de coloration orientale, dont nous avons longuement parlé plus haut (p. 31-39). Dans cette perspective, le commentaire sur le *Manuel* d'Épictète aurait été écrit après 532. » A propos des pages 31-39 mentionnées dans la citation : il s'agit de mon commentaire aux lignes 90-91 du chap. XXXV (*cf.* aussi *supra*, p. 50, n. 2, et I. Hadot, *Simplicius. Sur le Manuel*, t. I, Introduction, p. XIV *sq.*). *Cf.* surtout I. Hadot, *Simplicius. In Ench.* (1996), le chapitre « Date et lieu de rédaction du commentaire sur le *Manuel* d'Épictète », p. 8-50.

2. τοῖς παροῦσιν : pour le sens de cette expression, j'ai suivi la traduction latine de Hieronymus Wolf (traduction qui accompagne l'édition de Schweighäuser [Leipzig, 1800] du commentaire de Simplicius), qui s'appuie sur une leçon parallèle (συμμέτρως τοῖς παροῦσιν = d'une manière proportionnée aux discours présents) dans Simplicius, *In Cat.*, p. 120, 8 Kalbfleisch, où le sens n'est pas équivoque. Cette traduction peut s'appuyer aussi et surtout sur le fait que la prière qui suit correspond effectivement très précisément au contenu du commentaire sur le *Manuel* d'Épictète : elle en est en quelque sorte le résumé. D'ailleurs, les deux autres prières finales de Simplicius qui nous sont conservées et qui se trouvent à la fin des commentaires sur les *Catégories* et sur le *De caelo*, correspondent elles aussi très précisément au contenu du commentaire à la fin duquel elles sont placées (*cf.* la note suivante). – Quant à l'interprétation d'Alan Cameron : « dans la situation présente », c'est-à-dire « sous le régime chrétien » et plus précisément, selon lui, à Athènes entre 529 et 531, elle a été réfutée en détail dans I. Hadot, *Le problème*, p. 33-40 et, plus succinctement, dans I. Hadot, *Le néoplatonicien Simplicius*, p. 167 *sq.* – Une troisième variante de traduction nous est fournie par Brennan et Brittain, *On Epictetus*, 2, p. 127 : ils traduisent en effet la phrase qui contient cette tournure de la manière suivante : « I shall end my treatise by finishing it with a prayer that is appropriate "to the people present" », c'est-à-dire aux membres d'un "reading group" (telle est la suggestion de M. Frede qu'ils suivent ici : *cf.* leur préface, *ibid.*, p. VIII).

Je te supplie, seigneur, père et guide de la raison qui est en nous, de nous faire ressouvenir de la noblesse originelle que nous avons été jugés dignes de recevoir de toi, et de nous prêter assistance, à nous, en tant qu'êtres mus par eux-mêmes, afin que nous puissions nous purifier du corps et des passions irrationnelles, les dominer, les diriger, nous en servir comme d'instruments de la manière qui convient; de nous assister aussi pour que nous redressions avec exactitude la raison qui est en nous et que nous l'unissions aux réellement étants selon la lumière de la vérité. Et notre troisième souhait et le plus salutaire : je te supplie, d'enlever totalement le brouillard qui obscurcit les yeux de nos âmes, afin que, pour parler comme Homère, nous puissions bien connaître aussi bien Dieu que l'homme.[1]

1. Les contenus des deux autres prières conservées de Simplicius sont les suivants : Simplicius, *In Cat.*, p. 438, 33 *sq.* Kalbfleisch : « Mais puisque le divin Jamblique s'est avancé jusqu'à ce passage, je vais, moi aussi arrêter ici mon commentaire, en priant les Gardiens des discours de mettre en moi une compréhension plus rigoureuse encore de ces choses, de m'accorder que cette connaissance me soit un viatique sur la route des contemplations plus élevées et enfin de me donner congé des dispersions de la vie. » Simplicius, *In De caelo*, p. 731, 25 *sq.* : « Ces discours, ô Seigneur de cet univers, ô Créateur des corps simples qui sont en lui, je les offre comme hymne à toi et aux réalités que tu as produites, moi qui désire ardemment contempler la grandeur de tes œuvres et les raconter à ceux qui en sont dignes, afin que, ne concevant rien de bas ou humain à ton sujet, nous t'adorions selon la transcendance que tu as par rapport à toutes les choses que tu as produites. »

Comme il ressort de la comparaison des trois prières finales de Simplicius, le commentateur adresse toujours sa prière aux dieux auxquels les sujets philosophiques à traiter incombent spécialement. Dans la prière finale du commentaire sur le *Manuel* d'Épictète est invoqué le dieu démiurge qui a créé les âmes raisonnables des hommes et qui est le guide de leur raison; dans la prière finale du commentaire sur les *Catégories*, ce sont « les Gardiens du discours », et dans la prière finale du commentaire sur le *De caelo*, c'est le dieu artisan de l'Univers entier.

BIBLIOGRAPHIE

Abréviations des noms de collections, dictionnaires et ouvrages de référence

ACA = *Ancient commentators on Aristotle*, general editor : Richard Sorabji, London, Duckworth puis Bloomsbury.

ANRW = *Aufstieg und Niedergang der römischen Welt : Geschichte und Kultur Roms im Spiegel der neueren Forschung*, Berlin, De Gruyter, 1972-1998.

BT = *Bibliotheca scriptorum Graecorum et Romanorum Teubneriana*, Leipzig et Stuttgart, Teubner, puis Saur, puis De Gruyter.

CAG = *Commentaria in Aristotelem Graeca*, edita consilio et auctoritate Academiæ litterarum regiæ Borussicæ, 23 tomes (en 52 vol.), Berlin, Reimer, 1882-1909.

CUF = *Collection des Universités de France*, Paris, Les Belles Lettres.

DPhA = *Dictionnaire des philosophes antiques*, publié sous la direction de R. Goulet, 7 tomes (en 8 vol.) + un supplément, Paris, CNRS Éditions, 1989-2018.

OCT = *Oxford classical texts*, Oxford, Oxford University Press.

SC = *Sources chrétiennes*, Paris, Le Cerf.

SVF = *Stoicorum Veterum Fragmenta*, collegit Ioannes ab Arnim, 3 vol., Leipzig, Teubner, 1903-1905 + 1 vol. d'index par M. Adler, Leipzig, Teubner, 1924.

A. Textes anciens : éditions, traductions et commentaires

1. *Simplicius*

a. *Commentaire sur le Manuel d'Épictète*

Voir *infra*, B. Études, sous I. Hadot, *Simplicius. In Ench.* (1996) et I. Hadot, *Simplicius. Sur le Manuel*, t. I, ainsi que sous Brennan et Brittain, *On Epictetus*.

Epicteteæ philosophiæ monumenta, t. IV et V : *Simplicii commentarius in Epicteti Enchiridion. Accedit Enchiridii paraphrasis christiana et Nili Enchiridion*, omnia ad veterum codicum fidem recensuit et varietate lectionis notisque illustravit Johannes Schweighæuser, 2. vol. (tomus prior : *Simplicii commentarius in Enchiridion;* tomus posterior : *Enchiridii paraphrasis, Nili Enchiridion, et notae ad Simplicii comment.*), Leipzig, Weidmann, 1800 (réimpr. Hildesheim, Olms, 1977). [le tome IV contient la traduction latine de Hieronymus Wolf en-dessous du texte grec, qui occupe tout le volume ; le tome V contient notamment, de la p. 173 à la p. 496, les variantes, corrections et notes de Schweighäuser]

b. *Autres œuvres*

SIMPLICIUS, *In Cat.* = *In Categorias*, ed. C. Kalbfleisch, *CAG* VIII, 1907.
– *In De an.* = *In De anima*, ed. M. Hayduck, *CAG* XI, 1882.
– *In De cælo* = *In De cælo*, ed. J. L. Heiberg, *CAG* VII, 1894.
– *In Phys.* = *In Physicorum libros*, ed. H. Diels, *CAG* IX-X, 1882-1895.

2. *Épictète*

a. *Manuel*

The Encheiridion *of Epictetus & its three Christian adaptations* : transmission and critical editions by G. Boter, Leiden, etc., Brill, 1999.
Manuel d'Épictète, traduction et notes d'E. Cattin, introduction et postface de L. Jaffro, Paris, Flammarion, 1997 (éd. avec bibliographie mise à jour, 2015).
Voir aussi *infra*, **B. Études**, sous J.-B. Gourinat et sous P. Hadot pour deux autres traductions.

b. *Entretiens*

Diss. = *Entretiens*, 4 vol., texte établi et traduit par J. Souilhé (avec la collaboration d'A. Jagu pour les t. III et IV) (*CUF*) : t. I, 2 e éd. revue et corrigée, 1975 ; t. II, 2 e tirage revu et corrigé, 1969 ; t. III, 3 e tirage revu et corrigé, 1995 ; t. IV, 2 e tirage revu et corrigé, 1991.
Voir aussi *infra*, 3. *Autres textes antiques*, sous *Les Stoïciens*, pour une autre traduction.

3. *Autres éditions et traductions de textes antiques*

Anon. Prol. = *Prolégomènes à la philosophie de Platon*, texte établi par L. G. Westerink et traduit par J. Trouillard, avec la collaboration de A.-Ph. Segonds (*CUF*), 1990.
Anthologiæ Græcæ appendices, ed. E. Cougny, Paris, Didot, 1890.
ARISTOTE, *Cat.* = *Catégories*, texte établi et traduit par R. Bodéüs (*CUF*), 2001.
– *Eth. Nic.* = pour la traduction : *Éthique à Nicomaque*, traduction, présentation, notes et bibliographie par R. Bodéüs, Paris, Flammarion, 2004.
CHORICIUS DE GAZA, *Opera*, ed. R. Förster et E. Richtsteig (*BT*), 1929.
CICÉRON : pour une traduction utilisée, voir *infra*, sous *Les Stoïciens*.

DAMASCIUS, *De princ.* = *Traité des premiers principes*, 3 vol., texte établi par L. G. Westerink et traduit par J. Combès (*CUF*), 1986-1991.

– *In Parm.* = *Commentaire du Parménide de Platon*, 4 vol., texte établi par L. G. Westerink et traduit par J. Combès (avec la collaboration d'A.-Ph. Segonds et C. Luna pour le t. IV) (*CUF*), 1997-2003.

– *In Phæd.* I et II = *The Greek commentaries on Plato's Phaedo*, vol. II, *Damascius*, by L. G. Westerink, Amsterdam, North Holland Publishing, 1977.

– *Vita Isid.* = *Damascii Vitae Isidori reliquiae*, ed. C. Zintzen, Hildesheim, Olms, 1967. (trad. angl. : voir *infra*, **B. Études**, sous Athanassiadi).

DAVID, *Proleg. Philos.* = *Davidis Prolegomena et in Porphyrii Isagogen commentarium*, ed. A. Busse, CAG XVIII 2, 1904, p. 1-79.

– *In Porphyrii Isag.* = *Davidis Prolegomena et in Porphyrii Isagogen commentarium*, ed. A. Busse, CAG XVIII 2, 1904, p. 80-219.

DIOGÈNE D'ŒNOANDA, *La philosophie épicurienne sur pierre : les fragments de Diogène d'Œnoanda*, traduits par A. Etienne et D. O'Meara, Fribourg-Paris, Éditions universitaires de Fribourg-Le Cerf, 1996.

DIOGÈNE LAËRCE, *Vie et doctrines des philosophes illustres*, livre VII, introd., trad. et notes par R. Goulet, dans *ibid.*, trad. fr. sous la direction de M.-O. Goulet-Cazé, Paris, Librairie générale française, 1999.

ÉLIAS, *Proleg. Philos.* = *Eliæ In Porphyrii Isagogen et Aristotelis Categorias commentaria*, ed. A. Busse, CAG XVIII 1, 1900, p. 1-34.

ÉPICURE, *Lettres, maximes, sentences*, trad., introd. et comm. par J.-F. Balaudé, Paris, Librairie générale française, 1994.

GRÉGOIRE DE NAZIANZE, *Oraison funèbre pour Basile le Grand*, dans *idem*, *Discours 42-43*, éd. et trad. de J. Bernardi (*SC*), 1992.

HERMIAS D'ALEXANDRIE, *In Phædr.* = *Hermiæ Alexandrini in Platonis Phædrum scholia*, ed. P. Couvreur, Paris, Librairie É. Bouillon, 1901 (réimpr. avec addenda de C. Zintzen, Hildesheim, Olms, 1971). Nouvelle édition : *In Platonis Phædrum scholia*, ed. C. M. Lucarini et C. Moreschini (*BT*), 2012.

HIÉROCLÈS D'ALEXANDRIE, *In Carm. aur.* = *Hieroclis in Aureum Pythagoreorum Carmen commentarius*, ed. F. G. Koehler (*BT*), 1974. (trad. angl. dans le livre de Schibli [voir *infra*, B. Études], p. 165-325 ; trad. fr., *Commentaire sur les Vers d'or des Pythagoriciens. Traité sur la providence*, textes introduits, traduits et annotés par N. Aujoulat et A. Lecerf, Paris, Les Belles Lettres, 2018, p. 81-220).

– *Sur la providence*, extraits dans Photius, *Bibliothèque*, texte établi et traduit par R. Henry (*CUF*), t. III : *Codices 186-222*, 1962, p. 125-130 (= Codex 214), et t. VII : *Codices 246-256*, 1974, p. 189-206 (= Codex 251). (trad. angl. dans le livre de Schibli [voir *infra*, B. Études], p. 327-362 ; nouvelle trad. fr. par N. Aujoulat et A. Lecerf, dans le livre cité ci-dessus, p. 221-247).

HIÉROCLÈS LE STOÏCIEN, *Elements of ethics* = *Hierocles the Stoic : "Elements of ethics", fragments, and excerpts,* by I. Ramelli, translated by D. Konstan, Leiden and Atlanta, Society of Biblical Literature, 2009.

– *Ethische Elementarlehre (Papyrus 9780), nebst den bei Stobäus erhaltenen ethischen Exzerpten aus Hierokles*, unter Mitwirkung von W. Schubart, bearb. von H. von Arnim, Berlin, Weidmann, 1906. Édition plus récente : *Elementa moralia*, éd. et trad. it. de G. Bastianini et A. Long, in *Corpus dei papiri filosofici greci e latini. Testi e lessico nei papiri di cultura greca e latina* I/1**, Firenze, Olschki, 1992, p. 268-451.

ISIDORE DE PÉLUSE, *Lettres*, t. 2, texte critique, trad. et notes par P. Evieux (*SC*), 2000.

JAMBLIQUE, *De myst.* = *Les mystères d'Égypte*, texte établi et traduit par É. des Places (*CUF*) 1966 (réimpr. 1996 du 2ᵉ tirage revu et corrigé). Nouvelle édition : *Réponse à Porphyre (De mysteriis)*, texte établi, traduit et annoté par H.-D. Saffrey et A.-Ph. Segonds, avec la collaboration d'A. Lecerf (*CUF*), 2013.

– *I frammenti dalle epistole*, introduzione, testo, traduzione e commento a cura di D. P. Taormina e R. M. Piccione, Napoli, Bibliopolis, 2010.

– *Protr.* = *Protreptique*, texte établi et traduit par É. des Places (*CUF*), 1989.

– *Vita Pyth.* = *De vita Pythagorica liber*, ed. L. Deubner (*BT*), 1975. (trad. fr., *Vie de Pythagore*, introd., trad. et notes par L. Brisson et A.-Ph. Segonds, Paris, Les Belles Lettres, 1996).

JULIEN L'EMPEREUR, *Contra cyn.* = *Contre les cyniques ignorants*, dans *Œuvres complètes* II/1 : *Discours de Julien l'Empereur*, texte établi et traduit par G. Rochefort (*CUF*), 1963, p. 133-173.

– *Sur la Mère des dieux*, dans *Œuvres complètes* II/1, cité ci-dessus, p. 94-131.

– *Contre les Galiléens*, texte, introd., trad. et notes par A. Giavatto et R. Muller, Paris, Vrin, 2018.

LIBANIOS, *Libanii Opera*, ed. R. Förster, V : *Declamationes*, I-XII (*BT*), 1909 (réimpr. Hildesheim, Olms, 1963).

MARC AURÈLE, *Pensées* : pour une traduction utilisée, voir *infra*, sous *Les Stoïciens*.

MARINUS, *Proclus* = *Proclus ou Sur le bonheur*, texte établi, traduit et annoté par H.-D. Saffrey et A.-Ph. Segonds, avec la collaboration de C. Luna (*CUF*), 2001.

MAXIME DE TYR, *The philosophical orations, translated with introduction and notes*, by M. B. Trapp, Oxford, Oxford University Press, 1997.

MUSONIUS RUFUS, *Dissert.* = *C. Musonii Rufi reliquiae*, ed. O. Hense (*BT*), 1905 (réimpr. 1990). (trad. angl. dans Cora E. Lutz, « Musonius Rufus, "the Roman Socrates" », *Yale Classical Studies* 10, 1947, p. 3-147, aux pages 32-145 ; trad. fr. d'A. J. Festugière, dans *Deux prédicateurs de l'Antiquité : Télès et Musonius*, Paris, Vrin, 1978).

OLYMPIODORE, *In Alc.* = *Commentary on the First Alcibiades of Plato*, by L. G. Westerink, Amsterdam, North Holland Publishing, 1956.

– *In Gorg.* = *In Platonis Gorgiam commentaria*, ed. L. G. Westerink (*BT*), 1970.

– *In Phæd.* = *The Greek commentaries on Plato's Phaedo*, vol. I, *Olympiodorus*, by L. G. Westerink, Amsterdam, North Holland Publishing, 1976.

Or. Chald. = *Oracles chaldaïques*, avec un choix de commentaires anciens, texte établi et traduit par É. des Places (*CUF*), 1971, 1989 2.

ORIGÈNE, *Contre Celse*, introd., texte critique, trad. et notes par M. Borret (*SC*), 5 vol., 1967-1976.

PANÉTIUS DE RHODES, *Testimonanzie*, ed., traduzione e commento a cura di F. Alesse, Napoli, Bibliopolis, 1997.

PHILODÈME DE GADARA, *On frank criticism* = *Philodemus : on frank criticism*, introd., transl. and notes by D. Konstan *et alii*, Atlanta, Society of Biblical Literature, 1998.

PHILOPON (Jean), *De opif. mundi* = *Joannis Philoponi De opificio mundi libri VII*, ed. W. Reichardt (*BT*), 1897.

– *In De an.* = *In De anima*, ed. M. Hayduck, *CAG* XV, 1897.

PLATON, *Œuvres complètes*, t. XII/1 : *Les Lois, livres VII-X*, texte établi et traduit par A. Diès (*CUF*), 1956.

– *Œuvres complètes*, t. IV/1 : *Phédon*, texte établi et traduit par P. Vicaire, notice de L. Robin (*CUF*), 1983.

– *Œuvres complètes*, t. IV/3 : *Phèdre*, texte établi par C. Moreschini et traduit par P. Vicaire, notice de L. Robin (*CUF*), 1985.

– *Œuvres complètes*, t. VII/1 : *La République, livres IV-VII*, et t. VII/2 : *La République, livres VIII-X*, texte établi et traduit par É. Chambry (*CUF*), 1933 et 1934.

PLOTIN, *Plotini opera*, edd. P. Henry et H.-R. Schwyzer, 3 vol. (*OCT*), 1964-1982 (*editio minor*).

PORPHYRE, *Ad Marc.* = *Lettre à Marcella*, dans *Vie de Pythagore. Lettre à Marcella*, texte établi et traduit par É. des Places, avec un appendice par A.-Ph. Segonds (*CUF*), 1982, p. 87-150.

– *De abst.* = *De l'abstinence*, 3 vol., texte établi et traduit par J. Bouffartigue seul (t. I), puis avec M. Patillon (t. II), et par M. Patillon et A.-Ph. Segonds, avec le concours de L. Brisson (t. III) (*CUF*), 1977-1995.

– *Fr.* = *Porphyrii philosophi fragmenta*, ed. A. Smith (*BT*), 1993.

– *Isag.* = *Isagoge*, ed. A. Busse, *CAG* IV 1, 1887.

– *Sent.* = *Sententiae ad intelligibilia ducentes*, ed. E. Lamberz (*BT*), 1975.

– *Sentences* = *Sentences, études d'introduction, texte grec et traduction française, commentaire par l'Unité propre de recherche n°76 du CNRS*, éd. sous la responsabilité de L. Brisson, 2 vol., Paris, Vrin, 2005.

– *Vita Pyth.* = *Vie de Pythagore*, dans *Vie de Pythagore. Lettre à Marcella*, texte établi et traduit par É. des Places, avec un appendice par A.-Ph. Segonds (*CUF*), 1982, p. 7-86.

PRISCIEN, *On Theophrastus on sense-perception with "Simplicius" on Aristotle on the soul, 2, 5-12*, translated by P. Huby and C. Steel (*ACA*), 1997.

PROCLUS, *De decem dub.* = *De decem dubitationibus circa providentiam*, in *Procli Diadochi tria opuscula (De providentia, libertate, malo)*, ed. H. Boese, Berlin, De Gruyter, 1960, p. 3-108.

– *De mal. subs.* = *De malorum subsistentia*, *ibid.*, p. 172-265. (trad. fr., D. Isaac, dans *De l'existence du mal* [*CUF*], 1982).

– *De prov.* = *De providentia et fato et eo quod in nobis*, *ibid.*, p. 109-171 (trad. fr. de D. Isaac, dans *Providence, fatalité, liberté* [*CUF*], 1979).

– *El. Theol.* = *The elements of theology*, a revised text, with transl., introd. and comm. by E. R. Dodds, Oxford, Oxford University Press, 1963 [2]. (trad. fr., *Éléments de Théologie*, trad., introd. et notes par J. Trouillard, Paris, Aubier Montaigne, 1965).

– *In Alc.* = *Sur le Premier Alcibiade de Platon*, 2 vol., texte établi et traduit par A.-Ph. Segonds (*CUF*), 1985-1986. (L. G. Westerink, *Commentary on the First Alcibiades of Plato*, critical text and indices, Amsterdam, North Holland Publishing, 1954 – texte de référence repris discrètement dans l'édition de la *CUF*).

– *In Remp.* = *In Platonis Rem publicam commentarii*, ed. W. Kroll, 2 vol. (*BT*), 1899-1901 (réimpr. Amsterdam, Hakkert, 1965). (trad. fr., *Commentaire sur la République*, trad. et notes par A. J. Festugière, 3 vol., Paris, Vrin, 1970).

– *In Tim.* = *In Platonis Timaeum commentaria*, ed. E. Diehl, 3 vol. (*BT*), 1903-1906. (trad. fr., *Commentaire sur le Timée*, trad. et notes par A. J. Festugière, 5 vol., Paris, Vrin, 1966-1968).

– *Theol. Plat.* = *Théologie platonicienne*, 6 vol., texte établi et traduit par H.-D. Saffrey et L. G. Westerink (*CUF*), 1968-1997.

SÉNÈQUE, *Ad Marciam*, dans *Dialogues*, 3 : *Consolations*, texte établi et traduit par R. Waltz (*CUF*), 1923, p. 1-52.

– *De ira* = *Dialogues*, 1 : *De la colère*, texte établi et traduit par A. Bourgery (*CUF*), 1922.

– *Lettres à Lucilius*, IV : *Livres XIV-XVIII*, texte établi par F. Préchac et traduit par H. Noblot (*CUF*), 1962.

STOBÉE (Jean), *Ioannis Stobaei Anthologii libi duo priores*, t. I-II, ed. C. Wachsmuth, Berlin, Weidmann, 1884; *Libri duo posteriores*, t. III-V, ed. O. Hense, Berlin, Weidmann, 1894-1912 (réimpr. 1958, avec l'index des auteurs publié par O. Hense en 1923).

Les Stoïciens = *Les Stoïciens*, textes traduits par É. Bréhier, édités sous la direction de P.-M. Schuhl (*La Pléiade*), Paris, Gallimard, 1962 : volume utilisé pour des traductions de Cicéron, *Des devoirs* (trad. revue par P.-M. Schuhl pour les livres I et II), et *Des fins des biens et des maux ;* et pour des traductions d'Épictète, *Entretiens* (trad. revue par P. Aubenque), et de Marc Aurèle, *Pensées* (trad. revue par J. Pépin).

STRABON, *Geogr.* = *Géographie*, Livre I, dans t. I/1, texte établi et traduit par G. Aujac (*CUF*), 1969; Livre III, dans t. II, texte établi et traduit par

F. Lasserre (*CUF*), 1966 ; Livre IX, dans t. VI, texte établi et traduit par R. Baladié (*CUF*), 1996.
SYNÉSIOS DE CYRÈNE, *Traité des songes*, dans *Synesii Cyrenensis opuscula*, ed. N. Terzaghi, Roma, Regia officina polygraphica, 1944, p. 143-189, et dans *Opuscules*, I, éd. J. Lamoureux et trad. N. Aujoulat (*CUF*), 2004, p. 187-311.
THÉOPHRASTE, *Caractères*, texte établi et traduit par O. Navarre (*CUF*), 1921.

B. ÉTUDES

Les titres abrégés d'un même auteur sont regroupés à la suite des titres non abrégés ; les deux ensembles sont ordonnés alphabétiquement. Cette disposition ne concerne que les travaux de J.-B. Gourinat, et de I. et P. Hadot.

ALESSE F., *Panezio di Rodi e la tradizione stoica*, Napoli, Bibliopolis, 1994.
ATHANASSIADI, *Damascius* = Damascius, *The philosophical history*, text with translation and notes by P. Athanassiadi, Athens, Apamea cultural association, 1999.
ATTRIDGE H. W., « The philosophical critique of religion under the early Empire », *ANRW* II, 16/1, p. 45-78.
BAUMEISTER Th., « Anytos und Meletos können mich zwar töten, schaden jedoch können sie mir nicht », in *Platonismus und Christentum : Festschrift für H. Dörrie*, hrsg. von H.-D. Blume und F. Mann, = *Jahrbuch für Antike und Christentum, Ergänzungsband* 10, 1983, p. 58-63.
BEAUCAMP J., *Le statut de la femme à Byzance (4 e-7 e siècles), I. Le droit impérial*, et *II. Les pratiques sociales*, Paris, De Boccard, 1990 et 1992.
BÉNATOUÏL, *Faire usage* = Th. Bénatouïl, *Faire usage : la pratique du stoïcisme*, Paris, Vrin, 2006.
BERNARD P., « De l'Euphrate à la Chine avec la caravane de Maès Titianos (c. 100 ap. n. è.) », *Comptes rendus des séances de l'Académie des Inscriptions et Belles-Lettres*, 149 e année, 2005, p. 929-969.
BERNARD W., « Philoponus on self-awareness », in *Philoponus and the rejection of Aristotelian science*, ed. by R. Sorabji, London & Ithaca, Duckworth, 1987, p. 154-163.
BILLERBECK M., « Le cynisme idéalisé d'Épictète à Julien », dans *Le cynisme ancien et ses prolongements*, éd. M.-O. Goulet-Cazé et R. Goulet, Paris, P.U.F., 1993, p. 319-338.
– *Epiktet : von Kynismus*, Leiden, Brill, 1978.
BONHÖFFER A., *Epictet und die Stoa*, Stuttgart, F. Enke, 1890 (réimpr., 1968).
BOUFFARTIGUE J., « Le cynisme dans le cursus philosophique au IV e siècle : le témoignage de l'empereur Julien », dans *Le cynisme ancien et ses prolongements*, éd. M.-O. Goulet-Cazé et R. Goulet, Paris, P.U.F., 1993, p. 339-358.
BOYANCÉ P., « Théurgie et télestique néoplatoniciennes », *Revue de l'histoire des religions* 147, 1955, p. 189-209.

BRENNAN et BRITTAIN, *On Epictetus*, 1 ou 2 = respectivement : Simplicius, *On Epictetus Handbook 1-26* et *On Epictetus Handbook 27-53*, transl. by T. Brennan & Ch. Brittain (*ACA*), 2002.

CAMERON A., « La fin de l'Académie », dans *Le néo-platonisme : actes du colloque de Royaumont, 9-13 juin 1969*, Paris, 1971, Éditions du CNRS, p. 281-290.

– « The last days of the Academy at Athens », *Proceedings of the Cambridge philological society* 15, 1969, p. 7-29.

CARLINI A., « Osservazioni sull'epilogo del *Manuale* di Epitteto », *Studi italiana di filologia classica, terza serie* 13, 2, 1995, p. 214-225.

CHASE M., « Damascius and al-Naẓẓām on the atomic leap », *Mnemosyne* 72, 4, 2019, p. 585-620.

– « Porphyre sur la providence », *Chôra : revue d'études anciennes et médiévales* 13, 2015, p. 125-147.

COX P., *Biography in Late Antiquity : a quest for the holy man*, Berkeley, University of California Press, 1983.

CREMER F. W., *Die chaldäischen Orakel und Jamblich De mysteriis*, Meisenheim am Glan, A. Hain, 1969.

DÖRING K., *Exemplum Socratis*, Wiesbaden, F. Steiner, 1979.

DORION L.-A., « Héraclite ou Héraklès ? À propos d'Épictète, *Manuel* 15 », *Revue de philologie, de littérature et d'histoire ancienne* 89, 2015, p. 43-63.

FILORAMO G., ed., *Storia della direzione spirituale*, I : *L'età antica*, Brescia, Morcelliana, 2006.

GABOR G., « When should a philosopher consult divination ? Epictetus and Simplicius on fate and what is up to us », dans *Fate, providence and moral responsability in ancient, medieval and early modern thought : studies in honour of Carlos Steel*, Leuven, Leuven University Press, 2014, p. 325-340.

GERSON L. P., « *Epistrophê pros heauton* : history and meaning », *Documenti e studi sulla tradizione filosofica medievale* 8, 1997, p. 1-32.

GOLDSCHMIDT V., *Le système stoïcien et l'idée de temps*, Paris, Vrin, 1953.

GOULET R., « Antigone Gonatas », *DPhA*, I, 211-214.

– « Simplicius », *DPhA*, VI, p. 341-364.

GOURINAT J.-B., « Le Socrate d'Épictète », *Philosophie antique : problèmes, renaissances, usages* 1, 2001, p. 137-165.

GOURINAT, *Dialectique* = *La dialectique des stoïciens*, Paris, Vrin, 2000.

– *Manuel d'Épictète* = *Premières leçons sur le Manuel d'Épictète*, Paris, P.U.F., 1998.

GRAF D., « Silk », in *Late Antiquity : a guide to the postclassical world*, ed. by G. Bowersock, P. Brown and O. Grabar, Cambridge, Mass. and London, Harvard University Press, 1999, p. 695-696.

GUILLEMIN A.-M., *Pline et la vie littéraire de son temps*, Paris, Les Belles Lettres, 1929.

HADOT I., *Arts libéraux et philosophie dans la pensée antique : contribution à l'histoire de l'éducation et de la culture dans l'Antiquité*, seconde édition revue et considérablement augmentée, Paris, Vrin, 2005 [2].

– « La figure du guide spirituel dans l'Antiquité », dans *Pierre Hadot : la philosophie comme éducation des adultes : textes, perspectives, entretiens*, éd. A. I. Davidson et D. Lorenzini, Paris, Vrin, 2019, p. 323-360.

– « Les introductions aux commentaires exégétiques chez les auteurs néoplatoniciens et les auteurs chrétiens », *dans Les règles de l'interprétation*, éd. M. Tardieu, Paris, Le Cerf, 1987, p. 99-122.

– « The spiritual guide », in *Classical Mediterranean spirituality : Egyptian, Greek, Roman*, ed. by A. H. Armstrong, London, Routledge & Kegan Paul, 1986, p. 436-459.

– « Die Stellung des Neuplatonikers Simplikios zum Verhältnis der Philosophie zu Religion und Theurgie », in *Metaphysik und Religion. Zur Signatur des spätantiken Denkens* (Akten des internationalen Kongresses vom 13-17 März 2001 in Würzburg), hrsg. von Th. Kobusch und M. Erler, München, Saur, 2002, p. 323-342.

– « Tradition stoïcienne et idées politiques au temps des Gracques », *Revue des études latines* 48, 1970, p. 133-179.

I. HADOT, « Aspects » = « Aspects de la théorie de la perception chez les néoplatoniciens : sensation (*aisthêsis*), sensation commune (*koinê aisthêsis*), sensibles communs (*koina aisthêta*) et conscience de soi (*sunaisthêsis*) », *Documenti e studi sulla tradizione filosofica medievale* 8, 1997, p. 33-85.

– *Athenian and Alexandrian Neoplatonism* = *Athenian and Alexandrian Neoplatonism and the harmonization of Aristotle and Plato*, transl. from the French by M. Chase, Leiden-Boston, Brill, 2015.

– « Les attitudes » = « Les attitudes diverses des néoplatoniciens au sujet de la théurgie », *Hyperboreus. Studia classica* 23/1, 2017, p. 92-122.

– « Dans quel lieu… » = « Dans quel lieu le néoplatonicien Simplicius a-t-il fondé son école de mathématiques, et où a pu avoir lieu son entretien avec un manichéen ? », *The international journal of the Platonic tradition* I/1, 2007, p. 42-107.

– *Le néoplatonicien Simplicius* = *Le néoplatonicien Simplicius à la lumière des recherches contemporaines. Un bilan critique*, avec deux contributions de Ph. Vallat, Sankt Augustin, Academia Verlag, 2014.

– *Le problème* = *Le problème du néoplatonisme alexandrin : Hiéroclès et Simplicius*, Paris, Études augustiniennes, 1978.

– « Remarque complémentaire… » = « Remarque complémentaire à mon article "Dans quel lieu le néoplatonicien Simplicius a-t-il fondé son école de mathématiques, et où a pu avoir lieu son entretien avec un manichéen ? " », *The international journal of the Platonic tradition* I/2, 2007, p. 263-269.

– *Seneca* = *Seneca und die griechisch-römische Tradition der Seelenleitung*, Berlin, De Gruyter, 1969.

– *Sénèque* = *Sénèque : direction spirituelle et pratique de la philosophie*, Paris, Vrin, 2014.
– *Simplicius. In Cat.* = Simplicius, *Commentaire sur les Catégories*, fasc. 1, trad. de Ph. Hoffmann, comm. et notes à la traduction par I. Hadot, avec des appendices de P. Hadot et J.-P. Mahé, Leiden, Brill, 1990.
– *Simplicius. In Ench.* (1996) = Simplicius, *Commentaire sur le Manuel d'Épictète*, introd. et éd. critique du texte grec par I. Hadot, Leiden, etc., Brill, 1996.
– « Simplicius or Priscianus ? » = « Simplicius or Priscianus ? On the author of the commentary on Aristotle's *De anima* (*CAG* XI) : a methodological study », transl. from the French by M. Chase, *Mnemosyne* 55, 2, 2002, p. 159-199.
— éd., *Simplicius. Sa vie, son œuvre, sa survie* = *Simplicius. Sa vie, son œuvre, sa survie : actes du colloque international de Paris (28 sept.-1 er oct. 1985)*, éd. par I. Hadot, Berlin-New York, De Gruyter, 1987.
– *Simplicius. Sur le Manuel*, t. I = Simplicius, *Commentaire sur le* Manuel *d'Épictète*, t. I : chapitres I-XXIX, texte établi et traduit par I. Hadot (*CUF*), 2001.
– *Studies on Hierocles* = *Studies on the Neoplatonist Hierocles*, transl. from the French by M. Chase, Philadelphia, American Philosophical Society, 2004.
– « La tradition manuscrite » = « La tradition manuscrite du commentaire de Simplicius sur le *Manuel* d'Épictète », *Revue d'histoire des textes* 8, 1978, p. 1-108, et 11, 1981, p. 387-395.
– et P. Hadot, *Apprendre à philosopher* = *Apprendre à philosopher dans l'Antiquité : l'enseignement du Manuel d'Épictète et son commentaire néoplatonicien*, Paris, Librairie générale française, 2004.
HADOT P., « Fürstenspiegel », *Reallexikon für Antike und Christentum*, 8, 1970.
– « La survie du commentaire de Simplicius sur le *Manuel* d'Épictète du XV e au XVII e siècle : Perotti, Politien, Steuchus, John Smith, Cudworth », dans *Simplicius. Sa vie, son œuvre, sa survie* (cf. *supra*, sous I. Hadot), p. 267-286.
– « Théologie, exégèse, révélation, écriture dans la philosophie grecque », dans *Les règles de l'interprétation*, éd. M. Tardieu, Paris, Le Cerf, 1987, p. 13-34 (repris dans ses *Études de philosophie ancienne*, Paris, Les Belles Lettres, 1998, p. 27-58).
P. HADOT, *La citadelle* = *La citadelle intérieure. Introduction aux* Pensées *de Marc Aurèle*, Paris, Fayard, 1992.
– « Une clé des *Pensées* » = « Une clé des *Pensées* de Marc Aurèle : les trois *topoi* philosophiques selon Épictète », dans *Exercices spirituels et philosophie antique*, 2 e éd. revue et augmentée, Paris, Études augustiniennes, 1987, p. 135-153.
– *Introduction aux « Pensées »* = *Introduction aux « Pensées » de Marc Aurèle : la citadelle intérieure*, éd. revue *(Le Livre de Poche. Références)*, Paris, Librairie générale française, 2005.
– *P. et V.* = *Porphyre et Victorinus*, 2 vol., Paris, Études augustiniennes, 1968.

HÄGG Th., *The art of biography in Antiquity*, Cambridge, Cambridge University Press, 2012.

HOFFMANN Ph., « Un grief antichrétien chez Proclus : l'ignorance en théologie », dans *Les chrétiens et l'hellénisme : identités religieuses et culture grecque dans l'Antiquité tardive*, éd. A. Perrot, Paris, Éditions Rue d'Ulm, 2012, p. 161-197.

ISNARDI PARENTE M., « Ierocle stoico : oikeiosis e doveri sociali », *ANRW* II, 36/3, p. 2201-2226.

KRÄMER H. J., *Platonismus und hellenistische Philosophie*, Berlin, New York, De Gruyter, 1971.

LAUTNER P., « Rival theories of self-awareness in late Neoplatonism », *Bulletin of the Institute of Classical Studies* 29, 1994, p. 107-116.

LAWRENCE M., « *Akrasia* and *enkrateia* in Simplicius's commentary on Epictetus's *Encheiridion* », in *The Neoplatonic Socrates*, ed. by D. A. Layne and H. Tarrant, Philadelphia, University of Pennsylvania Press, 2014, p. 127-142.

LIM R., « Consensus and dissensus on public spectacles in early Byzantium », in *Conformity and non-conformity in Byzantium* (= *Byzantinische Forschungen*, 24, 1997), ed. L. Garland, Amsterdam, Hakkert, 1997, p. 159-179.

LLOYD A. C., « Parhypostasis in Proclus », dans *Proclus et son influence : actes du colloque de Neuchâtel, juin 1985*, éd. G. Boss et G. Seel, Zürich, Éditions du Grand Midi, 1987, p. 145-157.

LONG A. A., « Dialectic and the Stoic sage », dans *idem*, *Stoic studies*, Cambridge, Cambridge University Press, 1996, p. 85-106 (première publication dans *The Stoics*, ed. by J. M. Rist, Berkeley, etc., University of California Press, 1978).

LONG, *Epictetus* = *Epictetus : a Stoic and Socratic guide to life*, Oxford, Oxford University Press, 2002.

LONGO A., *Amicus Plato : métaphysique, langue, art, éducation dans la tradition platonicienne de l'Antiquité tardive*, Milano, Mimesis, 2007.

LUNA C., « compte-rendu de R. Thiel, *Simplikios und das Ende der neuplatonischen Schule* (Mayence, Akademie der Wissenschaften und der Literatur, Abhandl. der Geistes- und sozialwissenschaflichen Klasse, 8, 1999) », *Mnemosyne* 54, 2001, p. 482-504.

LUSCHNATT O., « Das Problem des ethischen Fortschritts in der Alten Stoa », *Philologus* 102, 1958, p. 178-214.

MALINEAU V., « L'apport de l'*Apologie des mimes* de Chorikios de Gaza à la connaissance du théâtre du VIe siècle », dans *Gaza dans l'Antiquité tardive : archéologie, rhétorique et histoire : actes du colloque international de Poitiers, 6-7 mai 2004*, éd. C. Saliou, Salerno, Helios, 2005, p. 149-169.

MARCOTTE D., « Le corpus géographique de Heidelberg (Palat. Heidelb. Gr. 398) et les origines de la "Collection philosophique" », in *The libraries of the Neoplatonists*, ed. by C. D'Ancona, *Philosophia antiqua*, 107, Leiden-Boston, Brill, 2007, p. 167-175.

– « Priscien de Lydie, la géographie et les origines néoplatoniciennes de la “Collection philosophique” », *Journal des savants*, année 2014, p. 165-203.

MAUSS M., « Les techniques du corps », dans *idem, Sociologie et anthropologie*, Paris, P.U.F., 1950, p. 363-386.

MOSS C., « Jacob of Serugh's homilies on the spectacles of the theatre », *Le Muséon* 48, 1935, p. 87-112.

NASEMANN, *Theurgie* = *Theurgie und Philosophie in Jamblichs* De Mysteriis, Stuttgart, Teubner, 1991.

O'MEARA D. J., « Religion als Abbild der Philosophie. Zum neuplatonischen Hintergrund der Lehre Al-Farabis », in *Metaphysik und Religion. Zur Signatur des spätantiken Denkens* (Akten des internationalen Kongresses vom 13-17 März 2001 in Würzburg), hrsg. von Th. Kobusch und M. Erler, München, Saur, 2002, p. 343-353.

– « Simplicius on the place of the philosopher in the city *(In Epictetum*, chap. 32) », *Mélanges de l'Université Saint-Joseph* 54, 2004, p. 89-98.

PERKAMS M., *Selbstbewusstsein in der Spätantike*, Berlin, New York, De Gruyter, 2008.

PICCIONE R. M., « Encyclopédisme et *enkyklios paideia?* : à propos de Jean Stobée et de l'*Anthologion », Philosophie antique : problèmes, renaissances, usages* 2, 2002, p. 169-197.

PIRENNE H., *Mahomet et Charlemagne*, Paris, P.U.F., 1970.

POINSOTTE J.-M., « Les Romains et la Chine : réalités et mythes », *Mélanges de l'École française de Rome – Antiquité* 91, 1979, p. 431-479.

REMIJSEN S., « The Antiochene Olympics » = « The Introduction of the Antiochene Olympics : a proposal for a new date », *Greek, Roman and Byzantine Studies*, 50, 2010, p. 411-436.

REYDAMS-SCHILS G., « Virtue, marriage, and parenthood in Simplicius' Commentary on Epictetus' “Encheiridion” », *dans Platonisms : ancient, modern, and postmodern*, ed. by K. Corrigan and J. D. Turner, Leiden, Brill, 2007, p. 109-125.

RIST J. M., *Epicurus : an introduction*, Cambridge, Cambridge University Press, 1972.

– *Eros and Psyche. Studies in Plato, Plotinus and Origen*, Toronto, University of Toronto Press, 1964.

ROUECHÉ C., *Performers and partisans at Aphrodisias in the Roman and late Roman periods*, London, Society for the promotion of Roman studies, 1993.

ROUSSELLE A., *Porneia : de la maîtrise du corps à la privation sensorielle : IIe-IVe siècles de l'ère chrétienne*, Paris, P.U.F., 1983.

SCHIBLI H. S., *Hierocles of Alexandria*, Oxford, Oxford University Press, 2002.

SHARPE M., « Drafted into a foreign war ? On the very idea of ancient philosophy as a way of life », qui est à paraître dans un collectif que doit éditer Alberto Vanzo chez Oxford University Press, et qui est consultable sur Academia.edu.

– « What place discourse, what role rigorous argumentation ? Against the standard image of Hadot's conception of ancient philosophy as a way of life », *Pli : the Warwick journal of philosophy*, 2016 (special vol. : *Self-cultivation : ancient and modern*), p. 25-54.

SHEPPARD A. D. R., « Monad and dyad as cosmic principles in Syrianus », in *Soul and the structure of being in late Neoplatonism : Syrianus, Proclus, Simplicius*, Liverpool, Liverpool University Press, 1982, p. 1-17.

STERN-GILLET S. et G.-M. GURTLER (éd.), *Ancient and medieval concepts of friendship*, New York, State University of New York Press, 2014.

TAILLARDAT J., *Les images d'Aristophane*, Paris, Les Belles Lettres, 1962.

TARDIEU M., « Religion d'Abraham : un concept précoranique », dans *Alexandrie la divine : sagesses barbares*, éd. S. H. Aufrère avec Fr. Möri, Genève, La Baconnière, 2016, p. 419-460.

– « Les temples des Sabéens de Ḥarrān et le sabéisme de Schelling », in *Ermetismo ed esoterismi : mondo antico e riflessi contemporanei*, ed. P. Scarpi e M. Zago, Padova, Libreriauniversitaria.it edizioni, 2013, p. 261-302.

VALLAT, *Farabi* = Ph. Vallat, *Farabi et l'École d'Alexandrie. Des prémisses de la connaissance à la philosophie politique*, Paris, Vrin, 2004.

VOELKE A. J., *La philosophie comme thérapie de l'âme : études de philosophie hellénistique*, Fribourg-Paris, Presses universitaires de Fribourg-Le Cerf, 1993.

WEBB R., *Demons and dancers : performance in Late Antiquity*, Cambridge, Mass., Harvard University Press, 2008.

WILDBERGER J., « Amicitia and eros : Seneca's adaptation of a Stoic concept of friendship for Roman men in progress », in *Philosophie in Rom : römische Philosophie ? Kultur-, literatur-, und philosophiegeschichtliche Perspektiven*, hrsg. von G. M. Müller und F. Mariani Zini, Berlin, De Gruyter, 2018, p. 387-426.

INDEX DES NOMS PROPRES ANTIQUES

dans le texte de Simplicius, à l'exclusion du nom d'Épictète

INDEX DES ŒUVRES ANTIQUES ET MÉDIÉVALES INVOQUÉES OU CITÉES DANS LES NOTES

Quand la référence est à une édition précise (pagination, voire tomaison), et non au seul découpage traditionnel du texte, il faut se reporter à la bibliographie des éditions utilisées.

ERRATA

DANS SIMPLICIUS, COMMENTAIRE SUR LE *MANUEL* D'EPICTÈTE
Chapitres I à XXIX, Paris, Les Belles Lettres, 2001

p. XXI, note 4, dernière ligne, lire : *Antiquity* (cit. p. XVI, dans la suite de la note 1 de la p. XV), p. 36.

p. XVII, ligne 4 : après "prosélytes" manque la note suivante : *Cf.* J.T. Milik, « Turfan et Qumran – Livre des Géants juif et manichéen », dans *Tradition und Glaube : Das frühe Christentum in seiner Umwelt. Festschrift für K.G. Kuhn*, Göttingen 1971, p. 118, et C. Colpe, Article "Manichäismus" dans *RGG*, t. IV, 1960, col. 716.

p. LVI : la 2 e ligne de la citation doit se lire de la manière suivante : « dans le principe universel et sont compris sous lui, non pas dans un sens local et spécial, mais de ».

p. CXVI : la quatrième ligne à partir du bas : après « avait survécu. » manque : Simplicius le dit lui-même dans son commentaire sur les *Catégories* (*In Cat.*, p. 334,1-3 Kalbfleisch)

p. CXVIII note 2 : il faut écrire : *Cf.* Sénèque, *Epist. ad Luc.* 67,5

— note 3 : il faut écrire : et *Epist.* 67,5

p. CXIX, note 2 : … p. 127 au lieu de p. 128

p. CXXI, ligne 6 *sq.* à partir du bas : lire ἀκινδύ-νως au lieu de ἀκίνδυ-νος

p. CLIII, lignes 9-10 : il faut lire : *aureum*) de la délivrance au singulier : « dans la délivrance de l'âme » (*Carm. aur.* v. 68), car elle s'achève en une seule… »

p. CLV, ligne 8 : Il faut lire : division de la philosophie suivant l'ordre hiérarchique : (il manque le double point :)

p. 5 (traduction), ligne 9 : lire « ce qui est convenable » au lieu de « qu'il est convenable »

p. 9 (traduction), ligne 10 : lire : « les formes de vie des corps » au lieu de « les formes de vie propres aux corps ».

p. 20 (traduction), lignes 18-19 : lire : « Mais la forme de vie irrationnelle des vivants dépourvus de raison... » (il faut éliminer « qui est propre aux » après "irrationnelle").

p. 73 (traduction), note 2 et apparat des sources, ainsi que p. 132, note 2 ligne 2 : L'abréviation « *Pol.* » qu'utilise Mlle Luna doit être retransformée en *Politicus* pour plus de clarté, car l'abréviation « *Pol.* » est quelquefois aussi utilisée pour « *Politeia* ». Dans le Liddle-Scott l'abréviation pour « *Politicus* » est *Plt.* En plus, dans la liste des abréviations du t. I (p. CLXIV *sq.*) les abréviations des œuvres de Platon manquent.

p. 132, note 6, ligne 2 : écrire (130 C 1-5) au lieu de (30 c 1-5)

p. 136, note 5, ligne 4 : écrire (= âme irrationnelle) au lieu de (= l'âme individuelle)

— note 5, ligne 11 : après « l'organe sensible », mettre : (= corps pneumatique)

p. 140, (page 20), note 2, ligne 2 : écrire « n. 3 » au lieu de « n. 39 ».

p. 141 : en dessous de « Page 25 », il faut écrire : « 1. » au lieu de « 15. »

p. 146, note 4, ligne 6 : il faut écrire « XVIII 50 et 57). »

— note 4, ligne 8 d'en bas : il faut écrire μέσῃ au lieu de μέσα

p. 154, (p. 57), note 1 : après « 1. », il manque : *Cf.* plus haut, *Introduction*, chap. IV, p. CXIX-CXXII.

p. 157, (p. 63), note 2, première ligne : après « Diss. I 2. 2 », il manque « Musonius, X, p. 52,10 *sq.* Hense ».

TABLE ANALYTIQUE DES MATIÈRES

COMMENTAIRE DU MANUEL D'ÉPICTÈTE (CHAPITRE 22 – FIN)

La table des chapitres comporte le rappel légèrement abrégé des sommaires analytiques, introduits au fil du texte pour guider la lecture de Simplicius

Achevé d'imprimer en août 2022
La Manufacture - *Imprimeur* – 52200 Langres – Tél. : (33) 325 845 892
Imprimé en France – N° : 220745 – Dépôt légal : septembre 2022